财政部"十三五"规划教材

高等财经院校经济学专业核心课程系列教材

宏观经济学

Macro-Economics

主　编　马爱玲　马旭东
副主编　张秉云　刘　玲
　　　　武　平　纪红丽

中国财经出版传媒集团

经济科学出版社
Economic Science Press

图书在版编目（CIP）数据

宏观经济学/马爱玲，马旭东主编.—北京：经济科学出版社，2017.5
高等财经院校经济学专业核心课程系列教材
ISBN 978-7-5141-8060-2

Ⅰ.①宏… Ⅱ.①马…②马… Ⅲ.①宏观经济学-高等学校-教材 Ⅳ.①F015

中国版本图书馆 CIP 数据核字（2017）第 117090 号

责任编辑：庞丽佳　赵泽蓬
责任校对：郑淑艳
责任印制：邱　天

宏观经济学

主　编：马爱玲　马旭东
副主编：张秉云　刘　玲　武　平　纪红丽
经济科学出版社出版、发行　新华书店经销
社址：北京市海淀区阜成路甲 28 号　邮编：100142
总编部电话：010-88191217　发行部电话：010-88191522
网址：www.esp.com.cn
电子邮件：esp@esp.com.cn
天猫网店：经济科学出版社旗舰店
网址：http://jjkxcbs.tmall.com
北京财经印刷厂印刷
三河市华玉装订厂装订
787×1092　16 开　21.25 印张　560000 字
2017 年 6 月第 1 版　2017 年 6 月第 1 次印刷
ISBN 978-7-5141-8060-2　定价：45.00 元
（图书出现印装问题，本社负责调换。电话：010-88191510）
（版权所有　侵权必究　举报电话：010-88191586
电子邮箱：dbts@esp.com.cn）

前　言

微观经济学和宏观经济学是经济学中的两大支柱，然而，两者在大学本科阶段的教学内容存在很大差异。微观经济学以资源合理配置为核心，以市场价格理论为中心，以微观个体（消费者和生产者）的经济行为为研究对象，深刻揭示了市场机制如何引导资源实现合理配置、市场机制在某些领域的失灵和政府如何对市场失灵进行矫正。宏观经济学则以资源利用为核心，以国民收入理论为主线，以整体经济为研究对象，从整体上阐明一个经济体系的运行规律和各经济总量的行为方式。

宏观经济学产生于 20 世纪 30 年代的大萧条时期，约翰·梅纳德·凯恩斯（John Maynard Keynes）1936 年出版的《就业、利息和货币通论》正是对这场大萧条引发的大量失业的思考和总结，它也标志着宏观经济学的诞生。但是，宏观经济学从诞生的那一天起就充满了矛盾和冲突，宏观经济学这个大家族中流派林立，从六七十年代的新古典综合学派、货币主义，到 80 年代以来的理性预期学说、实际经济周期理论、新凯恩斯主义，它们各自都对宏观经济理论提出了自己的假设前提和理论命题，宏观经济学因此而发展。

面对宏观经济学日新月异的发展趋势，本书作为宏观经济学教科书，也必须与时俱进，紧跟时代和主流经济学的发展步伐。为此，一批经历了系统经济学理论知识学习的教师组成了本书的编写组，编写组成员均为硕士以上学历，长期从事《微观经济学》和《宏观经济学》本科和研究生的教学工作，拥有丰富的教学经验。在编著本书的过程中，老师们结合以往的教学实践，精心选取国内外知名学者编写的各个层次的宏观经济学教材并认真阅读。编写组在对目前国内外流行的宏观经济学的多种版本进行多次研讨的基础上，拟定了本书的编写大纲，大纲广泛征求了经验丰富的老教师的意见并进行了反复修改之后，编写组正式进入写作。

本书是与张建斌教授、纪红丽副教授主编的《微观经济学》（经济科学出版社 2016 年版）配套的宏观经济学教材，主要供大学本科经济学专业和管理学专业学生使用，也适用于非经济管理专业及广大读者自学，同时可供研究生参考。

本书旨在全面、客观、准确和精练地介绍宏观经济学的基本理论和方法，从整体上阐明一个经济体系的运行规律和各经济总量的行为方式，分析政府的宏观经济政策是否以及如何能够改善国民经济的运行状况。本书结构设计和内容体系安排尽可能吸收了国内外优秀教材的合理成分，与同类教材相比，具有如下特点：

1. 考虑到国外大学本科的宏观经济学分成初级和中级两个层次，而我国绝大多数高等院校只有一个阶段教学，所以，本书涵盖了初级宏观经济学的基本理论，又融合了中级宏观经济学的主要分析方法，能够更好地适应我国高等院校宏观经济学的教学要求。

2. 本书着重介绍宏观经济学的基本理论和方法，以文字叙述为主，尽可能避免使用较复杂的数学工具，模型的表述大多采用几何图形和初等代数形式，必要的地方涉及少量微积分及概率知识。

3. 本书在结构安排上，没有采用目前比较流行的"曼昆结构"——长期模型＋短期模型＋宏观经济的微观基础。而是以国民收入的决定和变动为核心，将全数分为导论、国民经济的均衡、短期宏观经济分析、长期宏观经济分析、开放经济和宏观经济学前沿六个部分。

4. 本书层次清楚、定义准确、文字规范，适合于课堂教学。本书共设16章，每章3~5节，适合于每周3学时的一学期教学计划，在内容上不需要做较大幅度的删减。

本书由内蒙古财经大学马爱玲副教授、马旭东副教授担任主编，张秉云副教授、武平副教授、刘玲副教授、纪红丽副教授担任副主编。参编人员有：内蒙古财经大学的白媛媛、祝灵敏、王一杰、齐燕老师和硕士研究生何文柳同学。具体分工如下：马旭东撰写第十一章、第十二章和第十五章，马爱玲撰写第三章和第四章，刘玲撰写第一章和第二章，纪红丽撰写第五章，张秉云撰写第六章和第七章，武平撰写第九章和第十章，白媛媛撰写第八章，齐燕撰写第十三章，祝灵敏撰写第十四章，王一杰撰写第十六章。硕士研究生何文柳同学负责部分章节的文字和图形校对。马爱玲和马旭东负责全书统稿。

本书在编写过程中参阅了国内外大量的文献资料，在此我们向曾经参考过的书籍和资料的作者们表示诚挚谢意。尽管我们力图全面列举这些给我们帮助的作者们，但难免有所疏漏，敬请谅解。

本书付梓之际，作为编者，我们对担任本书编辑工作的庞丽佳、赵泽蓬两位编辑及经济科学出版社致以衷心的感谢，他们辛勤的劳动、热情的帮助，最终成就了本书的顺利出版。

由于编者水平有限，书中观点抑或文字表述存在差错在所难免，恳请广大读者和学术同仁批评指正，我们将虚心接受并不断完善。

主编：马爱玲　马旭东

2017年7月

目　　录

第一部分　导论与国民收入核算

第一章　宏观经济学导论 …… 3
第一节　什么是宏观经济学 …… 3
第二节　长期和短期宏观经济学 …… 7
第三节　宏观经济学发展简史 …… 11

第二章　国民收入核算 …… 17
第一节　国内生产总值的概念及核算方法 …… 17
第二节　物价、失业、利率与汇率 …… 24

第二部分　国民经济的均衡

第三章　总支出与产品市场的均衡 …… 33
第一节　总支出与均衡 …… 33
第二节　消费和储蓄 …… 35
第三节　投资函数 …… 43
第四节　简单均衡模型及拓展 …… 48
第五节　乘数原理 …… 54

第四章　总产出和劳动市场的均衡 …… 59
第一节　总量生产函数 …… 59
第二节　劳动的需求 …… 67
第三节　劳动的供给 …… 71
第四节　劳动市场的均衡 …… 75

第五章　货币市场的均衡 …… 78
第一节　货币的定义 …… 78
第二节　货币的供给 …… 80
第三节　货币的需求 …… 84

第四节　货币市场均衡 …………………………………………………… 89
　　第五节　金融市场 ………………………………………………………… 91

第三部分　短期宏观经济分析

第六章　国民收入的决定：IS－LM 模型 ……………………………………… 101
　　第一节　产品市场均衡与 IS 曲线 ……………………………………… 102
　　第二节　货币市场的均衡与 LM 曲线 …………………………………… 109
　　第三节　IS－LM 模型 ……………………………………………………… 114
　　第四节　凯恩斯的基本理论框架 ………………………………………… 120

第七章　宏观经济政策 …………………………………………………………… 124
　　第一节　宏观经济政策概述 ……………………………………………… 124
　　第二节　财政政策及其效果 ……………………………………………… 127
　　第三节　货币政策及其效果 ……………………………………………… 138
　　第四节　财政政策与货币政策的选择与配合 …………………………… 145

第八章　总需求—总供给模型：AD－AS 模型 ………………………………… 157
　　第一节　总需求 …………………………………………………………… 157
　　第二节　总供给 …………………………………………………………… 164
　　第三节　总需求—总供给模型 …………………………………………… 174

第九章　经济周期理论 …………………………………………………………… 182
　　第一节　经济周期的基本知识 …………………………………………… 182
　　第二节　传统经济周期理论 ……………………………………………… 185
　　第三节　现代经济周期理论模型 ………………………………………… 188
　　第四节　实际经济周期理论 ……………………………………………… 194

第十章　通货膨胀和失业理论 …………………………………………………… 200
　　第一节　通货膨胀理论 …………………………………………………… 200
　　第二节　失业理论 ………………………………………………………… 213
　　第三节　通货膨胀和失业的关系 ………………………………………… 220

第四部分　长期宏观经济分析

第十一章　经济增长基本理论 …………………………………………………… 231
　　第一节　经济增长的事实 ………………………………………………… 231
　　第二节　增长核算 ………………………………………………………… 234
　　第三节　索洛模型 ………………………………………………………… 236

第十二章　内生增长理论 ... 247

第一节　生产外部性的增长模型 ... 247
第二节　外生与内生增长 ... 254
第三节　基于探究与开发的内生增长模型 ... 255

第五部分　开放经济

第十三章　开放经济条件下的宏观经济均衡 ... 265

第一节　国际收支平衡表 ... 266
第二节　开放经济中的产品市场均衡 ... 270
第三节　开放经济中的金融市场均衡 ... 273
第四节　产品市场和金融市场的结合 ... 278

第十四章　汇率与宏观经济政策 ... 284

第一节　导言 ... 284
第二节　汇率及其决定 ... 285
第三节　开放经济的宏观模型
　　　　——IS-LM-BP 模型 ... 290
第四节　固定汇率制度下的财政政策 ... 294
第五节　浮动汇率制度下的宏观经济政策 ... 297

第六部分　宏观经济学前沿

第十五章　新古典主义宏观经济学 ... 305

第一节　简单的总需求—总供给模型 ... 305
第二节　完全预见的模型 ... 308
第三节　理性预期模型 ... 309
第四节　理性预期的宏观经济政策 ... 310

第十六章　新凯恩斯主义宏观经济学 ... 313

第一节　新凯恩斯主义的黏性名义价格模型 ... 313
第二节　新凯恩斯主义的经济政策思想 ... 316

主要参考文献 ... 331

第一部分　导论与国民收入核算

第一章　宏观经济学导论

教学目标和教学要求

本章教学的主要目的是使学生了解宏观经济学的研究对象、产生与演进脉络，熟悉宏观经济学的定义、主要内容和研究方法，掌握宏观经济学的基本分析框架，以获得对宏观经济学的整体性认识。

宏观经济学的研究主题是什么？经济学家在试图解释经济的运行时运用了什么样的方法以及简化假设？我们将要学习到的宏观经济学理论的演进过程是什么？这些便是我们在第一章中要解决的问题。

第一节　什么是宏观经济学

一、宏观经济学的研究主题

一般情况下，一本宏观经济学教材在开始会给出宏观经济学的一般性定义。然而，我们认为非常清晰明确的宏观经济学定义并不存在。

诺贝尔经济学奖获得者加里·贝克尔（Gary Becker）曾说过："经济学研究的是如何配置稀缺资源以满足人们无限的欲望。"[①] 这句话的确给出了经济学定义——主要是微观经济学的重要信息。这个定义的隐含前提是资源是稀缺的，且资源被充分利用。然而，在宏观经济学的研究中，可获得的劳动和资本的供给并没有得到充分的利用，资源并非稀缺。根据加里·贝克尔（Gary Becker）的定义，这些现实中的重要情形并不包括在经济学的研究领域中。显然，这个定义是有失偏颇的。

既然给出一个简洁、准确的经济学定义是困难的，因而将经济学清晰地划分为微观经济学和宏观经济学也是有问题的。有时候人们认为微观经济学是研究个体经济问题的，比如单个经济个体、单个产品市场。而宏观经济学就是研究整体经济问题的，就是把整个经济视为一个整体来研究。尽管宏观经济学大部分是从整体角度研究经济的，但是上述区分并不准确。宏观经济学的某些重要部分并没有直接关注整个经济，而是重在研究某些特殊市场诸如劳动力市场或资本市场。而微观经济学中的一个非常重要的部分——一般均衡理

---

① 这个定义背后的思想要追溯到19世纪，莱奥内尔·罗宾斯（Lionel Robbins）在其著作《经济科学的性质和意义》一书中首次给出了一个经济学的全面的定义。

论，是把经济视为一个整体来研究所有市场之间的相互联系。

因此，宏观经济学最明显的特征在于它能够简单地阐述经济学的这个分支中的主要问题。宏观经济学涉及经济整体的活动——繁荣与衰退，若要解释总产出的变化，必须理解总消费、总投资以及失业率的变化，还要理解这些实际变量与一般价格水平、名义利率、汇率等名义变量之间的关系。

简言之，宏观经济学是经济学的一个部分，这个部分试图回答这样一些问题：是什么创造了长期总产出和人均收入的增长？是什么导致了我们所观察到的短期经济波动？宏观经济学既讨论长期经济增长，也讨论构成经济周期的短期波动。

【扩展阅读1.1】

凯恩斯和大萧条

随着凯恩斯《就业、利息和货币通论》(General Theory of Employment, Interest, and Money) 一书的出版，现代宏观经济学的历史于1936年开始了。正如凯恩斯在《通论》中写到的那样，他向一位朋友吐露："我认为自己在写一本有关经济理论的书，这一理论将使人类思考经济问题的方式发生巨大改变——不，我猜测会立即在未来10年内引起改变。"

凯恩斯说对了，该书问世的时代是它能够立即获得成功的原因之一，大萧条不仅是一场经济灾难，而且也是经济学家致力于经济周期理论（business cycle theory）——宏观经济学当时的名称——的一种知识失败。很少有经济学家对大萧条做出前后一致的解释，无论是对其深度还是其时间的长度。罗斯福政府在新政时期所采取的经济措施都是凭着直觉判断，而非经济理论。《通论》提供了对问题的一种解释、一种思考的框架，以及明确指出"要实施政府干预"的观点。

《通论》强调有效需求（effective demand）——我们现在称之为总需求。凯恩斯指出，从短期来看，有效需求决定产出。即使最终产出将回到自然率水平，这一过程也是缓慢的。正如凯恩斯几个最著名的论断之一，"从长期来看，我们都要死亡"。

在推导有效需求的过程中，凯恩斯引入了构成现代宏观经济学的许多模块：

（1）消费对收入的关系，还有乘数，可以解释对需求的冲击如何被扩大，以及如何导致产出更大的变动。

（2）流动性偏好（liquidity preference）（凯恩斯对货币需求的称谓），可以解释货币政策如何影响利率和总需求。

（3）预期在影响消费和投资方面的重要性；动物精神（预期的变化）是造成需求和产出变化的主要因素的观点。

《通论》远远超过了为经济学家所作的论述，它提出了明确的政策含义，也符合时代的基调。等待经济自己恢复到自然率水平是靠不住的。在发生衰退时，试图平衡预算不仅愚蠢，而且非常危险。使用积极的财政政策就是回到高就业水平的根本。

资料来源：奥利维尔·布兰查德（著），刘新智等（译）.宏观经济学［M］.
清华大学出版社，2012（7）：568.

二、宏观经济学研究的共同方法

宏观经济学自20世纪30年代产生以来，一直是在争论中取得发展，本章第三节会从宏观经济学发展历史的角度讨论宏观经济学的主要流派。这些流派并不是水火不容，而是在争论中发展起来一些被大家共同采用的方法，这些方法归纳如下：

第一，宏观经济学把一个经济体系中所有的市场分为三（四）个市场：产品（物品和劳务）市场、金融市场（货币市场和外汇市场）、劳动市场；同时，经济行为主体分为三类：家庭、企业、政府，研究这三类经济行为主体在上述市场中的行为及相互作用。

第二，宏观经济分析建立在微观经济个体行为分析的基础上。宏观变量的基础是家庭和单个企业在市场上相互作用的行为。如果对宏观经济现象的解释不与微观经济个体理性行为相一致，宏观经济研究就缺乏分析的微观经济基础。在宏观经济学的数学模型中，一个行为者的目标被表达为一些他能控制的变量的函数，个人或企业的理性行为就是如何改变他所控制的变量以求约束条件下目标函数的最大化。最大化假定未必与现实世界个人行为决策一致，但是为了推论的需要，这样的假定是十分必要和重要的。

第三，宏观经济学在观察现实经济现象的基础上，加上必要的假设，建立起理论模型，然后再用现实世界中的数据来检验理论模型。建立经济模型是为了尽可能地简化经济变量之间的作用关系，以解释现实经济现象。图1-1就是一个最简单的宏观经济模型。这个模型假定经济社会只要两个部分：家庭和厂商。家庭给厂商提供劳动力，然后从厂商那里获得报酬——收入；家庭用获得的收入在产品市场上向厂商购买商品。这样完成了生产要素（劳动力）的流动，商品的流动和货币的流动。在这个模型中，现实世界中的政府、银行、国际贸易等都被忽略掉了，但这种抽象简化使我们有可能看清楚国民经济中两个最主要的部门如何通过不同的市场联系起来，并相互发挥作用。

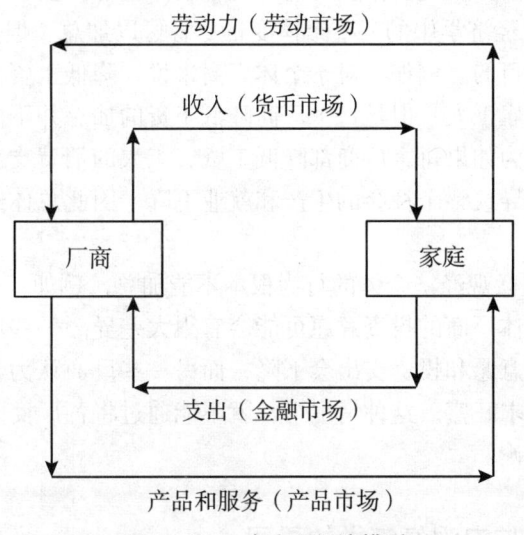

图1-1　一个宏观经济模型

第四，在经济学理论分析中，均衡（equilibrium）是最重要的概念之一。均衡是一种状态，一种相对不变动的状态。在市场中，各种力量由各自不同的动机驱使向不同的方向运动，这些力量在市场上冲突和妥协的结果会形成一种各方都能接受的状态，这种状态就是均衡。在各方力量对比和市场客观条件给定的情况下，各方都没有打破均衡的动机。在给定的条件下，均衡是一种稳定的平衡。但如果有一方情况发生变化，原有的均衡会被打破，各方又开始新的冲突和妥协的过程，最终又会达成新的均衡，因而均衡是一种动态的平衡。

三、宏观经济学的加总法

宏观经济模型中的变量都是一些具有代表性的覆盖整个经济的综合变量。例如，在宏观经济模型中，我们总是把经济的整体生产描述为厂商运用资本和劳动这两种不同的生产要素生产单一产品的过程。资本和劳动这两个一维变量都可以用数字来代表。相反，微观经济学研究的模型则不能加总，例如，我们不能将分别生产的苹果和香蕉加总到水果的生产中去。为什么宏观经济学家能进行加总？有以下 2 个理由：

（1）随着时间的推移，许多商品和服务的产出的确朝着同一方向变化。由于大多数产业的生产规模都是正相关的，使用总产出或总投资这样的概念基本上是合理的。

（2）经济运行的复杂程度使我们不能考虑得面面俱到。为了理解一些客观经济规律，需要对经济进行大幅度地抽象简化。变量的加总就是一种简化分析的便利方法。

宏观经济学运用经济加总法时有 3 点值得注意：

（1）宏观分析中有些总量变化可以从微观分析的个量中直接加总，大部分是加权平均加总得到。例如，每个人的消费支出加总就构成整个社会的消费总支出，每个人的消费支出与其收入成一定比例，就产生总量消费函数。单个厂商的投资支出加总就构成全社会的总投资支出，每个厂商的投资随利率变化而变化，就产生总量投资函数。

（2）有的时候微观经济学中的一些个体变量尽管可以加总，但是这种加总却达不到研究整个社会经济行为的目的。例如，对于个体厂商来说，降低工资可以降低成本、增加利润，从而增加生产并增雇工人，但是每个厂商降低工资的加总并不能得出整个社会能增加生产和就业的结论，因为如果每个厂商都降低工资，工人的消费支出会下降，全社会的总需求水平会降低，从而导致整个社会的生产和就业下降。因此总体经济行为并不是个体经济行为的简单加总。

（3）有些时候一些微观经济个体的行为根本不能加总。例如，一个经济社会的经济景气情况发生变化时，个体厂商的投资意愿可能会有很大差异。一些厂商认为经济不景气可能在走下坡路从而投资意愿和投资支出会下降，而另一些厂商认为经济会继续向好，从而投资意愿强烈，投资需求旺盛。这种情况下，就不能通过将各厂商的投资直接加总得出总投资会增加或减少的结论。

四、微观经济学与宏观经济学的异同

通常认为微观经济学（Microeconomics）是以单个经济单位为研究对象，研究单个经济主体在既定的资源约束时如何进行科学的选择。单个经济单位主要是指家庭（消费者）、厂商（生产者）。概括而言，微观经济学对于个体经济单位的考察是从 3 个方面来进行的。第一个层面是分析单个消费者和单个生产者的经济行为。它分析了单个消费者如何进行最优消费决策以获得效用水平的最大化。单个生产者如何进行最优生产决策以获得利润水平最大化；第二个层面是分析单个市场的价格决定。这种单个市场价格的决定，是作为单个市场中所有消费者和所有生产者最优经济行为共同作用的结果而出现的，其分析方法一般侧重于局部均衡分析；第三个层面是分析所有市场的价格同时决定，这种决定是作为所有单个市场相互作用的结果而出现的，其分析方法侧重于一般均衡分析。

宏观经济学（macroeconomics）研究作为整体的经济，包括诸如通货膨胀、失业和经济增长这样一些问题。宏观经济学问题包括解释为什么经济会经历衰退和失业不断增加的时期，以及为什么在长期内有些经济体比其他经济体增长得快得多等问题。宏观经济学也涉及政策问题，例如，政府干预能否降低衰退的严重性。

微观经济学和宏观经济学之间的区分并不是严格且固定不变的。许多经济情况既涉及微观经济也涉及宏观经济的层面。例如，企业投资于新机器和设备的总体水平有助于确定经济增长的速度是一个宏观经济问题。但要了解企业决定购买多少新的机器设备，我们又需要分析单个企业所面临的激励，这是一个微观经济问题。

总体而言，微观经济学和宏观经济学之间的区分主要体现在：

（1）研究对象不同。

微观经济学的研究对象是单个经济单位，如家庭、厂商等。正如美国经济学家 J·亨德逊（J·Henderson）所说：居民户和厂商这种单个单位的最优化行为奠定了微观经济学的基础。而宏观经济学的研究对象则是整个经济，研究整个经济的运行方式与规律，从总量上分析经济问题。正如萨缪尔逊所说，宏观经济学是根据产量、收入、价格水平和失业来分析整个经济行为。美国经济学家 E·夏皮罗（E·Shapiro）则强调了宏观经济学考察国民经济作为一个整体的功能。

（2）解决问题不同。

微观经济学要解决的是资源配置问题，即生产什么、如何生产和为谁生产的问题，以实现个体效益的最大化。宏观经济学则把资源配置作为既定的前提，研究社会范围内的资源利用问题，以实现社会福利的最大化。

（3）研究方法不同。

微观经济学的研究方法是个量分析，即研究经济变量的单项数值如何决定。而宏观经济学的研究方法则是总量分析，即对能够反映整个经济运行情况的经济变量的决定、变动及其相互关系进行分析。这些总量包括两类，一类是个量的总和，另一类是平均量。因此，宏观经济学又称为总量经济学。

（4）基本假设不同。

微观经济学的基本假设是市场出清、完全理性、充分信息，认为"看不见的手"能自由调节实现资源配置的最优化。宏观经济学则假定市场机制是不完善的，政府有能力调节经济，通过"看得见的手"纠正市场机制的缺陷。

（5）中心理论和基本内容不同。

微观经济学的中心理论是价格理论，还包括消费者行为理论、生产理论、分配理论、一般均衡理论、市场理论、产权理论、福利经济学、管理理论等。宏观经济学的中心理论则是国民收入决定理论，还包括失业与通货膨胀理论、经济周期与经济增长理论、开放经济理论等。

第二节　长期和短期宏观经济学

宏观经济学的核心内容，从短期看，是要解决实际总产出的决定问题以及为什么实际总产出会围绕潜在总产出发生波动；从长期看，是要探讨潜在总产出在怎样的条件下才能增长，为什么有的国家经济增长迅速而另外的一些国家经济增长基本处于停滞状态。因此，在学习宏观经济学时，需要特别注意的是时间概念，因为在不同的时间范围内，宏观经济学关注的对象是不一样的，当然，所采用的分析方法和分析手段也各自不同。

一、长期宏观经济学

从长期的角度研究宏观经济主要研究通货膨胀率的决定因素。通货膨胀率指的是价格总水平的变动。一些国家当中，价格水平的变动总是比较平稳，而另一些国家价格疯狂上涨。在长期中，产出水平只取决于供给方面的因素。产出基本上决定于经济的生产能力。相对于经济所能提供的产量，价格水平则取决于需求水平。这里给出一个最基本的长期经济模型：有着垂直的总供给曲线的总供给—总需求模型。

图 1-2 表示了具有垂直总供给曲线的总供求（aggregate-supply-aggregate demand）图形。这个模型（横坐标为 Y，纵坐标为 P，AS 为垂线，AD 向下倾斜）在宏观经济理论中是一个非常重要的模型。这个模型的主要思想是要用总供给和总需求这样的工具，说明在一个经济中价格总水平与总产出和总需求的关系。

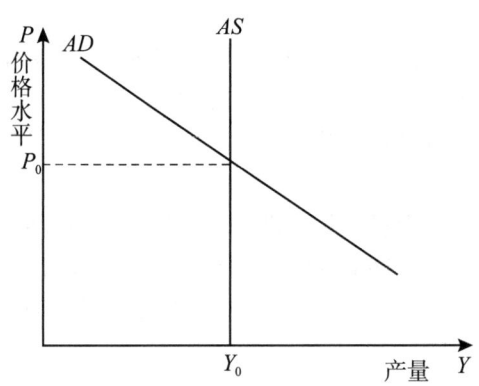

图 1-2 总需求和总供给：长期

总供给曲线表示的是，在每个特定的价格水平上，厂商所愿意提供的产出的数量。总需求曲线所表现的是，在每个特定的价格水平上，产品市场和货币市场同时都处于均衡水平时的产出水平，也就是总需求曲线的位置取决于政府的货币政策和财政政策以及消费者对经济的信心。

在长期，总供给曲线的形状是一条垂线，这意味着产出水平取决于总供给曲线与横坐标的交点。由于总供给曲线是一条垂线，因此，总产出水平是不变的，定在那个交点上的。总需求曲线左右移动会使两条曲线的交点上下移动，也就是说，价格水平发生变动，而交点并不发生横向变动。这说明，当总需求曲线左右移动的时候，价格水平发生变化，而总产出没有发生变化。

在长期，产出水平取决于总供给，而价格既取决于总供给也取决于总需求。

与此相联系的是一个重要的结论：特别高的通货膨胀率，即价格总水平的迅猛增长，总是由于总需求的变化。原因很简单，总供给曲线的移动很小，最多不过是几个百分比，所以变化很小，但是总需求曲线的移动既可以是很大，也可以是很小。所以价格总水平变动的唯一原因就是总需求的波动，它可能扫过整个垂直的总供给曲线，造成价格的大起大落。事实上，从经济发展的历史可以清楚看到，凡是真正的大的价格波动，都是政府支持的货币供给的迅猛增长造成的。

宏观经济学的研究很大一部分就是研究总供给曲线和总需求曲线的位置和形状的，特别是其斜率。现在我们知道，长期总供给曲线的位置是由特长期的经济增长决定的，总供给曲线的斜率是垂直的。

总供给的水平是在资源和技术给定的条件下，能够生产的整个经济的产出水平。一个国家经济的总供给在价格和产出之间的权衡，表现出企业或公司在需求改变的时候改变价格的决策。

长期宏观经济理论中有一部分是研究特长期经济问题的。经济的特长期行为是增长理论（growth theory）研究的范围。特长期的时间段，可能是几十年甚至几百年的时间。研究在这样一个非常长的时期内经济的行为是怎样的，重点是一个经济体系的生产能力的增长情况。

经济增长理论关注经济增长的原因、经济增长模式的异同、生产能力的增长。

在经济增长理论当中，我们将研究生产要素本身（例如资本和劳动）量的增长情况，也研究经济增长的质的方面（例如技术的进步）。在工业化发达国家，经济增长的动力主要来自于技术进步本身和资本的积累；而大多数发展中国家的经济增长主要依赖于生产要素（例如劳动力）量的增长。

在所有的国家中，储蓄率都是未来福利的关键决定性因素，愿意在今天做出牺牲的国家，在将来才会有较高的生活水平。储蓄率的高低在经济增长理论中都是十分重要的——存在为了将来的福利来牺牲现在的消费的问题。那么消费与投资的最恰当比例是什么？

经济增长和发展并不是直线的，必然存在迂回、曲折和波动。但是在长期，这种迂回、曲折和波动大致都可以忽略不计，这些波动不足以对我们对经济增长长期趋势的研究构成问题。从平均的角度，可以把经济的增长当作平滑发展过程，而忽略它的波动。所以从特长期的经济增长理论看，把经济中的曲折和波动忽略而并不会对研究的结果造成影响。

然而，更重要的是，当"非常长的时期"过去以后，人们发现各个国家之间经济发展水平有了巨大的差距。如果短时期的话，可能这种差距并不大，但是当累积到一定时期之后，这种差距就十分显著了。

【扩展阅读 1.2】

长期增长的 70 规则

长期经济增长率的差异会对一国的经济水平和收入水平产生巨大的影响。如果一个国家的长期增长率为1%，而另一个国家为3%，2%的差别会导致什么结果呢？

举一个例子。假设 A 和 B 两个大学毕业生，大学毕业时找到一份年收入 3 万美元的工作。A 在一个所有收入都按1%增长的城市生活，B 在一个所有收入都按3%增长的城市生活，40 年后。A 的年收入为 4.5 万美元，而 B 的年收入为 9.8 万美元。由于增长率2%的差别，年老时 B 的年收入是 A 的年收入的两倍多。也可以将上面这个例子想成，A 和 B 分别存入银行 3 万美元，存款利息分别是1%和3%，按复利计息，40年后的本利和分别为4.5万美元和9.8万美元。

美国经济学家曼昆（N.G.Mankiw）用70规则来说明长期增长率差异的经济影响。根据70规则，如果某个变量年增长率为x%，则在将近70/x年后该变量翻一番。在大学生A所处的城市中，收入每年增长1%，因此，收入翻一番需要70年左右时间；B所处的城市中，收入每年增长3%，因此，收入翻一番需要70/3年即23年左右。

改革开放以来，我国人均收入年增长率大体为5%~6%，如果能长期维持在5%的年增长率水平，那么根据"70规则"，我国人均收入将在14年内翻一番。当然，长期维持5%的年均增长率并非易事。

资料来源：曼昆. 经济学原理（下册）[M]. 北京三联书店，北京大学出版社，1999：144-145.

二、短期宏观经济学

从长远来讲，经济增长基本可以视为平滑发展的，但是如果放大来看的话，经济增长总是在波动过程中成长的。对总需求曲线的研究就是要说明产出的短期波动，或者说，产出的短期波动是通过对总需求曲线的研究来加以说明的。

总需求和总供给长期和短期的区分是很清楚的。在短期，总供给曲线的形状是平的。短期供给曲线在它与纵轴的交点盯住价格水平，而产出却可以是任何值。这后面的假定是，在短期，产出水平并不对价格有任何影响。总需求曲线左右移动，产出变动而价格不改变，据此我们可以得出结论，在短期，产出是由总需求曲线单独决定的，价格并不受到产出水平的影响。图1-3显示出一条水平的短期总供给曲线。

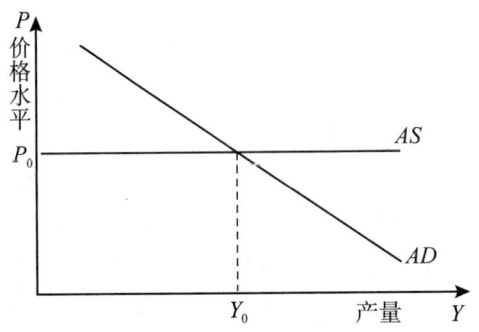

图1-3 总需求和总供给：短期

在短期里，宏观经济学假定潜在总产出水平和价格水平均固定不变。在这一假定之下来分析实际总产出的决定与波动问题。由于潜在总产出水平既定，因而实际总产出的大小就主要取决于总需求。总需求主要由四部分组成，即消费需求、投资需求、政府支出和净出口，这四部分的大小就决定了一个国家短期里实际总产出的大小。显然，在这四部分中，除了政府购买是外生决定的，我们不易描述其变化的行为方式外，其他三部分都会发生波动，因而，会导致实际总产出在短期内有可能大于潜在总产出也有可能小于潜在总产出。当实际总产出大于潜在总产出时，我们就说经济处于过热状态；反之，当实际总产出小于潜在总产出时，我们就说经济处于萧条状态。

在短期里，由于价格水平固定不变，因此，当经济出现过热或者萧条时，市场自身很难进行自我调整，为此，需要政府进行适当的干预，以使实际经济运行尽量稳定在潜在总产出水平上。政府干预的主要手段有两种：一种是财政政策，主要是通过改变政府支出来实现；另一种是货币政策，通过改变货币的供应量来改变利率，进而影响投资。

在长期和短期，总供给曲线从垂直到水平。但是总供给曲线从水平到垂直的转换过程还需要补充一个中期的分析，也就是处于短期和长期之间的分析。（横坐标为 Y，纵坐标为 P，AS 为向上倾斜，AD 向下倾斜）

宏观经济究竟是如何运转的，取决于我们分析时所采用的模型和方法。简单来说中期就是当高的总需求把产出推高，超过了根据非常长时期的模型所规定的可持续水平的时候，厂商就会提高价格，而总供给曲线就开始向上移动。

中期看起来有点像图 1-4 所表示的情况，中期总供给曲线的形状是有一定的斜率的，正好是处于水平线和垂线之间。"总供给曲线有多陡？"的问题是宏观经济学中争论的主要问题。

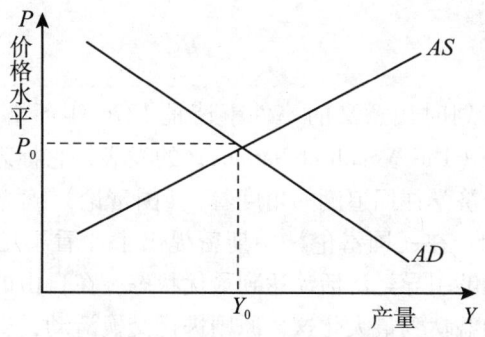

图 1-4 总需求和总供给：中期

价格的调节速度是理解宏观经济的关键参数。用 15 年来观察宏观经济，除了非常长期的经济增长率之外，其他的都并没有很大的影响。如果是 15 分钟，甚至 15 秒，那总需求就十分重要，其他的就没有任何意义。

一般来说，价格通常调整得很慢。因此在一年的时间段内，总需求的变化很好地说明了经济的行为。

价格调整的速度可以从菲利普斯曲线（横坐标为失业率，纵坐标为通胀，曲线向右下倾斜）总结说明。在菲利普斯曲线中，通货膨胀率与失业率一起决定那个点的位置。根据菲利普斯曲线，失业率从 6 降到 4，这是一个很大的变化，但是，通货膨胀只提高了一个百分点。正因为如此，总供给曲线在一年这个时间段中是相当平的，所以总需求可以成为一个解释产出决定的一个比较好的变量。

所以总体来说，宏观经济学理论当中几乎所有内容都可以归结为关于经济增长理论；关于总供给和总需求的分析框架。

第三节 宏观经济学发展简史

宏观经济学与其说是作为一门科学产生的，更像是一门工程学。正如曼昆所说：上帝将宏观经济学带到人间，并不是为了提出和检验优美的理论，而是为了解决实际问题。本节描述宏观经济学的发展简史，以及我们所学习的宏观经济理论的演进过程。

一、早期的宏观经济思想

如果我们把宏观经济学看成是研究经济总体运行和发展趋势的科学，那么宏观经济学研究可以追溯到 18 世纪大卫·休谟那里，他第一次研究了一个经济中货币供给、国际贸易平衡和价格水平的关系。大卫·休谟提出了著名的货币数量公式：$PQ = MV$，即物价总水平由流通中的货币数量决定，这一公式是一切货币数量理论的基础，也是当代货币分析的理论基础。休谟以后，古典学派的李嘉图、穆勒等人信奉并且进一步发展了货币数量学说。

二、古典主义方法

经济思想史上最具有划时代意义的一件事情是 1776 年苏格兰经济学家亚当·斯密（Adam Smith）《国富论》（The Wealth of Nations）的发表，它标志着经济学作为一门独立的学科诞生了。从宏观经济学往回追溯的角度看，《国富论》确立了被今天宏观经济学家称为古典方法的哲学基础。在《国富论》中斯密提出了"看不见的手"的概念，市场力量如同一只看不见的手能够引导经济活动达到最优状态。在自由的市场经济条件下，每个人和企业都根据使自己利益达到最大化这一原则进行交换活动，交换结果使每个人的经济状态达到最优。

"看不见的手"自动调节经济并使其达到最优状态的理论观点建立在一个十分重要的假定前提之上，即所有的市场，包括金融市场、劳动市场、商品市场，必须运行良好，尤其是不存在诸如最低工资限制或者最高利率限制等制约因素。也就是说，市场上的工资和价格必须对供求失衡作出迅速反应并得到充分的调整，以使所有市场都达到供求相等的平衡。因此，每个市场的工资和价格变化的充分运动是保证市场均衡的关键假定，在自由市场经济条件下，价格变动是协调个人行为的重要信号。因此，斯密的"看不见的手"调节经济的实质就是：个人在追求他们自身利益最大化的驱动下在市场上表达供求意向，市场价格对此作出充分反应和调整，使每个市场达到供求平衡。这一信念成为许多古典主义方法的宏观经济模型的基础。使用这一方法的宏观经济模型的政策含义十分清楚：政府在自由市场经济中的作用是十分有限的。因此，政府是不可能通过它的经济政策来影响宏观经济运行的。在后面的新古典宏观经济流派中会对此再作讨论。

三、凯恩斯革命

"宏观经济学"一词首次出现在学术文献是在 20 世纪 40 年代。但是宏观经济学的研究主题——短期波动与长期增长，长期以来就激起了经济学家的兴趣。18 世纪，大卫·休谟（1752 年）讨论了货币投入的短期和长期影响。在许多方面，他的分析看起来很像人们在现代货币经济学家或中央银行的分析中看到的东西。1927 年，庇古出版了《产业波动》这一著作,试图对经济周期提供解释。尽管如此,宏观经济学作为一个独特而又活跃的研究领域,是在20世纪30年代大萧条的阴影下出现的。大萧条对生活在那个时代的人产生了深远的影响。1933年,美国失业率达到了25%,真实GDP比1929年的水平低31%。同这次经济波动海啸相比,美国经济之后的所有波动,都是平静海面上的涟漪。

在大萧条背景下,约翰·梅纳德·凯恩斯的《就业、利息和货币通论》出版,这一著作奠定了现代宏观经济学的基础,他被称为现代宏观经济学之父。

《通论》是伟大经济学思想应用于社会问题的著作,其流行性与深远影响毋庸置疑;但是另一方面,它似乎在逻辑上并不完整。于是,在凯恩斯出版《通论》不久,一代宏观经济学家通过将他宏大的理论转换成更为简单、更为具体的模型,来回答这一问题。其中,最早、也是影响最大的尝试是33岁的约翰·希克斯(1937年)提出的IS-LM模型。其后,26岁的弗兰克·莫迪利亚尼(1944年)拓展并更为充分地解释了该模型。

至今,IS-LM模型仍是对凯恩斯思想的解释中,在中级水平的宏观经济教科书中最广泛使用的模型。批评IS-LM模型的一些凯恩斯主义者抱怨,该模型过度简化了凯恩斯在《通论》中的经济观点。在某种程度上,这种批评是对的,不过,简化和过度简化之间的界限通常是不明确的。

《通论》获得了极大的成功,它掀起了凯恩斯在经济理论上的一次革命,吸引了当时许多最优秀的年轻学者。他们的丰富研究成果,为理解短期经济波动提供了新的方式。对于这些事件的反应,萨缪尔森(Samuelson, 1988)做出了简洁的总结:"凯恩斯革命,是20世纪经济科学的最重要事件。"凯恩斯那一代的许多经济学家均持有这种看法。

但是,凯恩斯革命不能简单地理解为科学性的进展。在很大程度上,凯恩斯和凯恩斯主义的模型构建者,具有工程师的视角。他们受现实世界中问题的启发,且一旦他们建立了理论,就迫不及待地将理论付诸实践。直至1946年去世,凯恩斯本人深深地卷入到为政府提供政策的建议中。

早期的美国凯恩斯主义者亦是如此。托宾(Tobin)、索洛(Solow)和埃克斯坦(Eckstein)都在20世纪60年代有一定时间离开学术研究,在经济顾问委员会工作(Council of Economic Advisers)。1964年美国最终通过的肯尼迪减税方案,在许多方面都是对新出现的凯恩斯主义的共识,以及体现这种共识的模型的直接结果。

四、新古典主义

到20世纪60年代末,凯恩斯主义共识开始出现裂缝。这些裂缝最终成长为裂痕,最终导致宏观经济学共识的瓦解,并削弱主流经济计量模型的自信。面对这种处境,对于经济的更古典的观点重新出现。

新古典经济学的第一波是货币主义,最著名的支持者是米尔顿·弗里德曼(Fridman)。弗里德曼(1957年)对永久性收入假说的早期研究表明暂时性收入的边际消费倾向很小,政府的财政政策对均衡收入的影响,比许多凯恩斯主义者相信的那样小得多。

弗里德曼和施瓦茨(Schwartz, 1963)的《美国货币史》同经济周期有更早的直接的联系,它同样削弱了凯恩斯主义的共识。绝大多数凯恩斯主义者把经济视为天生不稳定的,不断受到不断变化的投资者"动物精神"打击的活动。弗里德曼和施瓦茨认为,经济不稳定性不应该归结为私人部门的行为，而应该归结为政府货币政策的无能。其弦外之音是，政策制定者如果遵循简单货币规则、而不损害之，他们应该为此感到满意。尽管弗里德曼建议的关于货币总量稳定增长的规则，今天很少有人遵循，但它却是目前世界许多央行努力实现的通胀目标制的前身。

菲利普斯曲线关于通货膨胀和失业之间的交替关系（trade-off）。即便没有凯恩斯本人的认可，但至少从萨缪尔森和索洛（1960）开始，一定形式的菲利普斯曲线就已成为凯恩斯主义共识的一部分。弗里德曼认为，在可以应用古典理论和货币为中性的长期，通胀和失业之间的交替关系将不再成立。经验数据中之所以出现这种交替关系，是因为在短期通胀通常是预料之外的，而预料之外的通胀能够降低失业。对宏观经济学的发展来说，重要的是弗里德曼将预期置于研究框架。

预期为第二波的新古典经济学——"理性预期革命"——提供了准备。在一系列极具影响力的论文中，罗伯特·卢卡斯（Lucas）拓展了弗里德曼的观点。在他的《经济计量评估：一个批评》中，卢卡斯（1976）认为，由于主流凯恩斯主义模型没有认真考虑预期，因而在政策分析方面没有用处。其结果是，对于构成这些模型的、估计的经验关系，如果实施的是另一种政策，则这些关系很可能不再成立。

卢卡斯（1973）还提出了一种基于不完全信息、理性预期和市场出清假设的经济周期理论。在该理论中，只有在令人们预料不到、并引起他们混淆相对价格的条件下，货币政策才起作用。巴罗（Barro, 1977）提供的证据显示，该模型同美国时间序列数据一致。萨金特（Sargent）和华莱士（Wallace, 1975）指出了其关键的政策含义：由于不可能系统地出乎理性的人们的意料之外，故旨在稳定经济的系统的货币政策注定会失败。

第三波的新古典经济学，是基德兰德和普雷斯科特（Kydland & Prescott, 1982）及郎和普洛瑟（Long & Plosser, 1983）的真实经济周期理论。正如弗里德曼和卢卡斯的理论一样，这些理论同样建立在下述假设之上：价格瞬时调整以实现市场出清——与凯恩斯主义的理论化存在完全的不同。不过，同新古典先驱们不同的是，不管是有意还是无意，真实经济周期理论在解释经济波动时，忽略了货币政策的任何作用，而是将重点转向技术随机冲击的作用，以及这些冲击引起的消费和闲暇的跨期替代。

作为三波新古典经济学的结果，宏观经济学领域变得越来越严谨、越来越同微观经济学中的分析工具密不可分。真实经济周期模型是阿罗—德布鲁一般均衡理论具体的（specific）、动态（dynamic）的例子。

在学术研讨会上，人们不再认真对待凯恩斯主义的理论化，但是就在卢卡斯为凯恩斯主义经济学写悼词的时候，宏观经济学已开始迎接"新凯恩斯主义"一代。

五、新凯恩斯主义

可以恰当地称之为"新凯恩斯主义"的第一波研究，是对一般均衡的研究（Barro and Grossman, 1971; Malinvaud, 1977）。这些研究旨在利用一般均衡分析工具，来理解当市场不能出清时的资源配置的结果。工资和价格被视为给定的，分析重点放在当一个市场不能出清时如何影响相关市场的供给和需求上。根据这些理论，一个经济能够确定它自身处于几种体系（regime）下的哪一个，而这取决于哪一些市场正在经历过度供给、哪一些市场正在经历过度需求。

新凯恩斯主义研究的第二波，旨在探索如下问题：在不存在市场出清假设的情况下，如何将理性预期概念引入模型之中。在某种程度上，这项研究同下述问题有关：通过表明系统的货币政策如何能够在理性预期的情况下稳定经济，来回应萨金特和华莱士关于货币政策无效性的结论（Fischer，1977）。

这个研究的关键在于如何寻找到经验上现实可行的通货膨胀动态模型（Taylor，1980）。这需要假定某种形式的劳动合同，尽管从经验基础方面可能是合理的，但很难同微观经济理论相一致。

由于凯恩斯主义传统，过于依赖"工资和价格不能实现市场出清"的前提，因此，新凯恩斯主义研究的第三波，旨在解释为何会这样。它们采用了各种各样的假设。比如，企业在选择改变价格时面临"菜单成本"，企业向工人支付高于市场出清水平的"效率工资"以提高工人的生产率，以及工资和价格的制定偏离完全理性等。

曼昆（Mankiw，1985）和阿克洛夫（Akerlof）与耶伦（Yellen，1985）指出，在企业具有市场影响力（market power）的情况下，针对价格调整所进行的私人成本收益计算和社会成本收益计算之间存在很大的差异，因而粘性价格的均衡可以是私人理性（或近似理性）的，而社会方面则是高成本的。

布兰查德（Blanchard）和清泷（Kiyotaki，1987）表明，私人激励和社会激励之间的这一差异，部分源于总需求的外部性：当一个企业减价时，它提高了真实货币余额、从而提高了对所有企业的产品的需求。鲍尔（Ball）和罗默（Romer，1990）表明，真实刚性和名义刚性之间具有很强的互补性，因此，旨在避免相对价格变动的任何动机，都将加剧名义价格的惰性。

上述三波凯恩斯主义研究，意味着对于短期宏观经济现象，关于"看不见的手"失效的一种内在一致的微观经济理论。我们理解了存在价格刚性时市场如何相互作用、预期所起的作用，以及价格制定者在选择是否改变价格时所面临的激励。

【扩展阅读1.3】

有趣的宏观经济学：意见相反的两位经济学家都可获得诺贝尔奖

在日常生活中我们知道："一张桌子是方的就是方的，不能说成是圆的"，这是物理科学，很多自然科学都是这样的，是黑的就是黑的，是白的就是白的。如果白的是对的，那么黑的就是错的。而经济学，特别是宏观经济学则不完全是这样，"持不同观点"的两位宏观经济学家，可能都会获得诺贝尔经济学奖，或者说两位诺贝尔学奖得主关于某宏观经济现象的观点可能完全相反。比如，关于2009年次贷危机引起的经济危机将持续多久的问题，2009年诺贝尔经济学奖得主克鲁格曼认为将持续很长时间，而在2008年底的时候，1996年诺贝尔经济学奖得主莫里斯则认为经济危机估计两年就会过去。

宏观经济学就是这样一门门派林立、观点多样、争论不断的发展中的经济科学。

宏观经济学中的"革命"和"反革命"不断循环上演。1936年以凯恩斯为代表的有效需求不足理论标志着宏观经济学的开始，并指导西方资本主义国家成功摆脱了20世纪30年代经济危机的困扰，由此奠定了其不可动摇的经济学地位。但是20世纪50年代之后，这种牢固不移的新信仰迅速成为过时的谈资，以希克斯、汉森以及萨缪尔森为代表的新古典综合派推出了IS-LM模型，试图调和凯恩斯主义和古典经济学之间的分歧。但是新古典综合派的统治并没有维持多久，由于菲利普斯曲线对于20世纪70年代西方经济"滞胀"的解释乏力，新古典综合派又遭受了来自弗里德曼和费尔普斯的猛烈抨击。到20

世纪70年代中期,凯恩斯主义遭到第二波攻击,这就是以卢卡斯(Robert E. Lucas, Jr)等人为代表的新古典主义宏观经济学家发动的"理性预期革命"。进入20世纪80年代后,大多数经验证据并不支持货币的经济周期理论。基德兰德(Finn E. Kydland)和普雷斯科特(Edward C. Prescott)等人提出了真实经济周期理论。真实经济周期理论的出现在现代西方宏观经济学中掀起了一场"革命"。面对如此反复循环的经济学"革命"和"反革命",有些理论一脉相承,有些理论截然相反,并且自从诺贝尔经济学奖创立以来,这其中不少经济学家获得过该奖,无论他们持有什么样的观点,提出什么样的理论。

资料来源:武拉平. 宏观经济学案例集 [M]. 中国人民大学出版社,2013:12-13.

复习思考题:

1. 宏观经济学的研究对象是什么?宏观经济学所关心的主要问题有哪些?
2. 使用总供求模型解释产出和价格如何决定的。在长期内,产出是变化还是不变的?假定总需求曲线保持不变,随着时间的推移,我们能够推论出价格变化吗?
3. 说明宏观经济学和微观经济学的区别。这两个领域有什么关系?
4. 决定一个国家经济长期增长的因素是什么?
5. 为什么说失业和通货膨胀是宏观经济学研究中的一对主要矛盾,失业和通货膨胀在1979年以后的中国经济运行中有什么样的表现?

第二章 国民收入核算

教学目标和教学要求

本章教学的主要目的是使学生了解考察国民经济统计中最为重要的指标——国内生产总值（GDP）的概念和测算。重点掌握收入法、支出法的测算方法。了解衡量国民收入的几个主要指标。

对事物的发生、发展及变化进行观察和测算是科学研究的一个重要部分。现代宏观经济学作为一门独立学科产生于20世纪上半叶，除了凯恩斯划时代的著作《通论》奠定了宏观经济学的分析理论框架外，还有一个重要的前提条件就是20世纪以来国民经济统计方面所获得的重大成果。这一成果与诺贝尔经济学奖获得者西蒙·库兹涅茨（Simon Kuznets）的贡献是分不开的，他首次提出了对国民产出进行计量的方法。后来人们不断完善国民经济账户体系，并把这一体系向全世界推广。1986年联合国经济和社会事务部统计处编印了《国民经济账户体系》（The System of National Accounts），即SNA体系。在本章着重介绍国民经济统计中最为重要的指标——国内生产总值（GDP）的测算。

可靠的核算能将数据变为信息。研究国民收入核算的两个理由是：第一，国民收入核算为宏观理论模型提供了一个正规的结构；第二，了解少数概略数字有助于刻画经济的特征。产出可以在生产方面和需求方面进行区分。在生产方面，产出是以工资形式与利息、股息形式分别支付给劳动与资本的。在需求方面，产出被消费掉，或者为未来进行投资。将产出区分为生产方面对要素的支付，为研究增长与总供给提供了框架。将需求方面的收入区分为消费、投资等，为研究总需求提供了框架。投入与产出或需求与生产的核算在均衡状态下必然相等。除了考察实际产出之外，国民收入账户也包含了衡量价格总水平的方法，它为研究通货膨胀提供了一个基础。

第一节 国内生产总值的概念及核算方法

一、国内生产总值

本章的研究由对产出的基本衡量——国内生产总值（gross domestic product，GDP）开始。要弄清国内生产总值的概念，首先从一个企业的生产谈起。一个企业在某年生产了500万美元的制成品，能否说这500万美元的产品价值都是该企业生产出来的呢？当然不是，因为生产中要消耗原材料、能源等。500 万美元扣除从其他企业购进的原材料、能源等价值之后的余额成为价值增值。这一增值部分才是企业在该年真正生产的,真正贡献给社会的。举个例子说,假定一件衣服的生产共要经过 5 个阶段:种棉、纺纱、织布、制衣、销售(见表 2-1)。

表 2-1　　　　　　　　　　一件衣服从生产到销售的阶段　　　　　　　　　单位:美元

	棉花	纺纱	织布	制衣	销售
售价	15	20	30	45	50
新增价值	15①	5	10	15	5

这件衣服在 5 个阶段中的价值创造即增值共计:15 + 5 + 10 + 15 + 5 = 50,正好等于这件衣服的最后价值。像这样在一定时期内生产的并由最后使用者购买的产品和劳务就称为最终产品,而棉花、纱、布等称为中间产品,中间产品是指用于再出售而供生产别种产品用的产品。一个国家或地区在一定时期生产千千万万种最终产品,这些最终产品的价值总和就等于生产这些最终产品的各行各业新创造的价值的总和。这是该国家或地区在该时期内生产的价值,称为国内生产总值。国内生产总值(GDP)是对产出的基本衡量。GDP 是在既定时期内,一国(地区)所生产的全部最终产品和服务的价值。它既包括生产的商品价值,如汽车和餐具等,也包括服务的价值,如通信和学者演说等。其中每种商品都以市场价格计价,它们的价值加在一起就是 GDP。

理解 GDP 的概念,要注意以下几个问题:

(1) GDP 是个市场价值概念。各种最终产品的价值都是用货币衡量的,产品的市场价值就是用这些最终产品的单位价格乘以产量得到的。

(2) GDP 核算的是最终产品的价值,中间产品的价值不计入 GDP 中,否则会造成重复计算。例如,不会在 GDP 中已经包含一台电脑的全部价格后,又将电脑生产商买来用到这台电脑上的显示屏的价值再作为 GDP 的一部分计算进来。生产者买来的电脑零部件被称为中间产品,它们的价值并不包含在 GDP 中。在实践中,计算增加值可以避免重复计算。上例中,如果把棉花、纱、布及制衣的成品价值都加在一起:15 + 20 + 30 + 45 + 50 = 160(美元)。而在这件上衣生产中真正被创造出来的价值只有 50 美元。

(3) GDP 是一定时期所生产的而不是所售卖掉的最终产品价值。若某个企业年生产 100 万美元的产品,只售卖掉了 80 万美元的产品,所剩下的 20 万美元的产品看作是企业自己买下来的存货投资,同样计算在 GDP 之中。相反,虽然生产了 100 万美元产品,然而卖掉了 120 万美元产品,计入 GDP 的仍是 100 万美元。

二、GDP 的不足

GDP 被美国经济学家萨缪尔森(Paul A. Samuelson)誉为 20 世纪最伟大的发明之一,GDP 在经济活动中发挥着举足轻重的作用,但是 GDP 存在着许多缺陷。

---

① 假设生产棉花所消耗的种子、肥料等投入品的价值为 0。

(1) GDP只计算市场活动的价值。家务劳动、自给自足生产等非市场活动的价值不计算在GDP中。这也使得GDP并不能准确衡量一个国家或地区居民的生活水平和福利状况。

(2) 政府服务不是直接由市场定价。正式统计假定政府花费1美元，就值1美元。但实际上，政府在高等教育上花费的1美元价值远远大于花费在软饮料上的价值。也就是说，政府花费1美元所产生的价值，公众估价却会超过或低于1美元。

(3) 一些被算作增加GDP的活动，实际上引起环境污染和破坏，这些并未从国民经济账户中排除出去。这个问题在发展中国家尤为严重。一项对印度尼西亚的研究认为，对环境的正确核算应该从今年计算出的经济增长率中减去3%。

(4) 正确核算商品质量的改进是困难的。比如计算机的情况就是这样的，计算机的质量在显著改进，但价格却大幅度下降。这种情况几乎涉及所有商品，像小汽车，其质量随着时间推移在提高，为了反映质量改进，国民收入核算人员企图进行调整，但这项工作并不容易，特别是当新产品与新款式被发明出来，更不容易。

(5) GDP反映不出来社会贫富差距。基尼系数是国际上用来考察收入分配的一个重要指标。中国基尼系数在1994年超过0.4的警戒水平后，2001年达到了0.459。中国社科院的报告显示，2006年中国基尼系数已经达到了0.496。国家统计局公布的2012年我国基尼系数为0.474，从这里可以看出，在工业化和城市化快速发展的过程中，贫富差距是较大的。

(6) GDP不能反映人们的幸福感。根据盖洛普公司自1994年开始在中国进行的消费者调查，在1995~2004年，中国消费者的总体满意度先升后降，与GDP的增长变化并不同步，这就是所谓的"幸福悖论"现象，它引起了人们对经济与幸福之间关系的反思。经济状况是影响幸福感的因素之一，但并不是唯一因素，在注重经济发展的同时，也要注重提高人们的幸福感。

从上述问题可以看出，经济学家和政治家们谈到GDP增长时，好像意味着人们更加富裕了，其实并不见得，GDP数据并不能很好地衡量一国的经济产出和福利。

【扩展阅读2.1】

从GDP到GNH（国民幸福指数）

对于GDP要一分为二地看待，既有其优势所在，也有其不足。但是到目前为止，还没有其他更好的指标能够完全替代。现在经济学家正在不断淡化GDP的使用，对GDP进行不同程度的改进。

首先，提出了绿色GDP，即总的GDP中扣除自然资产损失后新创造的真实国民财富的总量核算指标。简单地讲，就是从现行统计的GDP中，扣除由于环境污染、自然资源退化、教育低下、人口数量失控、管理不善等因素引起的经济损失成本，从而得出真实的国民财富总量。

其次，人们在多年的实践探索和实践中，试图通过其他指标来补充和完善GDP，使其能够很好地为国民经济服务。诺贝尔经济学奖获得者、哈佛大学经济学与哲学教授阿玛蒂亚·森（Amartya Sen）和另一位诺贝尔经济学奖获得者斯蒂格利茨（Joseph E. Stiglitz）联合经合组织发布了一份报告，建议以幸福程度、生活质量及收入分配等指标来衡量经济发展。他们指出，衡量整体经济表现时，应考虑到人民生活品质及幸福程度，尤其是当前发达国家失业等社会问题突出。他们认为，纳入此类指标，而不是单单盯紧GDP数据，有助于决策者在全球金融危机后对各类经济问题作出更有效的回应。报告显示，以美国当前的情况为例，GDP已停止下滑、开始增长，但只要失业状况继续恶化，很多美国人的生活仍岌岌可危。因此，必须减少对GDP的关注，转向其他指标。

另外，在国际上，新出现一个标准叫国民幸福指数（GNH）。GNH由政府善治、经济增长、文化发展和环境保护四级组成。GNH最早由不丹王国的国王提出，他认为政策应该关注幸福，并应以实现幸福为目标。幸福感是一种心理体验，它表现为在生活满意度基础上产生的一种积极心理体验，幸福指数就是衡量这种感受具体程度的主观指标数值。

资料来源：武拉平．宏观经济学案例集［M］．中国人民大学出版社，2013：30-31．

三、国内生产总值的两种核算方法

了解了 GDP 的含义，我们可以从三个角度或用三种方法来计算国内生产总值这个指标。

第一种方法是从生产的角度。可以把一个国家在一定时期内生产的所有产出和服务的价值总和减去生产过程中所使用的中间产品的价值总和，获得 GDP 指标，用这种方法统计出来的价值总和反映的是一个国家或地区在这一时期所有新创造出来的价值，这种方法称为生产法。

第二种方法从收入的角度出发，所有产出都是通过货币计量的，并构成各生产单位所雇用的各种生产要素所有者的收入，因此可以从生产要素收入角度对 GDP 进行计量。

第三种方法是从支出角度，所有生产出来的产品和服务都是提供给市场的，市场上的需求者，包括家庭、企业、政府和国外购买者购买这些产出时就会有支出，因此可以从总支出的角度来测算国内生产总值。

生产法在前面已经涉及了，下面我们重点介绍用收入法和支出法测算 GDP。

1. 支出法核算国内生产总值

用支出法核算 GDP，就是通过计算在一定时期内整个社会购买最终产品的总支出即最终产品的总卖价来计算 GDP。一定时期所生产出来的全部最终产品最终都被购买走，最终产品购买者支付价格相加就是这一时期的国内生产总值。事实上把实际生活中的四大类购买主体对最终产品和服务的需求相加，包括家庭消费支出、企业投资支出、政府对产品和服务的购买以及产品和服务的净出口。

（1）消费支出（C）。

消费支出（C）指的是本国居民对最终产品和服务的购买，它构成一个国家总需求中最主要的部分。家庭消费支出可以划分为耐用消费品的支出（如彩电、冰箱、汽车等）、非耐用消费品的支出（如食物、衣服等）和劳务的支出（如理发、医疗和教育等）。购买住宅或建造住宅的支出不包括在家庭消费支出中。

（2）投资支出（I）。

投资支出是指增加或更换资本资产的支出，具体包括商业固定资产投资和住宅投资以及存货投资。固定资产投资指新厂房、新设备、新商业用房的建筑。资本品不是中间产品，虽然它是用来生产其他商品的，中间物品在生产别的产品时全部被消耗掉，但资本物品在生产别的产品过程中只是部分地被消耗。一台机器如果使用 10 年，每年都只消耗部分价值，10 年后全部消耗掉。资本品由于损耗造成的价值减少称为折旧，折旧不仅包括生产中资本品的有形损耗，还包括资本老化带来的无形损耗，主要是由于技术更新导致的贬值。例如，一台计算机，使用年限未到，但是出现了更新的操作系统，这台计算机过时了，其价值要贬损。为什么住宅建筑也属于投资而不属于消费，因为住宅同其他固定资产一样长期使用，慢慢被消耗掉。

投资支出还包括企业中存货的增加。当然，有时候并不是企业主动增加存货，而是因为企业不能成功地出售其产品从而使存货增加，但从国民经济统计的角度看，卖不出去的产品只能作为企业自己买回去的存货投资处理，这样才能使从生产角度统计 GDP 和从支出角度统计 GDP 一致起来。

假如一个国家在 2015 年投资额为 1 000 亿美元，由于机器厂房等不断磨损，每年要消耗即折旧 400 亿美元，上述 1 000 亿美元的投资额中有 400 亿美元要用来补偿资本的损耗，净增加的投资只有 600 亿美元，这 400 亿美元是用来重置资本设备的，故称为重置投资。净投资加重置投资是总投资，用支出法核算 GDP 时的投资，指的是总投资。

(3) 政府对产品和服务的购买（G）。

政府对产品和服务的购买（G）是指各级政府购买物品和劳务的支出，它构成宏观经济学总需求中第三类大的支出项目。例如，政府在国防上的支出、基础设施建设上的支出，向政府工作人员支付的工资薪金等。政府购买只是政府支出的一部分，政府支出还包括转移支付和公债利息。但是这两部分都不计入 GDP 核算中。转移支付只是简单地把收入从一些人手中转移到另一些组织或另一些人手中，没有相应的物品或劳务的交换发生。比如，政府给家庭困难的学生发放的助学金，不是因为这些学生创造了价值或者提供了服务，而是因为家庭困难，政府资助他们上学。

(4) 产品和服务的净出口（NX）。

用 X 表示出口，M 表示进口，$X-M$ 就是净出口，用 NX 表示。产品和服务的出口指的是一个国家产品和服务输出到国外，由国外的消费者、政府或者企业对这些商品或服务的购买。进口是指本国居民、政府或企业对外国生产的产品和服务的购买。净出口可能为正也可能为负。出口额被加到总支出中，因为出口是外国购买者对本国当期生产的产品和服务的购买。在生产法统计 GDP 时，我们已经把这部分最终产品和劳务价值计算进去了。因此，现在也要把这部分产品和服务上的支出统计进去。进口是本国居民、企业和政府对外国生产的产品和服务的购买，这部分支出流向国外。因此，我们用支出法计算 GDP 时应该把这部分支出减掉，从而保证所有的支出只发生在国内生产的产品上。减掉进口后的总支出就变成：$C+I+G+NX$，这部分总支出和通过生产法计算的 GDP 相一致。

把上述四个项目相加，用支出法计算 GDP 的公式可写成：

$$GDP = C + I + G + (X - M) \quad (2.1)$$

表 2-2 是美国 2012 年 GDP 的构成情况。

表 2-2　　　　　　　　　　2012 年美国 GDP 和需求的构成

构成	金额（10 亿美元）	占 GDP 的比例（%）
私人部门消费支出	11 249.6	70.9
私人部门总投资支出	2 095.1	13.2
政府部门消费和投资支出	3 049.7	19.2
净出口	-530.2	-3.3
国内生产总值	15 864.1	100.0

资料来源：U.S Department of Commerce。

2. 收入法核算国内生产总值

用收入法计算 GDP 就是通过把参加生产过程的所有生产要素提供者的收入相加获得 GDP。这些收入包括：劳动者的工资、资本所有者的利息、土地所有者的租金、企业利润和政府的税收（这一小部分也被认为是对劳动的支付，因为这是工人所支付的）。

（1）劳动者收入。

劳动者的收入包括工资、来自雇主的其他酬金、津贴和福利费等。也包括工资收入者缴纳的所得税和雇主向社会保险机构交纳的社会保险税。

（2）所有者收入。

这里的所有者指的是不受人雇佣的独立生产者，如美国的家庭农场。家庭农场的主人拥有自己的固定土地，他们使用自己的资金，自我雇佣、自己劳动，他们所有的收入包括资本的收入（包括土地）和劳动收入混在一起作为所有者收入。

（3）个人的租金收入。

个人的租金收入包括出租土地、房屋等租赁收入及专利、版权收入。

（4）公司利润。

公司利润是指所有公司在一定时期内获得的利润，是在公司的销售收入中扣除工资、利息、租金和其他成本项目后的净剩余。公司利润除了交公司所得税和用作公司股东的红利之外，剩余部分称为公司未分配利润。

（5）利息净额。

利息净额是指个人从企业获得的因资金借贷而产生的利息，包括银行存款利息、企业债券利息等。不包括个人之间因为借贷关系而发生的利息和由国家公债所支付的利息。因为企业从个人借入资金是用于生产目的，代表资本这种生产要素在一国的产出中做出了贡献，因此应该被计入 GDP。

（6）企业间接税。

企业间接税是指企业交纳的营业税、货物税等税额，它不同于企业所得税，企业所得税被称为直接税。企业间接税虽然不是生产要素创造的收入，但是通过产品价格转嫁给购买者，因此要把企业间接税统计到国内生产总值中，这样才能和支出法核算所得的 GDP 一致。

（7）资本折旧。

折旧是指对一定时期因经济活动而引起的固定资本消耗的补偿。在上述所有者收入、租金收入和利息收入中，折旧是总收入中被扣除的项目，因此要把这一块计算进去。

这样，按收入法得到的 GDP：

$$GDP = 工资 + 租金 + 利息 + 利润 + 所有者收入 + 企业间接税 + 折旧 \quad (2.2)$$

这样计算应该和支出法计算得到的国内生产总值相等，实际计算中会有一些误差，因此还要加上一个统计误差。

四、国民收入的其他衡量指标

在国民收入核算体系中，除了要弄清楚国内生产总值这一重要指标，还要弄清楚国民生产总值、国内生产净值、国民收入、个人收入和个人可支配收入这些概念之间的相互关系，这些概念都是从不同角度对国民收入的衡量。

1. 国民生产总值（GNP）

要素报酬包含从国外获得的作为本国生产要素的报酬。将这些报酬加到 GDP 上，则得到国民生产总值（GNP）。GDP 是一国范围内生产的最终产品和服务的市场价值，是一个地域概念，GNP 是一个国民概念，指某国公民拥有的生产要素在一定时期内生产的最终产品和服务的市场价值。例如，中国的 GDP 中有等于苹果公司从其在中国制造业中获得的利润的那一部分 GDP，这些利润是美国的 GNP，因为它们是属于美国拥有的资本（技术）的报酬。GDP 与 GNP 的差别在不同国家之间差别显著，例如，美国的 GDP 与 GNP 的差额大约为 1%，而 2004 年爱尔兰的 GDP 几乎比其 GNP 高 20%，瑞士的 GNP 则比其 GDP 高约 17%。在 1991 年 11 月之前，美国是用 GNP 作为衡量指标，后来改用 GDP。因为，国外净收入数据不足，GDP 较易测量，而且 GDP 相对于 GNP 来说是国内就业状况的更好衡量指标。

2. 国内生产净值（NDP）

资本的磨损，即用于生产产品时所发生的折旧或贬值，从国内生产总值中把这部分磨损扣掉，就得到净增加值。国内生产净值（NDP）等于 GDP 减去折旧。因此，NDP 更接近于计量既定时期内一国生产商品的净数量：它是生产总值减去在生产该部分产品过程中所消耗的资本的价值。折旧一般约占 GDP 的 11%。因此，NDP 通常约占 GDP 的 89%。

3. 国民收入（NI）

这里的国民收入是指一国生产要素提供生产性服务所应获得的报酬（收入）。在支付要素报酬之前，必须先从 NDP 中扣除企业缴纳的间接税（如销售税、财产税等）。这些缴纳数额巨大，总数将近 NDP 的 10%，剩下作为支付要素报酬的是国民收入（NI），约等于 GDP 的 80%。

4. 个人收入（PI）

生产要素报酬意义上的国民收入并不会全部成为个人的收入。例如，利润收入中要给政府缴纳公司所得税，公司也要留一部分利润，只有一部分利润才会以红利和股息的形式分给个人。职工收入中也有一部分要以社会保险费的形式上缴有关机构。另一方面，人们也会以各种形式从政府那里得到转移支付，如退伍军人津贴、工人失业救济金、职工养老金、职工困难补助等。从国民收入中减去公司未分配利润、公司所得税和社会保险税（费），加上政府给个人的转移支付，大体上就得到个人收入（PI）。3/4 的要素报酬是支付给劳动的。剩下的绝大部分支付给资本。支付给其他生产要素的数量，即真正的利润，只占很小一部分。绝大多数工业化国家都有相同的配置情况。

$$PI = NI - 公司未分配利润 - 企业所得税 - 社会保险金交纳 + 转移支付 \qquad (2.3)$$

5. 个人可支配收入（DPI）

个人收入不能全归个人支配，因为要缴纳个人所得税，税后的收入才是个人可支配收入（DPI），即人们可用来消费或储蓄的收入。

我们可以把上述指标之间的关系用图 2-1 形象地表示出来。

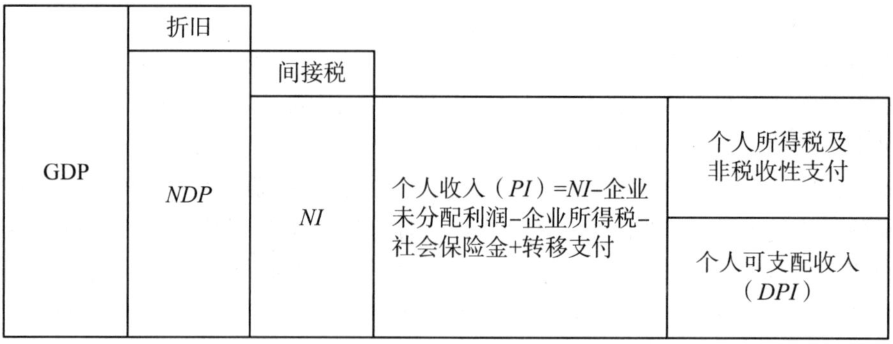

```
┌─────┬──────┬──────┬──────────────────────┬──────────────┐
│     │      │ 折旧 │                      │              │
│     │      ├──────┼──────────────────────┤              │
│     │      │      │ 间接税               │              │
│ GDP │ NDP  │      ├──────────────────────┼──────────────┤
│     │      │ NI   │ 个人收入(PI)=NI-企业 │个人所得税及  │
│     │      │      │ 未分配利润-企业所得税│非税收性支付  │
│     │      │      │ -社会保险金+转移支付 ├──────────────┤
│     │      │      │                      │个人可支配收入│
│     │      │      │                      │(DPI)         │
└─────┴──────┴──────┴──────────────────────┴──────────────┘
```

图 2-1　GDP 与个人可支配收入

第二节　物价、失业、利率与汇率

一、通货膨胀与价格指数

1. 名义 GDP 与实际 GDP

到目前为止，前面讨论了 GDP 是按当前的市场价值来测算的。把用当前市场价值来测算的变量称为名义变量。把用当前市场价格测算的国内生产总值称为名义国内生产总值。比较一个国家今年的 GDP 和 10 年前的 GDP，结果是肯定的，今年的 GDP 要远高于 10 年前的 GDP，但是 10 年中，商品和服务的价格发生了很大的变化，我们就无法确定这 10 年的 GDP 增长中有多少是由于价格变化导致的，有多少是由于商品和服务数量增长导致的。

实际 GDP 计量不同时期中经济的物质产量变化，其方法就是对两个时期中生产的产量以同一价格或以不变币值估价。在国民收入账户中，常常以某一年份的价格计量实际 GDP。

名义 GDP 计量在既定时期中，是以该时期的价格计价的，或者有时表示为以现值货币计价的产品的价值。例如，2015 年的名义 GDP 就以 2015 年的市场通行价格衡量了 2015 年所生产的产品价值。名义 GDP 年复一年的变动是由于两个原因。首先，产品的物质产出量在发生变化。其次，市场价格也在变化。名义 GDP 之所以发生变动，就是由于价格的变化不能告诉我们关于生产商品和服务的经济表现的任何情况。因此，一般使用实际 GDP 来比较不同年份的产出。

通过一个简单的例子来说明名义 GDP 和实际 GDP 的计算。

表 2-3　　　　　　　　　　名义 GDP 和实际 GDP　　　　　　　　　　单位：美元

	2005 年名义 GDP	2015 年名义 GDP	2015 年实际 GDP[①]
面包	1 个 ×1 = 1	2 个 ×2 = 4	2 个 ×1 = 2
手套	1 双 ×5 = 5	3 双 ×9 = 27	3 双 ×5 = 15
合计	6	31	17

---

①　以 2005 年价格计算。

2. 通货膨胀

通货膨胀是物价的变动率，物价水平是以前通货膨胀的积累。如以 P_{t-1} 代表去年的物价水平，P_t 代表现在的物价水平，则去年一年的通货膨胀率为：

$$\pi \equiv \frac{P_t - P_{t-1}}{P_{t-1}} \tag{2.4}$$

其中，π 代表通货膨胀率。现在的物价水平等于按通货膨胀校正的去年物价水平：

$$P_t = P_{t-1} + \pi \times P_{t-1} \tag{2.5}$$

3. 价格指数

通货膨胀是衡量宏观经济运行状况的又一重要指标，通货膨胀不是一种或几种商品和服务价格的上升，而是物价总水平的上升。物价总水平就是我们所说的价格指数。任何物价指数都是有缺陷的。主要的物价指数有 GDP 紧缩（平减）指数，消费价格指数，个人消费支出紧缩指数和生产价格指数。下面逐一对其进行介绍：

实际 GDP 的计算提供了一个计量通货膨胀的有效手段，即 GDP 平减指数。GDP 平减指数是在给定的一年中，名义 GDP 与该年实际 GDP 的比率。由于 GDP 平减指数以经济中生产的全部商品为计算基础，所以，它被广泛地使用。

$$\text{GDP 平减指数} = \frac{\text{名义 GDP}}{\text{实际 GDP}} \tag{2.6}$$

消费价格指数（CPI）代表城市消费者购买一篮子固定商品和服务的花费。CPI 与 GDP 平减指数有三个方面的不同。首先，平减指数计量的，是远比 CPI 涉及的范围要广泛得多的商品的价格。其次，CPI 计量的是一篮子年复一年没有变动的给定商品的花费。但在 GDP 平减指数中，包括一篮子商品，年年有所不同。这取决于每年经济生产的是什么。大豆丰收时，在计算 GDP 平减指数时，大豆就得到相对较大的权数。而 CPI 计量的是一篮子固定不变商品的花费，这些商品不随时间推移而变动。最后，CPI 直接包括进口价格，而平减指数只包括在一国生产的产品的价格。

GDP 平减指数与 CPI 的作用会因时间不同而有所不同。例如，在进口原油价格飞涨时期，CPI 很可能增加得比平减指数快。但经过较长时间以后，两者对通货膨胀的计量结果就十分相似。

生产价格指数（PPI）是广泛使用的价格指数。和 CPI 一样，PPI 计量既定的一篮子商品的成本，但与 CPI 的差别是覆盖的范围不同。例如，PPI 包括原材料与半成品。不同之处还在于，PPI 是设计用来计量批发销售系统的早期阶段的价格。CPI 计量城市居民实际支付的价格，PPI 是由最初的重要商业交易水平的价格构成的。这使得 PPI 成为相对可变的价格指数，并且是经常发出一般价格水平或 CPI 变化的信号的价格指数。

二、失业

失业状况与居民福利和社会稳定之间的关系非常密切，因此，失业率是衡量宏观经济运行的另一个重要指标。首先来看几个概念。就业是拥有工作状态。失业是指失去工作的、正在找工作的，或期望摆脱失业的状态。失业率是失业人数占劳动力数量的比率。劳动力人数定义为就业和失业人数总和。

$$失业率 = \frac{失业人数}{劳动力数量} \times 100\% \tag{2.7}$$

计算失业率不是件容易的事。判断一个人就业比较容易,但要判断一个人是否失业要困难一些,根据定义,必须满足两个条件:第一,没有工作;第二,正在找工作。其中,第二个条件难判断。美国直到20世纪40年代,其他大多数国家直到更近的时候,失业数据的唯一来源还是在失业办公室登记的人数,也只有在失业办公室登记的工人才被计入失业人数当中。这一体系导致对失业测量的误差很大。有多少真正失业的人进行了登记,在不同国家和不同时期是变化不定的。那些没有动机去登记的人就没有记录在内,救济金较少的国家有可能失业登记人数会更少一些,从而测量到的失业率也更少。

只有没有工作但在寻找工作的人才被计入失业者,那些没有工作但不去寻找工作的人被计入非劳动力。当失业率很高的时候,一些没有工作的人放弃了寻找工作,因而不再被计入失业者中。举个例子,如果所有没有工作的人都放弃了寻找工作,失业率就等于零。这就使得失业率不能显示劳动力市场的实际情况。与失业率有关的一个统计数字是劳动力参与率,指成年人口中属于劳动人数的百分比,即:

$$劳动力参与率 = \frac{劳动力数量}{成年人口总数} \times 100\% \tag{2.8}$$

高的失业率与更多工人退出劳动力队伍相联系,同样,高的失业率与低的劳动力参与率相联系。

自然失业率是指经济运行于充分就业水平时的失业率,它也是经济在长期中所趋近的失业率。短期的失业率会呈现出波动的特征,然而众多短期的失业率波动又存在着一个平均趋势;从长期来看,失业率的平均趋势相对稳定,它所衡量的就是自然失业率。自然失业率包括以下三种失业类型:(1)季节性失业。由于季节转换引发的失业被称为季节性失业;(2)摩擦性失业,在岗位的转换或就职过程中,人们寻找与其工作能力及兴趣爱好相匹配的岗位需要一定的时间,不可能在瞬间完成,此时不可避免的失业就是摩擦性失业;(3)结构性失业,当产业结构升级时,传统产业因为衰落而导致其失业人数增加,这就是结构性失业。结构性失业的一个重要特征就是,在结构性失业产生的同时,那些新兴产业却有可能存在大量的职位空缺,这可能是因为传统部门的工人难以达到新兴产业岗位的技能要求。季节性失业、摩擦性失业以及结构性失业与经济的运行机制无关,在正常情况下,这部分失业总是不可避免的。它们的存在是充分就业状态下的失业率大于零的原因所在。

周期性失业表示劳动市场不出清的状态,周期性失业往往与就业不足联系在一起,也就是说,周期性失业的存在使得经济下降到低于潜在产出。

【扩展阅读2.2】

西班牙1994年的失业率真的是24%吗?

1994年,西班牙官方公布的失业率高达24%。1933年。美国经济大萧条最惨淡一年的失业率也如此。但是,西班牙1994年没有出现骚乱,完全不像1933年的美国,几乎没有无家可归者,大多数城市一派繁华景象。我们不能够相信,将近1/4的西班牙劳动力在寻找工作。

为回答这一问题,需要了解西班牙的失业数字是如何汇总的。与美国非常相近,它来自对60 000个家庭的大规模调查。如果人们表示他们没有工作但正在寻找工作,那么他们就被归为失业者。人们说了实话吗？答案是否定的。虽然人们没有明显说谎的动机——调查的结果是保密的，不被用来确定人们是否适合领取失业救济——但那些从事低下经济工作的人可能会报告说他们是失业者。

地下经济（underground economy）是经济活动中官方统计未测量的部分。之所以未被测量，或者是因为这些活动是非法的，或者更为重要的是因为企业和工人为避税而不报告。在西班牙，地下经济的规模是一个老问题了。正因如此，我们对它的认识实际上比其他国家更多。1985 年，西班牙政府为了探明究竟，组织了一个对 60 000 名个人的详细调查。为了从这些被调查者中查出真相，访谈者向被调查者询问他们时间安排上的最详细情况，使其难以撒谎。回答非常有趣。西班牙的地下经济——定义为有工作但是没有向社会保障部门申报收入的人数——占就业人数的 10%～15%。他们大多是已有一份工作，并且保有第二份或者第三份工作的人。来自调查的最好估计是只有约 15% 的失业者实际上有工作。这意味着，当时 21% 的官方失业率在事实上接近 18%，还是一个非常高的数字。西班牙的地下经济很显著，但是不能解释其高失业率。

西班牙的失业者如何生活？是因为西班牙的失业救济金通常很高，所以失业者可以维持生计吗？不是。除了在两个地区，安达卢西亚和埃斯特雷马杜拉，失业保障体系非常慷慨以外（其失业率也比国内其他地区更高），失业救济水平和其他经合组织国家是高度一致的。头 6 个月的救济金为工资水平的 70%，然后是 60%。支付时间持续 4～24 个月，具体时间取决于人们在失业以前工作了多长时间。30% 的失业时间超过两年的失业者，不能领到救济金。那么，失业者如何生存呢？答案的关键所在是西班牙的家庭结构。年轻人中的失业率是最高的：16～19 岁的失业率高于 50%；20～24 岁的接近 40%。年轻人通常待在家里，直到二十七八岁，如果失业率上升则更是如此。如果考察家庭而不是个人，就会发现 1994 年家庭成员全部失业的住户不到 10%；既无工资收入也无救济金的住户比例只有约 3%。总的来说，大部分失业者都从其家庭成员那儿得到了经济支持。

资料来源：（美国）奥利维尔·布兰查德（Olivier Blanchard）. 宏观经济学 [M].
清华大学出版社，2012：28-29.

三、利率和实际利率

利率是宏观经济分析中又一个重要变量。利息产生于货币的借贷关系中，当债权人借给一笔款项给债务人，债务人答应在归还这笔款项时再加上一定数量的报酬，这个报酬就是利息。利率表明对于一笔贷款或者其他投资所支付的比率，它是按照年利率计算超过或者高于归还的本金的部分。如果你在银行里存有 1 000 元，而银行在每年年底支付给你 50 元的利息，那么，年利率就是 5%。如果同期的通货膨胀率也是 5%，那实际上你只是不亏不赢。我们一般在媒体上看到的名义利率表明的只是货币报酬。减去通货膨胀后的实际利率给出了按照不变货币价值计算的报酬。

$$\text{实际利率} = \text{名义利率} - \text{通货膨胀率} \tag{2.9}$$

【扩展阅读 2.3】

理解"现实生活"中的名义利率和实际利率

当你把货币投资到债券或者生利的银行进行储蓄时，你得到的（名义利率）报酬部分就是实际报酬（实际利率）和对未来美元贬值进行补偿的通货膨胀调整后的剩余。例如，如果你出生的时候（以 1988 年为例），你父母在一个支付 5% 利息率的账户上储蓄了 747 美元，在你 18 岁的时候，这个账户就有 1 797 美元——这恰好是 1988 年投资时华盛顿大学一年额定学费的花费。

当人们明白实际利率和名义利率的时候，他们是不会让父母一代灰心丧气的，因为他们知道，那个账户绝不是每年"实际"支付 5% 利率的，部分支付只是抵消了通货膨胀。如果通货膨胀率平均为 7%，那么，这个账户在通货膨胀的情况下每年就实际损失了2%。即便通货膨胀率平均"仅仅"是2%，5%的名义报酬也只是3%的实际回报。假设1988年在支付5%利率的账户上有另外747美元，那么在假定学费的价格保持不变的情况下，就足够在2006年支付学费。忽略掉通货膨胀会造成投资者认为其回报高于实际回报的情况，这意味着他们并没有为了将来的目标而完全将通货膨胀放在一边。一旦考虑到这个问题，深谋远虑的父母将需要1988年在利率5%的账户上投资2 500美元，以便在2006年为其子女支付每年的学费（5 985美元）。

资料来源：（美国）鲁迪格·多恩布什（Rudiger Dornbusch），（美国）斯坦利·费希尔（Stanley Fischer），（美国）理查德·斯塔兹（Richard Startz）. 宏观经济学 [M]. 中国人民大学出版社，2015：41.

四、汇率

汇率就是一个国家货币折算成另一个国家货币的比率。

汇率的表示方法一般分为两种，直接标价法和间接标价法。直接标价法表明一单位外国货币可以兑换多少单位的本国货币。间接标价法表明一单位的本国货币可以兑换多少单位的外国货币。假设中国为本国，美国为外国，直接标价法下的美元汇率为1美元＝6元人民币；间接标价法下的美元汇率为1元人民币＝1/6美元。

在直接标价法下，汇率下跌表示本国货币升值，也就是一单位外国货币只能换取更少的本国货币；汇率上升则表示本国货币贬值，也就是一单位外国货币能够换取更多的本国货币。而在间接标价法下，汇率的下跌表示本国货币贬值，汇率上升则表示本国货币升值。

和利率等指标一样，汇率可以分为名义汇率和实际汇率。名义汇率是指两个国家货币的相对价格，是货币与货币之间的交换比率，用 e 表示；实际汇率则是两国产品的相对价格，用 ε 表示，它表示的是一国产品与另一国产品的交换比率。因此，实际汇率的经济含义是表示一单位外国物品可以交换几单位的本国物品。实际汇率的计算方法是：

$$\varepsilon = \frac{e \times P^*}{P} \tag{2.10}$$

其中，P 表示本国的物价指数；P^* 表示外国的物价指数。上式也表明了实际汇率与名义汇率之间的关系。

复习思考题：

1. GDP的增加经常被解释为福利的增加，这种解释有什么问题吗？为什么？
2. 个人购买债券或股票是投资行为吗？为什么？
3. 为什么人们从公司债券中得到的利息应计入GDP，而从政府公债中得到的利息不计入GDP？
4. 下面这些交易活动能否包括在国内生产总值中，为什么？
   （1）一个消费者在饭店用餐向饭店支付的餐费
   （2）一家公司购买一幢旧房屋
   （3）一个消费者从商店购买一辆汽车
   （4）一个供应商向个人电脑厂商出售集成电路
5. 下面是来自一个假想的国家的国民收入账户信息：

GDP	6 000 美元
总投资	800 美元
净投资	200 美元
消费	4 000 美元
政府对商品和服务的购买	1 100 美元
政府预算盈余	30 美元

计算下列项目：(1) NDP；(2) 净出口；(3) 政府税收减去转移支付；(4) 个人可支配收入；(5) 个人储蓄。

6. 假定你购买了100美元第二年到期的政府债券。如果全年的通货膨胀率是4%，而债券承诺3%的实际收益率，你将得到多少名义利息？

第二部分　国民经济的均衡

第三章 总支出与产品市场的均衡

教学目标和教学要求

本章介绍决定国民收入的一个基本因素——经济体系的总支出（总需求），以凯恩斯的简单国民收入决定理论为出发点，讨论国民收入如何决定。

通过本章的学习，读者和学生应该能够：

- 掌握消费函数与储蓄函数的含义，以及它们对总支出水平所起的作用。
- 了解投资需求的决定原理以及投资的决策过程，以及其他一些重要因素对投资水平的影响。
- 了解三个部门和四个部门均衡国民收入决定的条件。
- 掌握乘数原理以及三部门和四部门乘数的差异。

宏观经济的主要任务之一，是讨论如何确定一个国家的国内生产总值（GDP）。一般来说，这个问题可以从两个角度进行探讨。一个角度是讨论假如一个国家的潜在生产能力是知道的，为什么实际产出水平往往会偏离其潜在生产能力水平。这就是宏观经济学中的短期经济波动问题（Short-Run Fluctuations）。另一个角度则是研究一个国家的潜在生产能力为什么变化？如何变化？我们将这种研究称为长期经济增长问题（Long-Run Growth）。在下面的几章里，我们所要讨论的问题都属于"短期经济波动"的分析。在宏观经济学里，"短期"是指一个时间范围，在这段时间里，一个国家的潜在生产能力不会发生显著变化。因而在建立模型时，潜在生产能力水平往往可以被作为常量处理。而"长期"则是指比短期更长的时间范围，在这个时间之内，一个国家的经济可以发生质的变化，因而其潜在生产能力就不能被视作常量，而是主要变量了。由于短期和长期之间没有一个明显的界限，所以我们在模型中，常常会做一些简化处理。例如，我们可以把月、季度、一年、数年算作短期，而把十年、百年算作长期。

第一节 总支出与均衡

在第二章里，我们曾说明了可以分别从总支出、总产出的概念核算国内生产总值（GDP），总产出和总收入描述生产方面的情况，而总支出则表示需求方面的情况，但从数量上来说，这三种度量或者说是三个变量，则必须相等，且都以货币单位的 GDP 来计算。如果我们用大写字母"Y"表示国民总产出，那么下列关系必须成立：

$$Y = 总产出 = 总支出 = 总收入 \qquad (3.1)$$

因为式（3.1）是个恒等式，所以无论其中哪一个变量发生变化，其余的各变量也要随之变动，才能保证该恒等式成立。那么在这三个变量中，哪一个是起主导作用的呢？分析这个问题，实际也就是在回答"国民总产值是由什么确定的"。

如果我们稍微注意一下周围的现实生活，就会发现一个非常明显的现象，在过去的十几年中，随着市场经济的逐步成长，我国的经济活动已慢慢地由原来的"卖方经济"转变为"买方经济"了。一个有力的证据就是过去非常活跃的采购员逐渐消失了，取而代之的是一支庞大的推销员队伍正在日益壮大，这就是说，在现实的市场经济中，供求双方不是平等对称的。市场上成交的商品数量，实际上是由"需求"方面确定的。用宏观经济学的术语来说这个成交的商品数量被称作"均衡点"（Equilibrium Point）。而宏观经济学所说的"商品数量"包括整个社会所生产出的产品和服务，也就是国民总产值。因而，我们可以说，实际国民总产值的水平，是由总需求方面确定的。这样，我们就可以写出下式：

$$Y = 总需求 \tag{3.1a}$$

半个世纪之前，英国经济学家凯恩斯（John Maynard Keynes）通过对英国经济的仔细观察，就发现了这一现象，著名的凯恩斯理论就是基于对这种现象的观察之上的。在过去几十年中，这一现象在其他国家的市场经济运作中也都得到了验证。因而我们就把这一现象作为我们理论分析的基本假设。通过讨论市场总需求的变动，来确定国民总产值的水平。

在此，我们还需要对"总需求"这一概念作出说明。所谓总需求是指整个社会的有效需求：它不仅指整个社会对商品和服务需求的欲望，而且指该社会对这些商品和服务的支付能力。没有支付能力的需求，只是一种愿望而已，因而宏观经济学里所说的总需求的概念实际上是指总支出。综合式（3.1）和式（3.1a），我们可以得到：

$$Y = 总支出 = 总需求 \tag{3.1b}$$

我们从式（3.1b）出发，逐项讨论总需求各个组成部分，来看它们如何变动，进而如何影响国民总产值 Y。

如前所述，国民总产值统计一个国家在一个给定的时间周期之内所生产的全部产品，包括商品和服务（Goods and Services）。从需求角度分析，这成千上万种商品可以被归纳到四个部分中去：第一个部分是消费（Consumption），我们日常衣食住行需要的商品和服务都包括在里面。从食品、衣服、理发、交通，到音乐会、电影、旅游等，全都属于消费。对消费的需求是由消费者，或者说是由"家庭"（Households）产生的。显然，消费需求的大小是与一个国家的人口数量和收入水平密切相关的。同样的收入水平，人口众多的国家对消费的需求就要大一些，在人口给定的情况下，收入水平越高的国家，对消费的需求也就越大。

总需求的第二个部分是投资（Investment）。在现实生活中，许多产品是不能被消费者直接消费的，例如，工业厂房、机器、生产流水线、公路、水坝等。这些产品是被用来生产消费品的。对这种产品的需求，是由投资者产生的。投资者的目的是通过生产来盈利。

第三个部分叫做政府支出（Government Expenditure）。政府部门所使用的产品和服务统统归于这一类，包括受雇于各级政府部门的员工所提供的服务，如文职人员、军队、警察、司法等，同时还包括政府部门所需要的建筑、设备、装备以及政府出资兴建的各类工程：公路、桥梁，另外还包括政府出资的研究项目和教育福利项目等。在世界上大多数国家中，政府支出在整个国民经济中都占有相当重要的地位，这一现象在中国经济中更为明显。有时政府为了实现某一经济目标，会有意识地增加或减少政府支出。

总需求的最后一个部分叫做净出口（Net Export）。在现代经济生活中我们有机会消费大量的外国产品，从机器设备、家用电器到影视音乐。这一部分的总和（以货币值计量）叫做"进口"（Import）。同时，我们又向世界各国提供大量的商品和服务。例如，美国人穿中国制造的衣服，欧洲人使用中国产的日用百货，日本人到中国旅游等。这些东西的总和叫做"出口"（Export）。"出口"减去"进口"被定义为"净出口"，净出口越大，表示外国对本国产品的需求越大，或者说是外国人在本国产品上的支出越大。

现在我们应该有把握地说，国民总产出所包括的每一项商品或服务，都可以被列入上述四个部分中的一项。环顾我们周围的现实经济活动，恐怕找不出一项例外来。因而，我们可以说，总需求或总支出等于消费、投资、政府支出和净出口之和。实际国内生产总值就是由它们确定的，亦即：

$$Y = C + I + G + NX \tag{3.2}$$

式（3.2）一般被称作"收入恒等式"（Income Identity）。该式等号左边的 Y 表示国民总收入，亦即总产出，等式的右边表示总需求或总支出。该式的含义可以从几个方面理解。一方面我们可以认为这是一个定义式，即总支出被定义为消费、投资、政府支出和净出口之和，因而该式应该无条件地成立。这也正是所谓"收入恒等式"的字面含义。同时，我们还可以把该式看作一个函数关系式，等式左边的 Y 表示国内总产值，是个因变量，等式的右边表示自变量。总需求四个组成部分中每一项的变动，都会引起国民总产值 Y 的变化。因而式（3.2）也可以被理解为凯恩斯理论的基本假设，即实际国民总产值 Y 是由总需求确定的。

第二节 消费和储蓄

本节将深入地分析总需求中的一个组成部分——消费需求是如何形成的。由于居民的收入减去消费部分以后就是储蓄，因此消费需求的决定过程实际上也就是储蓄的决定过程。

一、凯恩斯的消费函数与储蓄函数

（一）凯恩斯消费函数

从各国的统计资料看，消费 C 在总支出的四个组成部分中所占分量都是最大的，这是由于国民生产的最主要目的就是满足人们的消费需求。人们的消费行为都是由什么决定的呢？细数起来，我们可以列举出许多影响人们消费行为的因素，如价格、利率、消费者偏好、传统习惯、攀比心理，甚至气候、季节等，都会对消费产生影响，但是凯恩斯认为，对消费行为影响最大的因素，还是收入水平。一般来说，收入水平越高，消费水平也就越高。因此，我们有理由认为消费 C 与国民总收入 Y 之间有一个正比关系：

$$C = C(Y) \tag{3.3}$$

这里以某个家庭的消费函数为例加以说明（见表 3-1）。

表 3-1　　　　　　　　　　某个家庭的消费函数　　　　　　　　　　单位：美元

	收入	消费	边际消费倾向（MPC）	平均消费倾向（APC）
A	9 000	9 110		1.01
B	10 000	10 000	0.89	1.00
C	11 000	10 850	0.85	0.98
D	12 000	11 600	0.75	0.97
E	13 000	12 240	0.64	0.94
F	14 000	12 830	0.59	0.92
G	15 000	13 360	0.53	0.89

从表 3-1 可以看出，家庭收入增加时，消费也会增加，但增加得越来越少。增加的消费与增加的收入之比，也就是每增加的 1 单位收入中用于消费的部分所占的比率，叫做"边际消费倾向"（Marginal Propensity to Consume）。边际消费倾向（MPC）用公式可以表示为：

$$MPC = \Delta C / \Delta Y \text{ 或者 } b = \Delta C / \Delta Y \tag{3.4a}$$

若收入增量极小，上述公式则可写成：

$$MPC = \frac{dC}{dY} \tag{3.4b}$$

平均消费倾向是指任意一个收入水平上的消费支出在收入中所占的比率。平均消费倾向（APC）用公式可以表示为：

$$APC = C/Y \tag{3.5}$$

根据表 3-1，我们也可以大致上画出一条消费曲线。

在图 3-1 中，45°线上任意一点到纵轴和横轴的垂直距离都相等，表示收入全部用于消费。$C = C(Y)$ 曲线是消费曲线，表示消费和收入之间的函数关系。E 点是消费曲线和 45°线的交点，它表示，这时候消费支出和收入相等。E 点左边的点，表示消费大于收入，E 点右边的点，表示消费小于收入。随着消费曲线向右延伸，这条曲线和 45°线的距离越来越大，表示消费随收入增加而增加，但增加的幅度小于收入增加的幅度。消费曲线上任意一点的斜率，都是与这一点相对应的边际消费倾向，而消费曲线上任意一点与原点相连而成的射线的斜率，则是与这一点相对应的平均消费倾向。从图上消费曲线的形状可以看出，随着这条曲线向右延伸，曲线上各点的斜率越来越小，说明边际消费倾向递减，同时曲线上各点与原点的连线的斜率也越来越小，说明平均消费倾向也递减，但平均消费倾向始终大于边际消费倾向，这一点和前面表 3-1 中的数据也是一致的。由于消费增量只是收入增量的一部分，所以边际消费倾向总是大于 0 和小于 1，但平均消费倾向则可能大于 1、等于 1 或小于 1，因为消费可能大于、等于或小于收入。

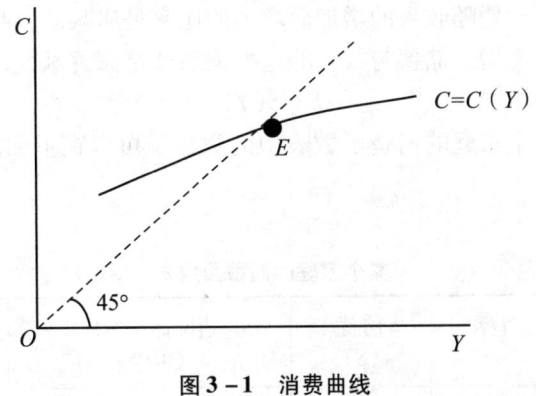

图 3-1 消费曲线

关于消费倾向递减的问题，凯恩斯曾经说过："我们可以具有很大的信心来使用一条基本心理规律。该规律为：在一般情况下，平均说来，当人们收入增加时，他们的消费也会增加，但消费的增加不像收入增加得那样多。"[①]

前面的表 3-1 中所表示的是边际消费倾向递减的情况。如果消费和收入之间存在线性关系，则边际消费倾向就是一个常数，这时消费函数就可以用下列方程来表示：

$$C = a + bY \tag{3.6}$$

式（3.6）被称作"凯恩斯消费函数"（Keynes Consumption Function）。在这里常数 a 被称为"自发消费"。对于个人来说，这一部分消费通常是指为了生存而必需的消费，例如，基本的食品、衣服、住房等。所以 a 与收入水平没有直接的联系。bY 表示收入引起的消费，通常被称作引致消费。所以，$C = a + bY$ 的经济含义就是：消费等于自发消费与引致消费之和。

当消费和收入之间呈线性关系时，消费函数就是一条向右上方倾斜的直线，消费函数上每一点的斜率都相等，并且大于 0 而小于 1（见图 3-2）。

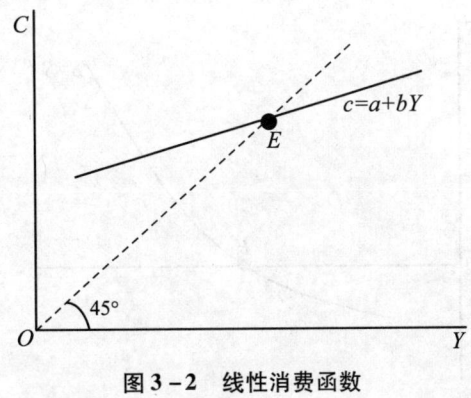

图 3-2 线性消费函数

（二）储蓄函数

储蓄函数（Savings Function）的概念是与消费函数的概念相联系的。储蓄是收入中没

[①] [英] 凯恩斯. 就业、利息和货币通论（中文重译本）[M]. 徐毓枏（译）. 商务印书馆，1999：101-102.

有被消费的部分。由于消费随收入的增加而增加的比率是递减的，我们可以推论出储蓄随收入增加而增加的比率递增。储蓄与收入的这种关系就是储蓄函数，其公式是：

$$S = S(Y) \tag{3.7}$$

根据前面所列的某个家庭的消费函数表中的数据，可以在下面的表3-2中列出储蓄函数的数字。

表3-2　　　　　　　　　　某个家庭的储蓄函数表　　　　　　　　　　单位：美元

	收入 (Y)	消费 (C)	储蓄 (S)	边际储蓄倾向 (MPS)	平均储蓄倾向 (APC)
A	9 000	9 110	-110		-0.01
B	10 000	10 000	0	0.11	0
C	11 000	10 850	150	0.15	0.01
D	12 000	11 600	400	0.25	0.03
E	13 000	12 240	760	0.36	0.06
F	14 000	12 830	1 170	0.41	0.08
G	15 000	13 360	1 640	0.47	0.11

根据表3-2，可画出储蓄曲线的图形（见图3-3）。在图中，$S = S(Y)$ 曲线表示储蓄和收入之间的函数关系。F点是储蓄曲线和横轴的交点，表示这时消费和收入相等，即收支平衡，F点右方有正储蓄，F点左方有负储蓄。随着储蓄曲线向右延伸，它和横轴的距离越来越大，表示储蓄随收入而增加，且增加的幅度越来越大。

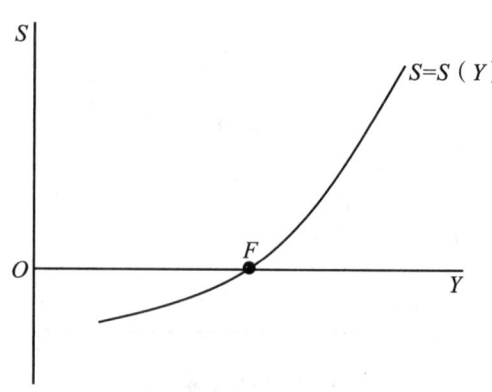

图3-3　储蓄曲线

储蓄曲线上任意一点的斜率就是边际储蓄倾向（MPS），它是该点上的储蓄增量对收入增量的比率，其公式是：

$$MPS = \Delta S / \Delta Y \tag{3.8a}$$

如果收入与储蓄增量极小，上述公式就可写成：

$$MPS = \frac{dS}{dY} \qquad (3.8b)$$

这也就是储蓄曲线上任意一点的斜率。

储蓄曲线上任意一点与原点相连而形成的射线的斜率，则是平均储蓄倾向（APS）。平均储蓄倾向是指任意一个收入水平上的储蓄在收入中所占的比率，其公式是：

$$APS = S/Y \qquad (3.9)$$

上面所列的某个家庭的储蓄函数和储蓄曲线图所表示的储蓄和收入的关系是非线性的。如果二者呈线性关系，即消费曲线和储蓄曲线为一条直线的话，则由于 $S = Y - C$，而且 $C = a + bY$，于是：

$$S = Y - C = Y - (a + bY) = -a + (1-b)Y \qquad (3.10)$$

上式就是线性储蓄函数的方程式。线性储蓄函数的图形如图3－4所示。

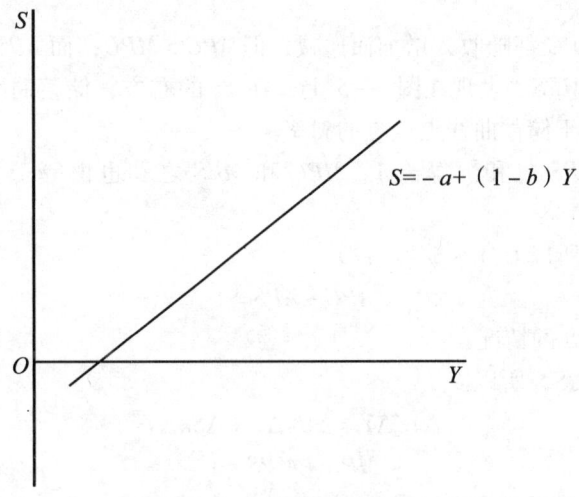

图3－4　线性储蓄函数

（三）消费函数和储蓄函数的关系

由于储蓄被定义为收入和消费之差，因此消费函数和储蓄函数的关系表现为：消费函数和储蓄函数互补，二者之和等于收入。从公式上看：

因为 $C = a + bY$，$S = -a + (1-b)Y$，所以：

$$C + S = a + bY - a + (1-b)Y = Y \qquad (3.11)$$

这种关系可以在图3－5中表示出来。在图3－5中，当收入为 Y_0 时，消费支出等于收入，储蓄为0。在A点的左边，消费曲线C位于45°线之上，表明消费大于收入，因此储蓄曲线S位于横轴下方；在A点右方，消费曲线C位于45°线之下，表明消费小于收入，因此储蓄曲线S位于横轴上方。

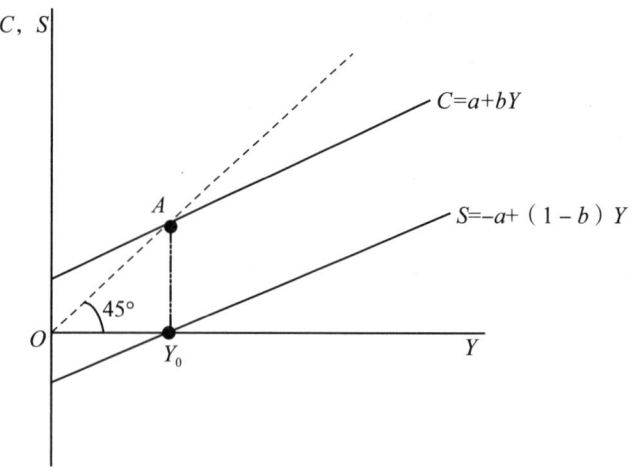

图3-5 消费曲线和储蓄曲线的关系

第一，APC 和 MPC 都随收入增加而递减，但 APC > MPC；而 APS 和 MPS 都随收入增加而递增，但 APS < MPS。表现在图3-5上，在 Y_0 的右方，储蓄曲线上任意一点与原点连成的射线斜率总小于储蓄曲线上该点的斜率。

第二，APC 和 APS 之和恒等于1，MPC 和 MPS 之和也恒等于1。对此，可以证明如下：

因为 $Y = C + S$，所以 $C/Y + S/Y = Y/Y$

即
$$APC + APS = 1 \tag{3.12}$$

再看 MPC 和 MPS 的情况：

因为 $\Delta Y = \Delta C + \Delta S$，所以

$$\Delta Y/\Delta Y = \Delta C/\Delta Y + \Delta S/\Delta Y$$

即
$$MPC + MPS = 1 \tag{3.13}$$

根据以上性质，消费函数和储蓄函数只要有一个被确定，另一个就会随之被确定。当消费函数已知时，就可求得储蓄函数；当储蓄函数已知时，就可求得消费函数。

二、凯恩斯以后消费理论的发展

面对丰富的现实经济生活，凯恩斯的消费函数略显简单。一是它只考虑当期收入对当期消费的影响，而事实上，家庭消费行为是一个考虑到跨时（intertemporal）收入变量的行为选择，即过去的收入、现时的收入以及将来的收入一起影响当前的消费；二是这一消费函数没有考虑家庭拥有的财富对当前消费的影响。因此，我们将在下面的讨论中，介绍凯恩斯以后消费函数研究上的进展情况，使我们对消费函数的理解更贴近现实生活。

（一）持久收入假定的消费理论

美国经济学家米尔顿·弗里德曼在凯恩斯消费函数的基础上发展了这样一个思想：家庭的消费决策不仅取决于当前收入，而且还取决于其他时期的收入。他在1957年出版的《一个消费函数的理论》一书中提出了持久收入（permanent income）概念。所谓持久收入

（我们这里以 Y_p 表示）就是从一个更长的时期来观察的家庭的平均收入。持久收入概念提出的意义在于：如果以某一短期看，收入变量可能会发生较大的变化，但是从一个更长的时间范围来看，收入变量可能是相对稳定的。

为了说明持久收入，我们首先引入一个两时期消费模型。这里只考察一个代表性的家庭，并由一个人构成，他的生命周期由两期组成：现在和将来，同时假定现在他为青壮年时期，将来是他的老年时期。在这两个时期中他的收入来自两个方面：劳动收入和财富收入。但我们进一步假定起初他不拥有财富，同时第二个时期（将来）结束时，他也不再保留财富，如果我们用一种特有的金融资本——债券表示该家庭的财富，并用字母 B 表示，B_0、B_1、B_2 分别表示第一时期期初、第一时期末、第二时期末持有的债券，那么，根据假定 $B_0=0$，$B_2=0$，B_1 则由下式决定：

$$B_1 = Y_{d1} - C_1 = Q_1 - C_1 \tag{3.14a}$$

其中，Y_{d1} 为第一时期家庭可支配收入，C_1 为第一时期家庭的消费，Q_1 为第一时期的劳动收入。因此，B_1 实际上是第一时期该家庭进行的储蓄（S_1）。

$$B_1 = S_1 \tag{3.14b}$$

他的第二时期的储蓄 S_2 由下式构成：

$$S_2 = Y_{d2} - C_2 = Q_2 + rB_1 - C_2 \tag{3.15}$$

其中，Y_{d2} 为第二时期的可支配收入，C_2 为第二时期家庭的消费，Q_2 为第二时期的劳动收入，r 为债券利率。由于假定 $B_2=0$，即意味着 $S_2=-S_1$，第一时期的储蓄被他在第二时期消费掉，因此我们通过式（3.14a）和式（3.15），获得：

$$C_1 + \frac{C_2}{(1+r)} = Q_1 + \frac{Q_2}{(1+r)} \tag{3.16}$$

在式（3.16）中，假定 Q_1 和 Q_2 的值是不同的，那么，持久收入 Y_p 就可以由下式给出：

$$Y_p + \frac{Y_p}{(1+r)} = Q_1 + \frac{Q_2}{(1+r)} \tag{3.17a}$$

经过方程变换我们把 Y_p 表达为 Q_1 和 Q_2 的函数：

$$Y_p = \frac{(1+r)}{(2+r)}\left[Q_1 + \frac{Q_2}{(1+r)}\right] \tag{3.17b}$$

在上述过程中，如果利率 r 等于零，那么持久收入 Y_p 正好是现时收入和将来收入的算数平均数。当然在一般情况下，利率不为零，因此，Y_p 是各时期收入的考虑利率以后的"加权"平均数。在前面的式子中我们假定家庭期初的财富拥有量等于零，如果考虑到家庭期初拥有一定的财富，那么持久收入就可表达为：

$$Y_p = \frac{(1+r)}{(2+r)}\left[(1+r)B_0 + Q_1 + \frac{Q_2}{(1+r)}\right] \tag{3.18}$$

在一个极端的持久收入假定模式里，家庭每一期的消费都相等，并且等于其持久收入，当消费小于当期收入时，储蓄为正，当消费大于当期收入时，储蓄小于零，由于每一期的消费都等于持久收入 Y_p，因此储蓄也就等于当期收入和持久收入的差额：

$$S_1 = Q_1 - C_1 = Q_1 - Y_p \tag{3.19}$$

在持久收入假定理论中，收入的变化可以划分成三种类型：（1）当前收入的暂时变化；（2）持久收入的变化；（3）预期将来收入的变化。第一种收入变化是指当前收入发生变动，但将来收入不变；第二种收入变化是指当前收入和将来收入都发生变化；第三种收入变化是指当前收入不变，将来预期收入发生变化。很显然，根据持久收入假定，当第一种收入变化发生时，家庭变化当期的储蓄，消费变动不大；当第二种收入变动发生时，家庭将调整消费数量，储蓄量变动不大；当第三种收入变动发生时，家庭可能调整当期储蓄，以对付将来的收入变动。

持久收入假定消费理论提出的重要意义在于它能较好地解释经验事实。美国1970～1992年经历了三次比较大的周期波动：1973～1975年，1981～1982年，1990～1991年，每一次周期波动都带来实际GDP的较大幅度的下降，但与此相反，居民实际消费的变动却相当平滑，不像实际GDP变动那样剧烈。见图3-6。

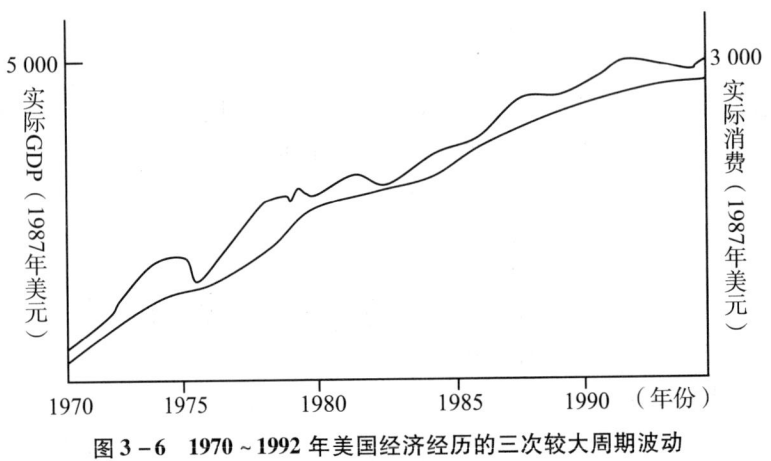

图 3-6 1970～1992年美国经济经历的三次较大周期波动

尽管持久收入假定消费理论在解释现实经济生活中，有它的优势，但是这一理论碰到的一个十分麻烦的问题是，家庭把握当前收入的变化是一种暂时现象还是持久现象，尤其是，家庭如何把握将来的收入状况，这就涉及经济学中的一个重大问题——预期。经济学家花费了大量的精力来研究预期问题，但在弗里德曼提出持久收入假定时，他所采用的预期是一种适应性（Adaptive）预期，即根据过去的经历和当前变化作为资料来预测将来。

（二）生命周期假定的消费理论

同持久收入假定的消费理论一样，生命周期收入假定的消费理论认为家庭消费取决于整个生命周期里家庭的收入，而不仅是当前的收入。生命周期消费理论的重要贡献在于：它发现家庭的收入变化在一个人的生命周期内是有规律可循的。因此，一个人的储蓄状态取决于他所处的生命周期的具体阶段。诺贝尔经济学奖获得者莫迪格里安尼在50年代和60年代早期与其他几位经济学家发表了一系列有关生命周期消费理论的论文。

前面两时期模型把收入变化假定为主要发生在两个阶段：劳动年龄阶段和退休阶段。生命周期理论认为：当人们年轻的时候，其收入也是比较低的，因此他们也要举债消费。在人生的第二阶段，即工作年龄阶段，在西方国家大约40～60岁时收入达到高峰，在这个阶段他们一方面偿还原先读书时借的债务，另一方面为今后退休收入减少时进行储蓄。人生的第三阶段为退休阶段，收入减少，开始消费青壮年时的储蓄。家庭的这一生命周期不同阶段的储蓄和负储蓄（Dissaving）可以通过图3-7表示。

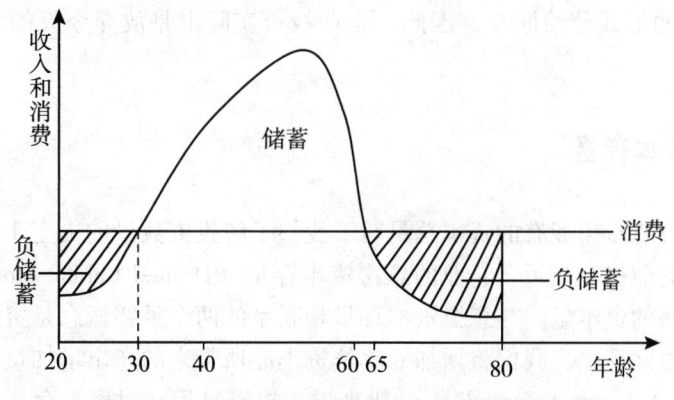

图 3-7 家庭生命周期不同阶段的储蓄和负储蓄

图 3-7 中，我们把家庭的生命周期定义为 20~80 岁（20 岁之前由家长抚养）。20~30 岁左右为一人接受教育时期，这时他借款消费。30~65 岁左右，为工作期间，还债和储蓄。40~60 岁时收入最高，储蓄也最高，65 岁之后储蓄又开始转为负。从上图中我们还发现，尽管收入在一生中起伏很大，但消费是一条水平线，说明消费相当平稳。这是一个极端的例子，实际生活中消费可能会有一些变化。例如，当人到中年时，抚养孩子的负担最重，消费也最多，以后随着孩子成人，负担减少，家庭消费就可能下降。

生命周期消费和储蓄理论的一个意义是：它揭示了一个国家的国民储蓄与该国人口年龄构成之间的关系。我们可以设想一下，如果一个国家中的人口构成，老年人加青年人与中壮年人的人数相仿，那么当一些人进行储蓄时，另一些人则进行负储蓄，因此从整个国民角度来看，国民储蓄率等于零。因此，只有当一个国家中壮年人口大于青年和老年人口时，国民储蓄率才有可能提高。

上面的分析，我们都假定家庭生命周期结束时，拥有的财富量为零，也就是说每个家庭没有财产留给他们的子女，这种假定在简化理论分析时是必要的，但是显然是不现实的，尤其是不符合东方民族的传统。一般来说，家长都有愿望使自己的子女将来生活得好一些，为此，他们总是努力积累一些财富，留给子女辈甚至孙子辈，这种动机就被称作遗赠动机（Bequest Motive）。如果我们把遗赠动机结合到上述生命周期理论中，我们就要对前面的结论做些修正，首先是到生命结束时，财富不为零。其次，由于遗产的引进，每一家庭在每一时期的消费就要低于没有遗产假定的情况，也就是说，在有遗产的情况下，家庭的储蓄就要高一些。

第三节 投资函数

如果说消费是一个以家庭持久收入为自变量或者说以家庭在整个生命周期内的收入和财富为自变量，从而显得十分平稳的变量的话，那么投资就是一份不那么平稳、甚至在短期内变化很大的变量。由于投资变量的这一特性，因此它普遍被人们看作是引起经济周期波动的一个重要变量。企业的总投资支出在很大程度上依赖于对整个经济前景的预期，投资本身涉及今天和未来之间的替代关系。当企业进行投资时，用于投资的资金完全可以用分红的形式分给股东,因此,企业投资实际上是放弃今天的利润以试图增加未来的利润。

一、意愿资本存量

了解企业本身所希望拥有的资本总量对于我们了解投资数量的决定十分重要。在企业追求利润最大化的前提假设下,企业的意愿资本存量(Desired Capital Stock)是指能够使企业获得最大利润的资本量。与意愿资本存量相联系的两个重要概念是资本的边际产出和资本的预期未来边际产出。我们将增加一单位资本品所带来的产出增加量定义为资本的边际产出(Marginal Product of Capital)。一般来说,投资过程在时序上存在着滞后性。考虑到这个因素后,我们将当期增加1单位资本品所带来的未来的产出的增加量定义为资本的预期未来边际产出(Future Marginal Product of Capital,MP_K^F)。资本的成本是企业在确定意愿资本存量时除MP_K^F外必须考虑的另一个重要因素。

假设一个计划投资某种设备以生产一种完全竞争产品的企业掌握如下信息:

每单位资本品价格 $P_K = 100$ 元;

资本品的价格中已经包括了原材料的成本和资本品自身的维护成本;

资本品每年折旧率 $d = 10\%$;

该企业进行决策时的市场利率 r = 预期实际利率 $re = 8\%$,在这个利率水平上,企业可以借入(例如向银行贷款)也可以借出(例如购买国债)任意数量的资金。

我们假设该企业向银行贷款来购买计划中的资本品。因此,在资本品使用期限内每年都要向银行支付一定的利息。在考虑折旧因素后,我们就可以写出资本品数量和总成本之间的函数关系。我们将该函数关系定义为企业的成本函数。为了便于讨论,我们还假定该企业所采购的设备只能使用1年,然后将其卖出并停止该产品的生产。我们用C表示企业的总成本,x表示资本品数量,则该企业所面临的成本函数为:

$$C = P_k x + rP_k x - (1-d)P_k x \tag{3.20a}$$

上式的经济含义是:该企业所计划的投资总成本 = 购买资本品的支出 + 利息支出 - 1年后出售旧设备的所得。将上式简化后可以得到:

$$C = rP_k x + dP_k x \tag{3.20b}$$

该企业为实现利润最大化,应根据资本品的边际成本 MC_K 等于资本品的边际收益 MR_K 的原则确定其意愿资本存量。① 考虑到资本品从形成到具备生产能力的滞后性,上述利润最大化原则可以用公式表示为:

$$MC_k = MR_K^F \text{②} \tag{3.21}$$

对企业的总成本函数公式(3.20b)求导就可以得到企业的边际成本函数 MC_k。即:

$$MC_k = rP_k + dP_k \tag{3.22}$$

为了更加清楚地说明问题,我们再一次回到上面的例子。显然,根据式(3.20b),我们可以写出上述企业所面临的成本函数为:

---

① 参见蔡继明主编. 微观经济学(第2版)[M]. 北京,清华大学出版社,2011.
② MR_K^F 为资本的预期边际收益。

$$C = 8\% \times 100x + 10\% \times 100x \tag{3.23}$$

其边际成本函数为:

$$MC_k = 8\% \times 100 + 10\% \times 100 = 18 \tag{3.24}$$

式（3.24）表示的边际成本函数就是图 3-8 中经过点 A^* 的水平实心直线，而预期边际收益函数则是图 3-8 中经过点 A^* 的实心斜线。在此，我们假设企业的边际收益函数是线性的。根据利润最大化原则，该企业所选择的意愿资本存量应该是 MC_k 线和 MR_K^F 的交点 A^* 所代表的资本数量。在数值上等于 OK^*。

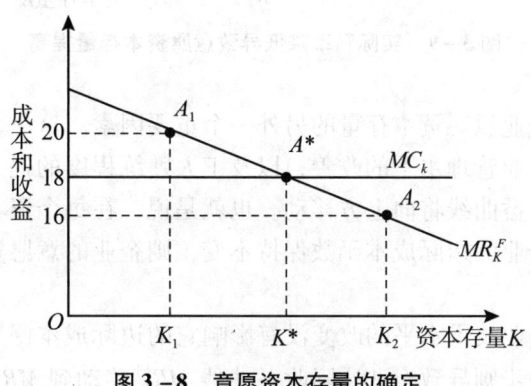

图 3-8　意愿资本存量的确定

二、意愿资本存量的变化

我们刚才介绍了企业的意愿资本存量的确定过程，没有考虑由外生因素变化所引起的意愿资本存量的变化，而在真实世界中，意愿资本存量的变化往往决定企业的投资意愿。一般来说，影响企业意愿资本存量的因素都是通过影响企业的预期边际收益函数 MR_K^F 和企业的边际成本函数 MC_k 来实现的。这些因素往往导致 MR_K^F 或 MC_k 发生变化，或者两者都发生变化，由此导致企业的意愿资本存量发生改变。下面，我们分析常见的外生变量对企业意愿资本存量的影响。

首先，一种引起企业意愿资本存量变化的外生因素是实际利息率的改变。从直观上说，实际利息率的变化直接影响企业的融资成本，因此能够影响企业的意愿资本存量。当实际利息率升高后，企业偿还贷款利息的数量将增加。即使企业使用自有资金而不是向银行贷款，其资金的机会成本也会增加，从而导致企业的边际成本增加，边际成本曲线将向上方移动。反之，实际利息率降低后，边际成本曲线向右下方移动。

在图 3-9 中，因为利率的变化不会影响企业的技术水平，所以 MR_K^F 线不会发生移动。但是对于企业的边际成本函数则不同，实际利率的降低导致边际成本线 MC_{k1} 移动到 MC_{k2}。因为企业不可能立刻改变其资本存量，所以当实际利率降低后的那一刻企业处于图 3-9 中的 B 点。在 B 点，企业的边际成本要小于边际收益，企业增加资本存量能够增加企业的利润。因此，企业的意愿资本存量变为点 C 处的资本存量 K_2。

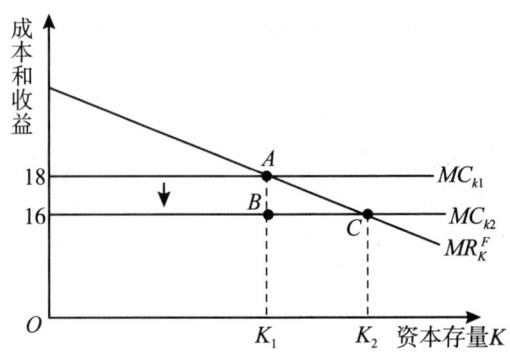

图 3 – 9　实际利率降低导致意愿资本存量提高

技术进步是影响企业意愿资本存量的另外一个重要因素。这里，技术进步既包括科技水平的提高，也包括企业管理水平的改善，以及工人熟练程度的提升。由于技术进步的影响，企业的资本边际收益曲线将向上方移动。也就是说，在每个资本存量水平上资本的边际收益将增加。如果企业的边际成本函数保持不变，则企业的意愿资本存量将增加。我们结合图 3 – 10 来说明。

在图 3 – 10 中，企业技术水平的改变没有影响它的边际成本函数，所以 MC_k 曲线不会发生移动。但是技术进步则导致企业边际收益曲线 MR_K^{F1} 移动到 MR_K^{F2}。企业的意愿资本存量将增加：从 A 点处的资本存量 K_1 变为 B 点处的 K_2。

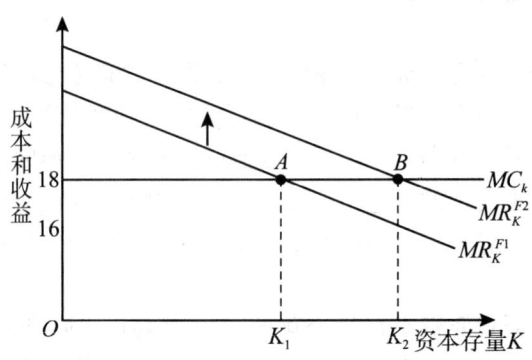

图 3 – 10　技术进步对意愿资本存量的影响

三、意愿资本存量与投资

下面我们讨论从意愿资本存量到投资的转化过程。一般来说，不论是一个企业的资本存量还是一个经济体系的资本存量都受到两个因素的影响。第一个因素是新购买的资本品如机器设备和新建造的建筑设施等，在经济学中将其称为总投资（Gross Investment）。影响资本存量的第二个因素是折旧（depreciation）。折旧既包括实际的、物理意义上的损耗，也包括由于技术进步导致设备过时而必须淘汰的损耗。总投资减去折旧等于净投资（Net Investment）。净投资才是资本存量的实际变化量。显然，当总投资的数量大于折旧的数量时，净投资为正；当总投资的数量小于折旧的数量时，净投资为负。

由于总投资为流量概念，为了方便讨论我们引入以下记号：

I_t = 第 t 年内的总投资；

K_t = 第 t 年开始的资本存量或第 $t-1$ 年结束时的资本存量。

根据定义可知，净投资为时期 t 内资本存量的改变量，记为 $K_{t+1} - K_t$。我们使用 d 表示折旧率，则每年的折旧数量可记为 dK_t。利用总投资和净投资之间的关系，我们可以得到以下恒等式：

$$K_{t+1} - K_t = I_t - dK_t \qquad (3.25a)$$

在现实世界中，绝大多数情况下总投资要大于折旧，即净投资为正。但是，这并不表示在一切情况下净投资为正。当经济体系陷入大萧条时，总投资可能非常小以至于无法补偿折旧，此时净投资为负。历史上的 20 世纪 30 年代美国陷入经济大萧条时就曾经出现过这种情况。

利用式（3.25a）我们也可以说明意愿资本存量与投资之间的关系。将式（3.25a）重新整理后可以得到下式：

$$I_t = K_{t+1} - K_t + dK_t \qquad (3.25b)$$

式（3.25b）的含义是，经济体系（或企业）的总投资等于净投资加上折旧。

我们假设在时期 t 开始时，企业的经理人员利用已知的各种信息形成了自己的边际产出函数的预期，再结合他已知的有关本企业边际函数的信息，企业就可以确定自己的意愿资本存量 K^*。假设企业希望在下一时期开始的时刻达到自己的意愿资本存量。利用这一点，将恒等式（3.25b）右边的 K_{t+1} 替换为 K^* 后我们可以得到：

$$I_t = K^* - K_t + dK_t \qquad (3.26)$$

式（3.26）表示了意愿资本存量与总投资之间的关系。根据式（3.26），每个时期 t 内的总投资由两个部分组成或者说受到两个因素影响。第一个是由企业的意愿资本存量决定的意愿资本净增加：$K^* - K_t$；第二个是由现有资本存量和折旧率所决定的折旧数量 dK_t。显然，后一个因素在时期开始时是确定的，但是第一个因素却受到各种外生变量影响。在时期开始时，各种外生因素通过影响企业的边际产出函数或边际成本函数来影响企业的意愿资本存量，从而影响意愿资本净增加。不论是税收变化还是技术进步，都是首先影响企业的意愿资本存量，然后再形成实际的投资。

四、存货投资

在以上讨论中，我们所列举的投资形式均为购买新设备，但是在现实世界中还有另一种重要的投资形式——存货投资（Inventory Investment）。所谓存货投资，是指企业作为储备的物品的总和。一般来说，存货投资在总支出中只占非常小的份额，平均为 1% 左右。但是，因为存货投资的变动对于揭示宏观经济的景气程度具有重要的指标意义，所以它成为经济波动研究的重要内容。

企业保持存货的原因非常复杂，在此我们只是定性介绍存货投资的原因和动机。企业保持存货的第一个原因是存货本身可以平滑某个时期内的生产水平，使其不至于产生过大的波动。一般而言，企业在不同时期面对的市场需求往往有很大变化。在这种情况下，企业会发现按照某种平稳的生产计划进行生产同时保持一定的存货将比产量波动的生产形态更能节省成本。这种保持一定存货的原因被称为生产平稳化。保持存货的第二个原因是适量的存货本身可以提高企业的经营效率。例如，汽车生产企业保持一定的零配件存货可以避免生产线因缺乏配件而停顿。当然，通过保持存货来提高效率需要有一个限度。过多的存货将提高企业的成本，降低企业的效率。企业持有一定存货的第三个原因是避免意外脱销。由于企业面临的产品市场经常处于波动状态，当市场需求意外高涨时如果不能及时推出产品将给企业带来损失。企业保持存货的第四个原因是生产过程本身的需要。实际上，绝大部分物品在生产时都会涉及许多工序，因此停留在生产线上的各种零件和半成品就构成了一种必不可少的存货。

企业保持存货的主要成本是占有资金的利息成本。因此，实际利率的升高将增加企业保持存货的成本，从而促使企业减少存货；实际利率的降低将减少企业保持存货的成本，使企业有增加存货的动机。

最后需要指出的是，这里所说的存货投资指的是企业意愿存货投资，即企业自己希望的投资。这一点与公开的各种统计数据中的存货投资有所区别。统计数据中的存货投资是事后的数据，其中既包括的企业意愿的存货投资，也包括了企业被动存货投资。在此，企业被动的存货投资指的是由于产品无法销售出去而被迫增加的库存。企业意愿存货投资是总需求的一部分，而后者则不是。

第四节 简单均衡模型及拓展

在继续讨论总需求的其他三个组成部分之前，我们首先介绍一个简单的均衡模型，以此来说明凯恩斯需求理论的特点。然后，我们再在此简单模型的基础上逐步加入总需求中的其他部分。

一、简单均衡模型——二部门模型

如果我们用横坐标表示总产出（或总收入），用纵坐标表示总支出（或总需求），那么式（3.1）所定义的关系则可以用一条经过原点的45°直线表示，如图3-11所示。

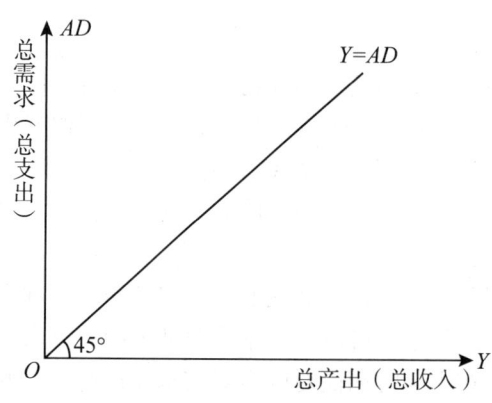

图3-11 总需求与总产出的恒等关系

为了满足式（3.1）的关系，那么实际总产出的均衡点就必须在图3-11中的45°直线上。除此之外，均衡点还应满足总需求中的各个组成部分的活动规律。为了简单起见，我们暂时假设一个没有政府支出（$G=0$），也没有国际贸易活动（$NX=0$）的简单经济，在这个经济里，总需求只包括消费C和投资I。进而，我们还可以假设投资是一个与总需求无关的变量，亦即I在图3-12所示的坐标上是一条水平线，我们就有：

$$AD = Y = C + I$$
$$= a + bY + I$$
$$= (a + I) + bY \qquad (3.27)$$

现在我们可以把式（3.27）所代表的总需求活动规律放入总需求和总产出图中（$AD-Y$平面），从而得到如图3-12所示的关系。

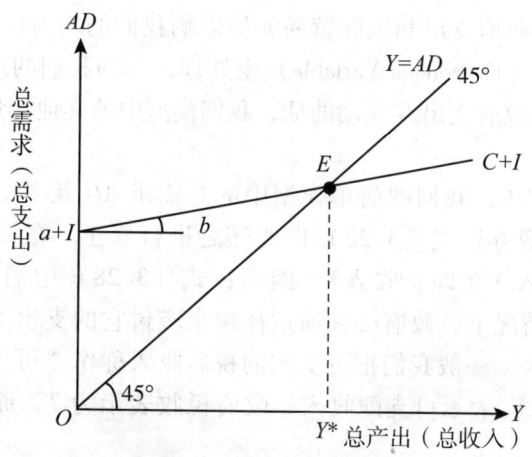

图3-12　总需求所确定的均衡

在图3-12中，AD表示总需求（Aggregate Demand），其截距为$(a+I)$，斜率为b。总需求线与45°线的交点E，即由总需求所确定的均衡点。而均衡点对应的Y^*，就是实际的总产出值。为什么点E是均衡点呢？因为它既满足了式（3.1）所定义的收入支出恒等关系，又满足了式（3.27）所描述的总需求的活动规律。因而，均衡点所对应的总产出值Y^*，可以从式（3.1）和式（3.27）所给出的关系解出：

$$Y^* = \frac{1}{1-b}(a + I) \qquad (3.28)$$

至此，我们已经展示了凯恩斯理论分析的基本要点。对比微观经济学里所采用的基本分析方法，我们可以看出下列两个显著特点：第一，在古典的微观经济学分析里，均衡点是由供应（Supply）和需求（Demand）两个方面共同确定的，即均衡点为向上倾斜的供应曲线和向下倾斜的需求曲线的交点。而我们现在的宏观分析中，均衡点是由需求单方面决定的，总供给在这里只起从属作用。第二，在微观分析里价格是一个主要变量，整个市场调节的信息和供需双方的相互作用，全靠价格变动来协调。而在我们现在使用的分析方法中，价格的变化被忽略掉了。这是由于在我们的现实生活中，大多数商品的价格变化都非常缓慢。这种现象在市场发育比较成熟的经济中，尤为明显。对于那些市场化程度不高，或者仍处于转型过程中的经济来说，其通货膨胀率可能会高一些，但尽管如此，大多数商品的价格也不是每天、每周、每月都在跳动的。在宏观经济分析中，价格被作为一个变化很慢的特殊变量来处理。所以在这里我们暂时忽略了价格这个变量的作用。关于这一点，我们后面还要进一步讨论。归纳起来，式（3.28）所得到的结果，依赖于两个基本假设：

均衡点（实际国民总产出值）由总需求确定；
价格变化非常缓慢，以致在短期分析中可以将其忽略。

这两个基本假设是整个凯恩斯理论体系的基础。现在我们就在已知的简单均衡模型的基础上，逐步加入总需求的其他组成部分，从而使我们的模型向实际靠拢。

二、简单模型的扩展：三部门和四部门模型

现在我们就来分析政府支出和国际贸易如何影响我们的均衡模型。在我们的分析中，G 被作为一个外生变量（Exogenous Variable）来处理，亦即我们的理论不能解释为什么 G 会变化，而只回答如果政府支出 G 变动的话，我们模型中的其他变量（如 Y、C 等）会如何变化。

由于有了政府支出 G，我们的简单模型中的总需求 AD 就多了一项。不仅如此，简单模型中所描述的消费方程式（3.28）也要随之进行修正。在没有政府的情况下，人们可以支出其全部收入 Y（即总收入），因而在式（3.28）中消费 C 是总收入 Y 的函数。在有政府参与的情况下，政府必须通过征税来应付它的支出 G，因此，人们别无选择，只能支配税后收入。一般我们把可支配的税后收入称作"可支配收入"（Disposable Income）。如果我们用 Y_d 表示可支配收入，政府税收表示为 T，那么可支配收入则被定义为：

$$Y_d = Y - T + TR \tag{3.29}$$

征税的方式有多种多样，一般我们可以假定税收与总收入成正比，即 $T = T_0 + tY$。这里 t 是税率，$0 < t < 1$。TR 指转移支付，比如，自然灾害发生后政府给灾民的救济支出、对贫困人口的特殊补助等。在这里，假定 TR 为常数。这样可支配收入就可以写作：

$$Y_d = -T_0 + (1-t)Y + TR \tag{3.30}$$

因此，三部门经济的均衡收入为：

$$Y = C + I + G$$
$$C = a + bY_d$$
$$Y = a + b[Y - (T_0 + tY) + TR] + I + G \tag{3.31}$$

求解式（3.31）中的 Y 值，就可以得到均衡点所对应的实际收入（总支出）Y^*

$$Y^* = \frac{a - bT_0 + bTR + I + G}{1 - b(1-t)} \tag{3.32}$$

同样，我们也可以仿照图 3-12 的方法用图表示均衡点和相对应的 Y^*，如图 3-13 所示。

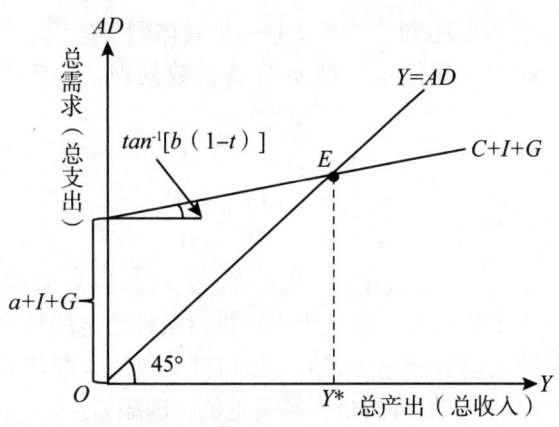

图 3-13 有政府支出情况下的均衡

如果我们对比图 3-12 和图 3-13，就会发现两点不同。第一，在图 3-13 的总需求线上，截距项里增加了 G；第二，总需求线的斜率发生了变化，它在简单模型里为 b，而在由政府支出的模型里为 $b(1-t)$。由于 t 是个小于 1 的正数，所以由政府支出时，总需求线要比它在简单模型里平坦一些。至此，我们已经完成了简单模型的第一步扩展，即加入了政府支出的分析，下面我们再来看加入国际贸易活动后对我们的模型应作哪些修正。

如前所述，我们用净出口，即出口与进口之差，来描述外国对本国产品的需求。现在我们就来讨论出口与进口的变化规律。

从需求角度看，进口是本国对外国产品的需求，而出口是外国对本国产品的需求。从这个意义上来说，出口主要是受本国经济之外的因素影响的。例如，外国人可能会因为某种原因增加或者减少购买中国产品，也可能因为自己国家的经济衰退或过热而坚守或者增加到中国旅游的人次。这些都会直接影响中国的出口，但从分析中国经济的角度来说，这些都是外生变量。因而在我们的模型中，我们不解释出口的变化情况，而把它们记作外生变量 X。与此相反，进口是本国对外国产品的需求。显然这种需求是与总收入成正比的。在现实生活中我们可以发现收入高的个人或家庭更有条件消费进口的产品和服务。从宏观经济的角度来考察，这个现象更为明显。在收入高的工业化国家里，人们普遍地消费进口产品；而在低收入的不发达国家里，人们则主要依赖于自给自足型的本地产品。从消费需求的原因来分析，随着收入水平的提高，人们的需求不仅会突破地域性或季节性的限制，而且对产品的多样性（Variety）和质量也会越来越挑剔，这样就不可避免地增加对外国产品和服务的进口。根据这种分析，我们可以把进口描述为：

$$进口 = M_0 + mY \tag{3.33}$$

等式右边的第一项 M_0 表示与总收入没有直接关系的进口产品，一般指那些本国没有的必需品。例如，资源贫乏国家对外国资源的需求，发展中国家对自己无法生产的关键产品的需求等。等式右边第二项 mY 表示进口与总收入成正比，其比例关系由系数 m 决定。m 是一个小于 1 的正数，被称作"边际进口倾向"（Marginal Propensity to Import）。边际进口倾向刻画了一个经济对外国产品的依赖程度。例如，$m=0.1$ 表示该国的收入每增加 1 元，就会将其中的 1 角用于进口。同边际消费倾向 b 一样，边际进口倾向也受历史、文化、传统等影响。例如，美国、加拿大的边际进口倾向就较大，而日本则较小。对于发展中国家来说，其 m 值更是各不相同。但对于每一个具体国家来说，其边际进口倾向在一个时期内是大致稳定的。因而，我们可以把 m 作为常数处理。这样进出口 NX 就可以被描述为：

$$\begin{aligned} NX &= 出口 - 进口 \\ &= X - (M_0 + mY) \\ &= X - M_0 - mY \end{aligned} \tag{3.34}$$

这里，X 是出口，我们令 $(X - M_0)$ 为常数。式（3.34）被称作进出口方程，它显示，净出口与总收入水平 Y 成反比。这是由于在进口条件给定的情况下，收入越高，进口越多。事实上我们也发现大多数发达国家的进出口都是负值，即贸易逆差（大概日本是唯一的例外），而许多发展中国家的进出口，则呈正值，即顺差。

在有国际贸易的情况下，总支出（总产出）就应该再加入式（3.35）所描述的净出口：

$$\begin{aligned} Y &= C + I + G + (X - M) \\ &= a + b(TR - T_0) + b(1-t)Y + I + G + (X - M_0 - mY) \end{aligned}$$

我们可以解出由总需求所确定的实际总产出值：

$$Y^* = \frac{a - bT_0 + bTR + I + G + X - M_0}{1 - b(1-t) + m} \tag{3.35}$$

这样我们还可以将均衡的求解过程用图 3 - 14 表示出来：

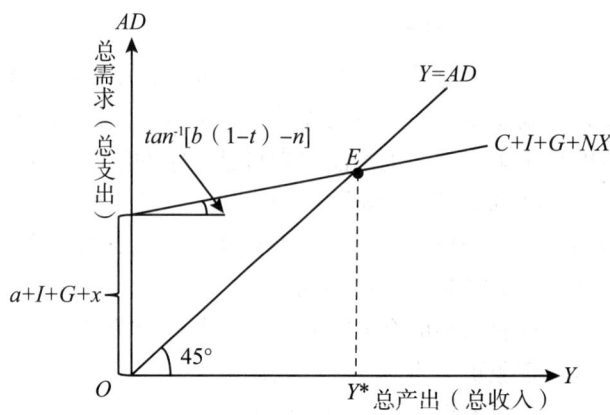

图 3 - 14　有政府支出、有进口情况下的均衡

在图 3 - 14 中我们可以看到由于加入了国际贸易，总需求的截距项中又增加了一项 g。而且该线较之图 3 - 13 中的总需求线更加平坦了一些。这是由于边际进口倾向 m 在斜率项中有个负号，从而使斜率减小。

三、投资等于储蓄：考虑商品市场均衡的另一种方法

到目前为止，我们考虑均衡时都是从商品供给等于需求的角度出发。另一种研究均衡的等价方法是集中考虑投资和储蓄。这就是由约翰·梅纳德·凯恩斯在 1936 年《就业、利息和货币通论》一书中首次详细阐述的模型。

让我们首先讨论储蓄。储蓄为私人储蓄与公共储蓄之和。

根据定义，私人储蓄（private saving）（S），即消费者的储蓄，等于收入减去税收，再减去消费：

$$S = Y_D - C = Y - T - C \tag{3.36}$$

根据定义，公共储蓄（public saving）等于税收减去政府支出（$T-G$）。如果税收超过政府支出，政府就会有预算盈余——公共储蓄为正。如果税收小于政府支出，政府就会有预算赤字——公共储蓄为负。

现在我们回到之前推导的商品市场均衡方程，产出必须等于需求，而后者为消费、投资和政府支出之和：

$$Y = C + I + G$$

两边同时减去税收 T，并把消费移到等式左边：

$$Y - T - C = I + G - T$$

等式左边就等于私人储蓄（S），则等式可写为：

$$S = I + G - T$$

或者等价地表示为：

$$I = S + (T - G) \tag{3.37}$$

左边表示投资，右边为私人储蓄与公共储蓄之和。

因此式（3.37）给出了我们讨论商品市场均衡的另一种方法。在这里，商品市场均衡要求投资等于储蓄——私人储蓄与公共储蓄之和。这种讨论均衡的方法说明了为什么商品市场的均衡条件被称为 IS 关系（IS relation），这是因为"投资等于储蓄"。企业想要投资的量必须等于人们或者政府想要储蓄的量。

【扩展阅读3.1】

储 蓄 悖 论

在长大成人的过程中，我们被告知要保持勤俭节约的美德。那些花光所有收入的人注定要贫困潦倒，而储蓄的人都能过上幸福生活。同样政府也这样告诫我们，一个经济只有储蓄，才能不断强大与繁荣！然而本章的模型却讲述了一个截然相反、非常奇怪的故事。

假设在可支配收入水平给定的情况下，消费者决定进行更多的储蓄。换句话说，假设消费者减少 a 的消费，从而可以在可支配收入不变的情况下减少消费并增加储蓄。产出和储蓄会发生什么变化呢？

式（3.28）明确表示 a 下降时均衡产出也会下降。在收入不变的情况下，增加储蓄，就减少了消费。而消费的下降会导致需求的下降，进而引起产出下降。那么储蓄的情况又怎样呢？回到私人储蓄方程（3.36）（假设公共储蓄没有变化，因此储蓄和私人储蓄同步变化），如果考虑到税收的因素，式（3.36）可以改为：

$$S = Y - T - C = Y - T - a - b(Y - T)$$
$$= -a + (1 - b)(Y - T)$$

一方面，$-a$ 更大了：在任何收入水平，消费者更多地储蓄，因而储蓄增加；另一方面，Y 变小了，从而减少储蓄。看起来净效应是不确定的，但实际上我们可以知道结果是什么。

想弄明白怎么回事，回到产品市场的均衡条件，均衡要求储蓄必须等于投资：

$$I = S + (T - G)$$

根据假设，投资没有变化 $I = I^*$，T 和 G 也没有变化。因此均衡条件告诉我们，均衡状态时的储蓄并未发生变化。尽管人们希望在给定的收入水平下，储蓄得更多一些，但现在收入下降了一部分，使得储蓄并未发生变化。

这就意味着人们增加储蓄的尝试只会导致产出的下降,而储蓄却不发生变化。这两个奇怪的结果就是所谓的储蓄悖论(paradox of saving 或 paradox of thrift)。

那么我们就应该忘掉古老的诫训吗?政府就应该告诉人们不要那么节俭吗?答案是否定的。这个简单模型的结果更多地适用于短期情形。一个重要的警示就是:鼓励储蓄的政策在中期和长期是有利的,但是在短期中却会导致需求和产出的下降,甚至可能会导致经济衰退。

参考资料:(美)Olivier Blanchard,David Johnson(著).王立勇(译).宏观经济学(第六版)[M]. 北京:清华大学出版社,2014(6):61.

第五节 乘数原理

前面两节里我们介绍了凯恩斯理论中商品市场均衡分析的基本方法,这一方法的要点是用总需求来确定均衡点及其相应的实际总产出值。从图3-14中可以看出,在斜率给定的情况下,总需求线的位置是由截距所确定的。在截距项包含的 a、I、G 和 X 中,任何一项发生变动都会引起总需求线的平移,其经济学解释就是"乘数效应"(multiplier effect)。乘数效应认为,在一个由总需求确定总产出的经济里,如果某个需求部门有一个较小的变动,该变动就会影响整个经济中的其他部门,从而使整个经济的总产出在各个部门都发生过变动,这个变动的总和,就是"乘数效应"。

一、乘数及乘数原理

在两部门的简单国民收入决定模型中,假定 $C = 1\,000 + 0.8Y$,$I = 600$(亿美元),则均衡时,$Y = 1\,000 + 0.8Y + 600$,均衡国民收入 $Y^* = 8\,000$(亿美元)。如果我们把投资从600亿美元增加到700亿美元,则均衡国民收入会增加到8 500亿美元。这个例子中,投资增加100亿美元,国民收入增加500亿美元,增加的国民收入是增加的投资的5倍。由此可见,总投资增加时,国民收入的增量将是投资增量的数倍。如果以 K 代表这个倍数,K 就被称为投资乘数。所以,$K_I = \dfrac{\Delta Y}{\Delta I}$,投资乘数指收入的变化与带来这种变化的投资支出的变化的比率。

为什么投资增加100亿美元,国民收入会增加5倍呢?现在让我们举例说明。假设某投资集团投资100亿美元在某地兴建一座发电厂,这100亿元就会被用来支付参与该工程的员工的工资、购买或租赁建厂的土地、购买发电设备、建筑材料等。根据前面讲的计算GDP的方法,这100亿美元全部计入GDP。接下来,由于该社会的边际消费倾向是0.8(根据已知的 $C = 1\,000 + 0.8Y$),增加的100亿美元中会有80亿美元用于饮食、交通、旅游、娱乐等与电力无直接关系的行业,从而使该行业的收入又增加了80亿美元,这是国民收入的第二轮增加。同样地,这些获得收入的人又会把64亿美元($100 \times 0.8 \times 0.8$)用于购买电器、服装、房屋、医疗、教育等产品或服务,使这些行业的人收入增加64亿美元。这个过程不断继续下去,最后会使国民收入一共增加500亿美元。其具体过程就是:

$$100 + 100 \times 0.8 + 100 \times 0.8 \times 0.8 + \cdots + 100 \times 0.8^{n-1} = \frac{1}{1-0.8} \times 100 = 500 \text{(亿美元)}$$

上式表明，投资乘数：
$$K_I = \frac{1}{1-MPC} = \frac{1}{1-b} = \frac{1}{MPS} \tag{3.38}$$

可见，乘数大小和边际消费倾向有关。边际消费倾向越大（或边际储蓄倾向越小），则乘数越大。

以上是从投资增加的方面来说明乘数效应或乘数原理的。实际上，投资减少也会引起国民收入若干倍减少，所以，乘数效应是一把双刃剑。

乘数效应可用图3-15来表示。在图3-15中，$C+I$代表初始的总支出线，$C+I^*$代表新的总支出线，$I^* = I + \Delta I$，原来的均衡国民收入为Y，新的均衡国民收入为Y^*。上例中，投资从600亿美元增加到700亿美元，即$\Delta I = 100$亿美元时，收入从8 000亿美元增加到8 500亿美元，即$\Delta Y = 500$亿美元，$K_I = 5$。

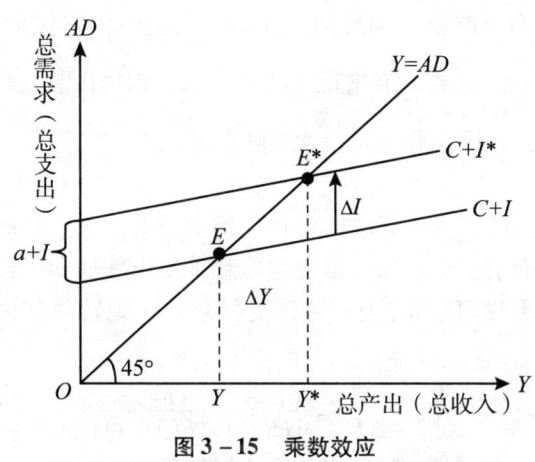

图3-15 乘数效应

二、三部门经济中的乘数

西方学者认为，经济中加入政府部门后，不仅投资支出具有乘数效应，政府购买性支出、税收和政府转移支付的变动，也同样具有乘数效应，因为政府购买性支出、税收和转移支付都会影响消费。

那么，怎样才能求出这些乘数呢？

式（3.32）所示的三部门的均衡国民收入为：

$$Y = \frac{a - bT_0 + bTR + I + G}{1 - b(1-t)}$$

通过这个公式，我们就可以求出上述几个乘数。

1. 政府购买（支出）乘数

政府购买乘数，是指国民收入变动对引起这种变动的政府购买的变动比率。如果我们以ΔG表示政府购买变动，以ΔY表示国民收入变动，以K_G表示政府购买乘数，则政府购买支出乘数就可以表示为以下形式：

$$K_G = \frac{\Delta Y}{\Delta G} = \frac{dY}{dG} = \frac{1}{1-b(1-t)} \tag{3.39}$$

我们可以发现，考虑了政府部门后，投资乘数和政府购买乘数是相等的。

例如，当边际消费倾向 $b=0.8$，$t=0.25$，则 $K_G = K_I = \dfrac{1}{1-0.8(1-0.25)} = 2.5$。

2. 税收乘数

税收乘数指国民收入变动对税收变动的比率。税收乘数变动有两种情况：一种是税率变动对总国民收入的影响；另一种是税收绝对量变动对总国民收入的影响，即定量税对总国民收入的影响。现在我们首先讨论后一种税收乘数，即定量税对总国民收入的影响。

在式（3.32）中，当 T_0 发生变动时，

$$K_T = \frac{\Delta Y}{\Delta T_0} = \frac{\mathrm{d}Y}{\mathrm{d}T_0} = -\frac{b}{1-b(1-t)} \tag{3.40}$$

上式中，K_T 为税收乘数。税收乘数为负值，表示国民收入随税收增加而减少，随税收减少而增加。因为税收增加时，人们的可支配收入会减少，从而使消费相应减少，于是，税收变动和总支出变动的方向就是相反的。此时，当边际消费倾向 $b=0.8$，$t=0.25$ 时，$K_T = \dfrac{0.8}{1-0.8(1-0.25)} = 2$。如果政府增税 200 亿美元，则国民收入将减少 400 亿美元；如果政府减税 200 亿美元，则国民收入将增加 800 亿美元。

3. 转移支付乘数

转移支付乘数指国民收入变动对政府转移支付变动的比率。政府转移支付增加会增加人们的可支配收入，因而消费会增加，最终会导致总支出增加和国民收入的增加。因而转移支付乘数为正值。如果我们用 K_{TR} 表示转移支付乘数，则转移支付乘数可以表示为下列形式：

$$K_{TR} = \frac{\Delta Y}{\Delta TR} = \frac{\mathrm{d}Y}{\mathrm{d}TR} = \frac{b}{1-b(1-t)} \tag{3.41}$$

可见，转移支付乘数和税收乘数数值相同，但符号相反。

我们比较一下政府支出乘数、税收乘数和转移支付乘数，就可以看到，$K_G > |K_T|$，$K_G > K_{TR}$。因为政府购买增加 1 美元时，一开始就会使总支出（总需求）增加 1 美元，但是，减税（或增加转移支付）1 美元，却只能使居民的可支配收入增加 1 美元，这 1 美元中又只有一部分（在上面的例子中是 80 美分）用于增加消费，另一部分（20 美分）增加了储蓄。所以，减税 1 美元只使总需求增加了 80 美分。因而，减税 1 美元对国民收入变化的影响没有增加政府购买支出 1 美元对国民收入变化的影响大。

由于政府购买乘数大于税收乘数和转移支付乘数，所以，西方学者认为，改变政府购买水平对宏观经济活动的效果要大于改变税收和转移支付的效果。改变政府购买水平是财政政策中最有效的手段。同时，由于政府购买乘数大于税收乘数，所以，当政府购买和税收各自增加相同的数量时，也会使国民收入增加，不过，其增加的幅度要小得多。这就是所谓平衡预算的乘数的作用。

4. 平衡预算乘数

平衡预算乘数指政府收入和支出同时以相等的数量增加或减少时，国民收入变动对政府收支变动的比率。通过前面的例子，我们可以知道，政府购买增加 200 亿美元时，国民收入增加 500 亿美元；税收增加 200 亿美元时，国民收入减少 400 亿美元。因此，政府购买和税收同时增加 200 亿美元时，从政府预算来看是平衡的，但实际国民收入增加了 100 亿美元。这种情况可以用公式来表示。

$$K_B = \frac{\Delta Y}{\Delta G} - \left|\frac{\Delta Y}{\Delta T}\right| = K_G - K_T = \frac{1-b}{1-b(1-t)} \tag{3.42}$$

当 $t=0$ 时，平衡预算乘数 $K_B = 1$。

三、四部门经济中的乘数

四部门时，均衡国民收入为：

$$Y = \frac{a - bT_0 + bTR + I + G + X - M_0}{1 - b(1-t) + m}$$

根据上式，对外贸易乘数 $K_m = \frac{\Delta Y}{\Delta X} = \frac{dY}{dX} = \frac{1}{1-b(1-t)+m} \tag{3.43}$

可以发现，有了对外贸易之后，不仅出口的变动，而且投资、政府支出、税收、转移支付对国民收入变动的影响，与封闭经济相比，也都发生了变化。在封闭经济中，投资、政府支出增加，国民收入增加的倍数是 $\frac{1}{1-b(1-t)}$，而在开放经济中，变成了 $\frac{1}{1-b(1-t)+m}$，乘数变得更小了。这主要是由于增加的国民收入中的一部分现在被用到进口商品方面去了。

四、乘数理论发挥作用的条件

乘数理论在凯恩斯的经济理论中占有重要的地位。借助于乘数理论，凯恩斯说明了作为总需求中最重要部分的投资和政府支出，对于一国经济的增长和就业具有成倍增加的巨大作用。

不过，在现实中，乘数理论发挥作用受到一些条件的限制。这包括：（1）社会过剩生产能力的大小。社会过剩生产能力越大，闲置资源越多，乘数的作用就越大；相反，乘数的作用就越小。（2）储蓄和投资的决定是互相独立的。这就是说，投资需求的增加不会引起利率的上升，从而，也不会引起储蓄的增加和消费的减少。只有在这种情况下，乘数作用才会较大；否则，乘数的作用就较小。（3）货币供给量的增加要适应支出增加的需要；否则，乘数作用就较小。（4）增加的收入不能用于购买进口商品和劳务；否则，也无法产生较大的乘数作用。（5）政府不能在乘数发挥作用期间同时向社会征税或借款；否则，也会因为产生"挤出效应"[①]而使乘数作用打折扣。

复习思考题：

1. 图 3-12 中的 E 点表示由总需求所确定的均衡点。假如国民经济运行处于非均衡点（E 点之外）的状态，结果有何不同？

2. 从消费函数我们知道边际消费倾向 b 是一个介于 0 和 1 之间的数。设想一个国家的 b 值非常小（接近 0），而另一个国家的 b 值非常大（接近 1）。分别讨论在这两种极端情况下，均衡点应如何确定。

[①] 我们将在本书后面的章节中讨论"挤出效应"问题。

3. 总投资和净投资有何不同？它们之间的关系是什么？总投资可以是负的吗？净投资呢？为什么？

4. 根据生命周期模型，在一个人的一生中什么时候具有最高的储蓄率？什么时候储蓄率较低？为什么？

5. 家庭是怎样从当前的收入中决定消费和储蓄比例的？影响家庭当前消费的因素有哪些？

6. 平衡预算乘数作用的机理是什么？

第四章 总产出和劳动市场的均衡

教学目标和教学要求

通过引入总量生产函数分析决定一个经济体系总产出能力的因素，分别讨论劳动的需求和供给以及劳动力市场的均衡，考察在假定资本存量和技术水平保持不变时，劳动的需求和供给是如何影响总产出的。理解总量生产函数的定义及形状；劳动需求曲线、劳动供给曲线，从劳动市场的均衡中，掌握充分就业产出的推导过程。

从本章开始，本书进入对宏观经济学基本理论的介绍。如前所述，宏观经济学研究的一个基本问题是国民收入的决定，而决定国民收入的两个基本因素是总产出和总支出。所以，本章对国民收入均衡的研究，就从分析一个经济体系的总产出开始。由于总产出的数量取决于一个经济体系的总产出能力，我们首先在第一节通过总量生产函数来分析决定一个经济体系潜在总产出能力的两个因素，即要素投入数量和技术水平，阐明不同要素投入水平之下的经济体系可能拥有总产出能力的大小。在假定资本存量和技术水平保持不变时，总产出就取决于经济体系中劳动的使用量。本章第二节和第三节，将分别讨论劳动的需求和供给以及劳动市场的均衡，而从劳动市场的均衡中，我们可以推导出一个经济体系在劳动投入制约下的总产出能力——充分就业产出。

第一节 总量生产函数

在今天的世界上，不同国家人民之间的生活水平差异是非常大的。在 2015 年，最富裕国家卢森堡的人均 GDP 达到了 101 994 美元，而贫穷国家刚果（金）的人均 GDP 却只有 476 美元，两者相差近 214 倍。造成这种差异的原因是非常复杂的。其中，一个国家提供商品的能力——总产出能力的大小显然是一个非常重要的决定因素。一般来说，影响一个经济体系总产出能力的因素有两个方面：第一，该经济体系所拥有的土地、机器设备、基础设施（水坝、公路等）、劳动人口等投入要素的数量；第二，该经济体系使用其投入要素的效率。显然，一个拥有更多投入要素（土地、机器设备、基础设施）和投入要素使用效率更高（往往意味着更高的科学技术水平）的国家将拥有更为强大的总产出能力，从而为其人民带来更高的生活水平。以上只是一种定性的叙述。下面我们将运用总量生产函数分析在不同要素投入数量和要素使用效率下宏观经济体系的总产出能力。

在微观经济学中，生产函数所表示的是单个企业在给定技术的条件下，利用不同要素组合所能生产的最大产量。我们运用同样的方法，可以把整个宏观经济体系的生产函数——总量生产函数定义为在给定技术条件下一个经济体系利用不同的要素组合所能生产的最大总产量。与微观经济学中的企业生产函数不同，宏观经济学所说的要素投入指的是整个经济体系加总后总量要素投入，产出则是指整个经济体系的实际总产出。所谓加总，就是将单个经济变量相加以得出整个经济总量的过程。

一、总量生产函数的定义

所谓总量生产函数（Aggregate Production Function），是指以各种要素投入的数量作为自变量，以实际总产出（总产出能力）为函数变量的映射关系。总量生产函数实际上描述了在给定要素投入水平和要素使用效率的条件下经济体系的最大的总产出能力。在经济体系中影响实际变量（总产出能力）的投入要素有许多种类，如资本、劳动、原材料、土地、能源等。如果把所有这些要素都作为自变量引入生产函数中，生产函数在形式上将变得非常复杂从而使我们的分析变得异常困难。因此，为了简化起见，我们从影响实际产量（总产出量）的各种要素投入中选择那些最重要的作为分析的变量。

一般来说，在所有要素投入中，对宏观经济分析具有最重要意义的有两个——资本和劳动。在此，资本指的是厂房、机器设备等实际的资本品，劳动指的是工人的数量。需要注意的是，尽管将关注的焦点集中在这两种生产要素上可以简化问题，便于讨论，但是这并不意味着其他的要素投入可以完全忽略。实际上，在现代经济中，有时其他生产要素的变化也会对宏观经济产生非常大的影响。例如，能源（主要是石油）价格的大幅度上升就有可能引发一场经济衰退。

仅考虑要素投入的数量还无法完全决定一个经济体系的实际产量，各种生产要素的使用效率是影响实际产量的另一个重要因素。对于一个技术和管理水平更高的经济体系来说，使用相同数量资本、劳动等要素投入可以得到相对于一个技术和管理水平较低的经济体系更高的实际产量。

将以上几个方面的考虑结合起来，我们可将总量生产函数表示如下：

$$Y = AF(K, L) \tag{4.1}$$

在式（4.1）中，各个符号的经济含义分别是：

Y——在一个给定的时期内整个经济的实际产出或总产出能力。

A——一个无量纲的数值，其大小代表了整个经济体系的要素使用效率。

K——整个经济体系的资本存量。

L——整个经济体系的使用的工人数量，代表劳动投入。

F——以 K 和 L 为自变量的函数关系，其函数值的量为实际产出的单位。

在式（4.1）中，符号 A 的大小度量了经济体系的技术水平。A 的值越大，表示经济体系的技术水平越高。经济学家将 A 称为全要素生产率（Total Factor Productivity），简称为生产率。当 A 增加时，对于任何资本、劳动的投入组合来说，实际产量都将增加。全要素生产率 A 的增加，反映了经济体系中技术水平的提高或者任何导致资本、劳动等投入利用效率提高的因素的变化。

下面，我们以美国的实际统计数据来描述其具体的总量生产函数。

表 4-1（a） 美国经济的总量生产函数：1980~1995 年

生产函数：$Y = AK^{0.3}L^{0.7}$

年份	Y 为实际 GDP，以 1992 年计算/10 亿美元	K 为资本存量，以 1992 年计算/10 亿美元	L 为劳动数量/百万美元	A 为全要素生产率*/%	全要素生产率的增长率/%
1980	4 612	4 491	99.3	14.8	
1981	4 725	4 655	100.4	14.89	0.6
1982	4 624	4 765	99.5	14.56	-2.2
1983	4 810	4 849	100.8	14.93	2.5
1984	5 138	5 004	105.0	15.35	2.8
1985	5 330	5 189	107.2	15.53	1.1
1986	5 490	5 328	109.6	15.62	0.6
1987	5 468	5 445	112.4	15.69	0.4
1988	5 863	5 572	115.0	15.92	1.4
1989	6 060	5 708	117.3	16.11	1.2
1990	6 139	5 803	117.9	16.16	0.3
1991	6 079	5 892	116.9	16.04	-0.7
1992	6 244	5 979	117.6	16.34	1.8
1993	6 384	6 094	119.3	16.44	0.6
1994	6 609	6 258	123.1	16.52	0.5
1995	6 743	6 473	124.9	16.52	0

注：* 全要素生产率根据公式 $A = Y/(K^{0.3}L^{0.7})$ 计算而得。

资料来源：实际 GDP 的数据来自 Economic Report of the President 中的 Table B2；资本存量数据来自 1992 年 10 月号 Survey of Current Business 第 30 页并用 1992 年美元作了调整；劳动数量 L 来自 Economic Report of the President 中的 Table B-31。

表 4-1（b） 美国经济的总量生产函数：1996~2009

生产函数：$Y = AK^{0.3}L^{0.7}$

年份	Y 为实际 GDP，以 1992 年计算/10 亿美元	K 为资本存量，以 1992 年计算/10 亿美元	L 为劳动数量/百万美元	A 为全要素生产率*/%	全要素生产率的增长率/%
1996	9 434	30 427	126.7	14.38	1.9
1997	9 854	31 272	129.6	14.66	2
1998	10 284	32 213	131.5	15.01	2.4
1999	10 780	33 169	133.5	15.44	2.8
2000	11 226	34 233	136.9	15.65	1.4
2001	11 347	35 142	136.9	15.69	0.3

续表

生产函数：$Y = AK^{0.3}L^{0.7}$

年份	Y为实际GDP,以1992年计算/10亿美元	K为资本存量,以1992年计算/10亿美元	L为劳动数量/百万美元	A为全要素生产率*/%	全要素生产率的增长率/%
2002	11 553	35 942	136.5	15.9	1.3
2003	11 841	36 764	137.7	16.09	1.2
2004	12 264	37 646	139.3	16.41	2
2005	12 638	38 529	141.7	16.6	1.1
2006	12 976	39 517	144.4	16.69	0.6
2007	13 229	40 395	146	16.77	0.5
2008	13 229	41 083	145.4	16.74	-0.2
2009	12 881	41 398	139.9	16.7	-0.2

注：*全要素生产率根据公式 $A = Y/(K^{0.3}L^{0.7})$ 计算而得。

资料来源：实际GDP的数据来自Economic Report of the President 中的Table B2；资本存量数据来自 2010 年 10 月号 Survey of Current Business 第 30 页并用 2005 年美元作了调整；劳动数量L来自Economic Report of the President 中的Table B-31。

表 4-1（a）和表 4-1（b）分别列出了美国从 1980~1995 年和 1996~2009 年的实际GDP、资本存量K、劳动投入L的统计数据。研究已经证明，美国经济的总量生产函数具有以下形式：

$$Y = A K^{0.3}L^{0.7} \tag{4.2}$$

式（4.2）被称为柯布—道格拉斯（Cobb-Douglas）生产函数。这一类生产函数在数学形式上均为：$Y = A K^{\alpha}L^{1-\alpha}$，$0 < \alpha < 1$。在确定性条件下，参数$\alpha$表示在总收入中资本所占的份额，而$1-\alpha$则表示劳动所占的收入份额。因此，从统计数据中可以很容易地计算出α的数值。在式（4.2）中，参数 0.3 和 0.7 就是这样计算出来的。

将式（4.2）和式（4.1）比较一下可以看出，式（4.1）是生产函数的一般定义式，而式（4.2）则是利用一个具体的函数$K^{0.3}L^{0.7}$来代替了映射关系F。因此，式（4.2）是式（4.1）的特例。

在表 4-1（a）和表 4-1（b）中，实际产出Y、资本存量K以及劳动L都可以从各种统计数据中直接获得。但是生产率指标A却无法直接得到而只能通过间接的方式计算出来。根据式（3.2）获得A的计算公式为

$$A = Y/(K^{0.3}L^{0.7}) \tag{4.3}$$

将取自公开统计数据的Y、K和L的数值代入式（4.3），可以得到全要素生产率A。例如，由表 4-1（a）可以得到 1995 年美国的实际产出、资本、劳动分别是：$Y = 6\,743$，$K = 6\,473$，$L = 124.9$。

根据表 4-1（a）和表 4-1（b），我们将美国经济的全要素生产率的变化绘制成图 4-1。从图中可以发现，美国的全要素生产率经常发生巨大的变动。美国的全要素生产率在 1982

年下降了2.2%，在1991年下降了0.7%，2008年和2009年分别下降了0.2%，这反映了这年份经济的衰退。美国的全要素生产率在1983年、1984年以及1992年、1998年和1999年都有很大的增加，这反映了这几个年份美国经济的快速增长。

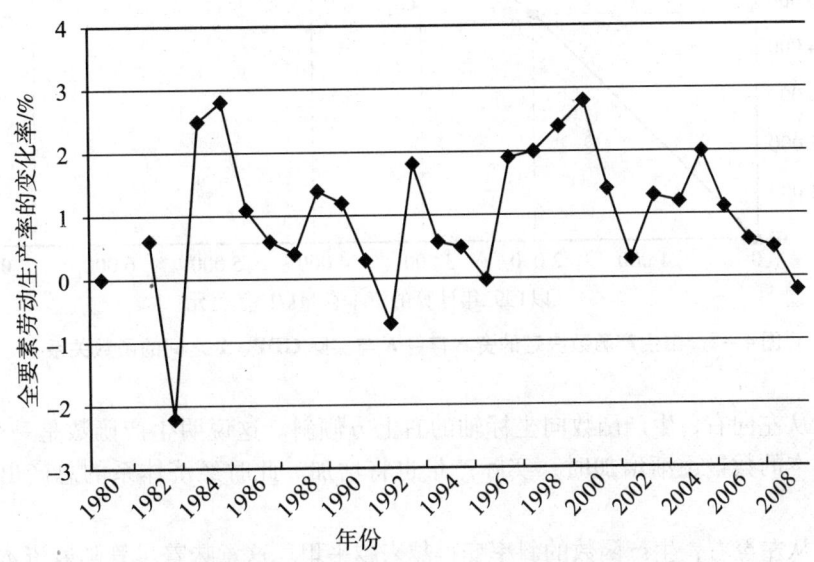

图4-1　美国经济的全要素生产率的变动率（1980~2009）

二、总量生产函数的形状

为了更容易理解总量生产函数的概念，我们引入几何方法进行讨论。我们在分别假定其他要素投入保持不变的条件下，绘制各个生产要素的投入量与产量之间的函数关系及其图形。从数学上说，这种函数关系把原来在多维空间中的曲面变成一系列二维平面上的曲线。由此，我们分别研究每条曲线后就可以从总体上把握生产函数的性质。

我们仍然以美国经济为例。查表4-1（a）可以知道，在1995年与美国总量生产函数相关的几个参数分别是：$A = 16.52$；$K = 6\,473$（单位：10亿美元，以1992年计）；$L = 124.9$（单位：百万美元）。

我们首先考察劳动投入不变而资本投入改变时的总量生产函数。美国1995年的总量生产函数。美国1995年的总量生产函数为：

$$Y = A K^{0.3} L^{0.7} = (16.52)(K^{0.3})(124.9^{0.7}) = 484.85 K^{0.3} \tag{4.4}$$

将该生产函数绘制在横轴为资本存量、纵轴为实际产量（总产出能力）的坐标系中，得到图4-2。在图4-2中，劳动投入和生产率都保持不变，且在数值上取1995年美国的真实数据。在图中，A点为1995年美国的实际数据——实际GDP 67 430亿美元资本存量。横轴上实际列出了所有可能的资本投入数量，而纵轴则为各个资本投入数量下的实际产量（总产出能力）数值。

图4-2由生产函数决定的资本存量K与实际GDP、Y之间的函数关系与式（4.4）对应的生产函数图形显示了大部分生产函数都具有的两个性质：

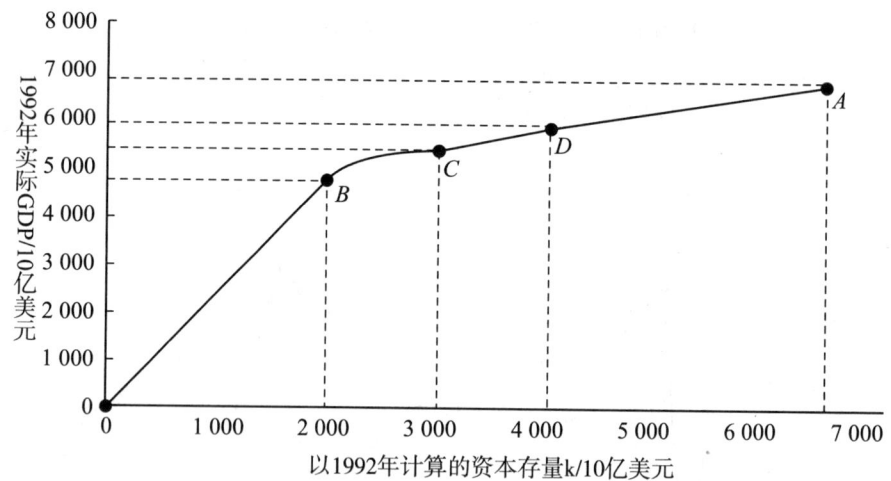

图4-2 由生产函数决定的资本存量 K 与实际 GDP、Y 之间的函数关系

第一，从左向右，生产函数向坐标轴的右上方倾斜。这说明生产函数是一个增函数，即当投入资本的数量逐渐增加时，实际产量也将增加。此时经济体系的总产出能力也将增加。

第二，从左至右，生产函数的斜率变得越来越平坦。这意味着尽管随着资本投入的增加实际产量也会逐渐增加，但是每增加单位资本品所获得的产量增加将越来越少。

以上所述生产函数的第二个性质在图4-2中有一组直接的数字作为例子。假设经济初始位于 B 点，此处资本存量为 20 000 亿美元（以 1992 年计价）。增加 10 000 亿美元资本后到达 C 点，此时资本存量变为 30 000 亿美元。由于资本存量增加，实际产量（总产出能力）从 47 420 亿美元增加到了 53 550 亿美元，增加了 6 130 亿美元。即如果以 B 点为基点的话，增加 10 000 亿美元资本存量将导致 6 130 亿美元的实际产出增加。即如果以 B 点为基点的话，增加 10 000 亿美元资本存量将导致 6 130 亿美元的实际产出增加。

现在假设经济位于 C 点，此时的资本存量为 30 000 亿美元。如果资本存量增加 10 000 亿美元，则经济将位于 D 点，此处的资本存量为 40 000 亿美元，实际产量（总产出能力）为 58 370 亿美元。因此，经济从 B 点处增加 10 000 亿美元的资本存量后，实际产量增加了 4 820 亿美元。显然，与 B 点相比，在 C 点处由于增加 10 000 亿美元资本存量而增加的实际产量减少了许多。这正反映了上述生产函数的第二个性质。

以上所述生产函数的第二个性质也可以通过资本的边际产量所具有的递减性质来描述。所谓资本的边际产量 MP_K（marginal product of capital），指的是当其他条件不变时，由增加或减少 1 单位资本存量所引起的实际产量的变化。即：

$$MP_K = \Delta Y/\Delta K \tag{4.5}$$

式（4.5）使用差分式定义了资本的边际产量。实际上，当 $\Delta K \to 0$ 时，MP_K 将等于生产函数在 K 处的斜率。

在图4-3中，B、D 两处生产函数的斜率等于经过两点的切线的斜率。显然，D 点的斜率小于 B 点的斜率。因此，D 点的边际产出也小于 B 点的边际产出。根据边际产出的定义，在 D 点增加 1 单位资本所得到的实际产量（总产出能力）增加要小于在 B 点同样增加 1 单位资本所得到的实际产量增加。这一点显然符合上述生产函数的第二个性质。

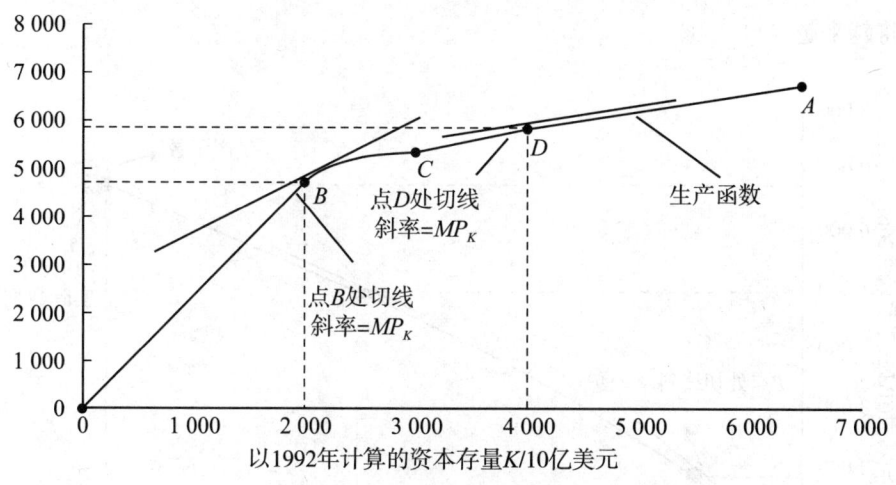

图 4-3 资本的边际产出

资本的边际产出具有以下两个性质：

第一，资本的边际产量大于 0，即 $MP_K > 0$；

第二，当资本存量增加时，资本的边际产量将减少。

MP_K 的第一个性质实际上保证了只要不断增加资本，实际产量将一直增加下去。这一点表明，一个总资本存量较大的经济体系在同等技术水平和劳动投入之下比总资本存量较小的国家具有更为强大的总产出能力。因此，对于任何一个国家而言，储蓄率——能够影响该国长期资本存量的高低是非常重要的。MP_K 的第二个性质则保证，随着资本存量的增多，每增加 1 单位资本品所得到的实际产量增加将越来越少。第一个性质比较容易理解，第二个性质又该如何解释呢？实际上，当资本存量增加时由于劳动投入并没有相应增加，因此每个劳动力占有的资本品（如机器设备）有所增加。如果不存在技术进步，则资本品的"使用效率"有所降低，由此导致资本的边际产出降低。当然，这只是为了帮助读者建立直观的认识而给出的粗略的解释。在经济学中，边际产出（或边际生产力）递减的性质是作为公理性假设存在的，并不需要证明。

同样地，当我们假定资本保持不变而将劳动要素投入作为自变量时，可以得到劳动与实际产出的关系。我们仍然以美国 1995 年的数据为例。使用表 4-1（a）中的数据可以得到以下公式：

$$Y = A K^{0.3} L^{0.7} = (16.52)(6473^{0.3})(L^{0.7}) = 229.80 L^{0.7} \tag{4.6}$$

将式（4.6）表示的函数关系绘制在以横轴表示劳动投入数量、纵轴表示实际产出的坐标系中可得到图 4-4。

图 4-4 表明，劳动投入与实际产出构成的生产函数也有与资本生产函数类似的两个性质：

第一，从左向右，生产函数向坐标轴的右上方倾斜。这说明生产函数是一个增函数。当投入劳动的数量逐渐增加时，实际产量也将增加，此时经济体系的总产出能力也将增加。

第二，从左向右，生产函数的斜率变得越来越平坦。这一点意味着尽管随着劳动投入的增加实际产量也会逐渐增加，但是随着劳动数量的增加，每增加 1 单位劳动所获得的产量增加将越来越少。

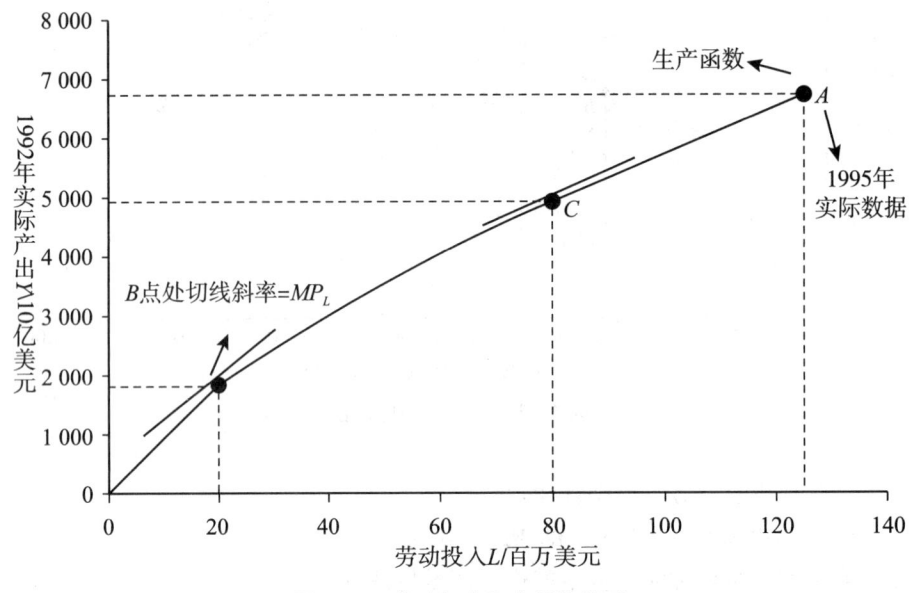

图4-4 劳动与实际产量的关系

与资本的边际产出类似,我们也可以定义劳动的边际产量。所谓劳动的边际产量(Marginal Product of Labor),指的是当其他条件保持不变时,由1单位劳动投入量的变化所引起的实际产量的变化。本书中一般使用 MP_L 作为它的简写,即:

$$MP_L = \Delta Y / \Delta L \tag{4.7}$$

与上面讨论资本与产出关系时的情况类似,MP_L 等于生产函数在 L 处的斜率。例如,在图4-4中,经过点 B 和 C 处的生产函数的切线斜率分别等于这两点处劳动的边际产出。劳动的边际产出也具有以下两个性质:

第一,劳动的边际产量大于0,即 $MP_L > 0$;

第二,当劳动投入数量增加时,劳动的边际产量将减少。

三、供给冲击

以上有关总量生产函数的讨论假定了总量生产函数本身并不随着时间而发生改变。但是在真实世界中,随着时间的流逝,总量生产函数的形式将不断发生变化。经济学中将总量生产函数的改变称为供给冲击(Supply Shock)。一般来说,导致同样要素的实际产量(总产出能力)增加的供给冲击被称为正向供给冲击。供给冲击引起一个经济体系总产出数量发生变化的重要原因之一。

在现实世界中,正向供给冲击的例子随处可见。例如,某项新的重大发明的出现就可能大幅度提高生产效率,从而使用同样资本、劳动投入获得更多的产出。又比如,一场重大的自然灾害会给农业带来巨大的损失。从以上例子可以看出,是否存在供给冲击取决于我们的生产要素列表。所有那些未出现在我们生产函数自变量列表中的因素所引起的实际产量变化都被称为供给冲击,而由生产函数自变量列表中的因素所引起的实际产量(总产出量)变化则不是供给冲击。例如,如果我们的总量生产函数的自变量中包含了能源(石油)价格,那么石油价格的波动所引起的变量变动就不能算为供给冲击了。

经过供给冲击,生产函数的图形将向上(正向供给冲击)或者向下(负向供给冲击)移动。在图4-5中,我们给出了负向供给冲击的例子。

在图4-5中,上方的曲线为负向供给冲击发生前的生产函数曲线,下方为负向供给冲击发生后的生产函数曲线。显然,因为负向供给冲击的原因,在除去 O 点的任何劳动投入水平上,投入相同的劳动所获得的实际产出都有所减少。由于负向供给冲击使得生产函数的图形变得更加平坦,因此它也降低了 MP_L 的数值。负向供给冲击降低了经济体系的产出能力。

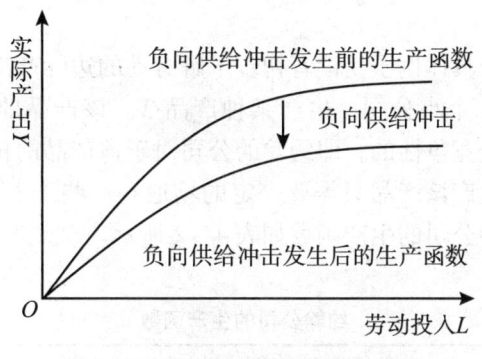

图4-5 降低 MP_L 的负向供给冲击

第二节 劳动的需求

上一节介绍了决定一个经济体系总产出能力的全要素生产率和要素投入数量。根据总量生产函数,不同的技术水平、不同的要素投入下经济具有不同的产出能力。因此,仅依靠生产函数显然并不能确定在多种可能的产出数量之中,经济体系到底达到哪一个。要确定这一点,我们还要引入新的约束条件。

从长期来说,一个经济体系的技术水平、资本存量都会发生巨大的变化。一个经济体系资本存量的变化需要较长的时间,它取决于企业的投资和资本品折旧两个因素。一般而言,经济体系中现有的资本存量相对于每年的新增投资和折旧数量非常巨大。因此,当我们考察一个季度或者一年内宏观经济情况时,可以近似地认为资本存量是保持不变的。本节在此假设前提下抽象地考察劳动的需求。

从短期来说,一个经济体系中能够发生显著改变的只有劳动投入。毕竟,如果你愿意,明天就可以拒绝工作从而减少劳动供给。在本章余下的各节中我们将分析一个经济体系中劳动要素投入量的确定。本节首先介绍劳动要素的需求。

为了简化分析,我们做出以下假设:

第一,所有劳动都是同质的。也就是说,我们忽略不同劳动者之间的能力差异而将他们都看做是相同的。

第二，工人的工资是由竞争性的劳动市场决定的。

第三，企业根据利润最大化原则决定雇工的数量。

如微观经济学所阐明的，企业为了达到利润最大化必然要使增加雇佣1单位劳动所带来的边际收益等于该单位劳动的边际成本。这一利润最大化的要素使用原则决定了企业对劳动的需求从而决定了整个经济体系对劳动的总需求。

一、劳动需求曲线

企业决定是否雇佣一名工人取决于该名工人给该企业所带来的边际成本和边际收益的比较。如果边际收益大于边际成本，则企业将雇佣该名工人。由于增加一名工人所带来的边际收益由该名工人的边际产出决定，因此劳动的边际产出与劳动的需求有十分密切的关系。

首先，我们通过一个具体例子使读者初步了解劳动的边际产出 MP_L 与劳动需求之间的关系。假设约翰准备开一个小公司，生产某种产品 X。该产品的市场价格为每件10元，并且该产品的市场是完全竞争性的，即约翰的公司对于该产品的价格完全没有影响力，只是价格的接受者。假设生产该产品只需要一定的场地和一些工人并配备简单的劳动工具。约翰通过调查发现，这种公司的生产函数如表4-2所示。

表4-2　　　　　　　　　　约翰公司的生产函数

生产函数：一个实例			
（1）工人数量 L	（2）实际产品产量 Y	（3）劳动的边际产品 MP_L	（4）劳动的边际收益 MR_L
0	0		
1	11	11	110
2	20	9	90
3	27	7	70
4	32	5	50
5	35	3	30
6	36	1	10

在表4-2中，第1、第2两列表示了当资本投入保持不变时劳动投入和实际产出之间的函数关系。从中我们可以看出，随着雇佣人数的增加，产量也不断增加。

表4-2的第3列表示劳动的边际产出 MP_L。从中可以看到，当约翰雇佣第一个工人时，产量将从0增加到11，即增加了11单位的产品；当约翰雇佣第二个工人时，产量将增加9单位；依次类推。显然，劳动的边际产品符合递减的规律。

表4-2的第4列表示约翰公司每增加一名雇佣工人所能够带来的以货币计算的收入。我们将之定义为劳动的边际收益（Marginal Revenue of Labor，MR_L）。在完全竞争条件下，因为产品价格保持不变，劳动的边际收益就等于实际产品的价格 P 与 MP_L 的乘积即边际产

量(Value of Marginal Product of Labor,VMP_L)。用公式表示为:

$$MR_L = VMP_L = P \times MP_L = P \times \Delta Y/\Delta L \tag{4.8}$$

由于产品的市场价格为每件10元,利用劳动的边际产出的数据,我们就可以计算出VMP_L的数值。

假设劳动市场是完全竞争的。我们使用W表示货币工资。在表4-2所描述的例子中,W的数值为每人每天80元。在此条件下,约翰的公司希望雇佣多少雇员呢?根据表4-2,约翰雇佣第一个雇员时,该名雇员所带来的额外收入(VMP_L)为110元,大于雇佣该名雇员的成本——支付的80元工资。因此,约翰的最佳选择是继续雇佣新的工人。约翰雇佣第二名工人所得到的额外收入为90元,仍然大于雇佣的工资成本。因此,约翰将雇佣该名工人。但是,当约翰试图雇佣第三名工人时,他将发现该名工人所带来的额外收入是70元——小于工资成本80元。因此,约翰的最佳选择是不雇佣该名雇员。这样,约翰公司的劳动力需求就是2名雇员。

以上是以货币表示的名义量来描述约翰公司对劳动的需求。下面以实物量描述同一过程。首先,引入实际工资(Real Wage)概念。所谓实际工资,指的是用实物单位度量的工资水平,用w表示。根据定义,有下式成立:

$$w = W/P \tag{4.9}$$

由式(4.9)可知,约翰公司员工的实际工资是80/10 = 8。也就是说,支付给工人的工资相当于8件产品。这样,当约翰面对第一名工人时,该名工人的边际产出为11件,但是支付给他的工资是8件。因此约翰将雇佣该名工人。当约翰面对第二名工人时,该名工人的边际产出是9件,支付的工资为8件,因此约翰也将雇佣该名工人。但是当约翰面临第三名工人时,由于该名工人的边际产出MP_L为7,小于支付给他的实际工资8,因此约翰的最佳选择是不雇佣该名工人。这样,约翰公司的劳动需求是雇佣两名工人,与我们前面的结果完全相同。

将以上企业的成本收益比较总结起来得到表4-3。

表4-3　　　　　　　　企业改变劳动使用数量的成本收益比较

企业的决策	如果满足以下条件,企业将增加雇佣员工	如果满足以下条件,企业将减少雇佣员工
实际变量	$MP_L > w$	$MP_L < w$
名义变量	$VMP_L > W$	$VMP_L < W$

如果工人的名义工资从每天80元降低为每天60元,约翰的公司将雇佣3名雇员。同工资降低之前比较,企业对于劳动的需求加大了。由此得到工资与劳动需求之间的一般规律:在其他因素不变的条件下,如果实际工资降低,则企业对于劳动的需求将增加;如果实际工资增加,则企业对于劳动的需求将降低。

利用企业对于劳动的需求曲线可以更直观地说明实际工资与劳动需求之间的上述规律,如图4-6所示。

图4-6中的MP_L曲线之所以向右下方倾斜,是因为劳动的边际产出具有递减的性质。

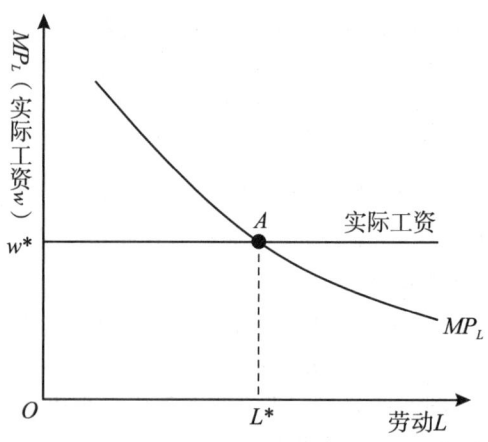

图 4-6 劳动需求曲线的确定

对于任意给定的实际工资 w^*，企业的劳动需求量 L^* 必须恰好使得劳动的边际产出 MP_L 等于实际工资水平。原因非常简单：如果企业雇佣的工人数量 L 少于 L^*，这时的 $MP_L > MC_L$，因此增加的劳动力可以使总利润增加；如果企业雇佣的工人数量 L 多于 L^*，这时的 $MP_L < MC_L$。因此，减少劳动的使用量可以使企业的总利润增加。只有当实际工资 w^* 与 MP_L 相等时（此时劳动数量为 L^*），企业才实现利润最大化。由此可见，MP_L 曲线就是劳动的需求曲线，它表示在不同实际工资率下企业实现利润最大化的劳动使用量。

二、劳动需求曲线的移动

劳动需求曲线描述了其他因素保持不变时，实际工资水平与劳动需求之间的函数关系。当实际工资以外的其他因素发生变化时，劳动的需求曲线会发生移动。下面我们以负向供给冲击为例来说明它对需求曲线的影响。

如图 4-7 所示，因为发生了负向的供给冲击，劳动的边际产出对于所有劳动投入水平都会下降，因此导致劳动需求曲线向下移动。

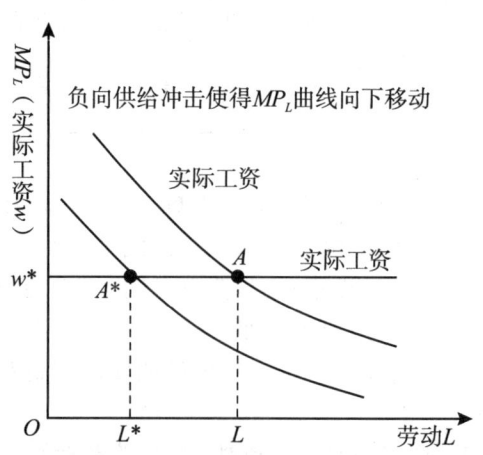

图 4-7 负向供给冲击导致劳动需求曲线的移动

这意味着在任一实际工资水平下，劳动的需求量都比以前减少了。正向的供给冲击对劳动需求的影响，与上述结果相反，这里不再赘述。

三、总劳动需求

以上考察的都是微观层次上的单个企业的劳动需求，而宏观经济分析所涉及的是总劳动需求曲线。与单个企业劳动需求曲线相同，总劳动需求曲线也是向右下方倾斜的，即随着实际工资水平的增加，整个经济的总劳动需求将随之增加。类似地，正向供给冲击将使总劳动需求曲线向坐标系的右上方移动，而负向供给冲击将使得总劳动需求曲线向坐标系的左下方移动。

第三节 劳动的供给

经济体系中劳动的总需求由企业决定，而劳动的总供给则取决于各个劳动者。每个劳动者面对劳动市场时都要决定自己是否劳动和劳动多少。把经济体系中所有劳动者所计划提供的劳动加总后就可以得到经济体系中的总劳动供给（Aggregate Supply of Labor，AS_L）。

如前所述，当企业决定是否雇佣新员工时将比较这名新员工所带来的边际收益和所需要支付的边际成本。与此类似，劳动者在决定是否劳动、劳动多少时，也要进行成本—收益分析。工作的收益一方面指劳动提供心理上的满足，另一方面更主要的是劳动提供者所获得的货币收入。货币收入可供人们消费以满足自身的需要。工作的主要成本是消耗的时间和精力，这种时间和精力被占用后就不能转做其他用途。例如，人们一旦决定将某一天用于工作，那么他就无法将这一天用于旅游。在经济学中，一般用"闲暇"（Leisure）表示非工作的所有活动。因为每个人的时间都是有限的，所以每个劳动者实际上是在工作与闲暇之间做出选择，以便使自身的效用水平最大化。

一、劳动的供给曲线

劳动者提供劳动的收益是所获得的名义工资的实际价值——即实际工资。由于实际工资 w 等于名义工资 W 除以价格水平 P，因此若名义工资是每小时 12 元、价格水平是每件产品 3 元，则实际工资是每小时 4 件产品。也就是说，此时工人的实际工资水平相当于工资 1 小时能够获得 4 件实际产品的购买力。

以上讨论实际工资时并没有区分当前实际工资和未来实际工资。所谓当前实际工资（Current Real Wage），指的是工人在当期所获得的劳动收入的实际价值。所谓未来实际工资（Future Real Wage），是指工人预期在未来所获得的劳动收入的实际价值。这两种实际工资的概念对于劳动供给的影响是不同的。当前实际工资与劳动供给数量之间构成的函数关系成为劳动供给函数。将劳动供给函数绘制在以横轴为劳动数量、纵轴为当前实际工资水平的坐标系中得到的函数图形就是劳动供给曲线，如图 4-8 所示。

按照定义，当前实际工资的任何改变所引起的劳动变化都只是表现为沿着给定劳动供给曲线移动，而劳动供给曲线本身并不移动，未来实际工资的变化所引起的劳动供给变化则将导致劳动供给曲线的移动。下面首先讨论当前实际工资的影响。

当前实际工资增加时，劳动的收益将增大，劳动者减少一些闲暇增加一些劳动就变得更加有利。所以，当前实际工资的增加能够增加劳动的供给。也就是说，劳动供给是当前实际工资的增函数。反映在图4-8上，就是劳动供给曲线向右上方倾斜。

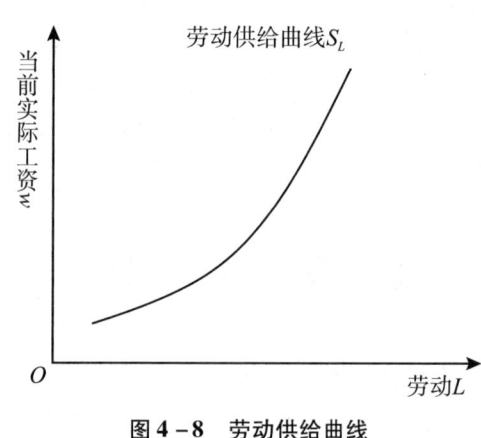

图4-8　劳动供给曲线

需要指出的是，以上我们得到劳动供给曲线的过程比较粗略而没有考虑许多细节。实际上，按照效用最大化的前提假设，消费者做出是否劳动以及劳动多少的决策，其最终目的是希望使自己的效用水平达到最高。对于一个消费者来说，他在做出劳动的决策时需要考虑额外劳动一天所增加的成本和收益。消费者提供额外一天劳动的成本是他在这一天中所损失的闲暇。这种成本是一种机会成本，它可以用消费者主观的感受即效用损失来衡量。消费者额外提供一天劳动的收益显然是通过劳动获得的现金收入。这种现金收入可以提高消费者未来的消费数量。从另外一个角度来说，今天劳动所得到的现金收入可以减少未来劳动的数量或者说增加未来的闲暇时间。因此，劳动和闲暇存在着跨期替代关系。

在消费者追求自身效用最大化的前提下，消费者将选择满足以下条件的劳动和闲暇的数量组合：

第一，单位时间中（例如一天）劳动与闲暇的总和必须等于该单位时间。这个条件实际上类似于一种"预算约束"。

第二，消费者额外提供一单位时间的劳动所带来的边际收益必须等于其边际成本。如果消费者额外提供一单位时间劳动带来的边际收益大于边际成本，则消费者将选择减少自己的劳动时间。

一般来说，实际工资水平的提高对于消费者选择提供多少劳动的决定具有两种影响。第一，当消费者的实际工资提高后，消费者选择闲暇的成本将会提高，而选择劳动的收益或者说选择劳动而在未来可以带来的闲暇将增加，由此消费者将增加自己的劳动时间。在此影响下，消费者有增加劳动时间的激励。学过微观经济学的读者可以发现，这种效应实际上是替代效应。第二，随着实际工资的增加，"闲暇"本身带来的效用越来越大，"劳动"所带来的"效用损失"也越来越大。因此，消费者有减少劳动的激励。学过微观经济学的读者可以发现，这种效应实际上是收入效应。显然，实际工资增加后，替代、收入两种效应的作用方向相反。实际工资增加对劳动供给量的总影响取决于替代、收入两种效应的绝对值的大小。当替代效应大于收入效应时，实际工资的增加将导致劳动供给量的增加；当收入效应大于替代效应时，实际工资的增加将导致劳动供给量的减少。

迄今为止的经验研究表明，在绝大多数情况下，实际工资增加的替代效应要远大于其收入效应。因此，图4-8在绝大多数情况下都是成立的。

二、劳动供给曲线的移动

除了当前实际工资以外的任何其他影响劳动供给的因素都将导致劳动供给曲线的移动。在本小节中，我们将介绍导致劳动供给曲线移动的两个主要因素——财富数量和预期未来收入。

财富数量对于劳动供给的影响可以通过一个非常特殊的例子来说明。如果一个人突然中了一张可获巨额奖金的彩票，那么他对于自己的工作将如何处理呢？可能的情况是他将辞去工作或减少工作时间以便充分地享受生活。在这个例子中，财富的增加导致了劳动者工作时间的减少。更一般地说，当人们的财富增多后，他们工作的机会成本将增加——因为将同样的时间用于闲暇的效用将增加，所以人们将减少工作时间。因此，财富的增加将导致在任何当前实际工资水平上的劳动供应量减少，劳动供给曲线将向左移动（见图4-9）。

同财富数量增加相类似，人们预期未来收入的增加使人们相信自己将变得更加"富有"，因此在任意给定当前实际工资水平上将减少自己的劳动供给量，由此导致劳动供给曲线左移（见图4-9）。在现实生活中，这种例子非常多。例如，有两个即将毕业的大学生，其中一个与其签订工作合同的公司工资较高，另一个与其签订工作合同的公司工资较低。尽管两个人此前都利用课余时间打工，但是签约后的第一个学生很可能不再打工或者减少打工时间，而另一个可能不会减少打工时间。

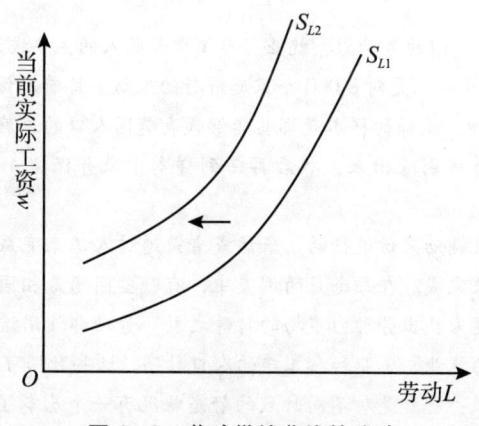

图4-9 劳动供给曲线的移动

三、总劳动供给

总劳动供给指的是在经济体系中所有劳动者所提供劳动数量的总和。对于单个的劳动者而言，如果当前实际工资增加，则他将增加自己的劳动时间。与之类似，经济体系的总劳动供给在实际工资水平上涨后也将增加。也就是说,总劳动供给是实际工资的增函数。当实际工资水平增加时,经济体系中已有劳动人口可能会增加自己的劳动时间——比如,加班或寻找第二份工作。除此之外,原来的非就业人口也可能因实际工资水平上涨而转变成为新的就业人口。这两个方面的因素使总劳动供给随着实际工资水平的上升而增加。将总产出函数绘制在以纵轴为实际工资水平、横轴为劳动数量的坐标系中就可以得到整个经济体系的总产出曲线,如图4-8所示。

除实际工资以外,影响劳动供给的其他因素的变动将导致总劳动供给曲线的移动。表4-4列出了宏观经济中经常出现的几种导致总劳动供给曲线移动的因素及其对总劳动供给曲线的具体影响。

表4-4　　　　　除实际工资以外的因素改变导致总劳动供给曲线发生移动

变量增加	总劳动供给曲线的变化情况	原因
总财富	向左移动	财富的增加使得工人能够负担得起更多的闲暇
预期未来实际工资水平	向左移动	预期未来实际工资的增加使得工人能够负担得起更多的闲暇
工作年龄的人口数量	向右移动	劳动年龄人口的增加将使同一工资水平上的劳动供给数量增加
总人口中的劳动人口比率	向右移动	总人口中的劳动人口比率的上升将使同一工资水平的劳动供给数量增加

【扩展阅读4.1】

当前人口调查

　　当前人口调查(CPS)是美国的劳动力、就业、参工率和收入的主要统计数据来源。

　　当CPS在1940年首次推出时,是对8 000个家庭进行的采访。目前采访范围已明显扩大,现在每月有超过60 000个家庭接受采访。选择的样本是那些能够代表美国人口的家庭。每个家庭在样本中保留四个月,在接下来的8个月中就被剔除出来,然后再回到样本中来并保留4个月,之后便永远不被样本采纳。

　　现在的调查是通过计算机辅助采访进行的。采访或者是通过人工来完成,在这种情况下,采访者使用手提电脑,或是通过电话来完成。在每个月的调查中,有一些问题是相同的,另一些问题是针对一些特殊的调查的,通过这些问题来找出劳动力市场的特殊之处。劳动部使用这些数据来计算和公布根据年龄、性别、教育和行业划分的就业、失业和参工率的人口数字。这些数据可以从大的计算机文件中得到,经济学家使用这些有两种方式:一种是对不同时点的静态状况有一个基本了解,可以回答如下问题:只接受过初等教育的美籍西班牙人的工资分布情况是什么样的?与10年前或20年前相同分布的对比结果又如何?另一种是可利用跟踪调查得到进一步的信息,比如通过关注那些连续两个月都在样本中的人们,经济学家就可以得知上个月失业的人口中有多少人在本月找到了工作。这数字提供了在上个月失业的那些人找到工作的概率估计值。

　　有关CPS的更多内容,请阅读网站(www.bls.gov/cps/home.htm)。

第四节 劳动市场的均衡

劳动市场均衡指的是整个经济体系中的总劳动供给和劳动总需求在数量上相等时的状态。本节将运用传统的总劳动供求模型分析劳动市场达到均衡的过程。劳动的总供求模型假设实际工资水平的改变能够迅速引起劳动总供给和总需求发生变化。在此,所谓迅速,指的是相对于我们所考虑的时间段而言。

根据前面两节的分析,劳动总需求是实际工资水平的减函数,劳动总供给是实际工资水平的增函数。因此,使劳动总供给与总需求相等的实际工资水平和劳动供给数量就是均衡的实际工资水平和均衡的劳动量。当劳动的总需求超过总供给时,企业之间的竞争将使数量相对少的工人面临更多的工作岗位,这将导致实际工资水平提高,从而减少劳动的总需求,直到劳动的总供给与总需求达到平衡。当劳动的总供给超过总需求时,工作机会少于求职的工人数量,工人之间的竞争将降低实际工资水平,从而增加劳动的总需求,最终使劳动市场达到均衡。在上述均衡过程中,劳动总供给和劳动总需求对实际工资水平变化的反应速度是非常关键的。如果两者都无法做出迅速的反应,则均衡就会非常难达到。将劳动总供给曲线和劳动总需求曲线绘制在同一个坐标系中,两条曲线的交点就是劳动市场的均衡点。如图4-10所示。

在图4-10中,E为均衡点,w^*为均衡时的实际工资水平,L^*为均衡时的劳动供给量和需求量。经济学家把劳动市场均衡时的劳动数量L^*称为充分就业(Full Employment)劳动量,实际工资水平w^*为市场出清时的劳动价格。能够使劳动总供给曲线或者劳动总需求曲线发生移动的各种因素也可以对劳动市场均衡发生作用。

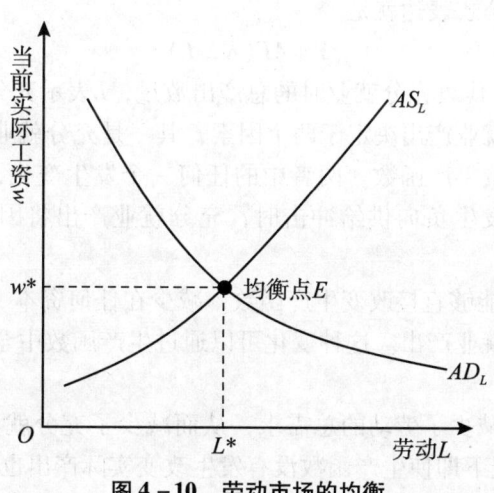

图4-10 劳动市场的均衡

在图4-11中,发生负向供给冲击之前的总产出曲线是AS_L,总支出曲线是AD_{L1}。此时劳动市场的均衡点为A,均衡时实际工资水平是w_1,就业数量是L_1。假设发生了一次临时性的、没有被预期到的负向供给冲击,如一次突发的自然灾害。因为负向供给冲击是临时性的,它对于预期实际产出和预期实际工资没有影响,因此不会使劳动总供给曲线发生移动。但负向供给冲击会使劳动曲线向下移动到 AD_{L2},从而使新的劳动市场均衡点移动到 B 点。在新的均衡点,实际工资水平下降到 w_2,就业量下降到 L_2。由此得出结论,一次临时性的、未预见到的负向供给冲击将使劳动市场出清时的实际工资水平降低,充分就业劳动量减少。

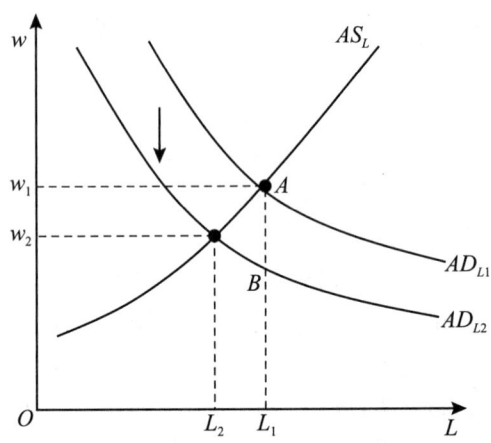

图 4-11　负向供给冲击对劳动市场均衡的影响

利用充分就业劳动量的概念可以得到充分就业产出。所谓充分就业产出(Full-employment Output),有时也被称为潜在产出(Potential Output),是指当工资水平和价格水平均获得充分调整之后的整个经济的总实际产出。因为以工资和价格水平得到充分调整为前提条件,充分就业产出实际上是就业量等于充分就业数量时的实际总产出,也是此时经济体系的总产出数量。利用公式表达就是

$$\overline{Y} = AF(K, \overline{L}) \tag{4.10}$$

在式(4.10)中,$\overline{Y}$ 代表充分就业时的总产出数量,$\overline{L}$ 表示充分就业劳动量。如果资本存量保持不变,则充分就业产出决定于两个因素,其一是充分就业劳动量,其二是与实际产出和就业量相关的总量生产函数。两者中的任何一个发生变化,充分就业下的产出 $\overline{Y}$ 都将发生变化。例如,当发生负向供给冲击时,充分就业产出将因为以下两个效应而发生变化:

(1) 负向供给冲击能够直接改变生产函数,减少在任何资本、劳动投入组合下的实际产量,因而也降低充分就业产出。这种变化可以通过生产函数中全要素生产率的度量因子 A 的减少反映出来。

(2) 负向供给冲击减少了劳动的总需求,从而减少了充分就业劳动数量,$\overline{L}$。根据式(4.10)可知,在此情况下即使生产函数没有发生改变实际产出也将下降。

以上有关劳动市场均衡的讨论所使用的总供求模型在形式上非常简单也很容易理解,这是该模型的主要优点。但是,该模型在解释劳动市场中的现象时有一个难以克服的结论,劳动市场总是充分就业的。尽管就长期来说这个结论并没有什么不对,但在短期面对真实世界中大量存在的失业现象,该模型的缺点就显得十分明显了。对于这种缺点的改进方法之一就是放弃劳动总供给和劳动总需求能够对于实际工资的变化迅速做出反映的假设。

复习思考题：

1. 生产函数的图形是向上倾斜的，但是它的斜率却向下方倾斜，从经济学的角度如何解释这种现象？
2. 请描述资本边际的图形形状并简要解释原因。
3. 请使用两种等价的形式给出产品市场的均衡条件并给出相应的经济含义。
4. 给出充分就业产出的定义。劳动供给量的增加将如何影响充分就业产出？正向供给冲击呢？

第五章 货币市场的均衡

教学目标和教学要求

在引入货币供给和货币需求的基础上,考察货币市场均衡以及利率是如何决定及影响国民收入的。理解和掌握货币职能和货币供给的构成;什么在支撑货币供给,使我们愿意将其作为支付手段予以接受;银行体系及其组织结构,中央银行的职能和责任;以及利率与投资和国民收入的关系。

第一节 货币的定义

一、货币及其货币职能

1. 交换媒介(Medium of Exchange)。首先,货币是用来买卖商品和服务的交换媒介。面包店工人不想每周得到 200 个面包作为工资,同样,面包店老板也不想在卖面包时收到土豆。总之,货币作为交换媒介具有广泛的可接受性,可将货币支付给资源的供给者和生产者,也可用它来购买市场上的任何商品。作为交换媒介,货币将社会从复杂的物物交换中解放出来。正因为货币提供了交换商品的便捷方法,货币有助于社会享受地域分工和人力分工的好处。

2. 计价单位(Unit of Account)。货币作为度量各种各样商品、服务和资源的相对价值的标准。就像我们用公里和千米测量距离一样,我们用人民币衡量商品的价值。当货币成为一种被广泛接受的计算单位时,任何商品的价格只要用货币单位便可表示。货币能够使买卖双方能够轻松比较各种商品、服务和资源的价格,协助我们理性决策。货币同样能够使我们界定债务责任、确定税收欠款和计算国家的 GDP。

3. 价值储藏(Store of Value)。货币可以作为一种价值储藏手段,它使人们能够将现在的购买力转移到将来。人们一般不会在获得收入的当天花掉其全部收入,他们将把部分财富以货币的形式储藏起来,以便以后购买商品。存放在保险箱里或者支票账户上的钱在几周或几个月后仍可供使用。货币经常是理想的短期价值储藏手段,因为在所有资产中它最具流动性(可消费性)。人们几乎可以立即获得他们的货币并立刻将其用来购买商品或分享金融投资机会。当通货膨胀不存在或者比较温和时,持有货币是为将来消费储藏财富的相对无风险的手段。

二、货币的定义

货币是某一或某些物品的"存量"。社会曾经把许多物品作为货币,包括鲸鱼的牙齿、象尾毛、圆形的石头、金币、皮毛和纸。任何作为交易媒介被广泛接受的物品都可以充当货币。在美国,你可能还会看到政府和金融机构的某些债务也可作为货币使用。

(一)货币的定义 M_1

货币供给的最狭义定义是所谓的 M_1,它包括:公众手里的通货,包括纸币和硬币;所有的支票存款(所有存放在商业银行和储蓄机构之中的,能够用任何金额的支票提取的存款)。

政府和政府机构供给硬币和纸币。商业银行和储蓄机构提供支票账户。

1. 通货:纸币+硬币。硬币是货币经济中的"小零头",所有在一国流通的硬币都是代用货币(Token Money),这意味着内在价值,或者说硬币本身包含的金属的价值低于硬币的面值。这是为了防止人们熔化硬币作为金属出售。如果1元的硬币每个包含1.5元的银,那么将硬币熔化成金属出售就是有利可图的,流通中的1元的硬币将会消失。大部分通货是纸币,是一国中央银行根据政府授权发行的。

2. 支票存款。支票的安全和方便使支票存款不会考虑把4 986元的钞票塞满一个信封,再丢进邮筒去还债,但是开具和邮寄一张大额支票却很平常,兑付支票必须在支票背面签名(背书),开具支票者以后会收到支票的支付记录作为已经履行责任的收据。同样地,因为开具支票需要背书,所以支票被盗或是丢失远不及丢失同样的现金不幸。最后,开具支票相比运输和清点大笔现金要方便得多。

支票账户余额被视为货币供给的一部分似乎有些奇怪,其原因是支票不过是交换在银行或者其他金融机构中的存款所有权的一种方式,是一种被广泛接受的交换媒介。虽然在小额购买时支票不及货币普及,但大宗购买时大多数卖方愿意接受支票作为付款方式。此外,人们能够在需要时将支票存款兑换成纸币和硬币,因此,依据存款开具的支票等同于通货。

总而言之,$M_1 = $ 通货 $C_u + $ 支票存款 D

在这里必须说明,为了避免重复计算,我们在计算货币供给时必须排除放置在银行中的货币。例如,张三手中的1元钱显然只代表着1元的货币供给,但如果把这1元钱存入银行,把银行持有的钱作为货币供给计算时,便可能被计算为2元。同时,在货币供给中排除政府的金融资产使我们更能准确地估计企业和家庭将用于潜在支出的货币量。

(二)货币的定义 M_2

货币的第二个同时也是更广义的定义包括 M_1 和某些高度流动的金融资产,它们不直接或者不完全发挥交换媒介的功能,但是能够方便地转换为现金或是支票存款。在货币定义 M_2 中包含两类准货币:

储蓄存款,包括货币市场存款账户储户能够方便地从银行或者储蓄机构的储蓄账户(Saving Account)中提取现金,或者要求银行将资金从储蓄账户转入支票账户。储户也可以从包含各种短期生息债券的计息账户中提取现金。

定期存款（Time Deposit）的资金在到期时可以提取。作为对限制取款的回报，金融机构为这类存款支付的利率高于为货币市场存款账户支付的利率。同样，定期存款在支付严厉的罚金之后也可以随时随地兑换。

$$M_2 = M_1 + 储蓄存款 D_s + 定期存款 D_t$$

（三）货币的定义 M_3

在 M_2 基础上加上个人及企业持有的政府债券等金融资产或货币近似物，便是意义更广泛的货币供给，一般用 M_3 表示。

$$M_3 = M_2 + 金融资产 D_n$$

以上三个货币定义都非常有用，最狭义的定义 M_1 经常被引用。除非另有说明，我们在随后的分析中不再区分 M_1、M_2 和 M_3。货币供给 M_1 的成分（现金和支票存款）是更广泛的 M_2 和 M_3 基础，增加现金和支票存款的货币政策也会增加 M_2 和 M_3，或者说增加货币供给。

【扩展阅读 5.1】

信用卡是货币吗？

您可能想知道为什么我们在讨论货币供给的定义时忽略了信用卡。毕竟，信用卡购物非常方便，在美国，信用卡交易占到了美元交易价值总额的大约 25%。答案是信用卡不是货币。

用信用卡购物后将会发生什么呢？发放这张信用卡的银行会向这家商店付款，同时收取一笔交易费用，然后您向银行还款。单独一次购物并不会减少您的现金或者支票账户金额，您将每个月集中付款一次。您每年要为获得的服务支付佣金，并且如果您是采用分期付款方式，您还需要为这笔贷款支付可观的利息。信用卡仅是在短期内采取延期或暂缓付款的一条途径。您支付您的信用卡账单的支票账户余额才是货币，信用卡不是。

尽管信用卡不是货币，它们却使得个人和企业能更"经济地"使用货币。信用卡不仅使人们在钱夹中少放现金，而且使他们可以在付款日期到来前在银行账户中少保留存款。信用卡还有助于人们协调收入与支出时间。但是，银行借记卡同您的支票本上的支票非常相似。与用信用卡购物不同，用借记卡购将将在您的支票账户余额中直接地造成"借记"（扣除）。而相对应的，支票账户余额是货币——它是 M_1 的一部分。

资料来源：坎贝尔·麦克康耐尔等. 经济学原理、问题和政策 [M]. 高等教育出版社，2011.

第二节　货币的供给

货币供给基本上是靠政府保持货币价值相对稳定的能力来保证的。货币供给的主要构成是——纸币和支票存款——都是债务，或支付承诺。纸币是中央银行的流通债务，支票存款则为商业银行和储蓄机构的负债。通货和支票存款之所以是货币，是因为人们愿意作为货币接受它们，因为它们履行着货币的基本职能，我们相信它能够交换真实商品、服务或者资源。政府把通货规定为法定货币，加强了我们接受纸币的信心。与其他任何商品的经济价值一样，货币的价值取决于供给它的供给和需求。因此，经济体对货币的需求取决于特定时段交易所需的总货币量以及个人和企业想要为将来交易持有的货币量。当货币需求处于合理的稳定状态时，货币供给将会决定货币单位的国内价值或"购买力"。

一、银行体系

一国的货币供给量由中央银行发行的货币量决定，一个货币投放量可以通过商业银行体系的存贷活动，创造出一系列的存款，从而使中央银行发行的货币量倍增。要了解货币供给问题，首先需要了解西方市场经济国家的银行体系，该体系中主要包括中央银行、商业银行。

（一）中央银行及其职能

中央银行是代表政府对商业银行和其他金融机构的货币政策进行最终控制的机构，中央银行有三个基本职能：

发行的银行。中央银行是唯一拥有货币发行权的银行，还对外汇和黄金进行管理。

政府的银行。中央银行代理政府发行政府债券，它通过发行政府债券来管理政府向公众的借款；政府将税收和其他收入存入中央银行，中央银行为政府管理其收入；中央银行为政府记账，帮助政府办理政府收支事项；中央银行代表政府制定和实施货币政策，并对金融市场进行管理。因此，政府是中央银行最重要的客户。

银行的银行。商业银行是中央银行又一个重要的客户。中央银行接受商业银行的存款，作为商业银行的准备金，中央银行在必要时对商业银行发放贷款，以支持商业银行；商业银行可以从它们在中央银行的货币存款余额中提款，也可以从这个存款中抵销日常结算中必须支付给其他银行的差额；商业银行要听取中央银行关于金融问题和货币政策的意见。

（二）商业银行及商业银行的准备金

商业银行是办理各种存款、发放贷款和代客结算的金融机构。由于最初向银行借款的人大多都经营商业，因此习惯上把这种银行称为商业银行。商业银行是唯一能接受、创造和收缩活期存款的银行。

商业银行是私人投资经营的银行，其经营目标也是实现利润最大化，利润主要来自存贷款利息差额。商业银行为了应付存款人随时提取存款，必须要从存款中留下一部分作为准备金，准备金是指商业银行为了准备存款人提取存款而持有的放在中央银行或自己银行里的通货。

银行的准备金或现金储备取决于准备金制度，这个制度规定商业银行在吸收存款后，必须将一定比例的存款金额作为准备金无息地存入中央银行，或以现金形式存入自己的金库，以备存款人随时提取。

准备金占吸收存款的比率为准备金率，它的大小由法律规定，因此又被称为法定准备金。设 r 为法定准备金率，RR 为法定准备金，D 为商业银行的支票存款，则：

$$r = \frac{RR}{D} \text{ 或 } RR = r \cdot D$$

现代银行实行的是部分准备金制度，即法定准备金率小于100%，超出法定准备金部分的存款部分称为超额准备金，商业银行可以贷出这部分准备金。由此可见，法定准备金率提高，商业银行可贷出部分减少，反之则相反。

二、商业银行存款创造与存款乘数

在发达的市场经济中，绝大多数的交易是用支票结算的，而只有在商业银行开立活期户头，才能用支票结算，因此，企业或个人在某一商业银行得到贷款后，可以把这笔贷款存入与自己有业务联系的商业银行，而只用支票和其他企业进行交易。于是，商业银行的一笔贷款会在商业银行体系内转化为活期存款，因此，在部分准备金制度下，商业银行体系有存款创造功能。

讨论商业银行的存款创造必须做出如下假定：第一，法定准备金率既定；第二，商业银行把除法定准备金外的所有活期存款都贷出去；第三，没有现金交易，支付全部用支票进行。

根据上述假定，举例说明存款创造过程。假设：$r=20\%$，原始活期存款增加额为100万美元，由甲客户将其存入 A 银行，A 银行由此增加了100万美元的活期存款，它按照法定准备金率留足法定准备金20万美元后，其余的80万美元全部贷出给乙客户，乙又把其存入自己的往来银行 B，B 银行增加活期存款80万美元，此过程在商业银行体系内不断进行下去，可由表5-1描述。

表5-1　　　　　　　　　　商业银行存款创造过程

存款人	银行	活期存款增加额	银行贷款	借款人	新增存款准备金
甲	A	100	80	乙	20
乙	B	80	64	丙	16
丙	C	64	51.2	丁	12.80
丁	D	51.2	40.96	戊	10.24
戊	E	40.96	32.77	己	8.19
己	F	32.77	26.22	庚	6.55
⋮	⋮	⋮	⋮	⋮	⋮
合计		500	400		100

在商业银行体系的存贷活动中，每个银行的每一笔存款创造出存款的80%的新贷款，如此反复，直到新增存款准备金等于原始存款新增额（100万美元）及原始存款增加额全部漏出为法定准备金为止。

表5-1中的关系可用以下代数式概括为：

$$\Delta D = 100 + 80 + 64 + 51.2 + \cdots$$
$$= 100 \times (1 + 0.8 + 0.8^2 + 0.8^3 + \cdots + 0.8^n)$$
$$= 100 \times \frac{1}{1-0.8} = 500 \text{（万美元）}$$

可见，商业银行体系活期存款的原始注入量 100 万美元，在货币乘数作用下，创造出原始注入量 5 倍的活期存款。货币乘数是活期存款增加额与原始活期存款增加额的比值，即：$K_m = \Delta D/R$。由上面的代数式可知，货币乘数是法定准备金率的倒数，即：$K_m = 1/r$。上例中，$r = 20\%$，$R = 100$ 万美元，则 $\Delta D = \frac{1}{r} \cdot R = 5 \times 100 = 500$ 万美元。货币乘数的作用也是两面的，当原始存款增加时，它可以使商业银行的活期存款多倍扩大，当原始存款减少时，商业银行的活期存款多倍收缩。

在商业银行体系活期存款创造及货币乘数原始的分析表明，原始存款增加额和法定准备金率对商业银行的活期存款从而流通中的货币供给量有非常重要的影响，降低法定准备金率或增加原始活期存款数量，会使商业银行活期存款从而货币供给量大幅度的增加，反之则相反。所以，中央银行可以通过改变法定准备金率或买进卖出公债以及调整贴现率来控制货币供给量。

（一）存款创造过程的漏出与货币乘数

接下来我们将前面的三个假定逐渐放宽，如果商业银行不把可贷出去的活期存款全部贷出去，而是留存一部分活期存款，就会在法定准备金之外存在一个超额准备金（ER），超额准备金与活期存款的比率称为超额准备金率（α）即 $\alpha = \frac{ER}{D}$。

超额准备金是商业银行体系活期存款创造过程中的一种漏出，超额准备金不为零时，它的作用通过使实际的准备金率变大而使货币乘数变小，此时的货币乘数公式为：

$$K_m = \frac{1}{r + \alpha}$$

则：$\Delta D = \frac{1}{r + \alpha} \cdot R$

假设有超额准备金，$ER = 5$ 万美元，则：$\alpha = \frac{5}{100} = 0.05$，实际准备金率 $= r + \alpha = 0.25$，则：$\Delta D = \frac{1}{r + \alpha} \cdot R = \frac{100}{0.25} = 400$ 万美元。

如果进一步取消客户只能用支票支付的假定，即客户可以把借款的一部分留作现金，则抽出的现金也是一种漏出。现金（Cu）对活期存款的比率记为 $\beta = Cu/D$。当 $\beta \neq 0$ 时，其作用同样可以影响货币乘数的大小。如果 $\alpha = 0$，那么，

$$K_m = \frac{1}{r + \beta}$$

则：$\Delta D = \frac{1}{r + \beta} \cdot R$，假定 $Cu = 10$ 万美元，$\beta = \frac{10}{100} = 0.1$，$\Delta D = \frac{100}{0.2 + 0.1} \approx 333.3$ 万美元。

如果 $\alpha \neq 0$，$\beta \neq 0$，那么 $K_m = \frac{1}{r + \alpha + \beta}$，则有 $\Delta D = \frac{1}{0.2 + 0.05 + 0.1} \times 100 = \frac{100}{0.35} = 286$ 万美元

（二）高能货币（high powered money）

原始存款增加额可以分为现金，超额准备金和法定准备金三个部分，即：$R = Cu +$

$RR + ER$。如果企业和个人决定缩减其持有的现金，并将它存入银行，商业银行的超额准备金就会增加，这会为存款扩张和货币创造提供基础。如果商业银行的超额准备金能够全部贷出去，那么，这种基础将转变为现实的货币创造过程。由此产生高能货币或货币基础（monetary base）概念，它是指社会活期存款扩张的基础，包括商业银行的法定准备金、超额准备金和现金。以 H 代表高能货币，则：

$$H = Cu + RR + ER$$

货币供给 $Ms = Cu + D$，从货币供给量而不单纯从活期存款角度来考虑货币乘数，另外考虑到超额准备金和现金都有可能转化成实际的原始存款增加额，那么，货币乘数可以改写为：

$$K_m = \frac{\Delta Ms}{\Delta H} = \frac{\Delta(Cu + D)}{\Delta(Cu + RR + ER)}$$

等式右边分子分母同时除以 D 得：$\dfrac{\Delta Ms}{\Delta H} = \dfrac{\dfrac{Cu}{D} + 1}{\dfrac{Cu}{D} + \dfrac{RR}{D} + \dfrac{ER}{D}}$

其中，$Cu/D = \beta$；$RR/D = \gamma$；$ER/D = \alpha$

则 $K_m = \dfrac{\Delta Ms}{\Delta H} = \dfrac{\beta + 1}{\beta + \gamma + \alpha}$；$\Delta Ms = \dfrac{\beta + 1}{\beta + \gamma + \alpha} \cdot \Delta H$

如果人们不愿意保留现金把现金全部存入银行，银行把全部的超额准备金都贷出去，则 $H = R$，$\beta = 0$，$\alpha = 0$，货币乘数转化为无漏出的货币乘数：$K_m = \dfrac{\Delta Ms}{\Delta H} = \dfrac{1}{\gamma}$，$\Delta Ms = \dfrac{1}{\gamma} \cdot R$。

在实际经济活动中，现金和超额准备金都不为零，由高能货币概念可知，中央银行增加一笔货币投放，比如在债券市场买进债券，在既定的法定准备金制度下，流通中的货币供给量会在中央银行货币投放量的基础上产生倍增，如果中央银行减少货币投放量，则有相反的结果。因此，货币供给一般被看作由政府的货币政策决定。

第三节 货币的需求

一、货币需求的动机

对货币的需求是人们在不同条件下出于各种考虑对持有货币的需要或要求。

首先是人们作为财产来持有货币的考虑。由于人们在一定时期所拥有的财富的数量总是有限的，他们必须决定自己以何种形式拥有财富。人们如果以货币形式拥有财富的比例越大，则他们以其他资产形式拥有财富的量就越少。由于人们拥有其他资产形式（如证券、实物资本等）将能带来一定的收益，因而会使他们减少对货币的需要。所以，不管人们持有货币的动机多么强烈，都得仔细权衡以货币形式保存财富所花费的成本。

持有货币的成本主要是利息。对于一个想借款的人来说，利息是他为获得一定量货币所必须支付的价格。而对一个货币持有者来说，利息则表示他持有货币的机会成本，也就是持有货币而得不到利息收入。

既然持有货币会失去利息收入,人们为什么还要把不能生息的货币保留在手中呢?凯恩斯认为,人们需要货币是出于以下三类不同的动机:

第一,交易动机,是指个人和企业为了进行正常的交易活动而需要货币的动机。在经济生活中,由于收入和支出在时间上不同步,因而个人和企业必须有足够的货币资金来支付日常需要的开支。个人或企业出于这种交易动机所需要的货币量,决定于他们的收入水平、经济生活惯例和商业制度。经济生活惯例和商业制度在短期内一般可假定为固定不变。按凯恩斯的说法,出于交易动机的货币需求量主要决定于收入。收入越高,交易数量越大。交易数量越大,为应付日常开支所需的货币量就越大。

第二,谨慎动机或预防性动机,指为预防意外支出而需要持有一部分货币的动机。在经济生活中,个人或企业为应付事故、失业、疾病等意外事件而需要事先持有一定数量货币。货币的交易需求产生于收入或支出间缺乏同步性,而货币的预防性需求则产生于未来收入和支出的不确定性。凯恩斯认为,个人对货币的预防性需求数量主要决定于他对意外事件的看法。但从全社会来看,这一货币需求量大体上和收入成正比,是收入的增函数。

因此,如果用 L_1 表示交易动机和谨慎动机所产生的全部实际货币需求量,用 y 表示实际收入,则货币需求量和收入的关系可表示为:

$$L_1 = L_1(y) = ky$$

式中,k 是出于上述两种动机所需要的货币量同实际收入的比例;y 为具有不变购买力的实际收入。其中,$dL_1/dy > 0$,表示货币的交易需求量是收入的增函数。这种关系可以由图 5-1 表示,货币需求曲线 L_1 从原点出发,因为没有收入就没有 L_1,它是一条向右上方倾斜的直线,这表明随着收入的增加,L_1 与 y 保持以不变的比例递增。

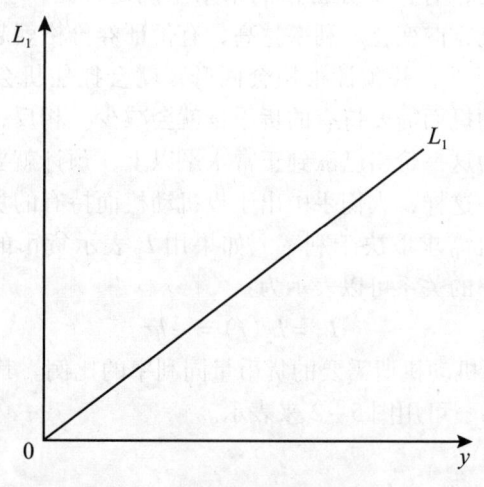

图 5-1 货币的交易与预防需求

第三,投机动机,指人们为了抓住有利的购买有价证券的机会而需要持有一部分货币的动机。假定人们暂时不用的财富只能用货币形式或债券形式来保存。债券能带来收益,而闲置货币则没有收益,人们为什么不全部购买债券而要在二者间作选择呢?因为人们想利用利率水平或有价证券价格水平的变化进行投机获利。

在实际生活中，债券价格高低与利率成反比关系。利率上升时，债券价格将会下降。利率下降时，债券价格将会上升。为什么会这样？首先要明白的是，债券是在金融市场上被买卖，债券的价格由债券的需求和供给决定。

假设有一张未到期的、每年将支付 50 元固定利息的债券，如果这张债券按其 1 000 元的面值出售。这张债券的收益率即为 5%：

$$50/1\,000 = 5\% \quad (\text{利息收益})$$

现在假设经济中的利率由 5% 上升到了 7.5%，新发行的债券将会为借贷的每 1 000 元支付 75 元的利息。只支付 50 美元的旧债券将很难按 1 000 元的面值出售，这张债券的价格必须降低到 667 元，才能与利率为 7.5% 的债券竞争。这样，50 元的固定利息将会给购买债券者带来 7.5% 的收益：

$$50/667 = 7.5\%$$

再假设利率从最初的 5% 降低到了 2.5%，新发行的债券将为 1 000 元的贷款支付 25 元的利息。支付 50 元的债券将变得非常有吸引力，购买者将会把这张债券的价格哄抬到 2 000 元，在此价格水平其收益将等于 2.5%：

$$50/2\,000 = 2.5\%$$

需要牢记的是，利率上升时债券价格将下降，利率下降时债券价格将上升，利率和债券价格之间存在负相关关系。

可见，债券价格一般会随利率变化而变化。由于债券市场的价格经常波动，预期债券价格将上涨（即预期利率将下降）的人，就会用货币买进债券以便日后以更高的价格卖出。反之，预计债券价格将下跌的人，就会卖出债券保存货币，以备日后债券价格下跌时再买进。这种预计债券价格将下跌（即利率上升）而需要把货币保留在手中的情况，就是对货币的投机需求。可见，有价证券价格的未来不确定性是产生货币投机需求的必要前提。这一需求与利率成反方向变化。利率越高，有价证券价格就越低。人们如果认为这一价格已降低到正常水平以下，并预计很快会回升，就会抓住机会及时买进有价证券。于是，人们手中出于投机动机而需要持有的货币量就会减少。相反，利率越低，则有价证券价格越高。人们如果认为这一价格已涨到正常水平以上，预计就要会跌，于是，他们就会抓住时机卖出有价证券。这样，人们手中出于投机动机而持有的货币量就会增加。

总之，对货币的投机需求取决于利率。如果用 L_2 表示货币的投机需求，用 r 表示利率，则这一货币量和利率的关系可以表示为：

$$L_2 = L_2(r) = -hr$$

式中，h 表示出于投机动机所需要的货币量同利率的比例。其中，$dL_2/dr < 0$，说明 L_2 和 r 存在反方向变动关系，可用图 5-2 来表示。

二、流动性陷阱

对利率的预期是人们调节货币和债券配置比例的重要依据。利率越高，货币需求量就越小。当利率极高时，这一需求量等于零。因为人们认为，这时利率不大可能再上升，或者说有价证券价格不大可能再下降，因而他们会将所持有的货币全部换成有价证券。反之，当利率极低时，人们会认为这时利率不大可能再下降，或者说有价证券市场价格不大

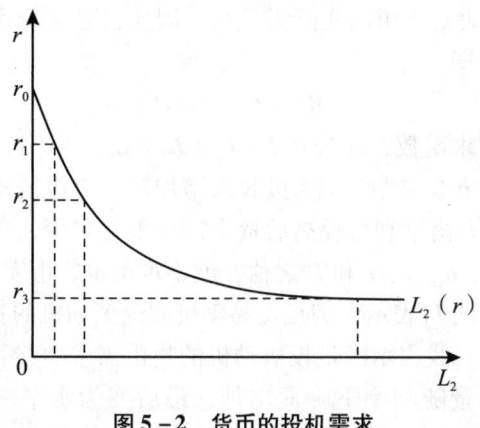

图 5-2 货币的投机需求

可能再上升,而只会跌落,因而会将所持有的有价证券全部换成货币。人们有了货币也绝不肯再去买有价证券,以免证券价格下跌时遭受损失。人们不管有多少货币都愿意保持在手中的情况称为凯恩斯陷阱或流动性陷阱。流动性偏好是凯恩斯提出的概念,是指人们持有货币的偏好。人们之所以产生对货币的偏好,是由于货币是流动性或者说灵活性最大的资产。货币随时可做交易之用,随时可应付不测之需,随时可做投机用,因而人们对货币的偏好就被称作流动性偏好。货币需求关于利率的系数也称作流动性偏好的利率系数。当利率极低时,人们手中无论增加多少货币,都不会再去购买有价证券,都要留在手中,因而流动性偏好趋向于无限大。这时候,即使银行增加货币供给,也不会再使利率下降。

在图 5-2 中,当利率为 r_0 时,$L_2=0$,说明 r 高到一定程度,人们对货币的投机需求为零,因为此时持有货币,损失的 r 收入太大,而 r 很高时,债券价格处于低水平,人们认为持有债券和持有货币一样保险,而且还能生息。当利率为 r_3 时,人们认为债券价格决不会再涨而只会跌落,这时,人们决不会再买进债券,而是把货币留在手中,原来拥有债券的人则会抛出债券,增加对货币的投机需求,因此,r_3 时对货币的投机需求无限,即使政府增加货币供给量,也不会导致利率下降,即为"凯恩斯陷阱"。可见 r 和 L 反向变动关系范围是在 r_0 和 r_3 之间。

三、货币需求函数

综合以上观点可知,对货币的总需求是人们对货币的交易需求、预防需求和投机需求的总和。货币的交易需求和预防需求取决于收入,而货币的投机需求取决于利率。因此,对货币的总需求函数可表示为:

$$L = L_1 + L_2 = L_1(y) + L_2(r) = ky - hr$$

式中的 L、L_1 和 L_2 都是代表对货币的实际需求,即具有不变购买力的实际货币需求量。名义货币量和实际货币量是有区别的。名义货币量是不管货币购买力如何而仅计算其票面值的货币量。把名义货币量折算成具有不变购买力的实际货币量,必须用价格指数加以调整。如用 M、m 和 P 依次代表名义货币量、实际货币量和物价水平,则:

$$m = M/P \text{ 或 } M = Pm$$

由于 $L = ky - hr$ 仅代表对货币的实际需求量,因此,名义货币需求函数应是实际货币需求函数乘以价格指数,即

$$M = (ky - hr)P$$

该式代表名义货币需求函数,而公式 $L = L_1 + L_2 = L_1(y) + L_2(r) = ky - hr$ 则代表实际货币需求函数。式中 k 和 h 是常数。k 衡量收入增加时,货币需求增加多少。这是货币需求关于收入变动的系数。h 衡量利率提高后货币需求量是多少,这是货币需求关于利率变动的系数。如果知道了 k、h、y、r 和 P 之值,就不难求得货币需求量。

图 5 – 3(a)中,垂线 L_1 表示为满足交易动机和谨慎动机的货币需求曲线,它和利率无关,因而垂直于横轴。L_2 线表示满足投机动机的货币需求曲线。它起初是向右下方倾斜的,表示货币的投机需求量随利率下降而增加,最后变为水平线,表示流动性陷阱。图 5 – 3(b)中的 L 线则是包括 L_1 和 L_2 在内的全部货币需求曲线,其纵轴表示利率,横轴表示货币需求量。由于具有不变购买力的实际货币一般用 m 表示,因此,横轴也可以用 m 表示。这条货币需求曲线表示在一定收入水平上货币需求量和利率的关系。利率上升时,货币需求量减少;利率下降时,货币需求量增加。

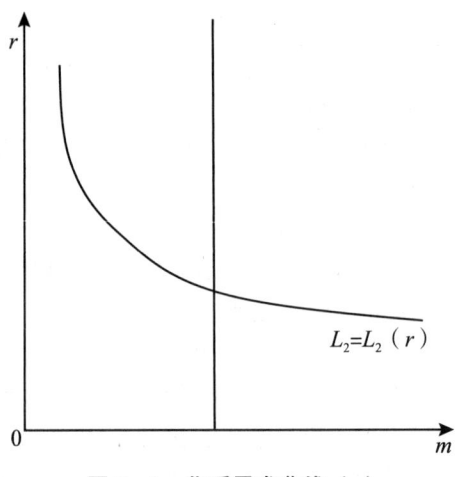

图 5 – 3 货币需求曲线(a)

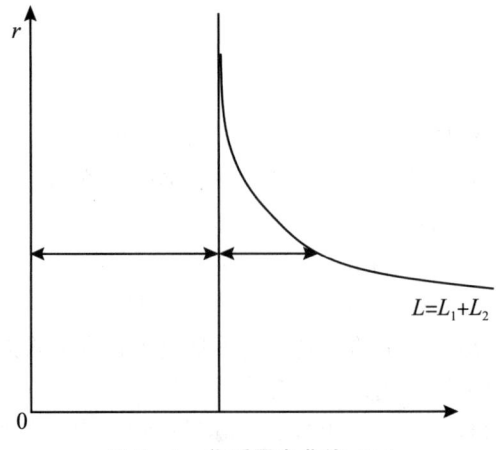

图 5 – 3 货币需求曲线(b)

货币需求量和收入水平的正向关系可以通过在同一坐标图上画若干条货币需求曲线来表示，如图5-4所示。

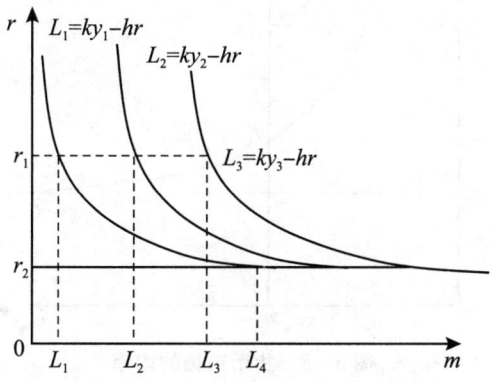

图 5-4 不同收入的货币需求曲线

在图5-4中三条货币需求曲线分别代表收入水平为 y_1、y_2 和 y_3 时的三条货币需求曲线，可见，货币需求量与收入的正向变动关系是通过货币需求曲线向右上和左下移动来表示的，而货币需求量与利率的向右变动关系则是通过每一条需求曲线都是向右下方倾斜来表示的。例如，当利率相同，即都为 r_1 时，由于收入水平不同，实际货币需求量分别为 L_1、L_2、L_3，即 $y=y_1$ 时，$L=L_1$；$y=y_2$ 时，$L=L_2$；$y=y_3$ 时，$L=L_3$。反之，当收入水平相同，例如，都为 y_1 时，由于利率水平不同，实际货币需求量也不同。$r=r_1$ 时，$L=L_1$；$r=r_2$ 时，$L=L_4$。

第四节 货币市场均衡

一、均衡利率的决定

均衡利率是指能够使货币需求量恰好等于货币供给量的市场利息率。假定货币供给和国民收入既定，均衡利率的决定可以用图5-5来表示。

在图5-5中，L 是货币需求曲线，m 是货币供给曲线，货币供给量由中央银行的货币投放量决定，它与 r 无关，因此货币供给曲线是一条垂直于横轴的直线。当货币供给曲线 m 与货币需求曲线 L 相交于 E 点时，货币市场处于均衡状态，对应的 r_0 为均衡利率，M_0 为均衡的货币量。如果利率高于 r_0，例如为 r_1，货币供给量大于货币需求量，人们感觉到实际拥有的货币过多，就设法以多余的货币换取债券，因此，债券价格上升，即利率下降，随着利率的下降，货币的投机需求增加，结果使货币需求增加。这一过程将一直持续到利率下降到 r_0，即货币供给量和货币需求量相等为止。如果利率低于 r_0，例如为 r_2，货币供给量小于货币需求量，出现货币超额需求，这是因为，当利率为 r_2 时，利率太低，从而债券

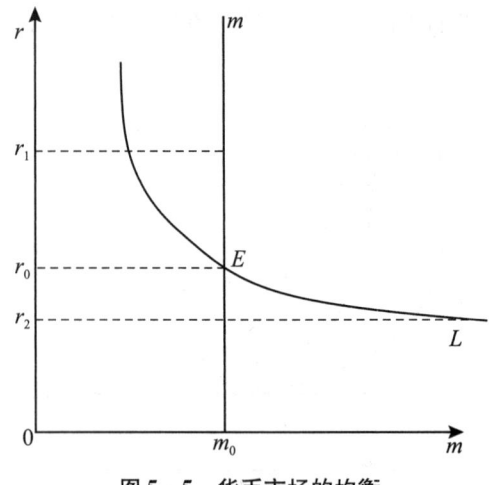

图 5-5 货币市场的均衡

价格很高，人们因此要卖出债券增加投机需求，抛售债券使债券价格下降从而使 r 上升，随着利率上升，货币的需求量减少。当利率回升到 r_0 时，这一变动过程会停止，货币市场实现均衡状态。因此，中央银行可以通过控制货币供给量调节利率。

二、均衡利率的变动

在均衡利率决定基础上，考虑货币供给量变动或收入变动因素，采用比较静态分析方法考察均衡利率的变动。

（一）货币供给量的变动与均衡利率的变动

在图 5-6 中，m 与 L 决定均衡利率为 r_0，现在假定中央银行增加货币投放量，从而使货币供给曲线由 m_0 移到 m_1，货币市场均衡点由 E 点移至 G 点，均衡利率由 r_0 降到 r_1。

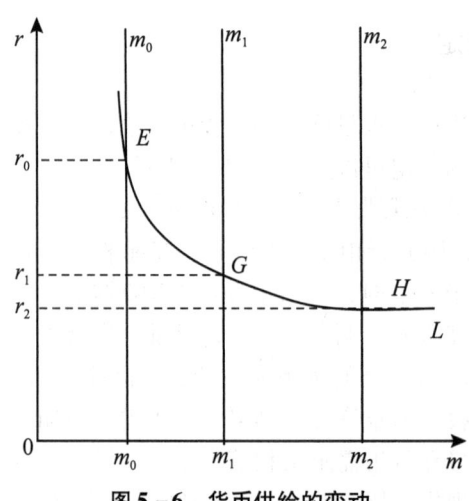

图 5-6 货币供给的变动

具体说，m 增加使 r 下降，债券价格上升，持有债券的风险不断扩大，人们将抛出债券，增加对货币的投机需求，从而吸收了增加的货币供给量，所以，在 G 点货币供求达成一致，r_1 为新的均衡利率。

当货币供给量进一步由 m_1 减少到 m_2 时，货币市场均衡点由 G 点移动到 H 点，均衡利率维持在 r_2 水平，原因是流动性陷阱将出现使全部新增货币供给都为人们的投机需求所吸收，因而市场利率不会因货币供给的增加而变动。

（二）收入水平的变动与均衡利率的变动

如果货币供给量不变，国民收入变动，对均衡利率的影响如图 5-7 所示。

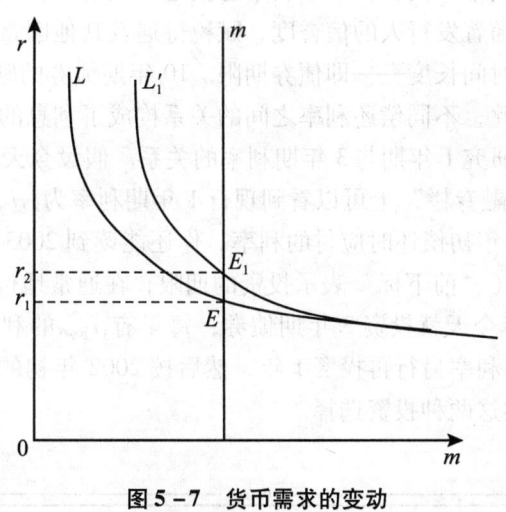

图 5-7 货币需求的变动

在图 5-7 中，初始均衡点为 E 点，均衡利率为 r_1，当收入水平提高时，货币需求曲线由 L 平移到 L'，从而市场均衡点由 E 点移动到 E' 点，均衡利率由 r_1 上升到 r_2，具体说，当收入增加时，个人和企业对货币的交易需求都会增加，但是，由于货币供给量不变，人们只能依靠出售债券来获得货币，债券价格下降，市场利率上升，另外，交易需求的增加必然伴随着投机需求的减少，随着投机需求的减少，利率上升。因此，收入增加必然导致利率的上升，直到增加的货币需求和既定的货币供给相等即利率上升到 r_2 为止。由此可见，在货币供给不变前提下，国民收入增加会使均衡利率上升，国民收入减少会使均衡利率下降。

第五节 金融市场

金融市场将宏观经济的冲击和政府政策直接与人们的日常生活联系起来。利率的变化影响我们为购买房产或汽车的筹资能力。股票市场的震荡，决定了许多人的养老金的价值。金融市场的收益率，通过影响投资水平与消费水平，也反馈到产品市场上。在本节中，我们研究三种重要金融市场的行为：债券市场、股票市场与外汇市场。在所有情况

下,我们都以两种概念着手分析:
- 市场是前瞻性的。
- 套利思想决定市场中的主要关系。套利是指在达到均衡时,价格必须使投资者愿意买入或愿意卖出一种资产的人数均等,其他任何价格只会把投资者置于市场的同一方。

一、长期利率与短期利率

(一) 期限结构模型

在经济中不止一种利率。其实,由于利率总括地反映了一种债券或一笔贷款所承诺偿还的条件,因此利率会随着发行人的信誉度、赋税待遇及其他因素而不同。最令人感兴趣的因素是利率所涉及的时间长度——即债券期限。10年期债券的利率一般高于1年期债券的利率,但并非总是如此,不同偿还利率之间的关系构成了利息的期限结构。

举一个具体例子,研究 1 年期与 3 年期利率的关系。假设今天是 2000 年元月 1 日,你在"今天"报纸的"金融专栏"上可以看到现行 1 年期利率为 $_1i_{2000}$,此利率是 2000 年初借出的一笔钱,到 2001 年初偿还时应付的利率。你还能读到 2003 年偿还的一种债券的现行 3 年期的利率为 $_3i_{2000}$ ("前下标"表示投资的期限,在通常地位的下标表示进行投资的日期)。现在你有权选择今天就投资 3 年期债券,每年有 $_3i_{2000}$ 的利率,或者投资 1 年期债券,按 2001 年初当时的利率另行再投资 1 年,然后按 2002 年初的当时利率进行最后一年的再投资。图 5-8 描述这两种投资选择。

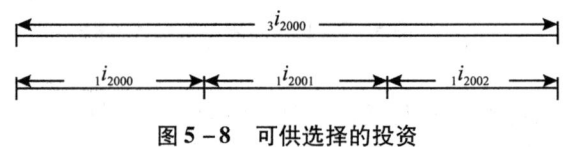

图 5-8 可供选择的投资

假如事先知道图 5-8 中的所有利率,那么一个 3 年期投资的收益将等于 3 个 1 年期系列的收益。若总收益不相等,人们就会选择收益较高的那一种投资方式,而完全放弃另一种做法。在收益率预先知道的情况下,长期投资与短期投资就会共存,它们得到的总收益必须相等。这个论断阐明"套利"观点:以 3 年期利率获取的 3 年的收益,必须等于 3 个 1 年期的总收益。即:$_3i_{2000} + _3i_{2000} + _3i_{2000} = _1i_{2000} + _1i_{2001} + _1i_{2002}$。请注意,3 年期利率的下标表明这种利率都是在 2000 年初商定同意的。

【专栏阅读1】

复 利

如果以 5% 的利率,投资 100 美元,第一年得利 5 美元,那么第二年也赚取 5 美元? 不,不是另外的 5 美元,而是本金的另外 5 美元利息,加上头一年所得利息的 5%($5 × 0.05 = \$0.25$),因而,第二年的总利息为 5.25 美元。由于多期次的复合,货币投资是以复利计息的。因此,以 5% 利率投资的 100 美元,一年后增到 $\$100 × 1.05 = \$105.00$,第二年增加到 ($\$100 × 1.05$) $× 1.05 = D110.25$。总之,数量为 P 的货币,按利率 i 投资 t 年后,增加到 $P(1+i)^t$。

由于利率是以乘法而不是以加法来计算的,因此期限结构方程应取决于几何平均,而非算术平均值。在确定的情况下,本节所给出的期限结构方程更精确的表达形式为 $(1+{_3}i_{2000})3=(1+{_1}i_{2000})(1+{_1}i_{2001})(1+{_1}i_{2002})$。例如,倘若三个短期利率分别为5、10、15则准确的3年期利率为9.924,而非10。你应认识到,这点差别虽然对你理解期限结构没有什么关系,你若投资几亿美元,那就值得关心了。

我们可将套利条件重新写为${_3}i_{2000}=({_1}i_{2000}+{_1}i_{2001}+{_1}i_{2002})/3$。这就是最初的简单期限结构模型:长期利率等于现行短期利率与未来短期利率的平均值。

这个理论的唯一问题在于,2000年伊始,我们不能确切知道${_1}i_{2001}$或${_1}i_{2002}$,尽管我们可以根据经验做猜测。未来短期利率的不确定需要我们对这一简单的理论作出两种修改。第一,现行的长期利率取决于现行的短期利率和预期的未来短期利率。第二,不确定性意味着风险,长期投资要求增加一个期限升水 PR,以弥补这种风险。把这些加入到我们的例子中,我们将期限结构方程写为:

$$_3i_{2000}=({_1}i_{2000}+{_1}i^e_{2001}+{_1}i^e_{2002})/3+PR$$

其中上标 e 表示未来短期利率的期望值。以此方式写出的方程(1)显示期限结构的预期理论。期限升水随时间推移而有较大变化,但长期利率的期限升水一般要高一些。期限升水越高部分地反映长期债券价格越不稳定,有关风险也越大。

(二) 收益率曲线

不同期限的利率,均可表现在收益率曲线上。该曲线如同快照一样,显示特定日期中,所有可利用的机会。因长期利率一般高于短期利率,收益率曲线一般随到期期限的增加而上升。收益曲线偶尔也会向下倾斜,这表示短期利率高于长期利率。期限结构预期理论暗示,向下倾斜的收益率曲线,意味着金融市场预期的利率是下降的。(由于长期利率是现行短期利率与未来短期利率的平均值,只有预期未来短期利率低于现行短期利率,长期利率才会低于现行利率。)向下倾斜的收益率曲线时常是萧条的信号,但并不总是这样。

【专栏阅读2】

现值与套利

祝贺你在政府彩票中赢得1 000万美元,可是实际上,你是在20年内每年赢得50万美元。如果你非常礼貌地问,国家会让你一次整个得到1 000万美元吗?不会的!事实上,政府可能已与某私营厂商签订合同,支付20次的金额——期初成本约为560万美元。因此,"1 000万美元"的奖金实际只值规定金额的一半稍多一些。为什么未来到期应予支付的款项的现值,小于其本身规定支付的数目?比如,560万美元对1 000万美元?我们可以从套利论述中找到答案:以两种不同方式支付未来款项必须有同样价值,否则只能采用一种方式。

假设你欠一家商店100美元,从现在开始1年后到期。那么1年后到期的这笔债务的现值是多少?一种估价的方式就是,问你为了偿还到期的债务,现在需要投资多少?我们将现在需要投资的这笔钱叫债务的现值,即 PV。未来到期的那笔钱——即"1年以后的100美元"叫作债务未来值,FV。

假定现在你手头有100美元。你今天就能偿还那笔债务,也可将这100美元的一部分,而不是全部,进行为期1年的投资,然后将这笔投资加上累计利息偿付1年期的债务。利用这种程序,你不仅偿还了债务,而且还可能有多余的钱足够买一个小比萨饼或一杯你喜欢的合法饮料。由于部分欠款可由累计利息偿付,你需要投资的就小于 FV。由于一年期的未来值与现值加利息两者都可偿还此项欠款,所以它们必须有相同价值:$FV=PV+i\times PV$。我们可以将其倒转过来,演算得出由未来债务的现值,即今天需要留存多少钱数:

$$PV=\frac{FV}{1+i}$$

同样的论述可扩展到未来多于1年到期的还款。对于2年期的债务,则为 $PV = FV/(1+i)^2$,对 T 年到期的债务,则为 $PV = FV/(1+i)^T$。倘若你的1年期欠款的未来价为 FV_1,2年期的为 FV_2,那么为偿付这两笔债务,你需要留存的现值为:

$$PV = \frac{FV_1}{(1+i)} + \frac{FV_2}{(1+i)^2}$$

顺便说一句,"现值"的另一个通常名称叫"净现值",即 NPV。

【专栏阅读3】

净现值、价格及收益的数学表达

从形式上看,在现行的利率下,债券的价格等于息票的净现值(NPV)加上其面值。倘若一种债券每年按息票付息共付 T 年,在 T 年底归还面值 F,它的价格为:

$$P = \frac{c}{1+i} + \frac{c}{(1+i)^2} + \cdots + \frac{c}{(1+i)^T} + \frac{F}{(1+i)^T}$$

用有关几何数列的代数定理,上式可改写为:

$$P = \frac{c}{i}\left[1 - \frac{1}{(1+i)^T}\right] + \frac{F}{(1+i)^T}$$

注意两个有用的事实,首先,若 $i = c/p$,那么 $P = F$。例如,一个面值为100美元加上5元息票的债券:当利率为5%时,其价值毫不奇怪应为100美元。其次,对于称为统一公债或永久债券的一种没有偿还期限的债券,其表达式可简化为 $P = c/i$。一个期限很长的息票为5元的债券,当利率为5%时,其价格为100美元,但如果利率升到10%,其价格跌到50美元。加拿大与英国有统一公债(Consols),但在美国极少进行交易。然而,利用统一公债的表达式能合理地估算出像美国政府的30年债券之类,普通长期债券的价格。

(三)债券价格和收益

债券价格与利率呈反向关系。如若从现在起一种债券一年偿还100美元,且其利率为 i,那么这张债券的价格 P 必须是 $P(1+i) = 100$ 或 $P = 100/(1+i)$。例如,如若100美元债券有5%的收益,则其价格为95.24美元 [$95.24 = \$100/(1 + 0.05)$]。

美国大多数债券对称为"息票"的定期付息,然后,在到期日偿还债券的面值。例如,价格为100美元的债券,第一年末息票为5元,第二年末息票也为5元,加上第二年末归还的本金100美元,这100美元将有5%的收益:

$$\$100 \times (1.05)^2 = \$5 \times (1.05) + \$5 + \$100$$

当债券的价格等于它的面值时,此债券称之为"按面值买卖的债券"。为了理解市场利率如何影响债券价格,假定在你购买刚刚描述的债券后,市场收益立即从5%升到10%。你为了卖掉该债券,必须把债券价格降低到足够补偿买者获得5美元息票,而不买息票为10美元的全新债券:

$$P \times (1.10)^2 = \$5 \times (1.10) + \$5 + \$100, 或 P = \$91.32$$

债券的剩余期限越长,为补偿利率变化而需要的价格变化就越大。因此,长期债券将遭受相当大的价格波动。同样,利率变化应用于30年期债券上将使其价格降到52.87美元。

二、股票价格的随机漫步

毋庸置疑,经济学中一个既成事实是,股票价格本质上是无法预测的。并且同样确信无疑的是,这是一个最不为人相信,也最不受人喜欢的事实。尽管如此,经济学研究的目的之一就是具备解释与预测市场行为的能力。在本节中,我们所要证明的正是这个事实,即人们充分了解股票市场才使股票价格变动难以预测。

假定股票价格指数与滞后一期的股价的关系写成为:

$$P_{t+1} = a + P_t + \varepsilon \tag{5.1}$$

其中 a 很小,代表持有股票的预期收益,ε 代表股票价格的突然变动。方程(5.1)表明,一是除了很小的成分 a 以外,股票价格的变化 $\Delta P = a + \varepsilon$ 是不可预测的。二是方程(5.1)在经受震荡之后,股票价格确实没有回到"正常"水平的趋势。而且,股票价格的变化不依赖于时间的推移。股票价格上一期攀升,并不意味着本期它们比其他任何时候更可能攀升或下跌。方程(5.1)所描述的过程叫随机漫步。随机漫步是市场效率的信号。恰好利用这两个假设,我们就可证实,随机漫步正是我们在运作良好的市场上所希望的。

- 股票价格是预期股利的净现值。
- 只在突然变动时,新信息才改变未来股利的期望值,因为若非突然变动,它就不是新信息。

假设我们可望在日期 t,开始接受 k 个时期的股利水平,为 d_{t+k},d_{t+k+1},d_{t+k+2},…。在贴现率为 r 的情况下(贴现率 r 要高于国库券利率,以补偿股票投资的风险),日期 t 的股票价格将等于这些预期股利的净现值。我们可将这一关系写为:

$$P_t = \frac{d_{t+k}}{(1+r)^k} + \frac{d_{t+k+1}}{(1+r)^{k+1}} + \frac{d_{t+k+2}}{(1+r)^{k+2}} + \cdots \tag{5.2}$$

同样的关系也适用于日期 $(t+1)$,只是股利要以一个较小的利息因子进行折现,因为此时更接近于它们的偿付日:

$$P_{t+1} = \frac{d_{t+1+(k-1)}}{(1+r)^{k-1}} + \frac{d_{t+1+(k)}}{(1+r)^k} + \frac{d_{t+1+(k+1)}}{(1+r)^{k+1}} + \cdots \tag{5.3}$$

方程(5.2)的两边分别乘以 $(1+r)$,使其右边与方程(5.3)的右边形式相同。例如,第一项成为:$\frac{d_{t+k}}{(1+r)^k} \times (1+r) = \frac{d_{t+k}}{(1+r)^k} \times \frac{1}{(1+r)^{-1}} = \frac{d_{t+k}}{(1+r)^{k-1}} = \frac{d_{t+1+(k-1)}}{(1+r)^{k-1}}$ 使 P_{t+1} 等于 P_t 乘以 $(1+r)$,则得:

$$P_{t+1} = (1+r)P_t \tag{5.4}$$

实际上,在时段 t 与 $(t+1)$ 之间,未来股利的期望值很可能发生变动,因此这一信息效应加入到方程(5.4)中,即:

$$P_{t+1} = (1+r)P_t + \varepsilon \tag{5.5}$$

并不是所有按随机漫步变动的股票市场都是有"效率"的,但真正重要的股市确是按随机漫步变动的。

【专栏阅读4】

证券市场与股票市场的联系

股票市场受长期利率的很大影响,利率上升时,股票价格下降。理解这种联系的简易方式,假设一种股票可望永久支付股利 d,使它像统一公债那样。方程(2)中的现值公式将简化为:$P = d/r$。r 的微小变化,都会引起 P 的巨大变化。

例如,长期利率从5%上升到5.05%,按此公式,就足以使整个股票市场价格下跌1%,若在金融市场以外,0.05%的利率变化,简直小到不必注意。而股票市场若下跌1%,肯定大到足以成为报纸商业版面的头条新闻。

与利率相比,股票市场的收益特别不稳定,而且其平均值也比利率高得多。股票收益一般比不太易变动的投资收益高,这是可预测的。像随机漫步理论断定的,虽然平均收益很高,但其震荡时机不可预测。有一些有关收益可预测的调查新发现,特别是经过非常长的时间之后。

三、汇率与利率

套利理论也将汇率变动与国际间利率差异联系起来。为一个想把100美元投资一年的美国人,设想以下两种投资策略:

策略一:在美国投资。

策略二:把100美元兑换成加元,在加拿大投资一年,年末,把加元再兑换成美元。

策略一的结果简单明了,到年末该投资者获取 $100 \times (1 + i)$ 美元,如若美国利率 i 为10%,他最后将获得110美元。

实施策略二,需要包括几个步骤。第一,美元转换成加元。假设汇率 e_t 为1加元兑0.75美元。通过兑换,该投资者将得到 $100/e_t$ 加元(在此例中,为133.33加元)。若加拿大的利率为 i^*,那么,一年后,他将有 $(100/e_t) \times (1 + i^*)$ 加元。(设加拿大利率为12%,年末,此投资者将有149.33加元)。在年末,加元按照当时通行的汇率 e_{t+1},换回美元。即最后到年底时的美元价值为 $e_{t+1} \times [(100/e_t) \times (1 + i^*)]$。若使策略一与策略二具有相等的收益,须使 $(1 + i) = (e_{t+1}/e_t) \times (1 + i^*)$(换言之,若 $e_{t+1} > 0.737$,美国人或加拿大人都应只在加拿大投资;若 $e_{t+1} < 0.737$,他们都应该只在美国投资)。这种关系可由下式近似估算出:

$$\frac{e_{t+1} - e_t}{e_t} = i - i^* \tag{5.6}$$

上式有时叫"未补进的利率平价","未补进"是因为出资时,人们并不通知 e_{t+1} 的大小。尽管如此,与由方程(5.6)的预测相比,e_{t+1} 高于或低于此值的机会各占一半。由于具有内在风险性,方程(5.6)未必能精确地成立,即使其平均值也是如此。

现实中的数据尽管只是粗略的,并不是像预测的那样完美,但为利率与汇率变化的关系提供了很好的近似。

复习思考题:

1. 你认为信用卡的信用限额应计入货币存量中吗?为什么?
2. 谁控制货币供给?如何控制?

3. 解释为什么利率与债券价格呈反向变动关系?
4. 利用图形分析说明均衡利率的决定过程。
5. 利用图形分析说明货币供给量和国民收入变动时的均衡利率的形成。
6. 为什么股票价格按随机漫步变动时是股票市场有效率的标志?若股票价格不按随机漫步变动会出现什么实际情况呢?
7. 解释为什么相对于加拿大利率,美国利率的提高会影响美元与加元的汇率?
8. 假设此刻所有的利率为已知,因而没有不确定性,10年期债券的利率与同一期限的10个1年期债券利率之间的关系是什么?

第三部分 短期宏观经济分析

第六章 国民收入的决定：IS – LM 模型

教学目标和教学要求

本章的教学旨在使学生掌握 IS 曲线和 LM 曲线的由来、基本特征及其移动的影响因素，了解非均衡状态时的自动调整过程，熟悉 IS – LM 模型及其政策含义，为宏观经济政策的学习奠定理论基础。

收支模型假定货币市场是外生的，即利率不变、投资是自发性的。那么当利率由货币市场决定，利率变动引起投资变动时，均衡国民收入会如何变动呢？进一步地，均衡收入变动会引起货币交易需求变动，进而对货币市场均衡产生影响，那么此时利率又将如何变动？如果分别来看，前面章节讲述的内容就会陷入循环推理的怪圈，如图 6 – 1 所示。

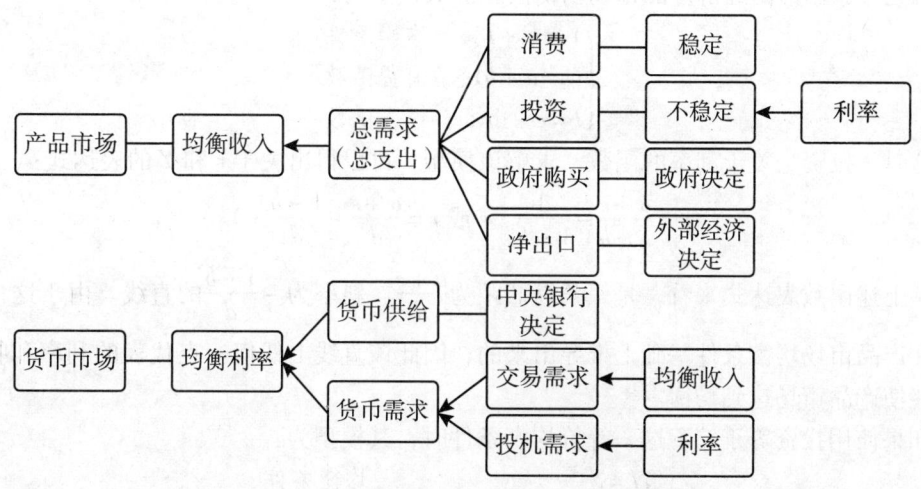

图 6 – 1 产品市场与货币市场一般均衡的逻辑

从图 6 – 1 可见，在产品市场上，均衡收入取决于总需求（即总支出）。总需求的四个构成部分中，消费短期内虽有波动但长期相对较稳定；政府购买由政府决定，是模型的外生变量；净出口取决于国外经济状况，对大国而言这部分影响较小；由此经济中最为活跃的因素就是投资，而投资又取决于利率。因此，在产品市场上，要决定收入，先要决定利率。在货币市场上，均衡利率取决于货币供给和货币需求。货币供给是中央银行在很大程度上可以决定的变量，可视为模型的外生变量；在货币需求中，货币的投机需求是利率的减函数，而货币的交易需求取决于均衡收入。这样，要决定利率，先要决定收入。那么，均衡的收入水平与利率怎样在相互作用过程中同时被决定呢？英国经济学家希克斯（John Richard Hicks）和美国经济学家汉森（Alvin H. Hansen）同时考察了产品市场和货币市场的均衡，提出了著名的"汉森—希克斯模型"，即 IS – LM 模型，以说明在产品市场与货币市场同时均衡时，利率与国民收入之间的相互关系。这一分析基本勾勒出了凯恩斯主义的整个思想体系，因而长期以来被看作是对凯恩斯理论的标准解释。

本章首先在产品市场和货币市场分别均衡的基础上来推导 IS 曲线和 LM 曲线，然后着重分析两个市场一般均衡的政策含义。

第一节 产品市场均衡与 IS 曲线

一、IS 曲线的推导

在本章我们将收支模型中货币市场给定的假定取消，来考察放松这个假定后产品市场中利率和均衡国民收入之间的关系。

所谓产品市场均衡，是指产品市场上总产出等于总需求的状态。

首先考察两部门经济产品市场均衡问题。其模型为：

$$\begin{cases} Y = C + I & \text{均衡条件} \\ C = a + bY & \text{消费函数} \\ I = e - dr & \text{投资函数} \end{cases}$$

这时，投资是关于利率的函数，求解该模型，可以得出关于 r 和 Y 的表达式：

$$Y = \frac{a+e}{1-b} - \frac{d}{1-b} \cdot r \text{ 或 } r = \frac{a+e}{d} - \frac{1-b}{d} \cdot Y \tag{6.1}$$

从上述函数表达式来看，是一条纵截距为 $\frac{a+e}{d}$、斜率为 $-\frac{1-b}{d}$ 的直线。由于这一表达式是在产品市场均衡条件基础上推导出来的，因此该直线上任何一点代表的利率和收入组合均能使产品市场达到均衡。

如果使用投资等于储蓄这一等价均衡条件时，其模型为：

$$\begin{cases} I = S & \text{均衡条件} \\ S = -a + (1-b)Y & \text{储蓄函数} \\ I = e - dr & \text{投资函数} \end{cases}$$

求解模型得到的结论是一样的。因为该直线满足投资等于储蓄的均衡条件，因此，习惯上将其称为 IS 曲线，其含义是产品市场均衡（计划投资等于计划储蓄，$I = S$）时，利率与收入之间的函数关系。

如果以纵轴代表利率 r，横轴代表国民收入 Y，则可在坐标图上画出一条向右下方倾斜的 IS 曲线，如图 6 – 2 所示。

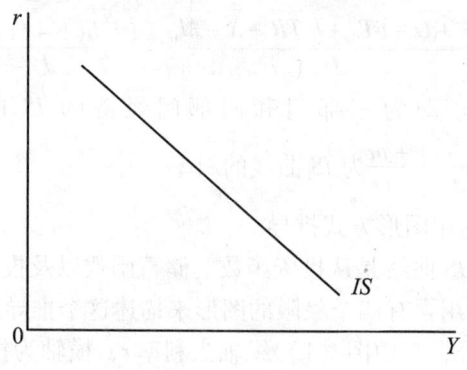

图 6-2 IS 曲线

其次,我们考察三部门经济中产品市场均衡问题。其模型是:

$$\begin{cases} Y = C + I + G & \text{均衡条件} \\ C = a + bY_D & \text{消费函数} \\ Y_D = Y - T + TR & \text{可支配收入函数} \\ T = T_0 + tY & \text{税收函数} \\ I = e - dr & \text{投资函数} \\ G = \overline{G} & \text{政府购买函数} \\ TR = \overline{TR} & \text{转移支付函数} \end{cases}$$

求解模型,可得:

$$Y = \frac{a + e + \overline{G} - bT_0 + b\overline{TR}}{1 - b(1-t)} - \frac{d}{1 - b(1-t)} \cdot r$$

或

$$r = \frac{a + e + \overline{G} - bT_0 + b\overline{TR}}{d} - \frac{1 - b(1-t)}{d} \cdot Y \qquad (6.2)$$

再次,四部门经济的模型为:

$$\begin{cases} Y = C + I + G + NX & \text{均衡条件} \\ C = a + bY_D & \text{消费函数} \\ Y_D = Y - T + TR & \text{可支配收入函数} \\ T = T_0 + tY & \text{税收函数} \\ I = e - dr & \text{投资函数} \\ G = \overline{G} & \text{政府购买函数} \\ TR = \overline{TR} & \text{转移支付函数} \\ X = \overline{X} & \text{出口函数} \\ M = M_0 + mY & \text{进口函数} \end{cases}$$

求解模型,可得:

$$Y = \frac{a + e + \overline{G} - bT_0 + b\overline{TR} + \overline{X} - M_0}{1 - b(1-t) + m} - \frac{d}{1 - b(1-t) + m} \cdot r$$

或

$$r = \frac{a + e + \overline{G} - bT_0 + b\overline{TR} + \overline{X} - M_0}{d} - \frac{1 - b(1-t) + m}{d} \cdot Y \quad (6.3)$$

式（6.2）和（6.3）即为三部门和四部门经济的 IS 曲线代数表达式，其中 $-\frac{1-b(1-t)}{d}$ 和 $-\frac{1-b(1-t)+m}{d}$ 为 IS 曲线的斜率。

对于 IS 曲线还可以运用图形方式推导。

从上述模型可看到，IS 曲线是从投资函数、储蓄函数以及投资等于储蓄的关系中推导出来的。因此西方学者常用含有四个象限的图形来描述这个推导过程，见图 6-3。

图 6-3 分为四个部分，其中图（1）纵轴为利率 r，横轴为投资 I，反映的是投资需求曲线 $I = I(r)$，当利率 r 确定时，从图中可以得到相应的投资量 I。图（2）纵轴为储蓄 S，横轴为投资 I。利用 45°线将横轴的值转化纵轴的值，即 $I = S$。图（3）纵轴为储蓄 S，横轴为收入 Y，反映的是储蓄曲线 $S = S(Y)$。图（4）纵轴为利率 r，横轴为收入 Y，这是我们要推导的 IS 曲线所在的位置。

曲线的推导过程可从图（1）开始。当货币市场决定了利率水平为 r_1 时，根据投资需求曲线，可得投资量 I_1，经过图（2）将投资量转化到纵轴，那么从图（3）可知，当投资量为 I_1 时，相应的均衡收入为 Y_1，将图（1）利率 r_1 与收入 Y_1 组合起来，就可以得到图（4）中的 A 点。同样，利率为 r_2 时投资为 I_2，收入为 Y_2，又可以得到点 B。依此类推，对应于一个利率水平，可以求得一个均衡收入，将其描到图（4）中即可得到反映产品市场均衡时利率和国民收入关系的 IS 曲线。

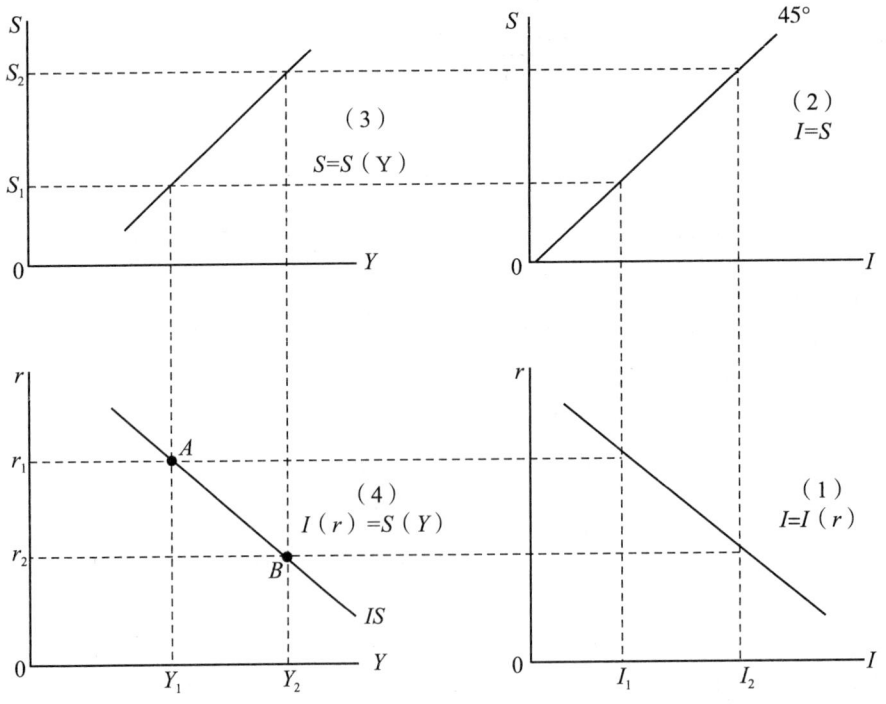

图 6-3　IS 曲线推导

二、IS 曲线的特征

IS 曲线的特征主要体现在其倾斜状况和位置方面。由于 IS 曲线的倾斜状况和位置对政府采取某些政策的效果会产生较大影响，为此需要对此进行进一步分析，从而为后面宏观经济政策一章奠定基础。

1. 影响 IS 曲线斜率的因素

反映 IS 曲线倾斜状况的参数是 IS 曲线的斜率。从四部门经济的表达式中可见 IS 曲线的斜率为 $k_{IS}=-\dfrac{1-b(1-t)+m}{d}$，进一步可改写为：

$$k_{IS}=-\dfrac{1}{\dfrac{1}{1-b(1-t)+m}\cdot d}=-\dfrac{1}{K_G\cdot d}$$

因此，斜率可以表达为四部门经济中的乘数 K_G 和投资对利率的敏感度 d 的乘积的倒数。其中边际消费倾向 b、边际税率 t 和边际进口倾向 m 是通过乘数来影响 IS 曲线倾斜状况的。分析这些参数的变化，可以得出如下结论：

（1）边际消费倾向 b 越大、边际税率 t 越小、边际进口倾向 m 越小，乘数越大，那么 IS 曲线越平坦；边际消费倾向 b 越小、边际税率 t 越大、边际进口倾向 m 越大，乘数越小，那么 IS 曲线越陡峭。这是因为，其他条件不变时，当边际消费倾向越大，乘数越大，等量利率变动能够引起均衡收入更大的变化。如图 6-4 所示，先看 IS_1 的推导，当利率为 r_1 时，投资为 I_1，总支出曲线为 AE_1，图 6-4 中上图 AE_1 与 45°线的交点对应的均衡收入为 Y_1，将利率 r_1 和均衡收入 Y_1 描在下图中可得 IS_1 上的一个点。当利率下降为 r_2 时，投资增加为 I_2，总支出曲线向上移动到 AE_2，与 45°线的交点对应的均衡收入为 Y_2，将利率 r_2 和均衡收入 Y_2 描在下图中可得 IS_1 线上的另一个点，将两点联结，就可以得到一条向右下方倾斜的 IS_1 曲线。再来考虑边际消费倾向较大时 IS 曲线的情况。当 b 较大时，乘数较大，表现为 AE 线更为陡峭，假定其他条件相同，可得较为陡直的总支出曲线 AE'_1，按同样方法可以得到利率 r_1 和均衡收入 Y'_1，形成 IS_2 上的一个点，同理，可以得到 IS_2 上的另一点（利率 r_2 和收入 Y'_2 的组合）。从图中可见，IS_2 比 IS_1 平坦，主要原因在于边际消费倾向较大时，乘数较大，利率变动一定量引起投资变动一定量，但当乘数较大时，投资一定量的变动带来收入较大的变动，所以 IS 线较平坦。类似地，边际税率 t 越小、边际进口倾向 m 越小，IS 线也越平坦。

（2）投资对利率的敏感度 d 越大，IS 曲线越平坦；反之，IS 曲线越陡峭。当投资对利率较敏感时，利率的一定量变动会引起投资较大的变动，在其他条件不变时，总支出曲线移动的幅度就较大，从而带来均衡收入较大的变动。如图 6-5 所示，利率为 r_1 时，投资为 I_1，总支出曲线为 AE_1，图 6-5 中 AE_1 与 45°线的交点对应的均衡收入为 Y_1，将利率 r_1 和均衡收入 Y_1 描在下图中可得 IS_1 上的一个点。当利率下降到 r_2 时，投资增加为 I_2，总支出曲线向上移动到 AE_2，与 45°线的交点对应的均衡收入为 Y_2，将利率 r_2 和均衡收入 Y_2 描在下图中可得 IS_1 线上的另一个点，将两点联结，就可以得到一条向右下方倾斜的 IS_1 曲线。这与前面相同。为便于比较，假定投资对利率敏感程度较高时的总支出曲线 AE'_1 与 AE_1

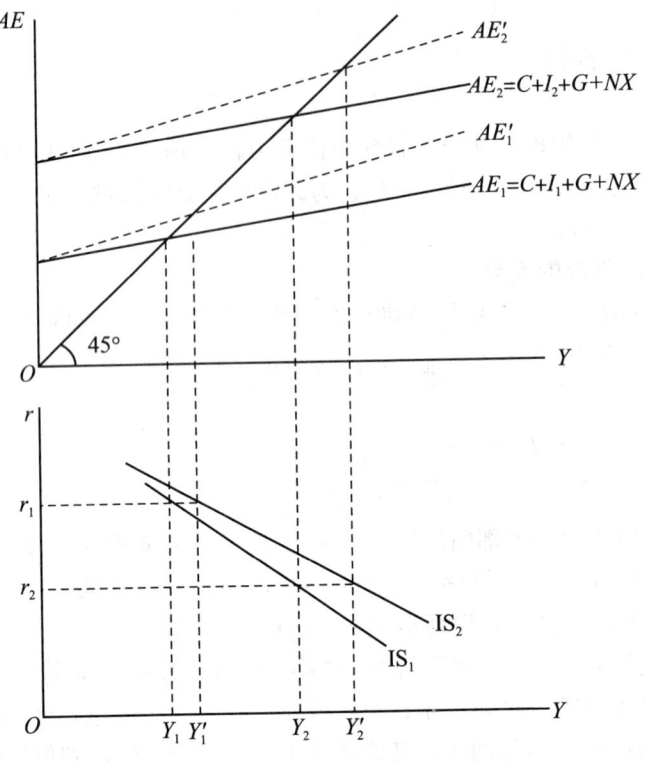

图 6-4 乘数不同时 IS 曲线的倾斜度

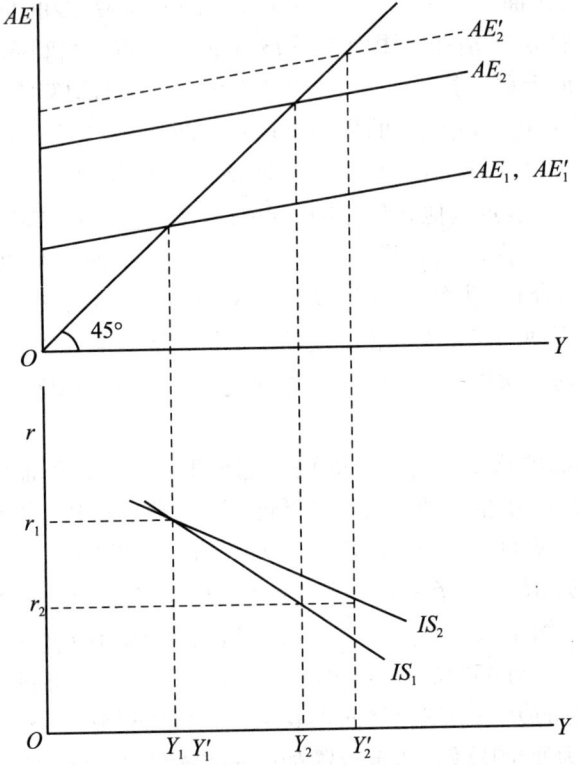

图 6-5 投资对利率敏感度不同时 IS 曲线的倾斜度

重合,当利率下降到r_2时,投资增加较多,为I_2',总支出曲线提高到AE_2',可得均衡收入为Y_2',与r_2组合可得新的IS_2曲线,从图中可见,IS_2比IS_1平坦。原因在于此时投资对利率变动较敏感,一定量利率变动引起投资较大的变动,进而形成均衡收入较大变动。

西方学者认为,影响IS曲线斜率大小的,主要是投资对利率的敏感度d。原因是边际消费倾向比较稳定,税率也不会轻易变动。

这里需要指出的是,上述影响IS曲线斜率因素的说明,是以预期不变为前提的。如果加入预期因素,IS曲线要比不考虑预期时更陡峭些。比如拿d来说,预期不变时,企业投资支出会按d这一系数随实际利率下降而增加并使收入增加。但引入预期后,如当前实际利率下降,而企业又预期未来实际利率不会像现在这样低,则企业就可能不会按d这一系数大幅度改变投资计划,即不会增加多少投资,从而收入也就不会增加那么多。这就是说d所表示的投资敏感度下降了,或说d比预期不变(即不存在预期)时小了些。再拿乘数来说,当引入预期后,如人们对未来收入的预期不变,则当前收入的变化不会对支出产生太大影响。理由是预期暂时性的收入变化对消费和投资的影响都非常有限,即边际消费倾向b较小,因而支出乘数较小。这意味着,存在预期时的乘数要比不存在预期时的乘数要小些。可见,在考虑预期因素后IS曲线会陡峭些。

2. IS曲线的移动

描述IS曲线位置的参数是IS曲线的截距。从四部门经济表达式可看出IS曲线的截距为:

$$\rho = \frac{a + e + \overline{G} - bT_0 + b\overline{TR} + \overline{X} - M_0}{d}$$

因此,当自发性消费a、自发性投资e、自发性税收T_0、转移支付$\overline{TR}$、政府购买$\overline{G}$、出口$\overline{X}$、自发性进口M_0等发生变化时都会引起IS曲线移动。具体来讲,影响因素可分为两类,一类是与IS曲线变化方向相同的因素,主要有a、e、$\overline{TR}$、$\overline{G}$、$\overline{X}$;另一类是与IS曲线变化方向相反的因素,主要有T_0和M_0。如图6-6所示,当a、e、$\overline{TR}$、$\overline{G}$、$\overline{X}$中的任一个值或几个值同时增加时,IS曲线会向右移动,表明在同样利率水平下,均衡收入增加了。如利率为r_1时,收入为Y_1,利率为r_2时,收入为Y_2,原曲线为IS_1。当a增加时,对于同样的利率,收入增加到Y_1',当利率为r_2时,收入增加到Y_2',IS曲线也从IS_1移动到IS_2。

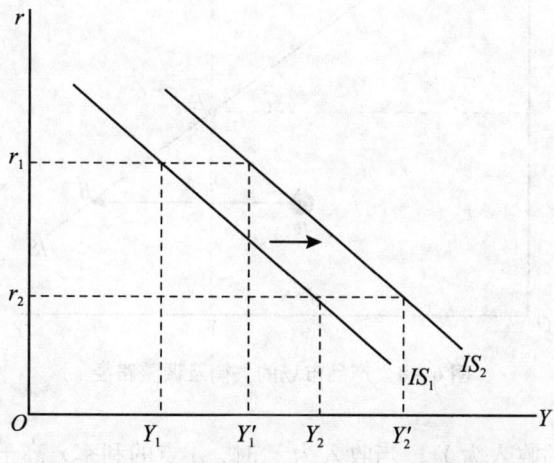

图6-6 a、e、$\overline{TR}$、$\overline{G}$、$\overline{X}$增加时,IS曲线的移动

图 6-7 表明，当 T_0 和 M_0 增加时，IS 曲线向左移动，反映了税收和进口对一国经济具有收缩性作用。

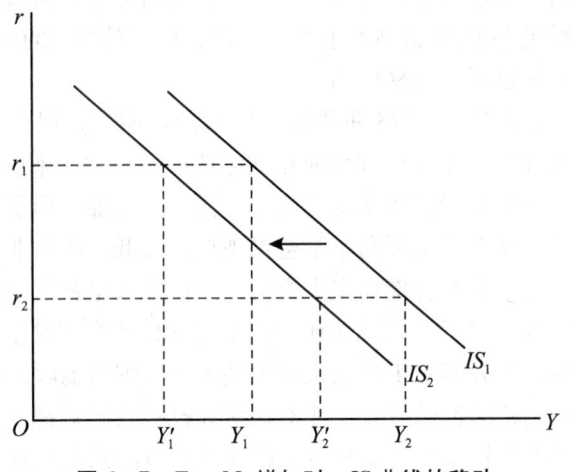

图 6-7　T_0、M_0 增加时，IS 曲线的移动

IS 曲线的移动量等于各因素变动量乘以各因素相应的乘数。例如，税收变动引起的 IS 曲线移动量就等于税收的变动量乘以税收乘数，即 $\Delta Y = \Delta T \cdot K_T$。

三、产品市场的失衡

IS 曲线是产品市场达到均衡时利率与国民收入对应点的连线，因此，IS 曲线外的任一点，都表示产品市场处于失衡状态。

如图 6-8 中所示，A、B 两点都不在 IS 曲线上，所以 A、B 两点均为失衡点。

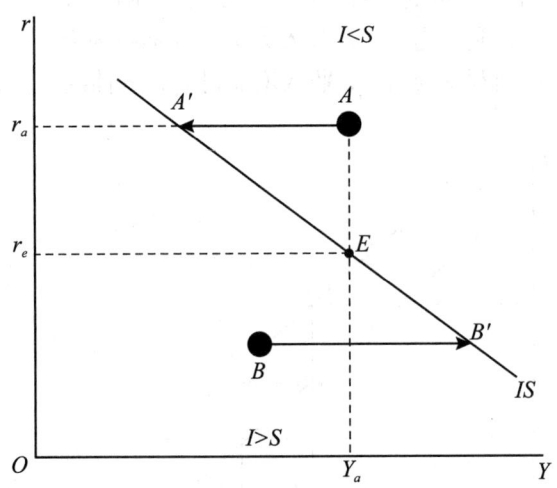

图 6-8　产品市场的失衡及调整路径

在 A 点处，对应的收入为 Y_a，当收入为 Y_a 时，A 点的利率 r_a 高于产品市场的均衡利率 r_e，即 $r_a > r_e$。这说明，A 点的投资 I_a 小于市场均衡时的投资 I_e，即 $I_a < I_e$。又因均衡条件

为 $I=S$，所以在 A 点为 $I<S$。同理 IS 曲线右边的每一点均为 $I<S$。此时，产品市场上出现过剩供给，在市场机制本身的作用下，将导致产出的减少，直至回复到 IS 曲线上 A' 点。

同样地，在 B 点处，B 点的利率低于均衡利率，因此，B 点的投资大于均衡时的投资，所以在 B 点有 $I>S$。同理，IS 曲线左边的每一点均为 $I>S$。此时，产品市场上出现超额需求，在市场机制本身的作用下，将导致产出的增加，直至回复到 IS 曲线上的 B' 点。

第二节 货币市场的均衡与 LM 曲线

一、LM 曲线的推导

我们在前面的章节中分析了货币市场的均衡，也分析了在收入给定情况下，均衡利率的决定问题。这一节我们主要分析收入变动时，收入与利率之间的关系。其模型为：

$$\begin{cases} m = L & \text{均衡条件} \\ L = kY - hr & \text{货币需求函数} \\ m = \overline{M}/P & \text{货币供给函数} \end{cases}$$

这里，m 表示实际货币供给量，$\overline{M}$ 表示名义货币供给量，P 为价格水平。

求解模型，可得收入 Y 和利率 r 的关系：

$$Y = \frac{h}{k} \cdot r + \frac{\overline{M}}{kP}$$

或者

$$r = \frac{k}{h} \cdot Y - \frac{\overline{M}}{hP} \tag{6.4}$$

以上两式反映了货币市场均衡时，利率和均衡收入之间的函数关系。由于货币市场均衡的条件是货币供给等于货币需求，即 $m=L$，所以该曲线被称为 LM 曲线。从 LM 曲线的函数表达式可以看出，这是一个简单的线性函数，是以 $-\dfrac{\overline{M}}{hP}$ 为纵截距、斜率为 $\dfrac{k}{h}$ 的直线，如图 6-9 所示。

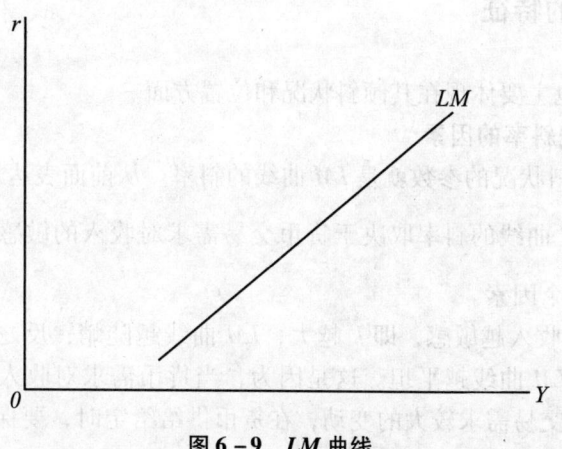

图 6-9 LM 曲线

同理，LM 曲线也可用图形方法来推导。

图 6-10 分为四个部分。图（1）纵轴为利率，横轴为货币投机需求，反映利率与投机需求间的反向变动关系。图（2）纵轴表示货币交易需求，横轴表示投机需求。根据货币市场均衡关系 $m = L = L_1 + L_2$，这是一条斜率为 -1 的直线，即如果我们得到了货币投机需求的值，则根据这条直线就可以得到货币的交易需求的值，其作用类似于前面用到的 45°线，起技术性转换的作用。图（3）表示货币交易需求与收入间的关系。图（4）表示货币市场均衡时利率和国民收入间的关系。从图（1）开始分析，当利率为 r_1 时，货币投机需求为 L_2^1，由图（2）得交易需求为 L_1^1，根据图（3）可得这时的收入为 Y_1，将 r_1 和 Y_1 描到图（4）中，即可得 LM 曲线上的一个点 A。同理，当利率为 r_2 时也可得出 B 点。连接 A、B 两点即可得到 LM 曲线。

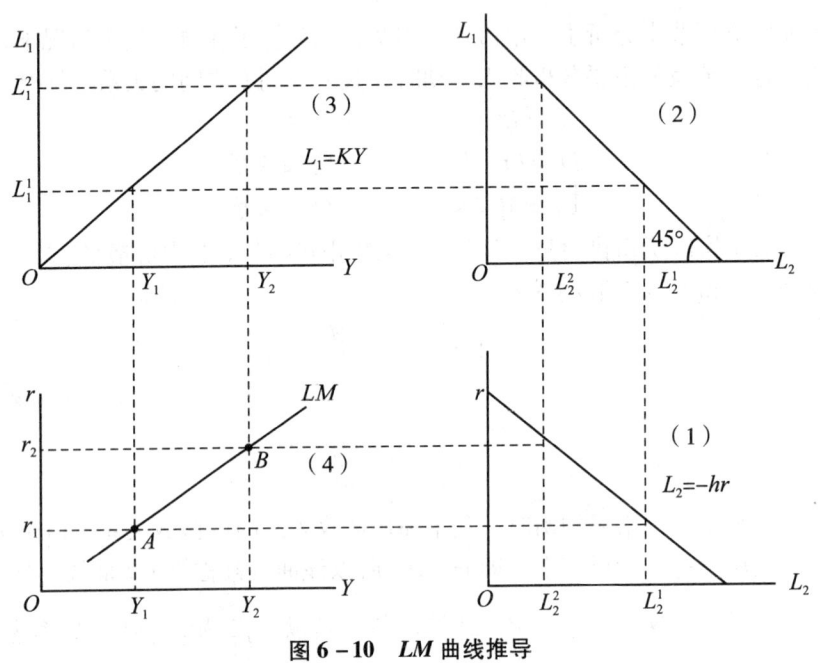

图 6-10 LM 曲线推导

二、LM 曲线的特征

LM 曲线的特征也主要体现在其倾斜状况和位置方面。

1. 影响 LM 曲线斜率的因素

反映 LM 曲线倾斜状况的参数就是 LM 曲线的斜率。从前面表达式中可知，LM 曲线的斜率为 $\dfrac{k}{h}$。可见，LM 曲线的斜率取决于货币交易需求对收入的敏感度 k 和货币投机需求对利率的敏感度 h 两个因素。

（1）货币需求对收入越敏感，即 k 越大，LM 曲线越陡峭；反之，货币需求对收入越不敏感，即 k 越小，LM 曲线越平坦。这是因为，当货币需求对收入较敏感时，一定量的收入变动会引起货币交易需求较大的变动，在货币供给给定时，要保持货币市场均衡，则货币的投机需求就会较大变动,对应地利率就会较大变动。这样,一定量的收入变动对应的是较大的利率变动,因此,LM 曲线较陡峭。相反,当货币需求对收入不太敏感时,收入的较大变动对应的是利率的较小变动,LM 曲线较平坦。

(2) 货币需求对利率越敏感,即 h 越大,LM 曲线越平坦;反之,货币需求对利率越不敏感,即 h 越小,LM 曲线越陡峭。这是因为,当货币需求对利率变化较敏感时,一定量的利率变动会引起货币投机需求较大的变动,在货币供给给定时,要保持货币市场均衡,则货币的交易需求就会较大变动,对应地收入就会较大变动。这样,一定量的利率变动对应的是较大的收入变动,因此,LM 曲线较平坦。相反,当货币需求对利率不太敏感时,利率的较大变动对应的是收入的较小变动,LM 曲线较陡峭。

在实际生活中,受支付习惯的影响,货币需求对收入的敏感度 k 较稳定,所以一般认为 LM 曲线的斜率主要取决于货币需求对利率的敏感度 h。

根据不同的利率水平下货币投机需求的大小,还可将 LM 曲线划分为三个区域,如图 6-11 所示。

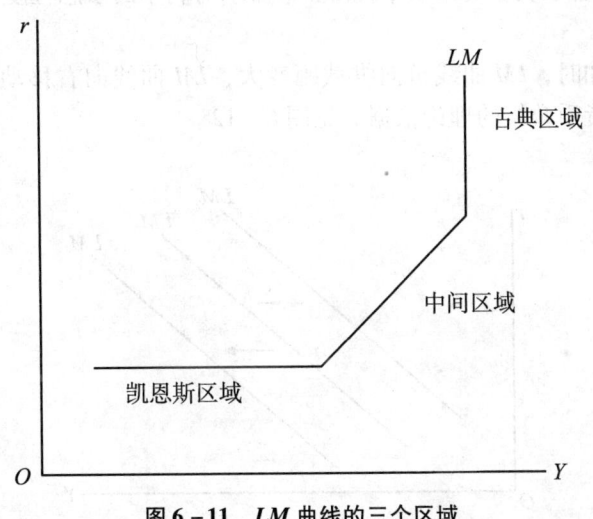

图 6-11 LM 曲线的三个区域

在图 6-11 中,LM 曲线先是一条水平线,然后向右上方倾斜,当利率上升到一定高度后,则成一垂直线。凯恩斯认为,当利率下降到很低水平时,即债券价格上升到很高水平时,人们不管手中有多少货币,都不肯去买债券,生怕买了债券价格下跌时要亏损,因而货币的投机需求成为无限大,即存在流动性陷阱,于是货币投机需求对利率无限大地敏感,LM 曲线成了一条水平线,故 LM 曲线的水平区域称为"凯恩斯区域"。相反,如果利率上升到足够高度以后,货币的投机需求变为零,不管利率如何再上升,货币需求不再变动。原因是这时债券价格极低,人们估计债券价格只会上涨,不会再跌,因此,很愿意用货币去买债券,不愿再为投机而持货币。于是,投机需求不再受利率变动的影响,LM 曲线成为一条垂直线。由于古典学派认为,此时,人们只有货币的交易需求,而无货币的投机需求,因而 LM 曲线的垂直区域也称为"古典区域"。介于凯恩斯区域和古典区域之间的是"中间区域"。在这一区域中,货币投机需求量随利率上升而减少,于是在货币供给既定情况下,为保持货币市场均衡,交易需求量必须随利率上升而增加,即收入必须相应增加。于是，在这一区域，利率和收入必须同方向变化，才会使货币市场均衡，这使 LM 曲线在这一区域向右上方倾斜。

LM 曲线的斜率在古典区域为无穷大，在凯恩斯区域为零，在中间区域则为正值，这从图 6-11 上可清楚看出，从 LM 曲线的代数表达式 $r = \frac{k}{h} \cdot Y - \frac{\overline{M}}{hP}$ 中也能得到说明。LM 曲线的斜率是 $\frac{k}{h}$，当 $h = 0$ 时，$\frac{k}{h}$ 为无穷大，因此，LM 曲线在古典区域是一条垂直线，当 h 为无穷大时，$\frac{k}{h}$ 为零。因此，LM 曲线在凯恩斯区域是一条水平线，而当 h 介于零和无穷大之间的任何值时，由于 k 一般总是正值，因此 $\frac{k}{h}$ 为正[①]。

2. LM 曲线的移动

LM 曲线的位置取决于其纵截距，从上面 LM 曲线的表达式中可得其纵截距为 $-\frac{\overline{M}}{hP}$，可见，LM 曲线的位置取决于货币供给 $\overline{M}$ 和货币需求对利率的敏感程度 h（暂不考虑价格水平变化的影响）。

当货币供给增加时，LM 曲线负向纵截距变大，LM 曲线向右移动；反之，LM 曲线则向左移动，这正是货币政策的理论依据。见图 6-12。

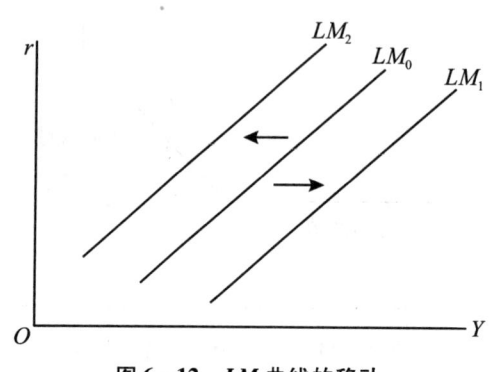

图 6-12 LM 曲线的移动

货币需求对利率的敏感度对 LM 曲线会产生双重影响：一重影响是当 h 变大时，LM 曲线负向纵截距变小，LM 曲线向左移动；当 h 变小时，LM 曲线向右移动。另一重影响是，当 h 变大时，LM 曲线斜率变小；当 h 变小时，LM 曲线斜率变大。这就是说，LM 曲线会随着 h 的变动一边平移一边旋转，如图 6-13 所示。

---

① LM 曲线斜率为正，可用数学证明如下：已知 $m = L(Y) + L(r)$，等式两边取全微分：$dm = \frac{dL}{dY}dY + \frac{dL}{dr}dr$，因为 $d_m = 0$，因此，$0 = \frac{dL}{dY}dY + \frac{dL}{dr}dr$，即 $\frac{dL}{dY}dY = -\frac{dL}{dr}dr$ 或 $\frac{dr}{dY} = -\frac{dL}{dY}/\frac{dL}{dr}$。由于 $dL/dY > 0$，$dL/dr < 0$，所以 $dr/dY > 0$。这说明 LM 曲线斜率为正，是以货币需求与收入同方向变动 $\left(\frac{dL}{dY} > 0\right)$、与利率反方向变动 $\left(\frac{dL}{dr} < 0\right)$ 为前提。

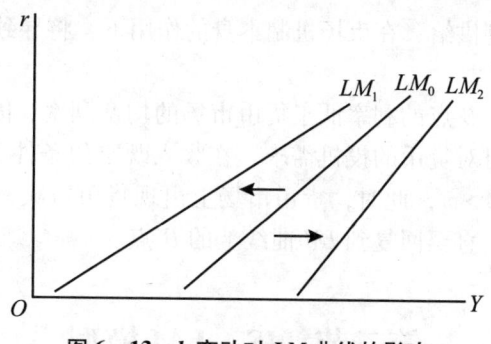

图 6-13 h 变动对 LM 曲线的影响

另需指出的是，如果考虑价格水平变动的影响，即如果 $P \neq 1$ 时，名义货币供给就不能代表实际货币供给。因此，当名义货币供给量不变时，价格水平如果下降，意味着实际货币供给增加，这会使 LM 曲线向右移动，这一点也可从 LM 曲线表达式中的纵截距 $\left(-\dfrac{\overline{M}}{hP}\right)$ 看出；相反，如果价格水平上升，LM 曲线向左移动，认识这一点，对于以后认识总需求曲线的推导很有意义。

三、货币市场的失衡

LM 曲线是货币市场达到均衡时利率与国民收入对应点的连线，因此，LM 曲线外的任何一点，都意味着货币市场处于失衡状态。

如图 6-14 所示，A 为 LM 曲线左边的任意一点，B 为 LM 曲线右边的任意一点，由于 A、B 两点均不在 LM 曲线上，所以为货币市场上的失衡点。

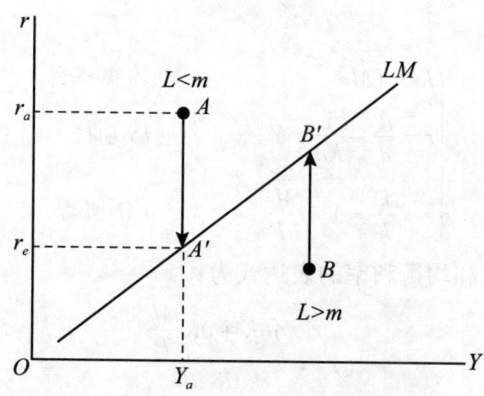

图 6-14 货币市场的失衡及调整

在 A 点处，对应的国民收入为 Y_a，利率为 r_a，当收入为 Y_a 时，r_a 高于货币市场的均衡利率 r_e，即 $r_a > r_e$。这说明，A 点对货币的投机需求小于货币市场均衡时对货币的投机需求，即 $L_{2a} < L_{2e}$，在 Y_a 既定的条件下，A 点的货币需求将小于均衡时的货币需求，即 $L_a < L_e$，又因 $L_e = m$（均衡条件），所以在 A 点有 $L < m$。同理，LM 曲线左边的每一点均有 $L < m$，此

时，货币市场上出现过剩供给，在市场机制本身的作用下，将导致利率的降低，直至回复到 LM 曲线上的 A' 点。

同样地，在 B 点处，B 点的利率低于货币市场的均衡利率，因此，B 点对货币的投机需求大于货币市场均衡时对货币的投机需求，在收入既定的条件下，有 $L > m$。同理，LM 曲线右边的每一点均有 $L > m$，此时，货币市场上出现货币短缺，在市场机制本身的作用下，将导致利率的上升，直至回复到 LM 曲线上的 B' 点。

第三节 IS – LM 模型

一、均衡收入和均衡利率

前面我们讨论了产品市场与货币市场的均衡状况，并分别用 IS 曲线和 LM 曲线来表示产品市场和货币市场达到均衡时，利率与国民收入之间的关系。现在如果把 IS 曲线与 LM 曲线结合在一起，就可得到产品市场和货币市场同时均衡时，利率与国民收入之间的关系，这就是 IS – LM 模型。其模型为：

$$\begin{cases} IS = LM & \text{均衡条件} \\ r = \dfrac{a + e + \overline{G} - bT_0 + b\overline{TR} + \overline{X} - M_0}{d} - \dfrac{1 - b(1-t) + m}{d} \cdot Y & \text{IS 曲线} \\ r = \dfrac{k}{h} \cdot Y - \dfrac{\overline{M}}{hP} & \text{LM 曲线} \end{cases}$$

为简化分析，令 $A = a + e + \overline{G} - bT_0 + b\overline{TR} + \overline{X} - M_0$，$K_G = \dfrac{1}{1 - b(1-t) + m}$，上述模型变为：

$$\begin{cases} IS = LM & \text{均衡条件} \\ r = \dfrac{A}{d} - \dfrac{1}{Kd} \cdot Y & \text{IS 曲线} \\ r = \dfrac{k}{h} \cdot Y - \dfrac{\overline{M}}{hP} & \text{LM 曲线} \end{cases}$$

求解可得，均衡收入和均衡利率的表达式为：

$$Y_E = \dfrac{AhK + dK\dfrac{\overline{M}}{P}}{kdK + h} \tag{6.5}$$

$$r_E = \dfrac{AkK - \dfrac{\overline{M}}{P}}{kdK + h} \tag{6.6}$$

这两个表达式有点复杂，难以看出各经济参数与均衡收入和均衡利率的关系，如果用图形来说明就方便得多。

将产品市场均衡的 IS 曲线和货币市场均衡的 LM 曲线放在同一张图上，就可以分析两个市场同时均衡时利率和国民收入间的关系，见图 6 – 15。

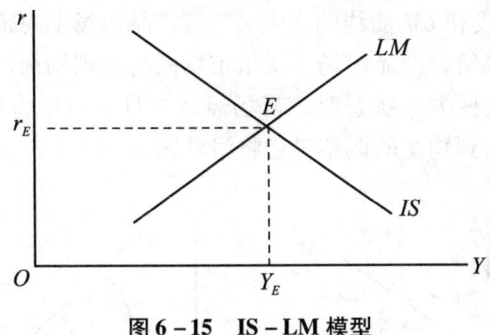

图 6-15 IS-LM 模型

图中 IS 曲线与 LM 曲线相交于点 E，即点 E 就是两市场同时均衡时的均衡点，对应的均衡收入为 Y_E，均衡利率为 r_E。

二、两个市场的失衡及其调整

在实际中，实际收入和利率水平并不会完全处于均衡时的水平，也就是说，可能处于坐标系中的任何一点。如图 6-16 中所示，IS 曲线和 LM 曲线相交后将整个坐标平面分为四个区域，综合后可将产品市场和货币市场的失衡分为八种情况：

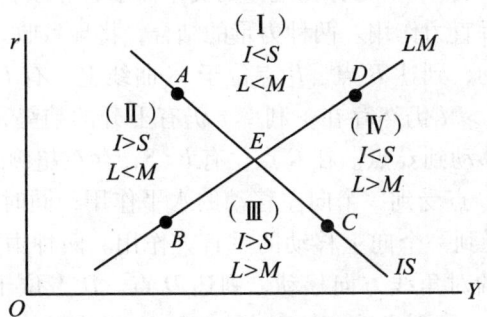

图 6-16 产品市场和货币市场的八种失衡状态

在 A 点：A 点处于 IS 线上，有 $I=S$，产品市场达到均衡；但 A 点处于 LM 线的左上方，有 $L<M$，货币市场上货币需求小于货币供给，货币市场失衡。

在 Ⅰ 区域：位于 IS 线右上方，有 $I<S$，产品市场上总需求小于总产出；同时位于 LM 曲线左上方，有 $L<M$，货币市场上货币需求小于货币供给，产品、货币市场同时失衡。

同理有：

在 B 点，$L=M$，但 $I>S$；

在 Ⅱ 区域：$I>S$，且 $L<M$；

在 C 点：$I=S$，但 $L>M$；

在 Ⅲ 区域：$I>S$，且 $L>M$；

在 D 点：$L=M$，但 $I<S$；

在 Ⅳ 区域：$I<S$，且 $L>M$。

因此，只有在 IS 曲线和 LM 曲线的交点 E，有产品市场上总需求等于总产出，货币市场上货币需求等于货币供给，产品市场和货币市场同时达到均衡。

当经济中出现以上这些失衡状态时，市场经济本身的力量将使失衡向均衡状况调整，直至恢复到均衡。从失衡到均衡的调整过程将沿着图 6-17（a）所示的连线进行。

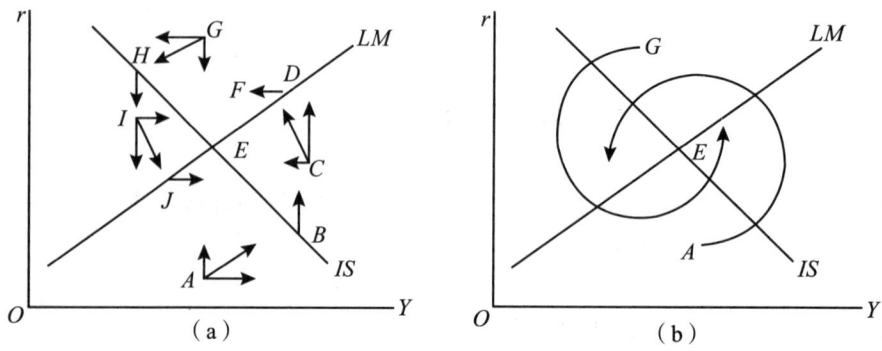

图 6-17　两个市场失衡的调整过程

例如，假定社会经济的实际收入和利率的组合处于 A 点的非均衡状态。在 A 点，一方面 I>S，存在超额的产品需求，导致国民收入 Y 有增加的趋势，使 A 点受到一个向右移动的水平作用；另一方面，有 L>M，存在超额的货币需求，导致利率 r 有上升的趋势，使 A 点受到一个向上移动的垂直力作用。两种力量的结合，将导致收入与利率同时变动，向两种力量的对角线方向移动，到达 B 点。B 点位于 IS 曲线上，有 I=S，实现了产品市场的均衡，Y 不再变动；但 L>M 仍然存在，利率 r 仍有上升的趋势，B 点仍受到一个向上移动的垂直力作用，向上移动到 C 点。在 C 点，有 I<S，存在超额的产品供给，导致国民收入 Y 有减少的趋势，使 C 点受到一个向左移动的水平作用；同时 L>M 仍然存在，利率 r 仍有上升的趋势，C 点受到一个向上移动的垂直力作用。两种力量的结合，使收入变少，利率上升，向两种力量的对角线方向移动，到达 D 点。D 点位于 LM 曲线上，有 L=M，实现了货币市场的均衡，r 不再变动；但仍有 I<S，Y 仍将继续下降，向左平行移动到 F 点。这种变化过程持续下去，逐渐接近均衡点 E，直到最后，国民收入 Y 和利率均移动到 IS 曲线与 LM 曲线的交点 E，同时达到产品市场和货币市场的均衡。

同样，如果社会经济处于 G 点的非均衡状态，根据上述的调整过程，G 点的移动路径是 G、H、I、J…E。如果将从失衡点 A 与 G 向均衡点 E 调整的路径用光滑的连线表示，那将是图 6-17（b）所示的螺旋线。

总之，只要投资函数、储蓄函数、货币需求函数和货币供给量既定不变，就可以确定产品市场、货币市场同时达到均衡的均衡点，即 IS 曲线与 LM 曲线的交点。任何不在均衡点上的利率与收入的组合都属于失衡状态，而这种失衡状态在市场作用下，都是不稳定的，最终都将趋向均衡。这是因为，从产品市场看，I>S 会导致生产和收入增加，I<S 会导致生产和收入减少，直至 I=S；从货币市场看，L>m 会导致利率上升，L<m 会导致利率下降，直至 L=m。这样，任何非均衡的 r 与 Y 终将经过充分的调整，逐步从失衡回复到 I=S、L=m、IS=LM 的均衡状态。

三、市场均衡的比较静态分析

前面我们得出了均衡收入和均衡利率的表达式，下面就结合这两个表达式对市场均衡状况进行比较静态分析，即分析某些参数变动对均衡收入和利率的影响。

参数 $K = \dfrac{1}{1-b(1-t)+m}$ 代表了乘数的一般形式，这里主要分析投资乘数，其他乘数与此类似。参数 $A(A = a + e + \overline{G} - bT_0 + b\overline{TR} + \overline{X} - M_0)$ 中包含了许多变量，根据性质不同可以分为与 A 同向变化和反向变化两类，与 A 同向变化的变量是 a、e、$\overline{G}$、$\overline{TR}$、$\overline{X}$，简称 $A+$；与 A 反向变化的变量是 T_0 和 M_0，简称 $A-$。

根据均衡收入的表达式，可以得出以下几个比较静态导数：

$$\frac{\partial Y_E}{\partial A^+} = \frac{hK}{kdK + h} > 0$$

$$\frac{\partial Y_E}{\partial A^-} = -\frac{hK}{kdK + h} < 0$$

上述两个导数反映了影响 IS 曲线位置的参数变化对均衡收入的影响。例如，当自发性投资增加时，$\dfrac{\partial Y_E}{\partial A^+} > 0$，均衡收入增加；当政府支出增加时，$\dfrac{\partial Y_E}{\partial A^+} > 0$，均衡收入增加；而当税收增加时，$\dfrac{\partial Y_E}{\partial A^-} < 0$，均衡收入减少。

$$\frac{\partial Y_E}{\partial \overline{M}} = \frac{dK}{P(kdK + h)} > 0$$

这一导数反映了影响 LM 曲线位置的参数变化对均衡收入的影响，即当货币供给增加时，均衡收入水平提高。

根据均衡利率的表达式，可以得出以下比较静态导数：

$$\frac{\partial r_E}{\partial A^+} = \frac{kK}{kdK + h} > 0$$

$$\frac{\partial r_E}{\partial A^-} = -\frac{kK}{kdK + h} < 0$$

上述两个导数反映了影响 IS 曲线位置的参数变化对均衡利率的影响。例如，当 a、e、$\overline{G}$、$\overline{TR}$、$\overline{X}$ 增加时，均衡利率提高，反之，均衡利率下降；而当 T_0 和 M_0 增加时，均衡利率下降，反之，均衡利率提高。

$$\frac{\partial r_E}{\partial \overline{M}} = -\frac{1}{P(kdK + h)} < 0$$

该导数反映了均衡利率与货币供给变化呈反方向变动，即货币供给增加，利率下降，货币供给减少，利率提高。

上述分析结论如用图形表达更为直观。如图 6-18 中的图（a）所示，当政府支出增加时，IS 曲线从 IS_1 向右移动到 IS_2，均衡利率和均衡收入均提高。图（b）所示，当货币供给增加时，LM 曲线从 LM_1 向右移动到 LM_2，均衡利率下降，均衡收入提高。

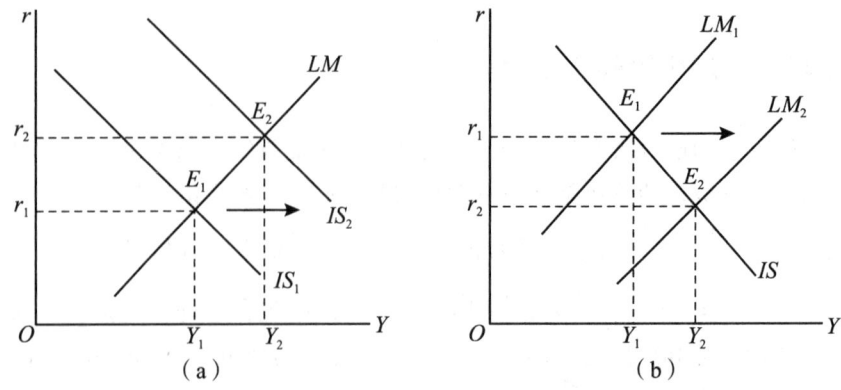

图 6-18 均衡收入和均衡利率的变动

以上分析的只是 IS 曲线或 LM 曲线的单一变动,如果两条曲线同时移动,均衡收入和均衡利率将如何变动? 关于这一点,读者可自己类似地分析掌握。

四、IS-LM 模型的政策含义

前面主要从理论上分析了产品市场和货币市场一般均衡的基本模型框架,那么该模型在实践中有何运用? 能否解释现实经济问题? 其政策含义是什么? 下面结合一个实例[①]予以说明。

1992 年比尔·克林顿当选美国总统时,面对严峻的宏观经济问题,联邦预算赤字为 GDP 的 4.5%,是第二次世界大战以来的第二高比例。这时美国刚刚走出 1990~1991 年的经济衰退。克林顿面对这样的两难困境,或者减少赤字即减少政府支出,或者增加税收,两方面都会导致需求减少,可能会使美国重新陷入经济衰退。表 6-1 列出了当财政和货币政策变化时,均衡收入和利率的变化情况。

表 6-1 财政政策和货币政策的作用

政策各类		IS 移动	LM 移动	均衡收入	均衡利率
财政政策	增税	左移	不变	减少	下降
	减税	右移	不变	增加	上升
	增加政府支出	右移	不变	增加	上升
	减少政府支出	左移	不变	减少	下降
货币政策	扩大货币供给	不变	右移	增加	下降
	减少货币供给	不变	左移	减少	上升

结合该表,我们可以分析图 6-19。

---

① [美] 奥利维尔·布兰查德. 宏观经济学(第 6 版)[M]. 清华大学出版社 2014:100.

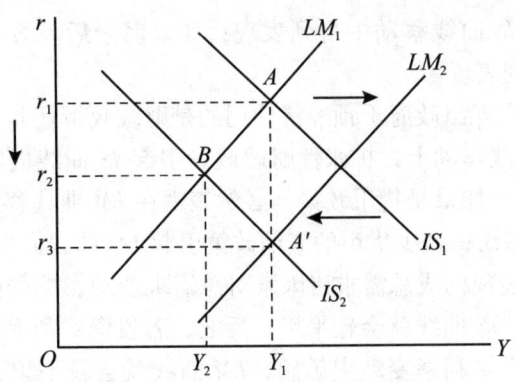

图 6-19 赤字减少和货币扩张

如图 6-19 所示，IS 曲线的左移会导致收入水平减少，均衡点从点 A 到点 B，从而使经济陷入衰退。美联储主席艾伦·格林斯潘对美国的赤字状况表示十分担忧。在克林顿当选时，格林斯潘表示愿意协助克林顿减轻减少赤字的负面影响，即当克林顿紧缩财政时，美联储将以更加扩张性的货币政策来抵消财政紧缩对经济活动的影响。在图 6-19 中，经济最终从点 A 移动到点 A′，通过运用货币政策抵消了财政紧缩的影响。结果表明，克林顿—格林斯潘的政策组合是成功的，表 6-2 列出了政策实施以后的几年里美国预算盈余（赤字为负值）占 GDP 比例的变化，从 1992 年赤字占 4.5%，到 1998 年则出现了预算盈余，占 GDP 的 0.8%。GDP 增长率也从 1991 年 -0.9% 提高到 1998 年的 3.7%。与此同时，利率下降，从 1991 年的 7.3% 下降到 1994 年的 3.3%。这是货币政策较具扩张性的重要表现。

表 6-2　　　　　　　　　　美国的几个宏观经济变量（1991~2002）

年份	1991	1992	1993	1994	1995	1996	1997	1998	1999	2000	2001	2002
预算盈余（占 GDP，%）	3.3	-4.5	-3.8	-2.7	-2.4	-1.4	-0.3	0.8	1.5	2.3	0.2	-2.9
GDP 增长率（%）	-0.9	2.7	2.3	3.4	2.0	2.7	3.9	3.7	6.4	6.4	3.4	3.5
利率（%）	7.3	5.5	3.7	3.3	5.0	5.6	5.2	4.8	7.3	6.6	5.4	2.7

资料来源：美国经济分析局. www.bea.gov.

从上例中可以看出，运用 IS-LM 模型能够较好地解释宏观经济的基本运行状况，同时能够较准确地判断政府采取某些宏观经济政策以后对经济的影响，因此，IS-LM 模型可以作为我们分析判断宏观经济形势的重要理论工具。

西方学者认为，IS-LM 模型在阐明凯恩斯主义经济理论和政策思想方面有诸多优点。具体有以下几个方面：

一是可清楚直观地表示经济短期波动究竟来自何方，是来自投资支出变动、政府支出或税收方面因素的变动，还是来自货币供给和需求方面因素的变动。如果属于前一方面因素引起的变动，都会在 IS 曲线移动中得到表现；如果属于后一方面因素引起的变动，都会在 LM 曲线移动中得到表现。

二是可清楚直观地表现出政府干预经济使用的是财政政策还是货币政策。如果是财政政策，必然表现在 IS 曲线移动上，扩张性财政政策引起 IS 曲线向右移动，紧缩性财政政策引起 IS 曲线向左移动；如果是货币政策，必然表现在 LM 曲线移动上，增加货币的扩张政策引起 LM 曲线向右移动；减少货币的紧缩政策引起 LM 曲线向左移动。

三是可清楚直观地表现构成总需求诸因素对总需求变动影响的强弱程度。例如，如果投资对利率变动很敏感，IS 曲线就会较平坦；反之，若投资对利率变动不敏感，IS 曲线就会较陡峭。如果货币需求对利率变动很敏感，LM 曲线就会较平坦；反之，若货币需求对利率变动不敏感，LM 曲线就会较陡峭。利率变动是影响投资从而影响总需求变动的主要因素。利率变动如何影响总需求可以在 IS 曲线和 LM 曲线形状上一目了然地看出来。

四是可清楚直观地表现出政府干预经济政策的效果。财政政策与货币政策的效果与 IS 曲线和 LM 曲线倾斜程度即斜率都有关。其原因在后面章节中阐述财政政策与货币政策效果时会有说明。

五是可清楚直观地表现出凯恩斯主义和货币主义这两大学派为什么会对财政政策和货币政策有不同的态度。凯恩斯主义者认为，当利率较低时，人们即使有闲置货币也不肯购买债券，经济会陷入所谓"流动偏好陷阱"状态，这时 LM 曲线呈水平状，如果政府支出增加使 IS 曲线右移，货币需求增加，不会使利率上升而产生"挤出效应"，因此财政政策会极为有效。相反，这时政府若增加货币供应量，不可能使利率下降，因为人们不肯用多余货币去购买债券，从而债券价格不会上升即利率不会下降并增加国民收入，因此货币政策无效，从而该派在两大政策中注重财政政策。相反，货币学派则认为，人们通常只有货币的交易需求而没有投机需求。如果央行扩张货币，人们会将增加的货币都用来购买债券，于是债券价格会上升即利率下降并进而使投资和收入大幅度增加，因而货币政策极其有效。相反，如实行增加支出的财政政策，货币需求增加会导致利率大幅度上升，从而导致很大的"挤出效应"，这使财政货币政策效果很小。因此，该学派在两大政策选择中注重的是货币政策。

六是可清楚地表现出总需求曲线的来历。总需求曲线反映的是国民收入和价格总水平之间的反向变动关系。在 IS – LM 模型中，其他状况不变时，价格上升在货币名义供给不变时等于实际货币供给量（M/P）减少，因而 LM 曲线向左移动，从而使均衡国民收入水平下降。这样就可直观勾画出国民收入与价格总水平之间反方向变动的总需求曲线。

正因为 IS – LM 模型有着表现凯恩斯主义宏观经济理论的这些诸多用处，因此传统上一直把 IS – LM 模型当作凯恩斯主义经济理论体系的标准解释和核心理论。

第四节 凯恩斯的基本理论框架

前面介绍的产品市场均衡、货币市场均衡及两个市场的同时均衡就是西方经济学家对凯恩斯经济理论整个体系所作的阐释。凯恩斯是 20 世纪一位著名的经济学家。他在 1936 年出版的《就业、利息和货币通论》（以下简称《通论》）一书，奠定了现代宏观经济学的基础,因此被称为现代宏观经济学之父。由于《通论》一书写得晦涩难懂,因此不少西方学者对它做了不少诠释工作。图6-20就是对凯恩斯理论做出的一种通俗化的概括和阐述。

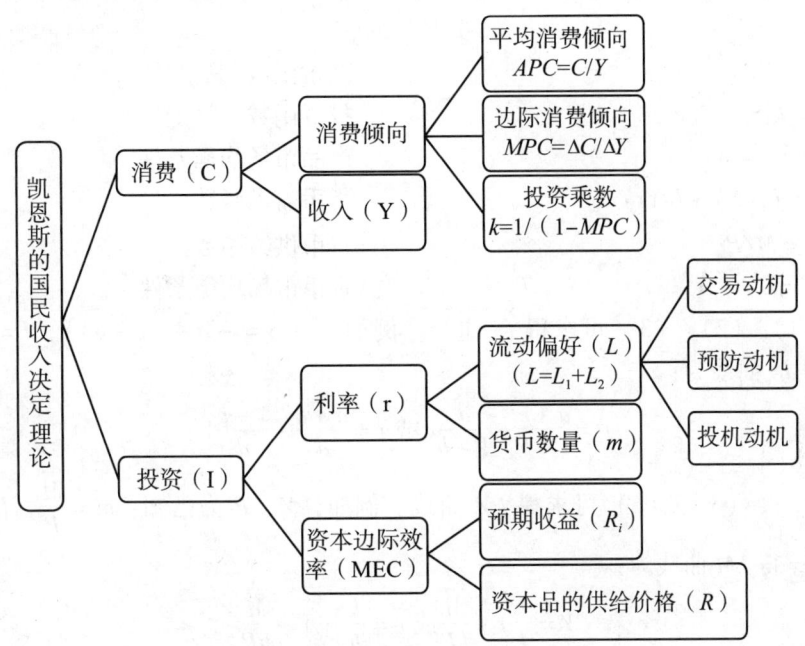

图6-20 凯恩斯理论的基本框架

这一图表所概括的凯恩斯经济理论纲要,包括以下几点:

(1)国民收入决定于消费和投资。

(2)消费由消费倾向和收入决定。消费倾向分为平均消费倾向和边际消费倾向。边际消费倾向大于0而小于1,因此,收入增加时,消费也增加,但在增加的收入中,用来增加消费的部分所占比例可能越来越小,用于增加储蓄部分所占比例可能越来越大。

(3)消费倾向比较稳定,因此,国民收入波动主要来自投资的变动。投资的增加或减少会通过投资乘数引起国民收入的多倍增加或减少。投资乘数与边际消费倾向有关。由于边际消费倾向大于0而小于1,因此,投资乘数大于1。

(4)投资由利率和资本边际效率决定,投资与利率呈反方向变动关系,与资本边际效率成正方向变动关系。

(5)利率决定于流动偏好与货币数量。流动偏好是货币需求,由L_1和L_2组成,其中L_1来自交易动机和谨慎动机,L_2来自投机动机。货币数量M是货币供给,由满足交易动机、谨慎动机的货币和满足投机动机的货币组成。

(6)资本边际效率由预期收益和资本资产的供给价格或重置成本决定。凯恩斯认为,造成资本主义经济萧条的根源是由于消费需求和投资需求所构成的总需求不足以实现充分就业。消费需求不足是由于边际消费倾向小于1,即人们不会把增加的收入全用来增加消费,而投资需求不足来自资本边际效率在长期内递减。为解决有效需求不足,必须发挥政府作用,用财政政策和货币政策来实现充分就业。财政政策就是通过政府增加支出或减少税收以增加总需求,通过乘数原理引起收入多倍增加。货币政策是用增加货币供给量来降低利率,刺激投资从而增加收入。由于存在"流动性陷阱",因此货币政策效果有限,增加收入主要靠财政政策。

凯恩斯经济理论的要点还可以用前面说过的代表产品市场和货币市场同时均衡的数学模型来表示。

(1) $S = S(Y)$ 　　　　　　　储蓄函数
(2) $I = I(r)$ 　　　　　　　投资函数
(3) $S(Y) = I(r)$ 　　　　　产品市场均衡条件
(4) $L = L_1(Y) + L_2(r)$ 　　货币需求函数
(5) $m = \overline{M}/P$ 　　　　货币供给函数
(6) $m = L$ 　　　　　　　　货币市场均衡条件

根据(1)、(2)、(3)可求得 IS 曲线。例如,设 $S = -a + (1-b)Y$,$I = e - dr$,则 $I = S$ 时,得 IS 曲线为:

$$Y = \frac{a+e}{1-b} - \frac{d}{1-b}r \text{ 或 } r = \frac{a+e}{d} - \frac{1-b}{d}Y$$

根据(4)、(5)、(6)可求得 LM 曲线。例如,M、P 为已知,$m = \dfrac{\overline{M}}{P}$,$L = kY - hr$,则 $m = L$ 时,得 LM 曲线为:

$$Y = \frac{h}{k}r + \frac{\overline{M}}{kP} \text{ 或 } r = \frac{k}{h} \cdot Y - \frac{\overline{M}}{hP}$$

求解 IS 曲线和 LM 曲线的联立方程,即可求得产品市场和货币市场同时均衡的利率和收入。

复习思考题:

1. 为什么 IS 曲线向右下方倾斜?影响 IS 曲线斜率的主要因素有哪些?IS 曲线的位置主要取决于哪些因素?
2. 为什么 LM 曲线向右上方倾斜?影响 LM 曲线斜率的主要因素有哪些?LM 曲线的位置主要取决于哪些因素?
3. 为什么政府支出增加会使利率和收入都上升,而中央银行增加货币供给会使收入增加而利率下降?
4. 什么是 LM 曲线的三个区域,其经济含义是什么?
5. 什么是 IS – LM 模型?怎样理解 IS – LM 模型是凯恩斯主义宏观经济学的核心?
6. 用图形说明产品市场和货币市场从失衡到均衡的调整。
7. 阐述凯恩斯的基本理论框架。
8. 假定:(a)消费函数为 $C = 50 + 0.8Y$,投资函数为 $I = 100 - 5r$;(b)消费函数为 $C = 50 + 0.8Y$,投资函数 $I = 100 - 10r$;(c)消费函数为 $C = 50 + 0.75Y$,投资函数为 $I = 100 - 10r$。要求:
   (1) 求(a)、(b)、(c)的 IS 曲线。
   (2) 比较(a)和(b),说明投资对利率更敏感时,IS 曲线的斜率发生什么变化。
   (3) 比较(b)和(c),说明边际消费倾向变动时,IS 曲线斜率发生什么变化。
9. 假定名义货币供给量用 $\overline{M}$ 表示,实际货币需求用 $L = kY - hr$ 表示,价格水平用 P 表示,要求:
   (1) 求 LM 曲线的代数表达式,找出 LM 等式的斜率的表达式。
   (2) 找出 $k = 0.20$,$h = 10$;$k = 0.20$,$h = 20$;$k = 0.10$,$h = 10$ 时的 LM 的斜率的值。

(3) 当 k 变小时，LM 斜率如何变化，h 增大时，LM 斜率如何变化，说明变化原因。

(4) 若 $k=0.20$，$h=0$，LM 曲线形状如何？

10. 假设一个只有家庭和企业的两部门经济中，消费 $C=100+0.8Y$，投资 $I=150-6r$，名义货币供给 $\overline{M}=150$，货币需求 $L=0.2Y-4r$。价格水平为 1，要求：

(1) 求 IS 和 LM 曲线。

(2) 求产品市场和货币市场同时均衡时的利率和收入。

11. 假定某经济中消费函数为 $C=0.8(1-t)Y$，税率 $t=0.25$，投资函数为 $I=900-50r$，政府购买 $G=800$，货币需求为 $L=0.25Y-62.5r$，实际货币供给 $\dfrac{\overline{M}}{P}=500$，要求：

(1) 求 IS 和 LM 曲线。

(2) 求产品市场和货币市场同时均衡时的利率和收入。

第七章 宏观经济政策

教学目标和教学要求

通过本章的教学，旨在使学生掌握财政和货币两大政策体系的内容、政策效果及影响因素，了解两种政策的局限以及两种政策的协调使用。

第一节 宏观经济政策概述

一、宏观经济政策目标

宏观经济政策是指政府为了增进整体经济福利、改善宏观经济运行状况，以达到一定的政策目标而对宏观经济进行的有意识的干预。任何一项经济政策的制定都是根据一定的经济目标进行的。宏观经济政策的目标主要有四种，即充分就业、价格稳定、经济持续均衡增长和国际收支平衡。宏观经济政策就是为了达到这些目标而制定的手段和措施。

1. 充分就业

充分就业是宏观经济政策的首要目标。它一般是指一切生产要素（主要是劳动）都有机会以自己愿意的报酬参加生产的状态。但由于测量各种经济资源的利用程度非常困难，所以西方经济学家通常是以失业率作为衡量充分就业或资源充分利用与否的尺度。所以说一个经济社会若达到了充分就业，则暗含着该经济社会的增长潜力已达到极限状态，所有的经济资源已得到充分利用，短期内不可能单纯依靠要素投入来增加产出量。但是，充分就业本身包含着一定程度的自然失业率。

按照凯恩斯的解释，失业一般分为三类：摩擦性失业、自愿失业和非自愿失业。摩擦性失业是指在生产过程中由于难以避免的摩擦造成的短期、局部性失业，如劳动力流动性不足、工种转换困难等所引致的失业。自愿失业是指工人不愿意接受现行工资水平而形成的失业。非自愿失业是指愿意接受现行工资但仍找不到工作的失业。除了上述这几类失业，西方学者还有所谓的"结构性失业"、"周期性失业"等说法。结构性失业是指经济结构变化等原因造成的失业，特点是既有失业，又有职位空缺。失业者或没有适当技术，或居住地点不当，因此无法填补现有的职位空缺，因而也可看作是摩擦性失业的较极端的形式。周期性失业是指经济周期中的衰退或萧条时因需求下降而造成的失业。需要说明的是，以上各类失业并不总能截然分开，通常是从不同角度加以分类。但不管如何分类，失业总被认为会给社会及失业者本人和家庭带来损失，失业的成本是巨大的。因此，降低失业率，实现充分就业，就常常成为西方国家宏观经济政策的首要目标。

那么，什么是充分就业呢？凯恩斯认为，如果"非自愿失业"已消除，失业仅限于摩擦性失业和自愿失业的话，就实现了充分就业。另外一些经济学家则认为，如果空缺职位总额恰好等于寻找工作的人数，就是充分就业。而货币主义者针对凯恩斯"非自愿失业"的说法，提出了"自然失业率"的概念。自然失业率是指在没有货币因素干扰的情况下，让劳动市场和商品市场的供求力量自发产生作用时，总需求和总供给处于均衡状态时的失业率。虽然对充分就业存在不同的看法，但经济学家们都认为充分就业不是百分之百的就业，充分就业并不排除摩擦性失业这类的失业情况存在。目前，大多数西方经济学家认为，只要失业率在4%~6%之间，此时社会经济就处于充分就业状态。

2. 价格稳定

价格稳定是宏观经济政策的第二个目标。价格稳定是指价格总水平的稳定，它是一个宏观经济概念。由于各种商品价格变化的繁杂和统计的困难，西方学者一般借用价格指数来表示一般价格水平的变化。价格指数是表示若干种商品价格水平的指数，可以用一个简单的百分数时间数列来表示不同时期一般价格水平的变化方向和变化程度。最重要的价格指数包括消费者价格指数（CPI）、生产者价格指数（PPI）和 GDP 折算指数（GDP deflator）三种。由于通货膨胀对经济会产生不良影响，所以，为了控制通货膨胀对经济的冲击，西方国家把价格稳定作为宏观经济政策的另一重要目标。

这里须注意的是，价格稳定不是指每种商品的价格都固定不变，而是指价格指数的相对稳定，即不出现通货膨胀。实践表明，在市场经济条件下，物价的绝对稳定是不可能的，而且对市场配置资源功能的发挥也是不利的。因此大部分国家把一般的、轻微的通货膨胀的存在，看作是基本正常的经济现象。

3. 经济持续均衡增长

宏观经济政策的第三个目标是经济持续均衡增长。经济增长是指在一个特定时期内经济社会所生产的人均产量和人均收入的持续增加。通常用一定时期内实际 GDP 年均增长率来衡量。

经济增长一直是经济学家研究的核心主题之一，但成为各国政府宏观经济政策的目标则是在第二次世界大战以后。政府期望通过经济增长来达到经济和政治目的，如提高就业率和居民的生活水平、国际声望和军事力量等。20世纪40年代后期，美国把保持经济增长作为宏观经济政策的目标之一，试图用"补偿性"政策来最大限度地缓和经济周期波动和保持经济增长。但在艾森豪威尔执政的八年中，美国经济增长速度缓慢，萨缪尔森将这个时期称为"艾森豪威尔停滞"。到了20世纪60年代，美国为了保持其世界霸主地位，强调以实现充分就业的经济增长为其政府的目标，开始实行扩张性财政、货币政策来刺激经济加速增长。同时，因政府把充分就业作为宏观经济政策的首要目标，客观上也需要有一定的经济增长率才能实现充分就业。不仅如此，西方发达国家除了用政府干预手段来维持经济增长外，很重要的一招是通过发明和采用新机器来提高生产率，从而增加经济的供给能力。

4. 国际收支平衡

在开放经济条件下，一国经济必然会涉及对外经济活动，如进出口贸易、国际投资、国际借贷等，这就有了国际间的收入和支出。所以，随着国际间经济交往的日益密切，如何平衡国际收支也是一国宏观经济政策重要目标之一。西方经济学家认为，一国的国际收支状况不仅反映了这个国家的对外经济交往情况，还反映出该国经济的稳定程度。当一国国际收支处于失衡状态时，就必然会对国内经济形成冲击，从而影响该国国内就业水平、价格水平及经济增长。

从各国国际收支平衡目标的建立看，一般都与该国国际收支出现问题有关。美国开始并未将平衡国际收支列入政策目标，直到20世纪60年代初，国际收支出现长期逆差，才引起联邦政府的重视。1969~1971年，美国国际收支逆差累计达到400亿美元，致使黄金储备大量流失，这时平衡国际收支才被列为政策目标。随着经济的发展，我国经济进一步融入了经济全球化的过程，要保持社会总供给与总需求之间的基本平衡，就必须考虑国内外经济活动的平衡，也就有必要把保持国际收支平衡作为国家实施宏观调控政策的目标之一。

西方学者认为，要实现既定的经济政策目标，首先，政府运用的各种政策手段必须相互配合、协调一致。如果财政当局与货币当局的政策手段和目标发生冲突，就达不到理想的经济效果，甚至可能偏离政策目标更远。其次，政府在制定经济政策目标时，不能片面追求单一目标，而应该综合考虑，否则会带来经济上和政治上的副作用。因为经济政策目标间不仅存在着互补性，也有一定的矛盾和冲突。如充分就业与价格稳定的政策目标之间有时就存在着两难选择。再次，政府还要考虑到政策本身的相互协调和对政策实施时机的恰当把握。上述这些问题都会影响到宏观经济政策的有效性，即关系到政府宏观经济目标实现的可能性和实现的程度。因此，政府在制定宏观经济政策目标和宏观经济政策时应作整体性的宏观战略考虑和安排。

二、宏观经济政策的作用和影响

宏观经济政策可分为需求管理政策和供给管理政策，前者包括财政政策和货币政策，后者包括人力政策和收入政策等。本章主要介绍需求管理政策，即财政政策和货币政策。要说明国家如何运用财政政策和货币政策调节经济，先要说明一下什么是财政政策和货币政策的作用和影响。

财政政策是政府变动税收和支出以便影响总需求进而影响就业和国民收入的政策。变动税收是指改变税率和税率结构。例如，经济萧条时，政府采用减税措施，给个人和企业多留些可支配收入，以刺激消费和投资需求从而增加生产和就业。尽管这又会增加对货币的需求，使利率上升、私人投资受到一些影响、削弱一些减税对增加总需求的作用，但总的说来国民收入还是增加了。再如，高收入者边际消费倾向较低，低收入者边际消费倾向较高，因而改变所得税结构，使高收入者增加些赋税负担，使低收入者减少些负担，同样可起到刺激社会总需求的作用。变动政府支出指改变政府对商品与劳务的购买支出以及转移支付。例如，在经济萧条时，政府扩大对商品和劳务的购买，多搞些公共建设，就可以扩大私人企业的商品销路，还可以增加消费，刺激总需求。尽管这样做也会增加对货币的需求，从而使利率上升，影响一些私人投资，但总的说来，生产和就业还是会增加。政府还可以采用投资税收抵免或加速折旧等办法给私人投资以津贴，直接刺激私人投资，增加生产和就业。以上所有这些措施，都是扩张性的财政政策。当然，在经济高涨、通货膨胀率上升太快时，政府也可以采用增税、减少政府支出等紧缩性财政措施以控制物价上涨。

货币政策是货币当局即中央银行通过银行体系变动货币供给量来调节总需求的政策。例如，在经济萧条时增加货币供给，一方面，可降低利息率，刺激私人投资，另一方面，货币供给增加可直接支持企业扩大投资，进而刺激消费，使生产和就业增加；反之，在经济过热、通货膨胀率太高时，可紧缩货币供给量以提高利率，抑制投资和消费，使生产和就业减少些或增长慢一些。前者是扩张性货币政策，后者是紧缩性货币政策。

可见，无论是财政政策还是货币政策，都是通过影响利率、消费、投资进而影响总需求，使就业和国民收入得到调节。

第二节 财政政策及其效果

一、财政政策和自动稳定器

1. 财政政策及其工具

财政政策是政府运用财政收入和支出来调节总需求，从而达到控制失业和通货膨胀、实现经济稳定增长和国际收支平衡的宏观经济政策。从内容上看，财政政策包括财政收入和财政支出两方面。财政收入主要来自税收和公债，财政支出主要用于政府购买和政府转移支付。从作用上看，财政政策可分为扩张性财政政策和紧缩性财政政策两种。扩张性财政政策是指政府通过降低税率、扩大政府支出、增加转移支付的办法来刺激总需求，以降低失业率，抑制经济的衰退；而紧缩性财政政策则是通过提高税率、减少政府支出和转移支付，以此抑制总需求的过快增加，进而遏制通货膨胀，抑制经济的过热。所以财政政策的特点是，政府利用财政收支来直接控制消费总量和投资总量，调节国家的需求水平，使总需求和总供给达到理想的均衡状态，促进充分就业和控制通货膨胀，从而达到稳定经济的目的。财政政策是需求管理的一种主要手段。

税收是财政收入的主要来源部分。税收是国家为了满足社会公共需要，凭借政治权力，按照法律标准和程序，强制地、无偿地参与社会产品分配而取得财政收入的一种分配形式。税收具有强制性、无偿性和固定性的特点。不同国家的税收制度不同，但都涉及两个基本问题：课税基础和税率结构。课税基础指征税的范围和对象，它包含个人收入、企业销售额、财产和公司利润等。税率结构指征税额占征收对象数量的比例。按征税对象可将税收主要分为流转税、所得税、财产税三类：流转税是以流转额即商品和劳务的销售收入额为征税对象的一类税，主要包括增值税、消费税、营业税、关税等税种，流转税属间接税；所得税是指以从事生产、经营活动所获得的收益（或所得）为征税对象的一类税，主要包括企业所得税、个人所得税等税种，所得税属直接税；财产税是以财产价值（包括动产和不动产、有形财产和无形财产）为征税对象的一类税，主要包括房地产税、车船使用税、遗产税、赠与税等税种，财产税也属直接税。在西方国家政府税收中，所得税占有很大比重。另外，根据税率结构税收可分为比例税、累进税和累退税三种：比例税是按照征收对象价值的固定比例征收，如对居民去世时遗留的所有财产征收20%的遗产税就是比例税，多适用于流转税和财产税；累进税是税率随征税对象价值总量增加而递增的一种税，如个人所得税；累退税是税率随征税对象价值总量增加而递减的一种税，如按照固定比例征收的消费税就具有累退税的性质。总之，税收作为一种政策工具，它对总收入的影响既可以通过改变税率来完成，也可以通过改变税收总量来实现。一般说来，降低税率、减少税收都会导致社会总需求的增加和国民产出的增长，反之则反。所以，当社会总需求不足时，可采取减税的办法来抑制经济衰退；当社会总需求过旺时，可采取增税的办法来抑制通货膨胀。

公债是政府财政收入的又一组成部分。公债是政府对公众的债务或公众对政府的债权。与强制性、无偿性的税收手段不同，公债是政府运用信用形式筹集财政资金的手段，它包括中央政府债务和地方政府债务。中央政府债务一般称作国债。依据偿还期限，国债一般分为短期、中期和长期国债三类。短期国债一般通过出售国库券取得，分为3个月、6个月和1年三种，利息较低，主要进入短期资本市场（货币市场）。中长期国债一般通过发行中长期债券获得，一般来说，1~5年的为中期债券，5年以上的为长期债券。美国长期债券最长的为40年。中长期债券利息率因时间长、风险大而相对较高。中长期政府债券是西方国家资本市场的主要交易品种之一。因此，政府公债的发行，一方面能增加财政收入，影响财政收支，属于财政政策；另一方面又能对包括货币市场和资本市场在内的金融市场的扩张和紧缩起重要的作用，影响货币的供求，进而达到调节总需求的目的。所以说，公债是连接财政政策和货币政策的纽带，在财政政策和货币政策的协调运用中发挥着重要作用。

政府支出是指整个国家中各级政府支出的总和，主要包括政府购买和政府转移支付。政府购买是指政府对商品和劳务的购买。包括用于购买军火、机关办公用品、公共工程项目的支出，以及支付政府雇员的报酬等。政府购买是一种实质性支出，有着商品和劳务的实际交易，因而直接形成社会需求和购买力，是决定国民收入大小的主要因素之一。所以，当社会总需求不足时，可采取增加政府购买的办法，如举办公共工程（交通、水利、环保），来增加社会总需求水平，从而达到抑制经济衰退的目的；反之，当社会总需求过旺时，可采取减少政府购买的办法来抑制通货膨胀。因此，变动政府购买指出水平是财政政策的有力手段。

政府支出的另一部分是政府转移支付。政府转移支付是指政府在社会福利保险、贫困救济和补助等方面的支出。这是一种货币性支出，其特点在于，政府在付出这些货币时并不立刻伴随产品和劳务交易的发生，因而不能直接算作是当年产品和劳务的支出，而是政府将收入在不同社会成员之间进行转移或再分配，全社会的总收入并没有变化。因此，转移支付不能算作国民收入的组成部分。然而，由于转移支付对象大都是收入较低的居民，而低收入阶层的消费倾向较高，所以政府转移支付一般也能对总支出产生影响。只不过由于转移性支出对总需求影响是通过被转移对象居民消费倾向特点发生作用，乘数效应较小，所以等量的购买性支出与转移性支出对总需求的影响，前者比较直接、数量较大，后者比较间接、数量较小。作为政府行为，实际上转移支付的主要政策目标是提供社会安全网，短期需求调节是较次要功能。

下面我们结合前面介绍的三个主要宏观经济模型来说明财政政策的具体作用过程。

收支模型中，总支出（总需求）由消费支出 C、投资支出 I、政府购买支出 G 和净出

口支出 NX 四项构成。采取财政政策时,政府支出政策直接影响到上述总支出的 G 部分,而税收政策影响到个人可支配收入,进而影响到消费支出,同时通过改变投资成本而影响到投资支出。

如下所示,假如政府采取扩张性财政政策,如增加政府购买支出,对总支出的影响就是:

$$Y\uparrow = C + I + G\uparrow + X - M$$

即通过增加 G,从而增加总支出,引起均衡国民收入水平提高。

如果减税,对总支出的影响就是:

$$Y\uparrow = C\uparrow + I\uparrow + G + X - M$$

即通过减少 T,达到增加 C 和 I 的目的,从而增加了总支出,引致均衡国民收入水平提高。

当政府采取紧缩性财政政策时,作用机制与上面的相似,只要将上述箭头方向反向即可。

IS–LM 模型中,财政政策主要影响到产品市场均衡曲线 IS 曲线,即财政政策变化时引起自发性税收 T_0、转移支付 $\overline{TR}$ 和政府购买支出 $\overline{G}$ 变化,从而使 IS 曲线发生移动,引起均衡收入变化。

如果政府采取扩张性财政政策,如增加政府支出和转移支付,或者减少税收,那么,对 IS 曲线的影响是:

$$\rho\uparrow = \frac{a + e + \overline{G}\uparrow - bT_0\downarrow + b\overline{TR}\uparrow + \overline{X} - M_0}{d}$$

即使 IS 曲线的纵截距 ρ 变大,IS 曲线向右方移动,从而使均衡收入水平增加。

反之,如果政府采取紧缩性财政政策,如减少政府支出和转移支付,或者增加税收,那么,对 IS 曲线的影响是:

$$\rho\downarrow = \frac{a + e + \overline{G}\downarrow - bT_0\uparrow + b\overline{TR}\downarrow + \overline{X} - M_0}{d}$$

IS 曲线的纵截距 ρ 变小,IS 曲线向左方移动,从而使均衡收入水平减少。

2. 自动稳定器

自动稳定器(automatic stabilizers),亦称内在稳定器,是指经济系统本身所具有的能自动抑制经济波动的一种作用机制,即在经济处于繁荣时期能自动地抑制通货膨胀,在经济处于衰退时期能自动地减轻萧条,而不需要政府采取任何行动。财政政策的这种内在地自动稳定经济的功能主要通过下述三项制度得到实现:

(1)税收的自动变化。当经济衰退时,国民产出水平下降,个人收入减少。在实行累进所得税的情况下,由于收入水平下降使纳税人的收入自动进入较低纳税档次,政府税收收入下降的幅度会大于个人收入下降的幅度,从而起到抑制经济衰退的作用。反之,当经济繁荣时,失业率下降,人们的收入增加。在实行累进税的情况下,繁荣使纳税人的收入自动进入较高的纳税档次,政府税收收入上升的幅度会大于个人收入上升的幅度,从而起到抑制经济过热的作用。由此西方学者认为,政府税收这种随经济变化而自动发生变化的内在机动性和伸缩性是一种有助于减轻经济波动的自动稳定因素。

(2)政府转移支付的自动变化。政府转移支付包括政府的失业救济和其他社会福利支出。当经济不景气时,失业人数和符合救济条件的人数增加,失业救济和其他社会福利开支就会自动增加,这样就可以抑制人们收入特别是可支配收入的进一步下降,进而抑制消费需求的进一步下降,抑制经济衰退。当经济繁荣时,失业人数和符合救济条件的人数减少,失业救济和其他福利费支出也会自动减少,从而抑制可支配收入和消费需求的进一步增长,抑制经济过热。

(3) 农产品价格维持制度。经济萧条时,国民收入下降,农产品价格下降,政府依照农产品价格维持制度,按支持价格收购农产品,可阻止农产品价格大幅下跌,确保农民收入和消费维持在一定水平上。经济繁荣时,国民收入水平上升,农产品价格上升,这时政府减少对农产品的收购并抛售农产品,限制农产品价格上升,也就抑制了农民收入的增加,从而也就减少了总需求的增加量。

总之,政府税收的自动变化、转移支付的自动变化、农产品价格维持制度都具有自动稳定经济的作用。自动稳定器的重要性在于经济一旦进入并保持一种趋势时,它就开始发挥作用。在它发挥作用之前,不需要政府采取任何决策。当经济中这些自动稳定因素越多越健全时,则越不需要政府进行干预。但须指出的是,自动稳定器不是万能的,它只能减轻和缓和经济波动,不可能消除波动。

例如,如果边际消费倾向为 0.8,表示自发支出增加 1 美元时消费需求增加 0.8 美元。通过乘数作用,收入最终可增加 5 美元 $\left(乘数 K_I = K_G = \frac{1}{1-0.8} = 5\right)$,当比例所得税率为 25% 时,则自发支出增加 1 美元,消费需求只增加 0.6 美元 $[0.8 \times (1-0.25)]$,通过乘数作用,收入最终只增加 2.5 美元 $\left(乘数 K_I = K_G = \frac{1}{1-0.8(1-0.25)} = 2.5\right)$。可见,增加 1 美元自发支出时,有了比例所得税,总需求增加幅度从 5 美元变为 2.5 美元,虽增加幅度变小了,但并没有消除总需求的波动,因为收入毕竟还是增加了 2.5 美元。这说明,消除经济波动,仅靠自动稳定器是不够的,特别是对于剧烈的经济波动,自动稳定器更是难以扭转局面。因此,为确保经济稳定,政府要审时度势,主动采取一些变更收入或支出的财政政策。这就是斟酌使用(相机抉择)的或权衡性的财政政策。当认为总需求水平过低,即经济出现衰退时,政府应通过削减税收、降低税率,或增加支出,或双管齐下的办法来刺激经济;反之,当认为总需求水平过高,出现严重通货膨胀时,政府应增加税收或减少支出以抑制过热的经济势头。前者称扩张性财政政策(expansionary fiscal policy),后者称紧缩性财政政策(contractionary fiscal policy)。究竟什么时候采用扩张性财政政策,什么时候采用紧缩性财政政策,应由政府对经济形势加以分析权衡,相机抉择,以逆经济风向行事。

二、财政政策的局限

从 20 世纪 30 年代初罗斯福的"新政"到 60 年代初肯尼迪的经济繁荣,可以说,在一定限度内,都是运用这套财政政策来提高有效需求的结果。但是,60 年代后期出现的"滞涨"现象,给财政政策能否稳定经济打了个问号,这说明权衡性的财政政策具有局限性。也就是说在财政政策实行过程中会受到种种因素的制约,使其政策作用大打折扣。这些因素包括时滞、不确定性、政治因素、挤出效应等。

1. 政策效应的时滞

时滞主要包括识别时滞、行动时滞和生效时滞。一国经济运行中出现问题时并不一定总能被及时发现和识别。数据的收集和分析、宏观经济的衡量都要花费一定时间。这段用来掌握充分信息，以获取对当前经济形势的判断并识别经济运行中所出现的问题的时间称为识别时滞。如识别一个经济周期的转折点就需要好多个月。在认清了问题的性质后，就得找出解决问题的办法，所以从认清问题到实施政策之间所需的时间称为行动时滞。就财政政策而言，其行动时滞尤其要长。各国在制定财政政策时，一般都需要得到国会或政府机关等权力机构的通过，因而财政政策的实施往往伴随着冗长的审核和批复程序。结果是一个反衰退的措施很可能在经济开始复苏时才获得通过。识别时滞和行动时滞合称为内部时滞，与之相对应的是外部时滞，又称生效时滞。是指一项政策从形成到其真正对经济活动产生影响所用的时间。如政府的反衰退财政政策（增加支出，减少税收），需经过一段时间以后，这些措施才能生效。

时滞问题对政策效应影响巨大，如图 7–1 所示，假定政府在时刻 t_A 发现宏观经济过热，采取了紧缩性的财政政策，但是政策发挥效力要经过一段时间，比如到时刻 t_B 效应才完全发挥出来，但经济自身发展的轨迹已经走向了衰退，紧缩性财政政策无疑是雪上加霜，使经济衰退的更加严重。如果我们在衰退期，如时刻 t_B 采取扩张性财政政策，但效力可能在时刻 t_C 发挥出来，时刻 t_C 经济已经走出衰退走向扩张，这时政策效力发挥会使经济扩张更为迅猛。政策作用的结果可能使整个宏观经济沿虚线所示的路径变化，与不受干预时的实际经济运行轨迹相比，波动程度更大了，没有达到熨平经济波动的效果，反而放大了经济波动，即使经济波动更为频繁，波幅更大。从理论上说，我们可以在时刻 t_A 前的某个时刻，预先采取紧缩性的财政政策，即政策实施中设计一个"提前期"，当经济扩张开始时，紧缩政策就开始发挥作用，减缓经济波动。但是这种提前期政策很难在实践中实施。一方面是因为在提前期时刻，经济处于正常期，没有理由采取这样的政策，也无法判断政策力度是否恰当；另一方面是因为我们对政策效应的时滞长短也是不确定的，即同样一种政策在某一时刻的时滞为 6 个月，而在另一时刻时滞可能为 10 个月，也可能在其他时刻时滞为 2 个月，从而无法使政策在恰当时刻发挥效力。

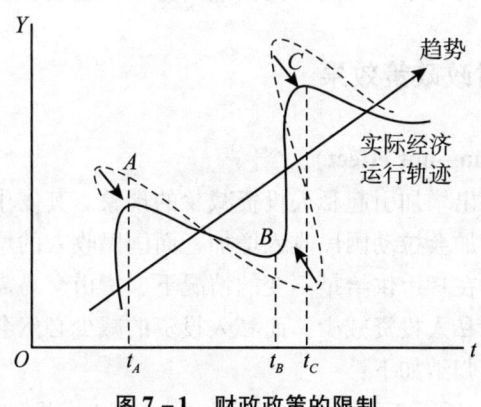

图 7–1 财政政策的限制

2. 政策效应的不确定性

政府采取的某些财政政策是依据其掌握的信息。但由于经济活动中存在大量随机因素，以及信息成本等原因，政府决策依据的信息可能是不完全的，这就使决策往往不够准确甚至错误。另外,各种乘数也难以确定。比方说,政府减税1美元从而使人们可支配收入增加1美元时,人们是否一定按边际消费倾向增加消费就难以确定。当人们认为减税是暂时的而不是持久的,则减税可能并不会增加消费,则这时税收乘数就可能不起作用。还有,如果减税1美元时人们可能将此增加的1美元可支配收入不用来增加消费而用来增加储蓄,则国民收入也无法按税收乘数增加。

3. 经济主体的预期

一项政策的效果不仅取决于它会如何影响当前的经济变量,还在于它如何影响公众对将来的预期。预期的重要性在于,有时政府只是发出采取某种政策的信号,即使没有采取实质行动,也会改变人们的行为。当公众的预期改变时,当前的实际经济变量就可能相应变化。例如,假定目前财政赤字庞大,人们预期未来政府会紧缩开支,增加税收,那么当前人们就会根据这种预期调整自己的行为,比如调整资产组合,规避可能发生的增税情形,增加储蓄以避免政府支出减少时收入下降等。又如,人们预期政府将开征遗产税,在购买住房时就把刚出生的子女写入所有权证中。人们预期明年政府会紧缩支出,就会通过各种渠道争取政府拨款,或者增加今年立项的投资项目。在这种情况下,人们如果预期未来政府采取扩张性政策,当前可能就会增加支出,减少储蓄。而人们若预期未来采取紧缩性政策,当前就可能增加储蓄。

基于财政政策的这些限制,有些经济学家认为最好的政策是不采取任何政策,起码可以避免人为错误干预造成的经济波动。

4. 政治因素

例如,某项必要的逆风向行事的财政政策可能因某些利益集团的反对而得不到支持、采纳,或者是在贯彻中受阻。当经济形势需要采取紧缩性财政政策时,国际形势却可能使财政政策有相反的行为,即国际政治的需要取代了经济活动的需要。再比如,大选之年,尽管实际经济过热,但为了竞选成功需要取悦于选民,现政府也不会贸然采取紧缩措施,从而使经济波动带有了政治周期的色彩。

最后,财政政策作用的大小还受到挤出效应的影响,这也使政策效果大打折扣。

三、挤出效应和财政政策效果

1. 挤出效应(crowding-out effect)

挤出效应是指政府支出增加引起私人投资减少的现象。其发生的机制是:①当政府购买支出增加后,总需求增加会拉动国民收入增加,而国民收入的增加又会引起货币市场上货币的交易需求增加;②在货币供给量不变的情况下,货币交易需求的增加则会引起利率的上升,利率上升又会使私人投资减少,而私人投资的减少必然会导致国民收入下降。

挤出效应发生机制可归纳如下:

$$G\uparrow \to Y\uparrow \to L_1\uparrow \to r\uparrow \to I\downarrow \text{、} C\downarrow \to Y\downarrow$$

从图7-2可以看出,当利率保持不变时,扩张性的财政政策应该使总收入增加到 Y_2 的水平,但由于利率上升,最终使总收入只增加到 Y_1。对比点 E_0 与点 E_1 可以看出,利率的调整及其对总需求的作用减小了财政支出增加的扩张效果,总收入因此而减少的数量大小就是图7-2中所示的收入增量 $Y_2 - Y_1$,这个受到限制的收入增量就是财政扩张的挤出效应。可见,扩张性财政政策的效果与挤出效应的大小成反比,挤出效应越小,财政政策的效果越大。挤出效应与执行财政政策时利率的上升幅度有关,利率上升越多,被挤出的私人支出也就越多。

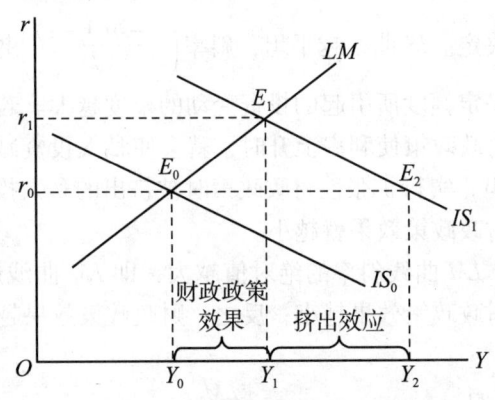

图 7-2 财政政策效果与挤出效应

2. 财政政策效果与 IS、LM 曲线效率的关系

从 IS-LM 模型来看,财政政策效果的大小是指政府收支变化(包括变动税收、政府购买和转移支付等)使 IS 曲线移动,从而对国民收入变动的影响。显然这种影响的大小,会随 IS、LM 曲线斜率的不同而不同。

①LM 曲线斜率不变,IS 曲线斜率的绝对值越大,即 IS 曲线越陡峭,则移动 IS 曲线时收入变化就越大,即财政政策效果越大;而 IS 曲线斜率的绝对值越小,即 IS 曲线越平坦,则移动 IS 曲线时收入变化就越小,即财政政策效果越小。见图 7-3。

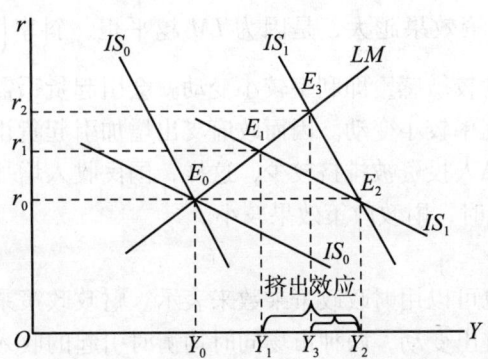

图 7-3 财政政策效果与 IS 曲线斜率

在图 7-3 中,假定 LM 曲线即货币市场均衡情况完全相同,并且初始的均衡收入 Y 和利率 r 也完全相同,政府实行一项扩张性财政政策,或增加政府支出,或减少税收。现假定是增加同样一笔支出 ΔG,则会使 IS 曲线从 IS_0 右移到 IS_1,右移的距离都是 E_0E_2($E_0E_2 = K_G \cdot \Delta G$),就是说,一笔政府支出能带来若干倍国民收入的增加,即收入应从 Y_0 增加到 Y_2,($Y_0Y_2 = \Delta Y = K_G \cdot \Delta G$),但在货币供给不变的条件下,由于国民收入增加,对货币的交易需求增加，因而用于投机的货币必然减少，这就要求利率上升。均衡利率提高抑制了私人投资，即"挤出效应"。在图中，IS 曲线较平坦的情况下，挤出效应较大（图中的 Y_1Y_2 就是被挤出的私人投资所减少的收入），IS 曲线较陡峭的情况下，挤出效应较小（图中的 Y_3Y_2）。究其原因，就在于图中的 IS 曲线的斜率。前面已讲过，IS 曲线斜率的大小主要由投资的利率系数 d 所决定。IS 曲线越平坦，斜率 $\left(\dfrac{1-b(1-t)}{d}\right)$ 越小，表示投资的利率系数 d 越大，即利率变动一定幅度所引起的投资变动的幅度越大。若投资对利率变动的反应较敏感，则一项扩张性财政政策使利率上升时，就会使私人投资减少很多，即挤出效应较大。因此，IS 曲线越平坦，实行扩张性财政政策时被挤出的私人投资就越多，从而使国民收入增加得就越少，即财政政策效果就越小。

②IS 曲线斜率不变，LM 曲线斜率的绝对值越大，即 LM 曲线越陡峭，则移动 IS 曲线时收入变化就越小，即财政政策效果越小；反之，财政政策效果越大。见图 7-4。

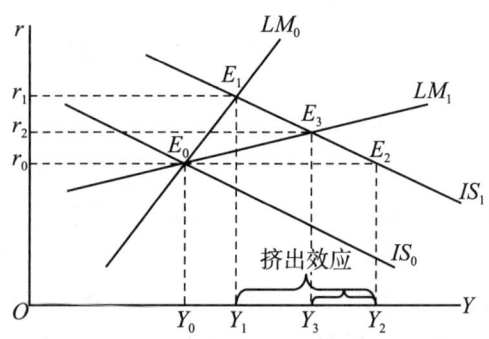

图 7-4 财政政策效果与 LM 曲线斜率

LM 越平坦，财政政策效果越大，是因为 LM 越平坦，斜率 $\left(\dfrac{k}{h}\right)$ 越小，表示 h 越大，说明货币需求对利率变动较敏感，即利率较小变动就会引起货币需求较大变动，或者说货币需求较大变动才引起利率较小变动。因而政府支出增加引起货币需求增加时，只引起利率较小幅度上升，因而私人投资被排挤较少，这样，国民收入增加就较多，即政策效果较大。反之当 LM 曲线较陡时，财政政策效果较小。

3. 财政政策乘数

财政政策效果大小也可以用财政政策乘数来表示。财政政策乘数是指，在实际货币供给不变的条件下，政府支出变动，两种市场同时均衡时引起的收入变动的倍数。在三部门经济中，财政政策乘数可用公式表示为：

$$\frac{\mathrm{d}Y}{\mathrm{d}G}=\frac{hK_G}{k\mathrm{d}K_G+h}=\frac{1}{\dfrac{1}{K_G}+\dfrac{\mathrm{d}k}{h}}=\frac{1}{1-b(1-t)+\dfrac{\mathrm{d}k}{h}} \tag{7.1}$$

式中，K_G 为政府购买支出乘数，$\dfrac{\mathrm{d}k}{h}$ 为挤出效应系数。从公式可见，其他因素不变时，h 越大，挤出效应系数越小，财政政策乘数越大，则财政政策效果越大。如果 $h\to\infty$，LM 曲线成为一条水平线，则财政政策效果极大。反之，若 h 越小，财政政策乘数就越小，即财政政策效果就越小。

同理,当其他因素既定时,d 越大,挤出效应系数越大,财政政策乘数越小,财政政策效果越小。这与前面的 IS、LM 曲线斜率对财政政策效果的影响分析的结论一致。

再者,从上面的公式也可看出,较大的支出乘数 K_G 意味着一笔政府支出会带来较多的收入增加,从而有较大的政策效果。但是,如果经济处于投资对利率高度敏感(即 d 大)而货币需求对利率不敏感(即 h 小)的状态,则即使支出乘数很大也无法使财政政策产生强有力的效果。

另外,还需指出的是,财政政策乘数与前面提到的政府购买支出乘数、政府转移支付乘数、税收乘数不同。前者是考虑了货币市场均衡后政府支出对利率产生影响的情况下来分析支出对收入的影响,而后者并没有考虑利率的影响。一般来说,由于利率变动对收入产生挤出效应,所以,财政政策乘数小于政府购买支出乘数。这从上面的公式也可看出。只有在流动性陷阱的情况下,即 LM 曲线呈水平状的情况下,财政政策乘数才等于政府购买支出乘数。

四、功能财政与充分就业预算盈余

功能财政思想是对传统预算平衡思想的否定。历史上预算平衡思想经历了三个发展阶段。第一阶段是强调年度平衡预算,主张财政年度的收支平衡。这是将家庭理财的观念用于国家财政的传统理论,是 20 世纪 30 年代大危机前西方国家普遍采取的政策原则。最初,这种理论消极地量入为出,后来演变为积极地量出为入。这种理论看似健全、稳妥,但对现代开放的动态经济系统来说,有可能加剧经济波动。因为当经济衰退时,税收必然随收入的减少而减少,如果坚持年度平衡预算,就必须减少政府支出,其结果会加深衰退;当经济过热时,税收必随收入的增加而增加,此时要保持年度平衡预算,只有增加政府支出或降低税率,其结果反而会加剧过热。第二阶段是强调周期平衡预算。主张在经济衰退时实行扩张性财政政策,有意安排预算赤字,在经济繁荣时实行紧缩性财政政策,有意安排预算盈余,以繁荣时的盈余弥补衰退时的赤字,从而实现整个经济周期的预算平衡。这种思想在理论上看似非常完整,但实行起来非常困难。这是因为在一个预算周期内,很难准确估计繁荣与衰退的时间与程度,二者更不会完全相等,因此预算政策无法事先确定,周期预算平衡也很难实现。第三阶段是充分就业平衡预算。主张政府应使支出保持在充分就业条件下所能达到的净税收水平。若某年度经济萧条,税收水平较低,则该年度支出可不必等于收入,应等于预计充分就业时会有的净税收水平。

功能财政思想是凯恩斯主义者的财政思想。所谓功能财政,就是政府根据权衡性财政政策的指导思想,为实现无通货膨胀的充分就业,所采取的积极财政政策。为实现这一目标,预算可以盈余,也可以赤字。凯恩斯主义者认为不能用财政预算收支平衡的观点来对待预算赤字和预算盈余,而应从反经济周期的需要出发来利用预算赤字和预算盈余。当实际国民收入低于充分就业收入水平(即存在通货紧缩缺口)时,政府有义务实行扩张性财政政策,增加支出或减少税收,以实现充分就业。如果起初存在财政盈余,政府有责任减少盈余甚至不惜出现赤字;如果起初存在预算赤字,也不应担心赤字扩大,而应坚定地实行扩张政策。反之,当存在通货膨胀缺口时,政府有责任减少支出,增加税收。如果起初存在预算盈余，不应担心出现更大盈余，而宁肯盈余增大也要实行紧缩政策；如果起初存在预算赤字，就应通过紧缩减少赤字，甚至出现盈余。总之，功能财政思想认为，政府为了实现充分就业和消除通货膨胀，需要赤字就赤字，需要盈余就盈余，而不应为实现财政收支平衡而妨碍政府财政政策的正确制定和实行。

按照功能财政思想，"二战"后的西方国家普遍实行了积极的财政政策。这种政策从理论上说是逆经济风向行事的"相机抉择"，但事实上多数是扩张性财政政策，结果导致财政赤字和国家债务的增加。

那么，怎样才能衡量财政政策是扩张性还是紧缩性的呢？这可以通过充分就业预算盈余的概念来说明。

充分就业预算盈余指的是在充分就业的收入水平即潜在收入水平上所产生的预算盈余。如果盈余为负值，即为充分就业预算赤字。若用 BS^* 表示充分就业的预算盈余，用 Y^* 表示充分就业的收入水平，又假定在比例收入税制下的税收收入为 $T=tY$，则充分就业预算盈余为：

$$BS^* = tY^* - G_0 - TR_0 \qquad (7.2)$$

实际的和充分就业的预算之间的差额为：

$$BS^* - BS = tY^* - G_0 - TR_0 - (tY - G_0 - TR_0) = t(Y^* - Y) \qquad (7.3)$$

可见，实际的和充分就业的预算之间的差别来自收入税的征收。如果实际收入水平低于充分就业的收入水平，则充分就业预算盈余大于实际预算盈余；如果实际收入水平大于充分就业的收入水平，则充分就业预算盈余小于实际预算盈余。

由于充分就业的预算盈余把收入水平固定在充分就业时的水平上，从而消除了经济周期波动对预算状况的影响，这就为判断财政政策方向提供了一个标准。如果充分就业预算盈余（或赤字）增加（或减少）了，则表明财政政策是紧缩性的，反之，财政政策是扩张性的。但是，必须注意的是，这一概念同样存在缺陷，即充分就业的国民收入本身难以准确估算。

五、赤字与公债

财政赤字是政府支出大于其收入时的财政状况。一般而言，当经济衰退时，政府为了刺激经济，需要扩大财政支出；另一方面，由于衰退时期总收入下降，税收会减少，或者政府为避免增税对经济的收缩效应而维持原有税收水平，这样必然会出现财政赤字。20世纪70年代和80年代，许多国家都有相当规模的财政赤字，这主要与反周期的财政政策有关。

弥补财政赤字的途径有借债和出售政府资产。由于可供出售的政府资产有限，因而该途径不可能经常采用。20世纪50年代后，各国常常是通过政府借债来弥补财政赤字。政府借债分为两类：一类是向中央银行借债，这实际上是中央银行增发货币或增加高能货币，这可称为货币筹资，容易引发通胀。许多发展中国家常采用此方式，但发达国家较少采用。另一类借债是向国内公众（商业银行和其他金融机构、企业和居民）和外国举债，这可称为债务筹资。多数西方国家常采用此方式。一般来说，政府向国内公众举债，不过是购买力向政府部门转移，并不立即直接引起通货膨胀，这是因为基础货币并没有增加。

但政府发行公债往往会引起利率上升,如果中央银行要稳定利率,就要通过公开市场业务买进债券,从而增加货币供给,其结果也会引起通货膨胀。

作为政府取得收入的一种形式,公债可以为预算赤字融资,使赤字得到弥补。但是,政府发行了公债要还本付息,一年一年未清偿的债务会逐渐累积成巨大的净债务存量。这些净债务存量所需支付的利息又构成了政府预算支出中一个十分可观的部分。美国政府的利息支出在GDP中的比重在20世纪60年代为1.3%,而在90年代初已上升到3.5%,增加了将近两倍。利息支出成为美国政府支出中的重要组成部分。

一国政府预算的总赤字等于非利息赤字(由不包括利息支付的全部政府开支减全部政府收入构成)和利息支出的总和。因此,即使非利息赤字为零或不变,只要利息支出增长,总赤字也会增加。赤字的增长如果仍是通过债务融资予以解决,则利息支出又会增加,使赤字进一步增加。可见,在其他条件不变时,赤字增长引起债务增长,债务增长又引起利息负担增长,从而使赤字进一步增长。如此循环往复,使公债利息支出本身成为赤字和公债逐步增长的重要因素之一。

一国债务与GDP的比率叫做债务—收入比率。这一比率的变动主要取决于公债的实际利息率、实际的增长率和非利息预算盈余的状况。在非利息预算盈余不变时,公债利率越高,产出增长率就越低,债务—收入比率就越有可能上升。如果非利息预算能不断出现盈余,实际利率有所下降,实际GDP不断有所增长,则债务—收入比就会逐步下降。

近几年来,美国以及许多西方国家的财政赤字始终居高不下,财政支出总快于财政收入和GDP的增长。从收入看,由于经济增长乏力以及减税等原因,财政收入占GDP比重逐步下降,而财政支出占GDP的比重由于人口老龄化、医保、社保这些刚性支出等因素而持续快速攀升,加上国家债务规模以及利息支出大幅上升,使得财政赤字不断增加。解决财政赤字问题无非是通过增加税收、减少支出和举债三个途径。增加税收会得罪有钱的选民,减少支出主要是压缩医保、社保等支出,这就会得罪钱少的选民。为争取选民,最好的办法还是政府举债。从2001年至今,全球公共债务大量增加并且大部分来自西方发达国家。不仅希腊、爱尔兰、意大利、西班牙、葡萄牙等国债台高筑,而且法国、日本、美国等所谓"一线"发达国家也卷入债务危机。到2016年底,美国政府的债务总量将近20万亿美元,人均债务约6万美元。

面对庞大的并且不断增长的政府债务,西方经济学家对公债问题提出了各自的看法。一些人认为,公债无论是内债还是外债,与税收一样,都是政府加在公民身上的一种负担。因为它们都要还本付息,最终都必须用征税和多发行货币的办法来解决,结果必然加重公众的负担。他们还进一步认为,公债不仅是加在当代人身上的负担,而且还会造成下一代人的负担。因为,旧的债务往往是用发行新债来偿还的,因此,公债的债务负担就会从一代人传给下一代人,不断地传下去。另外,公债增加意味着公众以国库券和公债形式占有财富比重增加而以不动产形式占有财富的比重减少,而人们拥有的实物资本减少,不利于经济的长期增长。

另一些人则认为,发行公债可以促使资本更多地形成,加快经济增长的速度,因此,国债的问题比想象中要小得多。首先,对公众而言,作为公债的购买者,他们拥有国债的债权,作为纳税人,又欠下自己的债务,在这样的基础上,除向外国借的部分债务外,所有债务、债权都可以看作自己欠自己的债,一笔勾销。其次,国家会长期存在,完全可以用发新债的办法来还旧债，不存在一次性偿还债务的压力。对公众而言，只要国家长期存在，就能确保每期债务兑现，因此，公债是一种完全的个人投资方式。再次，美国的统计资料也表明，美国国债的绝对值在急剧增加，但是，随着时间的推移，经济也在逐渐增长，特别是在和平时期，国债占 GDP 的比例在逐渐下降。可见公债并不可怕，关键是其用途，只要政府不用于战争和消费，而是潜心用于刺激经济发展，只要经济增长大于国债增长速度，举债是值得的。

第三节 货币政策及其效果

一、货币政策及其工具

所谓货币政策，是指中央银行运用其政策工具来调节货币供给量和利率，进而影响投资和整个经济活动水平，以达到一定宏观调控目标的宏观经济政策。同财政政策一样，货币政策也是调节国民收入以达到稳定物价、充分就业，实现经济稳定增长和国际收支平衡的目标。此外，货币政策还承担着一些特殊的金融管理目标，如维护金融市场的稳定、防止大规模的银行倒闭、稳定利率和防止出现严重的通货膨胀，以保持货币购买力的稳定性等。财政政策与货币政策的不同之处在于，财政政策直接影响总需求，而货币政策则要通过利率的变动来对总需求发生影响，因而是间接地发挥作用。

货币政策一般也分为扩张性和紧缩性两种。扩张性货币政策是通过增加货币供给量来带动总需求的增长。货币供给增加时，利息率会降低，取得信贷更为容易，因此经济萧条时多采用扩张性货币政策。反之，紧缩性货币政策是通过削减货币供给的增长来降低总需求水平，在这种情况下，取得信贷比较困难，利率也随之提高，因此，在通货膨胀严重时，多采用紧缩性货币政策。

中央银行运用哪些工具来变动货币供给量呢？西方各国运用工具的具体方式并不完全相同，但是，在基本原则上，却是大体一致的。这里主要以美国的执行方式为例。

1. 再贴现率政策

这是美国中央银行最早运用的货币政策工具。再贴现率是中央银行对商业银行及其他金融机构的放款利率。本来，这种贴现是指商业银行把商业票据出售给当地的联邦储备银行（美国中央银行），联邦储备银行按贴现率扣除一定利息后再把所贷的款项加到商业银行的准备金账户上作为增加的准备金。当前美国采用的主要办法是银行用自己持有的政府债券作担保向联邦储备银行借款。但是现在仍然把中央银行给商业银行的借款称作"贴现"。在美国，中央银行作为最后贷款者，主要是为了协助商业银行及其他存款机构对存款备有足够的准备金。如果一家存款机构（主要指商业银行）的准备金临时感到不足，比方说某一银行客户出乎意料地要把一大笔存款转到其他银行时，就会出现临时的准备金不够的困难。这时该银行就可用它持有的政府债券或合格的客户票据向当地的联邦储备银行的贴现窗口（办理这类贴现业务的地点）办理再贴现或申请借款。当这种贴现或借款增加时，它意味着商业银行准备金增加，进而引起货币供给量的成倍增加。当这种贴现减少时，会引起货币供给量的成倍减少。因此，贴现率政策是中央银行通过变动给商业银行及其他存款机构的贷款利率来调节货币供给量的政策。

贴现率提高，商业银行向中央银行借款就会减少，商业银行的准备金就会减少，从而货币供给量就会减少；贴现率降低，商业银行向中央银行借款就会增加，商业银行的准备金就会增加，从而货币供给量就会增加。但实际上，美联储并不经常使用贴现率政策来控制货币供给，因为贴现窗口的主要作用是允许商业银行和其他金融机构对其短期的现金压力做出反应，对临时发生的准备金不足作适当调整。根据美联储的规定，银行不能依赖贴现窗口进行超过一个较短时期的借款，在贴现窗口的借款多数是期限很短，但它们确实需要时可续借。对于超过一个较短时期的借款，银行可以向有超额储备的其他银行去拆借。正因为贴现窗口主要用于满足银行临时准备金的不足，因此，目前变动贴现率在货币政策中的重要性和以前相比已大大减弱。事实上，银行和其他存款机构也尽量避免去贴现窗口借款，只将它作为紧急求援手段，平时较少利用，以免被人误认为自己财务状况有问题。每个储备银行的贴现窗口也执行联储关于银行和存款机构可以借款的数量和次数的规定。这些为适应储蓄机构在不同环境下的需要而在制度上做出的规定，并不随货币政策的变动而变动。还需指出，通过变动贴现率控制货币供给本身也存在一些问题。例如，当银行十分缺乏准备金时，即使贴现率很高，银行依然会从联储贴现窗口借款。可见，通过变动贴现率来控制银行准备金效果是相当有限的。事实上，再贴现率政策往往作为补充手段而和公开市场业务政策结合在一起进行。正如在下面将要看到的那样，当公开市场业务成功地把利息率提高或降低到某一水平时，中央银行也必须把贴现率提高或降低到与该水平相协调的数值。

此外，再贴现率政策不是一个具有主动性的政策。因为，中央银行只能等待商业银行向它借款而不能要求商业银行这样做。如果商业银行不向中央银行借款。那么贴现率政策便无法执行了。

2. 公开市场业务

这是目前中央银行控制货币供给最重要、最常用的工具。公开市场业务是指中央银行在金融市场上公开买卖政府证券以控制货币供给和利率的政策行为。在美国，公开市场业务是由联邦储备当局的"公开市场委员会"（FOMC）决定，由公开市场办公室具体实施的。政府证券是政府为筹措弥补财政赤字资金而发行支付利息的国库券或债券。这些被初次卖出的证券在普通居民、厂商、银行、养老基金等单位中反复被买卖。联储可通过参加这种交易来扩大和收缩货币供给量。当联储在公开市场上购买政府证券时，商业银行和其他存款机构的准备金将会以两种方式增加：如果联储向个人或公司等非银行机构买进证券，则会开出支票，证券出售者将该支票存入自己的银行账户，该银行则将支票交回联储系统作为自己在联储账户上增加的准备金存款；如果联储直接从各银行买进证券，则可直接按证券金额增加各银行在联储系统中的准备金存款。当联储售出政府证券时，情况则相反，准备金的变动就会引起货币供给按乘数发生变动。准备金变动了，银行客户取得信贷就变得容易或困难了，这本身就会影响经济。同时，联储买卖政府债券的行为，也会引起证券市场上需求和供给的变动，因而影响到债券价格以及市场利率。有价证券的市场是一个竞争性的市场，其证券价格由供求关系决定。当中央银行要购买证券时，对有价证券的市场需求就增加，证券价格会上升，从而利率下降。反之亦然。显然，联储买进证券就是去创造货币，例如，当它把10万美元的证券卖给某银行时，它只要通知那家已买进证券的银行，说明其准备金存款账户上已增加 10 万美元就行了，因此，联储有可能根据自己意愿增加或减少货币供给量。

公开市场业务之所以能成为中央银行控制货币供给量最主要的手段，是因为运用这种政策手段有着比其他手段更多的优点。例如，在公开市场业务中，中央银行可及时地按照一定规模买卖政府证券，从而比较易于准确地控制银行体系的准备金。如果联储只希望少量地变动货币供给，就只要少量地买进或卖出政府证券；如果希望大量地变动货币供给，就只要买进或卖出大量政府证券即可。由于公开市场操作很灵活，因而便于中央银行及时用来改变货币供给变动的方向，变买进为卖出证券，立即就有可能使增加货币供给变为减少货币供给。中央银行可以连续地、灵活地进行公开市场操作，自由决定买卖有价证券的数量、时间和方向。而且中央银行即使有时会出现某些政策失误，也可以及时得到纠正，这是贴现率政策和下面即将论述的准备金率政策所不可能有的长处。公开市场业务的优点还表现在这一业务对货币供给的影响可以比较准确地预测出来。例如，一旦买进一定数量金额的证券，就可以大体上按货币乘数估计出货币供给量增加了多少。

3. 变动法定准备率

中央银行有权决定商业银行和其他存款机构的法定准备率。如果中央银行认为需要增加货币供给，就可以降低法定准备率，使所有存款机构对每一笔客户的存款只留出更少的准备金，或反过来说，让每一美元的准备金可支撑更多的存款。假定原来法定准备率为 20%，则 100 美元存款必须留出 20 美元准备金，可贷金额为 80 美元，这样，增加 1 万美元的准备金就可以派生出 5 万美元的存款。若中央银行把法定准备率降低到 10%，则 100 美元存款只需 10 美元准备金就行了，可贷金额为 90 美元，这样，增加 1 万美元的准备金就可以派生出 10 万美元的存款，货币供给量就因此增加了一倍。可见，降低法定准备率，实际上等于增加了银行准备金，而提高法定准备率，就等于减少了银行准备金。从理论上说，变动法定准备率是中央银行调整货币供给最简单的办法。不过，中央银行一般不愿轻易使用变动法定准备率这一手段。这是因为，商业银行去向中央银行报告它们的准备金和存款状况时有一个时滞，因此今天变动的准备率一般要到一段日子以后（比方说两周以后）才起作用。再说，变动法定准备率的作用十分猛烈，一旦法定准备率变动，所有银行的信用都必须扩张或收缩。因此，这一政策手段很少使用，一般几年才改变一次准备率。如果准备率变动频繁，会使商业银行和所有金融机构的正常信贷业务受到干扰而感到无所适从。

上述三大货币政策工具常常需要配合使用。例如，当中央银行在公开市场操作中出售政府债券使市场利率上升（即债券价格下降）后，再贴现率必须相应提高，以防止商业银行增加贴现。于是，商业银行也将提高顾客的贷款利率，以免产生亏损。相反，当中央银行认为需要扩大信用时，在公开市场操作中买进债券的同时，也可同时降低再贴现率。贴现率政策和公开市场业务虽然都能使商业银行准备金变动，但变动方式和作用还是有区别的。当中央银行在市场出售证券时，一般能减少银行准备金，但究竟哪个银行会减少以及减少多少却无法事先知道，因而究竟会给哪些银行造成严重影响也无法事先知道。对原来超额准备金较多的银行可能没有什么影响，但那些本来就没有什么超额准备金的银行马上就会感到准备金不足，因此其客户提取存款后，准备金会降到法定准备率以下。在这种情况下，中央银行之所以还大胆地进行公开市场业务，就是因为有再贴现政策作补充。当中央银行售出证券使一些银行缺乏准备金时，这些银行就可向中央银行办理再贴现以克服困难。

4. 选择性货币政策工具

除了上述三大货币政策工具外，中央银行还可以运用一些其他的货币政策工具，通常称为选择性货币政策工具。其主要有：（1）消费信贷控制，即对各种消费信贷的条件、用途、还款方式、利率等进行限制，从而达到控制某些类型贷款的目的。（2）房地产信贷控制，主要是对土地和房屋等不动产信贷进行控制，对贷款中的首付款成数，贷款期限等进行控制，例如，如果将贷款成数从70%放宽到80%，那么会促进这类贷款增加，反之，则可以控制贷款数量。通过这些可以控制在一定范围因房地产投机造成经济波动。（3）证券信用交易的保证金比率，即中央银行对以信用方式购买各类证券规定最低应付现款的比率，限制信用规模，从而控制市场投机行为。（4）道义劝告，所谓道义劝告，是指中央银行运用自己在金融体系中的特殊地位和威望，通过对银行及其他金融机构的劝告，影响其贷款和投资方向，以达到控制信用的目的。如在衰退时期，鼓励银行扩大贷款；在通货膨胀时期，劝阻银行不要任意扩大信用，也往往收到一定效果。但由于道义劝告没有可靠的法律地位，因而并不是强有力的控制措施。

5. 货币政策的其他作用途径

凯恩斯主义认为，货币政策的作用是通过货币供给量变动影响利率，进而影响投资和产出的途径来实现的。但也有一些经济学家认为，货币供给量对产出的影响是存在的，但这种影响并不一定通过利率的中介来实现。为此，经济学家们提出了货币政策通过其他一些途径起作用的理论。

第一种理论认为，货币政策影响产出，并不是因为改变了利率就改变了投资的成本从而改变了投资的需求，而是因为利率的变动会影响人们的资产组合。较低的利率会使人们把他们的财产转移到股票上，因为他们感到投资于股票会比在银行储蓄获得更多的收益。于是股票价格会上升，根据托宾的"q理论"，当股票价格更高时，企业就会进行更多的投资。

第二种理论是上面第一种理论的扩展，认为扩张的货币政策造成的较低利率所带来的股票价格和长期债券价格的上升，会使人们感觉更富有了，于是他们会消费得更多，从而使总需求增加。

第三种理论认为，政府实行扩张的货币政策时，比方说中央银行通过公开市场操作购买了一笔债券，债券出售者将从中央银行得到的支票存入自己的商业银行。商业银行的准备金增加了，超额准备金会被用来贷款给企业或购买债券（国库券）。银行要吸引企业借款，就会降低贷款利率，要购买国库券又会使国库券价格上升即利率下降，利率下降又会使股票价格和债券价格上升。这些都会使企业投资增加。

第四种理论认为，在开放经济中，货币政策还可通过汇率变动影响进出口从而对总需求发生作用。尤其是在实行浮动汇率的情况下，当银行收紧银根时，利率上升，国外资金会流入，于是，本币会升值，净出口会下降，从而使本国总需求水平下降；但在固定汇率的情况下，央行为维持本币不升值，势必抛出本币，按固定汇价收购外币，于是，本国货币市场上货币供给增加，使原本想达到的货币政策目标受到影响。

第五种理论注重可利用的信用规模，认为中央银行的行动可促使银行发放更多或更少的贷款，或者以更宽松或更严格的条件发放贷款。例如，当央行想促使银行更多地贷款或以更宽松的条件贷款时，可以通过公开市场业务买进国库券，或降低法定准备金率，使银行有超额准备金,给企业更多地贷款。

二、货币政策操作方式和泰勒规则

货币政策是央行通过变动货币供给影响利率从而影响经济的政策。那么货币政策中介目标究竟是利率还是货币供应量?在历史上,美联储素有以利率为中介目标的传统,但20世纪70年代货币主义兴起后,美联储慢慢信奉货币政策应实行一个以长期名义GDP增长率为基础的确定的货币供应量增长率的"单一规则",从而以货币供应量为中介目标的货币政策操作体系被确立了。但经过十多年的实践后,上述政策操作体系遇到巨大挑战,主要是货币供应量与物价水平关系越来越不密切,因为20世纪70年代以来社会上充满了大量流动资金,这些资金没有被包括也很难被包括在货币供应量之内,如果继续用货币供应量作为货币政策中介目标,政策就会出现重大失误。于是90年代起美联储货币政策理念作了重大调整,确立以调整实际利率为货币政策主要依据和中介目标。泰勒规则对推动这一调整有着重要影响。

泰勒规则是美国斯坦福大学经济学教授约翰·泰勒于1993年根据美国的实际经济数据而提出的针对通货膨胀率和产出增长率来调节利率的货币政策规则。具体说是,泰勒通过对美国、英国及加拿大等国货币政策的实践研究发现,在各种影响物价水平和经济增长率的因素中,真实利率是唯一能与物价和经济增长率保持长期稳定关系的变量,因此要使货币政策能真正调节物价(从而通货膨胀)和经济增长(从而就业和失业),货币当局就应把调节真实利率作为主要操作方式。泰勒规则就是这样一种描述短期利率如何针对通货膨胀率和产出率变化调整的准则。

泰勒提出,央行的货币政策应遵循以下规则:

$$r = r^* + a(p - p^*) - b(u - u^*) \tag{7.4}$$

式(7.4)中,r 和 r^* 是名义利率(以联邦基金利率即银行之间短期资金拆借利率衡量)和名义目标利率,p 和 p^* 是实际通胀率和目标通胀率,u 和 u^* 是实际失业率和自然失业率,a 和 b 是正的系数,表示央行对通胀和失业的关心程度。

假定经济中存在一个"真实"的均衡联邦基金利率,在该利率水平上,就业率和物价均保持在由其自然法则决定的合理水平上。如果上述真实利率、经济增长率(从而就业率)和通胀率的关系遭到破坏,货币当局就应采取措施予以纠正:若通胀率高于目标值($p > p^*$),央行就应将名义利率 r 设定为高于 r^*,以抑制通货膨胀;若失业率高于自然失业率($u - u^*$),央行就应降低名义利率,以降低失业率。

泰勒认为,没有必要刻板执行这个规则。当经济发生严重外来冲击时,货币政策不必拘泥于这个公式。但这个规则确实提供了一个货币政策思路:选择一个通胀目标,不仅考虑当前通胀,也考虑失业情况。研究发现,美、德中央银行在制定货币政策时并不考虑泰勒规则,但这个规则却很好地描述了它们过去15~20年的行为。难怪有人认为,1993年和1994年美联储主席格林斯潘两次关于调整货币政策的证词都反映了"泰勒规则"的影响。

三、货币政策效果分析

货币政策效果,即变动货币供给量对总需求的影响,同样取决于 IS、LM 曲线的斜率。

在 LM 曲线斜率不变时，IS 曲线越平坦，LM 曲线移动（由于实行变动货币供给量的货币政策）对国民收入变动的影响就越大；反之，IS 曲线越陡峭，LM 曲线移动对国民收入变动的影响就越小，如图 7–5 所示。

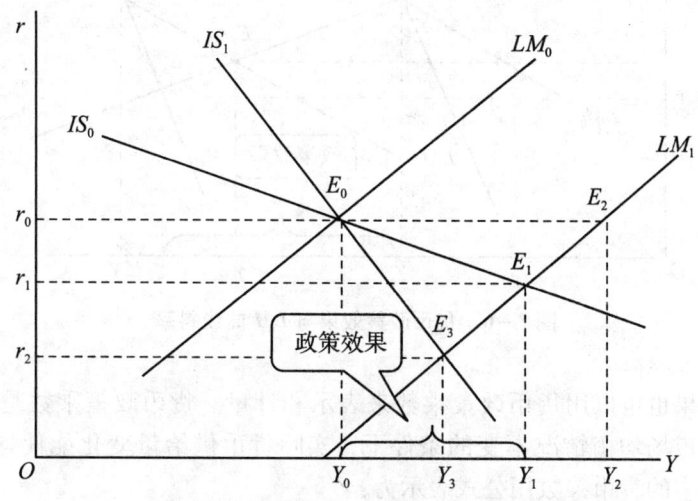

图 7–5 货币政策效果与 IS 曲线斜率

图 7–5 中，LM 曲线斜率相同，IS 曲线斜率不同。假定初始的均衡收入 Y_0 和利率 r_0 都相同。政府货币当局实行增加同样一笔货币供给量 ΔM 的扩张性货币政策时，LM 都右移相同距离 E_0E_2，使利率下降。从图中可看到，IS 曲线陡峭时，利率下降较多，收入增加较少，政策效果较小；IS 曲线平缓时，利率下降较少，收入增加较多，政策效果较大。这是因为，IS 曲线陡峭，即斜率 $\left(\dfrac{1-b(1-t)}{d}\right)$ 较大，表示投资的利率弹性 d 较小，因此，当货币供给增加，LM 曲线右移，使利率下降时，投资增加较少，从而国民收入增加也较少；反之，IS 曲线较平坦，则表示投资利率弹性较大。因此，货币供给增加使利率下降时，投资会增加很多，从而使国民收入有较大增加。

在 IS 曲线不变时，LM 曲线越平坦，LM 曲线由于货币供给量变动时，国民收入的变动就越小，即货币政策效果就越小；反之，则货币政策效果就越大。如图 7–6 所示。

这是因为，LM 曲线较平坦，即斜率 $\left(\dfrac{k}{h}\right)$ 较小，h 较大，表示货币需求的利率弹性较大，即利率稍有变动就会使货币需求变动很多，反过来可以说，货币供给量变动对利率变动的影响较小，因而增加货币供给量的货币政策就不会对投资和国民收入有较大影响；反之，若 LM 曲线较陡峭，即斜率 $\left(\dfrac{k}{h}\right)$ 较大，h 较小，表示货币需求的利率弹性较小，即货币供给量稍有增加就会使利率下降较多，因而投资和国民收入增加也较多，即货币政策的效果较大。

总之，一项扩张的货币政策如果能使利率下降较多（LM 较陡时），并且利率的下降能对投资有较大刺激作用（IS 较平坦时），则这项货币政策的效果就较大；反之，货币政策的效果就较小。

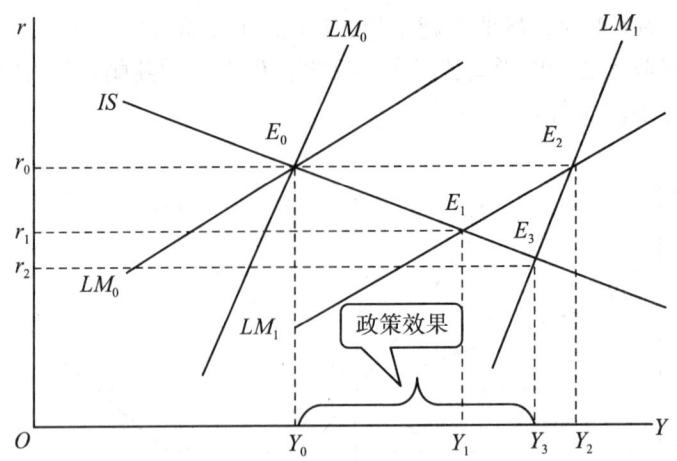

图 7-6 货币政策效果与 LM 曲线斜率

货币政策效果也可以用货币政策乘数来表示和计量。货币政策乘数是指,在 IS 曲线不变或者说产品市场均衡情况不变的条件下,实际货币供给量变化能使均衡收入变动多少,三部门经济中的货币乘数用公式表示为:

$$\frac{\mathrm{d}Y}{\mathrm{d}\dfrac{M}{P}} = \frac{\mathrm{d}K}{P(k\mathrm{d}K+h)} = \frac{1}{\dfrac{1-b(1-t)}{d}h+k} \tag{7.5}$$

从式 (7.5) 可见,当 b、t、d、k 既定时,h 越大,即货币需求对利率越敏感,亦即 LM 曲线斜率 $\dfrac{k}{h}$ 越小,LM 曲线越平缓时,货币政策乘数越小,则货币政策效果越小;反之,若 h 越小,则货币政策乘数越大,货币政策效果越大。而当其他参数既定时,d 越大,即投资需求对利率越敏感,亦即 IS 曲线斜率 $\dfrac{1-b(1-t)}{d}$ 越小,IS 曲线越平缓时,货币政策乘数越大,货币政策效果越大。同样,b、t、k 的大小也会影响 $\dfrac{\mathrm{d}Y}{\mathrm{d}M}$ 的大小,即货币政策效果。

这里也需指出的是,货币政策乘数与货币创造乘数是两个不同的概念。货币创造乘数是指通过存款派生机制,一笔准备金(高能货币)的变动能带来若干倍存款的最终变动量的关系。

四、货币政策的局限性

实行货币政策,常常是为了稳定经济,减少经济波动,但在实践中也存在一些局限性。

第一,不同条件下货币政策效果不同。通货膨胀时期实行紧缩的货币政策可能效果比较显著,但在经济衰退时期,实行扩张的货币政策效果就不明显。这是因为,在经济衰退时期,厂商对经济前景普遍悲观,即使中央银行松动银根,降低利率,投资者也不肯增加贷款从事投资活动,银行为安全起见,也不肯轻易贷款。特别是由于存在着流动性陷阱,不论银根如何松动，利率都不会降低。这样，货币政策作为反衰退的政策，其效果甚微。进一步说，即使从反通货膨胀看，货币政策的作用也主要表现于反需求拉上的通货膨胀，而对成本推进的通货膨胀，货币政策效果就很小。因为物价的上升若是由工资上涨超过劳动生产率上升幅度引起或由垄断厂商为获取高额利润引起，则中央银行想通过控制货币供给来抑制通货膨胀就比较困难了。

第二，从货币市场均衡的情况看，增加或减少货币供给要影响利率的话，必须以货币流通速度不变为前提。在经济繁荣时期，中央银行为抑制通货膨胀需要紧缩货币供给，或者说放慢货币供给的增长率。然而，在通货膨胀时期，一般说来，公众的支出会增加，而且物价上升越快，公众越不愿把货币持有手中，希望快快消费出去，从而货币流通速度会加快。在一定时期内本来的一美元也许可完成两美元交易的任务，这无疑相当于在流通领域增加了一倍的货币供给量。这时候，即使中央银行把货币供给减少一半，也无法使通货膨胀率降下来。反过来说，在经济衰退时期，货币流通速度下降，这时中央银行增加货币供给对经济的影响也可能被货币流通速度下降所抵消。由此可以说，货币流通速度加快，意味着货币需求增加；流通速度放慢，意味着货币需求减少。如果货币供给增加量和货币需求增加量相等，LM 曲线就不会移动，因而利率和收入也不会变动。

第三，货币政策作用的外部时滞也影响政策效果。中央银行变动货币供给量，要通过影响利率，再影响投资，然后再影响就业和国民收入，因而，货币政策作用要经过相当长一段时间才会充分得到发挥。尤其是，市场利率变动以后，投资规模并不会很快发生相应变动。利率下降以后，厂商扩大生产规模，需要一个过程，利率上升以后，厂商缩小生产规模，更不是一件容易的事，已经上马在建的工程难以下马，解雇已经雇佣的职工也不是轻而易举的事。总之，货币政策虽然在制定过程中不需花很长时间，但执行后到产生效果却要有一个相当长的过程。在此过程中，经济情况有可能发生和人们原先预料的相反变化。比方说，经济衰退时中央银行扩大货币供给，但未到这一政策效果完全发挥出来经济就已转入繁荣，物价已开始较快地上升，则原来扩张性货币政策不是反衰退，而是为加剧通货膨胀起了火上浇油的作用。

第四，在开放经济中，货币政策的效果还要因为资金在国际上的流动而受到影响。例如，一国实行紧的货币政策时，利率上升，国外资金会流入，若汇率浮动，本币会升值，出口会受到抑制，进口会受到刺激，从而使本国总需求比在封闭经济情况下有更大的下降。若实行固定汇率，中央银行为使本币不升值，势必抛出本币，按固定汇率收购外币，于是货币市场上本国货币供给增加，使原先实行的紧的货币政策效果大打折扣。

货币政策在实践中存在的问题远不止这些，但仅从这些方面看，货币政策作为平抑经济波动的手段，作用也是有限的。

第四节 财政政策与货币政策的选择与配合

一、财政政策和货币政策的关系

英文 "finance" 一词既指金融又指财政。事实上，财政赤字是财政问题，但由中央银行购买政府公债或印钞票来解决，就使赤字货币化，财政问题变成了货币金融问题，所以，财政与货币二者关系密切，财政政策与货币政策必须要协调配合运用。

财政政策与货币政策的替代性。财政政策和货币政策都是为宏观经济政策目标服务的，目标的一致性使两者之间具有替代性。例如，为了压缩过大的总需求，单纯依靠货币政策，可能使利率上升过高，投资减少过猛，带来经济上的衰退。如果财政政策也实行紧缩，适当增加税收和削减支出，就可以替代一部分货币政策的作用，使货币政策变得较为温和。

财政政策和货币政策的互补性。财政政策和货币政策各有长处，可以互相取长补短。例如，政府支出增加，就会刺激需求，增加收入，但同时又会提高利率，抑制投资，限制收入。如果采取货币政策相应增加货币供给，就可以维持原有利率水平，使乘数发挥应有的作用，但这又可能导致物价上涨。再如，财政政策决策较慢，产生效果较快，而货币政策决策较快，产生效果较慢。所以，我们可以根据所要解决的问题，权衡利弊，斟酌选用搭配这两种政策。

财政政策和货币政策的矛盾性。一般来说，财政政策的主要任务是提供公共服务，货币政策主要是稳定金融，两者的具体任务不同，因而会产生一系列矛盾。财政部门根据公共服务的需要，可能拥有巨大赤字，必须依靠中央银行解决，中央银行帮助解决这些赤字，又势必引起通货膨胀，不得不实行紧缩政策，提高利率。但提高利率又会增加财政负担，加剧财政赤字。

二、政策选择和需求结构

财政政策和货币政策都可以调节总需求，都会对总需求结构发生不同影响。例如，若经济处于萧条状态，政府可用扩张性财政政策，也可用扩张性货币政策。但用扩张性财政政策的话，会使利率上升，排挤私人投资，尤其是受利率影响大的住宅投资，而使政府购买和消费在总需求结构中比重增加。相反，若用扩张性货币政策，则会使利率下降，投资增加。再者，就扩张性财政政策而言，不同的扩张项目也会带来不同的影响。若增加政府购买，则除了会使政府购买在总需求结构中比重上升，消费也会增加，但私人投资则受到抑制；若用减税或增加转移支付，则首先增加的就是私人消费；若采用投资补贴的财政扩张政策，则不但消费会增加，投资也会增加。可见，政府在决定选择哪一种政策时，首先要考虑主要是要刺激总需求中哪一部分。如果萧条主要是由于私人投资不足引起的，则宜用货币政策或投资补贴；如果主要刺激住宅投资，最好用货币政策；如果主要是刺激其他私人投资，则也许用投资补贴办法更为有效；如果主要是刺激消费，则可用减税和增加转移支付办法。究竟如何取舍，就要看经济中的萧条是由于私人投资不足引起，还是由于消费不足引起。只有这样对症下药，政策才能收到最大的效果。

三、财政政策与货币政策的配合

由于财政政策和货币政策会对国民收入和利率产生不同影响，对总需求结构产生不同影响，因此，对总需求调节时，常常需要把两种政策配合起来使用。财政政策和货币政策的配合方式不同，产生的政策效果不同，适用的经济环境也不同。

财政政策和货币政策的配合方式如表 7-1 所示。

表 7-1　　　　　　　　　　　财政与货币政策的搭配

政策搭配方式	经济背景	具体政策
双松政策	社会需求严重不足，资源大量闲置，解决失业和刺激增长成为首要目标	财政扩大支出，降低税率；银行增加货币供应，降低利率，以抵消"挤出效应"
双紧政策	总需求极度膨胀，总供给严重不足，物价大幅攀升，抑制通胀成为首要目标	财政削减支出，提高税率；央行紧缩货币，提高利率
紧财政松货币	政府开支过大，物价基本稳定，结构合理，但企业投资并不旺盛，经济增长成为主要目标	财政削减政府支出，提高税率；松货币降利率，刺激投资
松财政紧货币	经济滞涨，结构失衡，治理滞涨、刺激经济增长成为首要目标	紧货币的同时实施减税增支，运用财政杠杆调节结构

除了以上财政政策与货币政策配合使用的一般模式，财政、货币政策还可呈中性状态。中性的财政政策指财政收支量入为出、自求平衡的政策。中性的货币政策，是指保持货币供应量合理、稳定地增长，维持物价稳定的政策。若将中性财政政策与中性货币政策分别与上述松紧状况搭配，又可产生多种不同配合。

下面对上表的四种主要形式画图说明。

"双松"政策。即财政和银行都向社会注入资金，使社会总需求迅速得以扩张，对经济活动产生强烈的刺激作用。这种政策配合适用于出现严重的经济衰退，经济生活中存在着大量未被利用的闲置资源。从 IS-LM 模型上看，表现为 IS 曲线、LM 曲线都右移。在利率 r 基本不变的情况下，社会总需求 Y 大幅增加（如图 7-7 所示）。

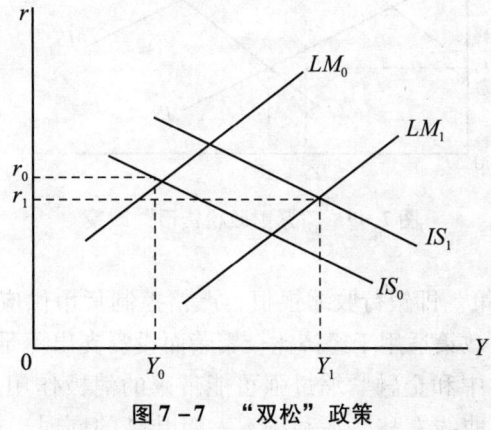

图 7-7　"双松"政策

"双紧"政策。即货币当局回收贷款、收缩银根从而压缩社会总需求；同时财政部也压缩财政支出、提高税率，增加其在中央银行的存款，减少社会货币量。这种双重压缩会使社会上的货币供应量明显减少，社会总需求得以迅速收缩。这种政策配合适用于扭转严重的经济过热，抑制恶性通货膨胀，但要防止出现经济萎缩。从 IS-LM 模型上看，表现为 IS 曲线、LM 曲线都左移。在利率 r 基本不变的情况下，社会总需求 Y 大幅减少（如图 7-8 所示）。

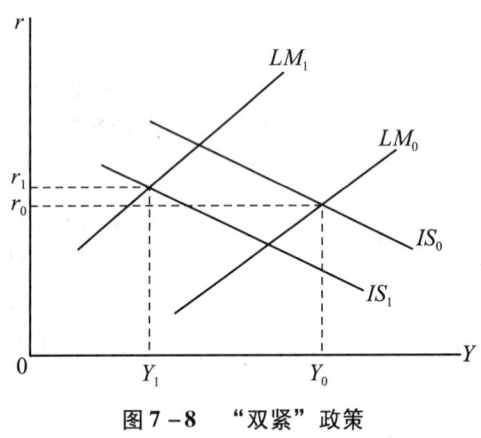

图 7-8 "双紧"政策

"紧财政松货币"政策。即财政部严格控制财政支出，财政收支保持平衡甚至盈余，而银行则根据经济发展需要，采取适当放松的货币政策，增加货币供给量，这种政策适用于经济处于萎缩而赤字较大的情况。从 IS-LM 模型上看，表现为 IS 左移，LM 曲线右移。利率 r 大幅降低，而社会总需求 Y 变化不大（如图 7-9 所示）。

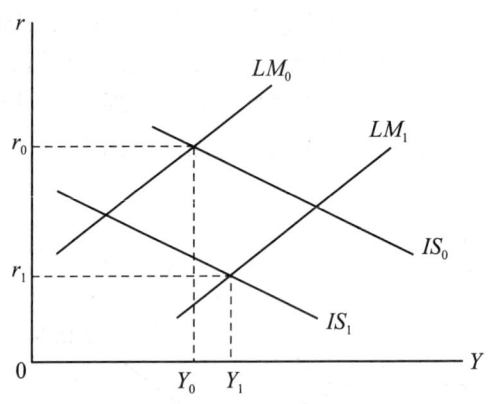

图 7-9 "紧财政松货币"政策

"紧货币松财政"政策。即银行收缩银根，严格控制货币供应量，同时国家财政采用赤字方法扩大支出。这种政策适用于经济比较繁荣而投资支出不足的情况，在经济得到适当紧缩的同时增加投资，中和金融紧缩过强可能带来的消极作用。从 IS-LM 模型上看，表现为 IS 曲线右移，LM 曲线左移。在利率 r 大幅升高的同时，社会总需求 Y 变化不大

（如图 7-10 所示）。

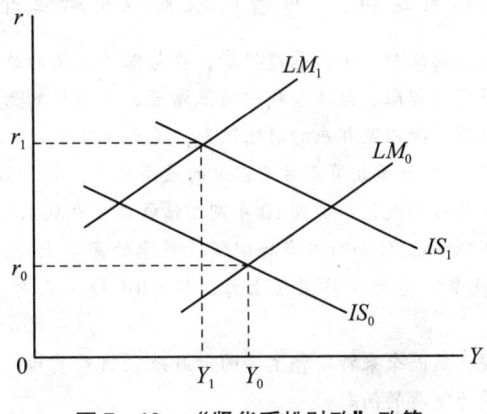

图 7-10 "紧货币松财政"政策

如何选择财政政策和货币政策进行配合，不仅取决于经济因素，而且也取决于政治等因素。因为财政政策和货币政策作用的结果，会使国内生产总值的组成比例发生变化，从而对不同阶层和不同集团的利益产生不同的影响。比如，政府在经济过热时，实行紧缩性的财政政策，提高税率，这对中产阶级以上的那部分人来说，会使他们收入中的较多部分上缴国家财政。国家利用税收进行公共投资，如用来改善公共交通，这时不论穷人还是富人都可共同享受这些公共物品。这在一定的经济社会中，国民收入的分配格局会发生变化。因此，政府在配合使用财政政策和货币政策时，必须统筹兼顾，充分考虑各方面的利益。

【扩展阅读 7.1】

2008 年的中国宏观经济政策

2008 年，国内外形势错综复杂，中国经济受到了特大自然灾害和国际金融海啸等多方面的影响。在这一年中，伴随着各种冲击的发生，中国的宏观经济政策也经历了迅速而大幅度的调整，最终保持了经济的快速稳定增长。

由于前几年中国经济连续以高于 10% 的速度增长，在 2008 年初，中央确定了该年的宏观调控任务：防止经济增长由偏热转为过热、防止价格由结构性上涨演变为明显的通货膨胀。正是着眼于这一"双防"的目标，政府开始实施稳健的财政政策和从紧的货币政策。但是，年初中国南方地区出现了严重的雨雪冰冻灾害，五月四川汶川又发生特大地震，这些事件都对宏观经济产生了非常不利的影响。宏观调控的目标不得不做出调整，由前面的"双防"变为"一保一控"，即既要保持经济的平稳较快发展，又要控制物价的过快上涨。到了第四个季度，美国的次贷危机开始升级为世界金融危机，西方主要经济体陷入衰退，这严重地影响到中国的出口，外需不足使得扩大内需成为当务之急。在 11 月份，政府对宏观经济政策又做出重大调整，财政政策从"稳健"转向"积极"，货币政策从"从紧"转为"适度宽松"。政府随后公布了总额达 4 万亿元的庞大投资计划，中央银行宣布大幅度降息，力保经济增长的意图非常明显。

这一年来中国经济变数不断，宏观经济政策也不得不做出相应的调整，甚至出现了前后矛盾的现象，但最终宏观政策成功地应对了这些不确定性，并取得了预期的效果。

【扩展阅读 7.2】

60 年美国财政政策松紧逻辑：川普财政刺激能给世界带来什么变化[①]？

特朗普当选美国总统以及他的减税、加大基建投资、贸易保护主义的政策组合一时间成为资本市场风口浪尖的话题。在货币政策逼近极限、经济长期维持低增长、低通胀的形势之下，最受关注的便是特朗普的财政刺激。基于美国财政刺激以及相应的通胀预期，美元指数已从大选日最低点的 95 水平上涨至 101.2，已经突破了美联储本轮开启货币政策正常化以来的最高水平，也是 2003 年 5 月以来的最高水平，其他货币均相对美元呈现不同程度的贬值；美国 10 年期国债收益率也从 1.86% 迅速升至 2.34%，短短 5 日上升了 48BP，并且带动了欧债和日债和新兴市场国债收益率的同步上行，日本 10 年期国债收益率已升至 0 以上，中美利差显著收窄、美德利差明显上升；从 CRB 指数来看，大宗商品整体也呈现上涨之势。

预期层面的变化已经显现，然而未来特朗普主导的财政政策将对货币政策、经济增长、通胀、资产价格产生怎样的影响，则是最为重要的问题。

1. 回顾美国的财政政策

1933~1945 年：扩张性财政政策与罗斯福政府

扩张性财政政策是英国经济学家凯恩斯针对 20 世纪 30 年代西方国家出现普遍性经济大萧条提出来的。凯恩斯认为，经济中之所以会出现失业和萧条是总需求不足的缘故，要解决经济问题就要想办法增加总需求。因而，凯恩斯主义的核心原则就是彻底放弃过去新古典传统的经济自由主义信条，采用政府积极干预经济的办法来解决严重的失业和萧条问题。在经济萧条中，主要问题是由于资本边际效率的崩溃所引起的，因而采用货币政策很难达到预期的效果，只有采用扩张性财政政策才能解决问题。为此，凯恩斯主张摒弃平衡收支的古典财政原则，实施减税增支的办法，通过减税、大量举借公债，实行赤字预算，并积极扩大政府开支来扩大社会总需求。

"罗斯福新政"的反危机政策被看作是对凯恩斯理论主张地实践尝试。面对 20 世纪 30 年代美国严重的失业问题，罗斯福政府运用大量政府开支举办了很多市政公共工程和基础设施建设，建立了平民自然资源保护队，雇佣失业青年从事造林和水土保持等工作等。政府还拨款帮助各州、各地区对失业者和生活贫困家庭进行直接救济或以工代赈，给大批失业者提供就业机会，以减少社会的不稳定。严重的经济衰退使财政赤字额不断增大，到 1938 年 6 月美国国会通过为开支计划拨款的立法时，财政赤字已经达到了 29 亿美元。

1946~1960 年：补偿性财政政策与杜鲁门、艾森豪威尔政府

美国凯恩斯主义经济学家阿尔文·汉森更为全面地提出了补偿性财政政策的思想，即在经济萧条时期，政府应当增加财政支出以扩大有效需求、增加就业量；而在经济高涨和通货膨胀时期，政府则应当减少财政支出，实现预算平衡或结余，以便控制通货膨胀。这样就能够不拘泥于当年的财政预算平衡，而着眼于实现预算的周期性平衡。20 世纪 50 年代，美国政府采用了汉森提出的补偿性财政政策，虽然经济中没有出现严重的财政赤字与通货膨胀，但经济增长缓慢。在艾森豪威尔担任总统的八年中，有三年是有财政盈余的，而财政赤字的最高纪录是 125 亿美元。1953~1960 年，美国的实际国民生产总值平均每年增长 3%，而同一时期西德、法国、意大利、日本、苏联，甚至许多发展中国家的增长速度都大大高于美国。因此，这一时期被称为"艾森豪威尔停滞"。但是，考虑到那些国家的经济处于战后恢复时期，经济起点较低，因而，美国的经济增速相对不低。

1961~1980 年：增长性财政政策与肯尼迪、约翰逊、尼克松、福特政府

增长性财政政策是由美国经济学家赫勒与托宾提出，其主要内容是以充分就业与经济增长为目标的长期预算赤字政策。这是首次正式将凯恩斯主义的短期扩张性财政政策长期化的实际转变。赫勒认为，

[①] 谢亚轩. 沟通资本与分析师的桥梁，提供有深度的见解. 新财富 APP（www.ikuyu.cn），https://xueqiu.com/.

20世纪60年代初美国经济停滞和失业增加的原因是：潜在生产能力与实际生产能力之间已形成越来越宽的"鸿沟"，这是长期奉行补偿性财政政策的恶果。因为补偿性财政政策要求政府在经济危机之后增加税收和削减开支，以便弥补政府财政预算在采取反危机行动时所产生的赤字。而这种为弥补财政赤字所采取的增税减支政策，恰恰紧缩了经济中的总需求水平，从而对经济增长造成了一种"财政阻力"。在赫勒看来，政府必须实行以3.5%的经济增长率和4%以下失业率为目标的长期性赤字财政政策。因此，赫勒主张实行长期的扩张性财政政策。

这一思想的提出解除了财政赤字对政府的约束，长期赤字财政政策成为美国政府在20世纪60年代刺激经济增长的主要手段。事实证明，肯尼迪和约翰逊政府采用减税和扩大政府支出的扩张性财政政策的结果，使美国出现了第二次世界大战后最长时期的经济增长。1969年末美国失业率为3.5%，达到了凯恩斯主义者提出的充分就业水平（失业率低于4%）。肯尼迪和约翰逊两届政府的扩张性财政政策实践不仅使美国走出了经济的低谷，而且在经济持续增长的基础上进一步把美国推向了"福利国家"的道路，健全和完善了失业、养老、医疗等社会保险和社会福利制度，加强了联邦政府对医疗卫生和教育领域的干预，增加了人力资本投资，提高了劳动者素质，推动了科技进步。在基础设施方面，政府大量投资为私人投资改善了环境，普遍促进了工农业的发展，特别是汽车工业、建筑业、第三产业的发展和边远地区的开发制订了城市和环境保护立法，着手解决老城市衰败和环境污染的问题。

增长性财政政策的实行确实带来了美国战后经济发展的黄金时代，但财政赤字规模的不断扩大，在增加货币供给的情况下，最终导致了20世纪60年代末70年代初的美国经济"滞胀"问题。再加上70年代发生的世界性粮食短缺和石油危机，更使美国的失业率和通货膨胀都上升到了两位数。尼克松为了消除通胀危机，在一定程度上实施了紧缩性的财政政策，美联储也紧缩了货币供给，因此美国CPI进入1970年之后有所回落。但由于1968~1970年经济下滑过快，尼克松在1971年放弃了紧缩性财政政策，此时美联储也担心如果让市场利率快速上升，对整个金融市场的稳定性和金融机构的生存产生巨大威胁，因此重新维持60年代初以来的低利率政策。总体而言20世纪70年代美国持续实行充分就业导向的增长性财政政策，财政预算年年为赤字。

1981~1988年：偏向供给的扩张型财政政策与里根政府

供给学派认为，促进经济增长的着眼点不应是需求而应是供给，供给是需求的唯一可靠的源泉，没有出售产品的收入，也就没有可以用来购买商品的支出。因此，依据"萨伊定律"，制定一系列的供给管理政策来刺激储蓄，储蓄自动转化为投资，投资增加就能提高劳动生产率和增加产量，从而促进经济的增长，实现没有通货膨胀的充分就业均衡。

里根政府提出了"经济复兴计划"，大规模的削减个人和公司的所得税，削减非国防开支、增加国防开支，紧缩货币供给，抑制通货膨胀，切实放松政府管制，在几年之内实现平衡联邦预算。但大规模减税政策、扩大财政支出和紧缩货币供应量的组合造成了美国自身难以克服的高财政赤字问题。在1983年美国财政赤字高达2 000亿美元，这一财政赤字水平保持到了1986年。

同时，由于财政刺激，美国出现了"双逆差"，由债权国变为了债务国，贸易逆差不断扩大，美国的对外贸易政策逐渐背离了传统的所坚守的自由贸易的观念，里根政府开始实施以进口限额和反对其他国家出口补贴政策的贸易保护措施，并开展了与加拿大、以色列等国的双边贸易谈判。不过总体而言，在寻求贸易平衡时，里根政府所采取了进口限额和反对其他国家出口补贴的措施总体上是比较温和的。

整体而言，里根时代的经济增长确实好于70年代，失业率有所下降，不过未明显好于前期，通胀水平也明显低于70年代。但是，经济的改善是以财政赤字的上升为代价的。下一任总统老布什以"绝不加税"的口号竞选上台，但面对如此高的赤字不得不把税率提高，不过经济危机、海湾战争等各项因素的共同作用造成老布什任内联邦政府赤字占GDP比重仍然上升。

1993~2000年：新凯恩斯主义与克林顿政府

20世纪80年代末和90年代初美国的经济衰退与新自由主义经济政策的失误，为凯恩斯主义在理论和政策上走出危机提供了条件，1992年11月，克林顿当选为美国总统，积极采纳了新凯恩斯主义经济学的一些观点和政策主张。新凯恩斯主义的基本观点是：政府必须干预经济，尤其要进行财政干预，以实现充分就业和经济增长的战略目标。克林顿政府采取了以下具体措施：

（1）实行短期财政刺激：克林顿曾计划在执政的前两年内，增加310亿美元的政府开支，以缓解900万人的失业。不过，由于共和党人和部分民主党人认为当时的美国经济已经开始回升，无须刺激，并指责这项拨款提案没有相应地削减政府支出，会在今后几年增加联邦赤字，导致这项计划在国会讨论中被否决，只有用于延长失业救济的40亿美元开支获得国会通过。

（2）长期削减财政赤字计划：里根、布什时代积累了巨额的财政赤字和债务，挤出了私人投资，最终导致经济增长乏力；同时，巨额赤字负担与利息也使政府得不到足够的资金和民众的政治支持来推行扩张性财政政策。所以，对于克林顿政府来说，减少财政赤字势在必行，对此，政府是从增税和减支两个方面着手的：克林顿主张对高收入者提高税率，提高大企业的公司所得税，对中低收入家庭和小企业实行减税，克林顿计划在4年内削减国防费用、医疗保健和退伍军人福利开支等2 470亿美元。

（3）改革福利制度：强调建立更广泛的医疗保健网络，雇主应为职工提高医疗保险。

（4）长期投资计划：克林顿政府计划四年内投资1 600亿美元，以消除公共部门和私人企业的负债投资，其中将总计480亿美元的投资用于基础设施建设，如高技术产业、交通、通信、环保、能源、住房及社区开发等。此外，还要投资于教育、职业培训、研究与发展来开发人力资源。总体而言，互联网带动了美国90年代的经济增长和失业率的下降，但美国90年代的经济增速要低于80年代，不过通胀水平也更低。

2001～2007年：减税与小布什政府

小布什政府的经济理念是，宏观经济政策由强调适当政府干预向更多强调自由竞争转变。美国经济的基础是企业，美国需要的是小政府和大市场。

2001年美国经济又出现下滑趋势。为此，小布什总统启动了极具争议性的"10年减税"计划，税收政策也开始再次表现出供给学派的色彩，并倾向于保护富人利益。小布什政府的具体做法是：减税总额1.35万亿美元；全面降低个人所得税税率并简化税率级次，未成年子女的税收抵免额从500美元提高到1 000美元；遗产税的免征额由减税前的67.5万美元增加到2002年的100万美元及2009年的350万美元，最高边际税率由55%逐年降至45%，将于2010年取消遗产税，届时只保留赠与税。此外，小布什政府还大幅提高国防支出，奉行供应主义政策，小布什政府不仅刺激了国内经济复苏，同样也引发了世界范围内的减税，但美国财政状况也发生了迅速的恶化，从预算盈余骤变为赤字。

2009～2016年：扩张型财政政策、财政紧缩与奥巴马政府

面对金融危机，奥巴马政府启动了新一轮的经济刺激计划。政府加大财政政策的刺激力度，通过减税，增加政府支出来振兴经济。政府将7 000亿美元救市资金中尚未用完的3 500亿用于为房屋业主和小企业提供贷款，对低收入家庭减税，并对企业增加就业岗位进行减税，奥巴马的经济团队基本上否定了供给学派的思路，不是简单地减少公司所得税，而是结构性地减税。在政府支出上，奥巴马更多地回到凯恩斯主义刺激经济的路线上。同时，奥巴马增加了政府在社会福利和教育、科研等方面的开支，试图以此来刺激经济。在第一个任期，财政支出的扩大和财政收入的下降共同造成了高财政赤字。

2011年美国政府决定，如果议员们无法通过正常渠道就一系列旨在削减预算赤字的增税与减支政策达成一致，则会同意启动"自动削减赤字机制"，同时布什政府时期和金融危机后推出的经济刺激计划实行的减税政策将在2012年底到期。增税与减支这两项政策叠加在一起被称为"财政悬崖"，指支出大幅削减使得支出曲线看上去状如悬崖。

美国民主、共和两党在2012年12月31日达成解决"财政悬崖"的妥协议案，该议案2013年1月1日在国会参众两院投票获得通过。主要内容包括从2013年开始，美国将调高年收入45万美元以上富裕家庭的个税税率，失业救济金政策在2013年延长一年，把将在2013年年初启动的约1 100亿美元政府开支削减计划延后两月再执行等。总之，受制于财政赤字和债务上限等问题，奥巴马在第二任期内的财政政策相对较为紧缩，财政支出规模持稳（但占GDP比重下降）、财政收入上升（占GDP比重亦上升）使

得财政赤字相应改善。

2. 总结与思考

（1）从美国财政政策的历史看，美国积极财政的状况并不少见，1933～1945年的罗斯福政府、1981～1988年的里根时代、2001～2004年的小布什政府和奥巴马的第一任期都是采取了较为积极的财政政策。孤立来看，积极财政确实会给经济带来支撑，但是财政空间是有限的，里根大搞财政之后，老布什和克林顿时代均采取了加税来弥补赤字，甚至面对经济低迷也无法选择宽财政，因此其负面影响体现在了未来；奥巴马政府因应对金融危机造成了史无前例的高赤字，在其第二任期因受到了国会在预算上的约束采取了相对紧缩的财政政策，财政赤字有所修复，这也是特朗普有可能在财政上加码的基础。并且对特朗普而言，参众议院中共和党占领了多数席位，这对于其财政预算的通过是较为有利的。

不过，也不应孤立看待美国的需求改善，历来美国经济改善对于全球经济和中国出口的带动作用都较为明显。

（2）货币政策、利率水平基本和通胀水平相适应。80年代之前，通胀水平整体较高且不断上升，以1980年为拐点，80年代及之后美国通胀明显较70年代下降，因此虽然财政积极、经济过热、通胀上升曾带来了1983～1984年、1986～1989年的两轮加息，但政策利率的高点不断下降。

（3）里根时代与当前的背景存在显著的差异。滞胀是70年代、80年代的美国持续面对的问题，因此里根才采取了"紧货币、宽财政"的政策组合。而虽然当前美联储已进入加息周期，但全球的背景均为低利率、低增长、低通胀，美国距离其2%的通胀目标仍有差距，我们在《通胀及其预期的变化值得关注》中也曾经提示过，美联储主席耶伦在先前的演讲中表明，她认为当前的问题是总需求不足影响了总供给，并提出了"高压经济"可能是应对的办法之一，高压经济意味着货币政策对更低的失业率、更好的经济状况、更高的通胀水平有更强的容忍度。因此，当前背景下无法简单类比里根时代而预期美联储会在明年快速收紧货币政策。

（4）特朗普减税、加大基建投资、减债的财政蓝图不可能实现，从他希望给短期经济带来起色的执政意图看，财政赤字的扩大不可避免，而历史上美国财政赤字的上升领先于美元贬值。从特朗普当选后的公开表态看，基建、移民政策、减税均为他将要有所作为的政策方向，医疗方面则会先沿用奥巴马的方案，直至更好的方案完成。增支减税的财政方案必将带来更高的赤字水平，虽然财政刺激短期有利于美元指数走强（但当前美指已显著体现了这一预期），而从历史情况看，美国财政赤字的上升领先于美元贬值。这可能与美国政府的信用问题、加大负债过程中海外资金的流动等有关。

（5）从资产价格角度看，历史上通胀预期、利率上行与美元指数并不全然同步。以80年代为例，美国CPI于1980年见顶，10年期国债收益率于1981年见顶，1980～1984年，美元指数从85上升至160，随后便开始回落，同期美债利率也出现了一轮升降，但高点未突破1981年；股市在1981～1999年均快速上涨。而1995～2000年的美元走强中，国债收益率水平并未出现呈现明显的趋势性，显示出利率更多与通胀水平相适应。

【扩展阅读7.3】

关于总需求管理政策的争论

财政和货币政策思想，体现了凯恩斯主义经济学家的理论和政策主张，属于对经济进行干预的思潮。但也有另外一些经济学家反对这种干预，而主张经济自由。主张不主张经济干预，就是主张不主张对总需求加以管理和调节。如果主张管理和调节，又怎样来管理和调节，或者说按什么规则来管理和调节，对这些问题，经济学家有不同的看法。

一、要不要干预

在要不要采用政策来稳定经济的问题上，一些经济学家认为，经济波动的根源是外生因素的干扰，社会经济本身会适应这些干扰，市场会对经济环境变化提供良好的解决办法。例如，外生的冲击（如技术变革、战争、自然灾害等)造成了失业,只要想工作的愿意降低工资和非货币报酬要求,就总会找到工作,因而失业不会成为问题,政府不用为此干预,干预也无能为力。另一些经济学家(如新古典宏观经济学家)也相信市场会对经济变动做出迅速反应,政府干预政策不但在很大程度上无效,反而还会带来一些弊端。理由主要有:

一是政府预测能力有限。政府预测经济,要运用宏观经济计量模型。政府机构和私人企业为了预测市场和政策分析,建立了这样或那样的模型。这些模型由一些方程组成。然而这些方程的变量和参数并不会像模型中假设的那样准确。它们是多变的,难以捉摸的。例如,人们的边际消费倾向就不是一成不变的。这样,建立在这些模型基础上的经济政策是否能正确调控宏观经济也就成了问题。另外,政策实施后要经过一段时间(即时滞)才会显效,但政策制定者很难准确预测未来宏观经济的走向,原以为要衰退的结果反而热起来,原以为要升温的反而衰退。总之,宏观经济变动有很大的不确定性,而人们的预测能力又有限,这就给制定政策带来了难度。

二是政策的时滞。政策从认识到决策,再到实施和产生效果,要有一个时间过程。这种时滞分为内在时滞和外在时滞。内在时滞是指经济中出现了不稳定到决策者制定出恰当政策并付诸实施之间的时间间隔,包括认识时滞、决策时滞、行动时滞。外在时滞是指经济政策实施到对经济发生作用并达到预期目标所需要的时间过程。由于政策实施后首先要影响中间变量,再由中间变量影响到目标变量,这都需要一个时间过程。例如,减税政策实施后首先要影响到可支配收入(中间变量),然后才能影响到消费和投资进而影响到国民收入(目标变量)。通常说财政政策内在时滞较长,尤其决策时滞较长,而货币决策内在时滞较短,但其外在时滞较长。因为从变动货币供应量到影响利率,再到影响投资和国民收入,需要较长时间。不管怎样,财政政策和货币政策都有时滞。在此过程中,经济可能发生了与预期目标不同的变化,这就会影响经济政策效果。

三是公众对政策的反应。例如,政府制定增加货币供给的政策时,并没有考虑到理性预期的当事人能够利用有关货币政策规则的知识很快形成未来价格和其他经济变量的正确预期并采取相应的对策(如事先就要求提高工资、利率等)。如果公众(经济当事人)做出这种理性预期的对策,那么增加货币供应的政策就会变得无效。

基于以上种种理由,这些经济学家不主张对经济波动进行人为干预,相信市场本身会对经济的变动做出自动调整。

然而凯恩斯主义者则坚持稳定经济的政策是必要的、有效的。他们认为,经济在遭受来自需求或供给方的冲击后会衰退,工资和价格并不能迅速调整到市场出清状态。如果衰退引起了大规模失业,由于种种原因(例如工资合同未到期)企业并不能立刻降低工资,因而工人并不会很快重新就业。工资和价格即使会调整,但这种调整只能缓慢进行。要让经济调整到实际产量等于正常产量状态需要一个很长的过程,甚至可能要几年的时间。在这个过程中,经济处于非均衡状态,会出现经济萧条和失业局面,给社会带来长期痛苦。政府采取稳定的政策,即刺激需求的财政政策或货币政策,就会较快恢复经济。可见,这样的政策是必要的和有效的。

这种要不要采取稳定经济的政策的讨论还会长期进行下去,但实际上各国政府在发生经济较大波动时都是采取政策来调节的。

二、政策有效性的争论

上面已经讲到经济学家关于政策有效性的争论中的公众对政策的反应问题,但这是指公众对政府增加货币供给政策的反应问题。下面再看公众对财政政策的反应问题即政府用发行公债来刺激经济有没有效果问题上的争论。凯恩斯主义者认为,国家实行赤字财政政策时,用发公债比增加税收来弥补赤字要好,因为增加税收会直接影响消费需求,从而降低赤字财政政策的效果。

新古典主义经济学家 R. 巴罗根据当年(1817年)大卫·李嘉图的一个猜测,认为政府用公债筹资和用增加税收筹资可能对经济的影响是一样的,因为人们会认识到政府还债还是要用增加税收来解决,因此他们会把相当于未来增加税收的一部分财富储蓄起来。尽管李嘉图自己并不认为上述猜测在现实中行得通，但巴罗认为，按理性行事的人们确实是如此行事的，就是政府还债的更高赋税可能部分会落到后代人身上，但人们都是关心后代的，因此还是会增加储蓄给后代以应付还债。这就是所谓的巴罗—李嘉图等价定理。根据这一定理，政府借债只是公民纳税被推迟而已，故不会刺激消费。因此政府用发行公债搞赤字财政的政策是无效的。

巴罗—李嘉图等价定理受到凯恩斯主义者的批评。他们认为，人们通常并没有动机为超出自己生命限度的未来征税而积蓄财富，他们关心的是自己当前的利益，并不关心自己生命以外的事情，并不会认为今天的政府借债就是明天的更重的赋税从而为未来还债增加储蓄，而会把钱用于消费和投资。因此政府用发行公债搞赤字财政来增加总需求的政策还是有效的。

三、按什么规则对经济进行干预

如果认为政府还是应该对经济运行进行一定的政策干预或调节，那么就会产生另一个问题，要按什么样的规则进行干预？

从货币政策来说，经济学家提出过以下几种不同的政策规则。

第一种是稳定比率货币供应量增长的规则。这就是货币主义代表人物弗里德曼提出的所谓"单一规则"。他提出，在没有通货膨胀的情况下，按平均国民收入增长率加上人口增长率来规定并宣布一个长期不变的货币增长率，是货币政策最好的选择，此外就不要再作其他政策调节。据说这样的货币政策能给经济提供一个稳定的环境，可防止货币本身成为经济波动的根源。这一点本书后面还要说到。

第二种是以名义 GDP 为目标变量的政策规则。根据此规则，央行宣布一个名义 GDP 的年增长率目标，若名义 GDP 上升到此目标以上，就降低货币增长以抑制总需求。若低于此目标，就提高货币增长率以刺激总需求。据称这种规则会比上述单一规则的政策更能导致产出的稳定。

第三种是以一定的名义通胀率为目标变量的政策规则。根据此规则，央行公开宣布一个较低的通货膨胀率，然后根据实际通胀率与此目标通胀的偏离程度调整货币供给，即实际通胀率高于目标通胀率时就降低货币增长率以抑制总需求，反之则提高货币增长率以刺激总需求。据称这一规则具有容易操作且容易公布于众的优点。

第四种是以一定的真实利率（"真实"的联邦基金利率）作为操作变量的政策规则，这就是前面讨论过的泰勒规则。泰勒认为，在各种影响物价水平和经济增长率的因素中，真实利率是唯一能与物价（从而通货膨胀率）和增长（从而失业率）保持长期稳定关系的变量。因此，货币政策要能调节物价和经济增长，货币当局就应把调节真实的名义利率作为主要操作方式。若实际通胀率和失业率偏离目标值时，就应当调整名义利率，以抑制通胀或降低失业率。

对比上述四种规则不难发现，第一种规则即"单一规则"实际属于不主张政府干预的经济自由主义，因为按此规则，政府除按一定比率增加货币供应量外，其余都不用调节，市场本身会对经济波动做出调整。其余三种规则都属于主张国家对经济波动进行干预的思潮，且本质上也都是"相机抉择"的权衡性政策思想。它们都主张在经济波动时要用货币政策对经济作干预。它们的区别只是在把什么当作政策目标变量上。第二、第三种规则目标变量分别是 GDP 和通胀率，操作变量都是货币供应量。第四种规则的目标变量是通胀率和失业率（实际也是 GDP 增长率），操作变量是利率。可见，这三种政策规则的区别只是在政策目标和操作变量的选择上。

复习思考题：

1. 什么是自动稳定器？是否边际税率越高税收作为自动稳定器的作用越大？请说明它对缓和经济波动的作用。
2. 平衡预算的财政思想和功能财政思想有何区别？
3. 什么是挤出效应？说明其作用机制。
4. 画图说明财政政策效果与 IS、LM 曲线斜率的关系。
5. 画图说明货币政策效果与 IS、LM 曲线斜率的关系。

6. IS 曲线和 LM 曲线怎样移动才能使收入增加而利率不变？怎样的财政政策和货币政策的混合才能做到这一点？

7. 试述货币政策工具及其局限性。

8. 财政政策和货币政策搭配使用的方式和背景有哪些？

第八章 总需求—总供给模型：AD – AS 模型

教学目标和教学要求

通过引入价格水平，建立总需求—总供给模型，分析价格水平变动条件下产品市场、货币市场和劳动市场同时均衡时，均衡国民收入的决定及其波动。学习本章要求熟练掌握总需求曲线的形成，理解总供给曲线的不同形态及其形成原因，应用总需求—总供给模型解释现实经济波动中财政政策与货币政策的作用。

总需求和总供给是宏观经济学重要的分析变量，也是理解宏观经济学中一些重大问题的基础。前面有关宏观经济问题的研究，都是在一般价格水平固定不变的假设条件下进行的，这些都没有说明产量（收入）和价格水平之间的关系。本章在取消了价格水平固定不变的假设条件下，着重说明产量和价格水平的决定。首先分析总需求，其反映的是产品市场和货币市场的均衡特征，是建立在第六章所学内容基础上；其次分析总供给，其反映的是劳动力市场均衡特征，是建立在第四章所学内容基础上；最后分析总需求和总供给的短期均衡及其波动。

第一节 总 需 求

一、总需求

总需求（Aggregate Demand）是指社会在一定价格水平下所愿意购买的产品和服务的总量。这一需求总量通常以产出水平来表示，也就是国内生产总值。因此，总需求反映了价格水平和总需求量之间的关系。

按照总需求的定义，用 AD 代表总需求，在开放经济条件下总需求由以下四个部分构成：

$$AD = C + I + G + NX$$

其中，C 为消费需求，指国内居民对最终产品和服务的需求；I 为投资需求，指企业购买资本品的需求；G 为政府需求，指政府购买产品和服务的需求；NX 为净出口，指外国购买本国产品和服务的净需求。总需求的四个构成部分实际上也是总支出的四个组成部分。

总需求函数表示的是需求总量和一般价格水平之间的关系，或者说是一般物价水平与均衡支出或国民收入之间的关系。如果以 AD 表示经济社会的总需求，P 表示一般物价水平，则总需求函数可表示为：$AD = AD(P)$

二、总需求曲线

（一）总需求曲线含义

总需求曲线（The Aggregate Demand Curve，AD）反映了在其他条件不变的情况下，价格水平与商品总需求量之间的关系。如图 8-1 所示。

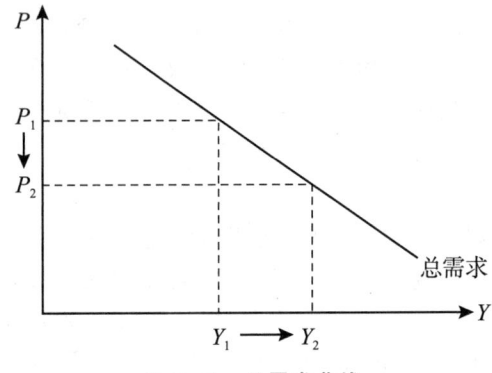

图 8-1　总需求曲线

图 8-1 反映了价格水平与总需求之间的关系。图 8-1 中，横轴为产量 Y，纵轴为价格水平 P，当价格由 P_1 降到 P_2 时，产量由 Y_1 增加到 Y_2。即物价水平的下降会导致物品与劳务的需求量增加。可见，物价水平与总需求量之间存在反方向变动关系，总需求曲线向右下方倾斜。

（二）总需求曲线推导

我们可以利用 IS-LM 模型来推导总需求曲线。

在 IS-LM 模型中，一般价格水平被假定为一个常数。现在假设其他条件不变，唯一变动的是价格水平，价格水平的变动不会影响产品市场的均衡，即不会影响 IS 曲线，但会影响货币市场的均衡，即 LM 曲线会发生移动。因为 IS 曲线的变量被假定是实际变量而不是随价格变化而变动的名义变量，但 LM 曲线中的货币供给量则有名义货币供给量和实际货币供给量之分。

由第六章我们知道，如果以 m 表示实际货币供给量，M 表示名义货币供给量，P 代表价格水平，则有

$$m = \frac{M}{P}$$

由上式可以看出，实际货币供给量取决于名义货币供给量和价格水平。当名义货币供给量不变而价格水平下降时，会使实际货币供给量增加。如果货币需求不变，则实际货币供给量的增加会使货币市场上的货币需求小于货币供给，从而使利率水平下降。利率水平

的下降又会使投资增加,从而使总需求增加。因此,价格水平下降的结果是使总需求增加。同样,如果价格水平上升,则会使总需求减少。在宏观经济学中,将价格水平变动引起利率同方向变动,进而使投资水平反方向变动的情况,称为利率效应。另外,价格水平下降还会使人们所持有的货币及其他以货币固定价值的资产的实际价值增加,从而使人们变得相对富有,这又会使人们增加消费需求。这种效应被称为实际余额效应。而且,价格水平下降会使人们的名义货币收入减少,降低人们的纳税档次,并使人们的税负减少,可支配收入增加,从而增加消费需求,这种效应被称为税收效应。

当价格不变时,名义货币供给量增加,会使 LM 曲线右移;同样,当价格水平下降时,实际货币供给量增加,也会使 LM 曲线右移。如图 8-2(a)所示,当价格水平为 P_0 时,LM_0 曲线与 IS 曲线相交于 E_0 点,决定了使货币市场和产品市场同时均衡的收入水平 Y_0 和均衡利率水平 r_0。当价格水平由 P_0 降为 P_1 时,实际货币供给量增加,LM 曲线向右下方移动,由 LM_0 移至 LM_1,又因为 IS 曲线一般不受物价水平影响,这时 LM_1 曲线与 IS 曲线相交于 E_1 点,均衡利率则由 r_0 下降为 r_1,利率下降使投资增加,实际收入水平随之从 Y_0 增加到 Y_1。由此在图 8-2(b)中,如果以价格水平作为纵轴,实际收入水平作为横轴,将与 P_0、P_1 对应的 Y_0、Y_1 组合点连接成一条线,即可以构成总需求曲线。AD 曲线向右下方倾斜,这反映了实际总需求与一般价格水平之间反方向变动的关系。

图 8-2 说明了价格水平变动对总需求的影响过程。

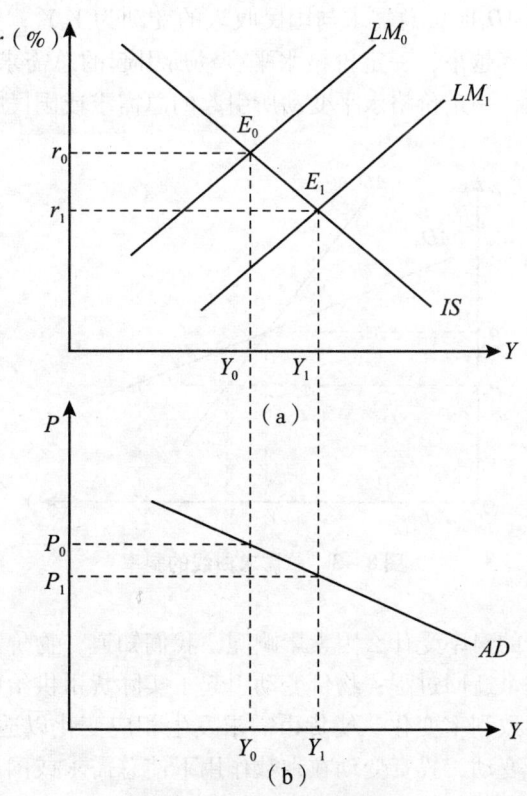

图 8-2 总需求曲线的推导

通过以上分析，我们知道了尽管总需求曲线 AD 与微观经济学中的需求曲线形状相似，但实际上两者的含义不同。微观经济学中的需求曲线仅是简单反映了某种商品的需求法则；而总需求曲线反映的则是物价水平（P）下降，实际货币供给$\left(m=\dfrac{M}{P}\right)$增加，货币市场超额供给$\left(m=\dfrac{M}{P}>L\right)$，引起利率（$r$）下降，从而投资（$I$）增加，最终总需求或收入水平（$Y$）增加这样一个复杂的过程。总需求曲线概括地显示了价格水平和实际收入之间的反向关系，同时产品市场和货币市场达到均衡。

（三）总需求曲线的斜率

总需求曲线的斜率反映了既定的价格水平变动所引起的总需求与国民收入的不同变动情况。一般来说，总需求曲线的斜率越大，曲线越陡峭，如图 8-3 中的 AD_1 所示，在这种情况下，一定的价格水平变动所引起的总需求与国民收入变动越小；相反，总需求曲线的斜率越小，曲线越平坦，如图 8-3 中的 AD_0 所示，在这种情况下，一定的价格水平变动所引起的总需求与国民收入变动越大。

图 8-3 中有两条总需求曲线，其中，总需求曲线 AD_0 较为平坦，斜率较小；AD_1 较为陡峭，斜率较大。当价格水平由 P_0 下降到 P_1 时，不同斜率的总需求曲线上总需求或者说国民收入的变动幅度是不同的。当总需求曲线为 AD_0 时，总需求与国民收入的变动为 Y_0Y_2；当总需求曲线为 AD_1 时，总需求与国民收入的变动为 Y_0Y_1；并且 $Y_0Y_2>Y_0Y_1$。也就是说，总需求曲线的斜率越小，一定价格水平变动所引起的总需求或国民收入变动越大；总需求曲线的斜率越大，一定价格水平变动所引起的总需求或国民收入变动越小。

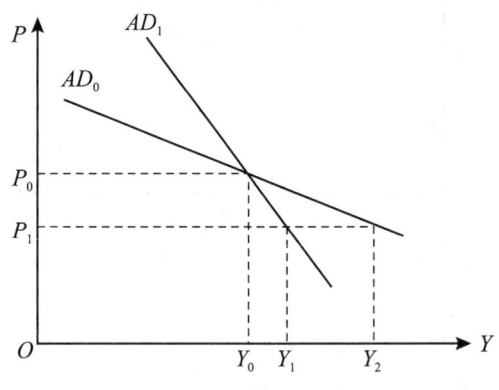

图 8-3　总需求曲线的斜率

那么，总需求曲线的斜率受什么因素影响呢？我们知道，物价水平变动导致总需求或国民收入变动的过程是个迂回过程；物价变动引起了实际货币供给的变动，于是造成货币市场的不均衡，从而导致利率变化，使货币需求发生相应变化以适应新的货币供给水平；利率变化又会导致投资变动，投资变动在乘数作用下使总需求或国民收入发生变化。因此总需求曲线的斜率取决于货币需求的利率弹性、货币需求的收入弹性、投资需求的利率弹性以及投资乘数等多种因素。由前所知，价格水平的变动是通过实际货币供给量的变动来影响总需求的。因此，实际货币供给量的变动对总需求的影响就决定了总需求曲线的斜率，即决定实际货币供给存量对总需求影响大小的因素也决定了总需求曲线的斜率。如果既定的实际货币供给量的变动所引起的总需求的变动大，则总需求曲线的斜率就小；相反，如果既定的实际货币供给量的变动所引起的总需求的变动小，则总需求曲线的斜率就大。

具体来说，影响总需求曲线斜率的因素主要有以下几个。

第一，货币需求的利率弹性。货币需求对利率的灵敏度越小，总需求曲线的斜率越小。这是因为当价格变化使实际货币供给变化造成货币市场供求不平衡时，如果货币需求对利率的灵敏度小，就需要利率有一个较大的变化，才能使货币需求有相应变化，使货币市场重新达到均衡，而利率的较大变化将导致投资以及总需求的较大变化，也就是总需求曲线的斜率较小。

第二，投资需求的利率弹性。投资对利率的灵敏度越大，总需求曲线的斜率越小。这是因为，当价格变化使实际货币供给变化导致货币市场供求不平衡时，为恢复货币市场均衡，利率就必然会变动。投资对利率的灵敏度越大，利率变动引起投资需求的变化量越大，从而总需求的变化就越大，也就说明总需求曲线斜率较小。

第三，货币需求的收入弹性。货币需求对收入的灵敏度越小，总需求曲线的斜率越小。这是因为当价格变化使实际货币供给变动时，如果货币需求对收入的灵敏度越小，则需要收入的较大变动才能使货币交易需求有相应变化，从而使货币市场恢复均衡。也就是当要求总需求有较大变化时，总需求曲线的斜率越小。

第四，乘数。投资乘数越大，总需求曲线的斜率越小。这是因为当价格变动引起利率变动从而导致投资变动时，如果投资乘数较大，经过乘数的放大作用，总需求或总收入的变化就较大，也就是说总需求曲线越平坦，斜率越小。

可以看出，总需求曲线的斜率与货币需求的利率弹性、货币需求的收入弹性呈同方向变化，而与投资需求的利率弹性和乘数呈反方向变化。

另外还有两种特例。第一种情况是，货币需求对利率的灵敏度为零，也就是货币需求只有交易需求。LM 曲线是垂直的，货币实际供给量的变动对总需求的影响很大，因而 AD 曲线非常平缓，几乎是一条水平线。第二种情况是，公众愿意在利率不变的条件下持有任何数量的货币实际余额，LM 曲线是一条水平线，因此价格变动引起的实际货币供给量变动对总支出或收入的影响很小，总需求曲线 AD 很陡，几乎是一条垂线。当然以上只是两种极端情况，一般 AD 曲线是一条向右下方倾斜的曲线。

（四）总需求曲线的移动

总需求曲线向右下方倾斜表明物价水平下降增加了物品与劳务的总需求量。但是，许多其他因素也会影响物价水平既定时的物品与劳务的需求量。当这些因素中的一种因素变动时，总需求曲线也会移动。从宏观经济的角度来看，造成总需求曲线移动的主要因素有以下几方面。我们用图 8-4、图 8-5 来说明。在图 8-4、图 8-5 中的（b），横轴为产出 Y，纵轴为价格 P，AD_0、AD_1 分别代表不同的总需求曲线。

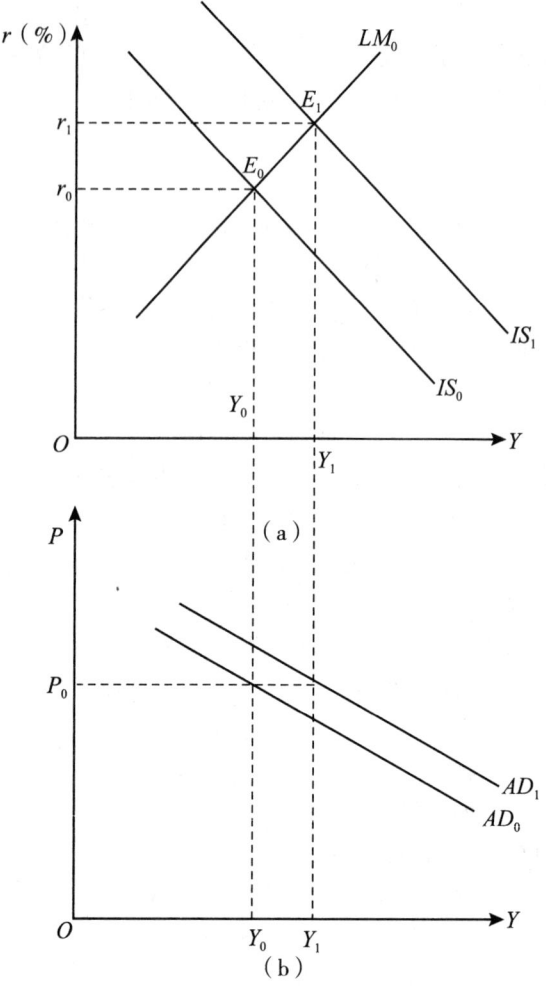

图 8-4 IS 曲线变动时总需求曲线的移动

1. 消费变动引起的移动

在物价水平既定时，消费支出增加引起物品和劳务的需求增加，总需求曲线向右移动，由 AD_0 右移到 AD_1。具有这种效应的政策变量之一是政府的税收水平，当政府减税时，IS 曲线向右移动，即政府鼓励人们更多地支出，因此总需求曲线向右移动，由 AD_0 右移到 AD_1。当政府增税时，人们削减支出，因此总需求曲线向左移动。

2. 投资变动引起的移动

任何一个改变企业在物价水平既定时的投资态度的因素都会使总需求曲线移动。如果企业对未来经济持乐观态度，企业就会加大投资，会使 IS 曲线向右移动，在物价水平既定时，物品与劳务的需求量增加，总需求曲线向右移动，由 AD_0 右移到 AD_1。相反，企业对未来经济状况持悲观态度，它们就会削减投资支出，总需求曲线便会向左移动。

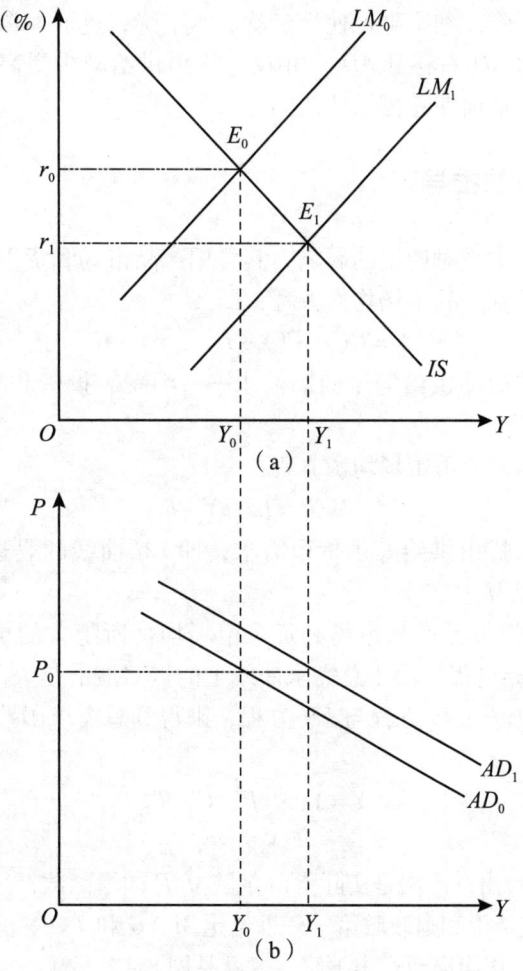

图 8-5　LM 曲线变动时总需求曲线的移动

3. 税收政策引起的变动

税收政策也可以通过投资影响总需求，投资税收优惠可增加企业在利率既定时需求的投资品数量。因此，投资税收优惠使 IS 曲线向右方移动，则总需求曲线向右移动，由 AD_0 右移到 AD_1。相反，投资税收优惠的取消可减少投资，使总需求曲线向左移动。

4. 政府购买变动引起的移动

政府对物品和劳务购买的增加（增加对国防或高速铁路建设的支出）使 IS 曲线向右方移动，则总需求曲线也向右移动，由 AD_0 右移到 AD_1。政府对物品与劳务购买的减少（削减国防或高速铁路建设支出）使总需求曲线向左移动。

5. 净出口变动引起的移动

在物价水平既定时，增加净出口的事件（国外经济繁荣、投机引起的汇率下降）使 IS 曲线向右方移动，则总需求曲线也向右移动，由 AD_0 右移到 AD_1。相反，减少净出口的事件（国外经济衰退、投机引起的汇率上升）使总需求曲线向左移动。

6. 货币供给引起的变动

货币供给是影响投资和总需求的另一个政策变量，短期中货币供给增加，LM 曲线向右移动，结果是利率下降。利率降低使得借款成本下降，进而刺激了投资需求，从而使总需求曲线向右移动，由 AD_0 右移到 AD_1。相反，货币供给减少提高了利率，增加了投资成本，抑制了投资需求，从而使总需求曲线向左移动。

三、总需求函数的推导

总需求说明了价格水平对产出的影响，其可用产品市场和货币市场均衡推导出来。

在第三章，我们得到产品市场均衡方程：

$$Y = C(Y - T) + I(Y, r) + G$$

产品市场均衡要求商品供给等于商品需求——消费、投资和政府购买之和，即 IS 曲线的表达式。

在第五章，我们得到货币市场均衡方程：

$$M/P = L = kY - hr$$

货币市场均衡要求货币供给等于货币需求，即 LM 曲线的表达式。注意：LM 等式左边是实际货币存量，即 M/P。

用 IS-LM 关系可以推导产品市场和货币市场均衡所隐含的价格与产出之间的关系，图 8-2 显示了这一推导过程。由于总需求曲线上的点对应的是 IS 曲线和 LM 曲线的交点，故推导总需求函数可以联立 IS 方程与 LM 方程，来得到总需求函数，即产出与价格水平的关系式 (8.1)。

$$Y = Y(M/P, \ G, \ T) \tag{8.1}$$
$$(+, \ +, \ -)$$

从式 (8.1) 可以看出，产出是实际货币存量 M/P 的增函数，是政府购买 G 的增函数和税收 T 的减函数。给定货币和财政政策——即给定 M、G 和 T——价格水平 P 的上升导致实际货币存量 M/P 下降，从而导致产出下降，这就是图 8-2（b）中 AD 曲线所表示的关系。

第二节 总 供 给

一、总供给

总供给（Aggregate Supply）是指全社会的总产量（或总产出），即全社会在不同价格水平上所提供的商品和劳务的总量。总供给函数表示的就是供给总量和一般价格水平之间的关系，即全社会愿意并能够生产的商品量与价格之间的关系。若用 AS 代表经济社会的总供给水平，以 P 代表一般物价水平，则总供给函数可表示为：

$$AS = AS \ (P)$$

二、总供给曲线

总供给曲线（The Aggregate Supply Curve）反映了价格水平与产量的关系，即在某种价格水平时整个社会的厂商所愿意供给的产品总量，表示的是总供给量与一般价格水平之间的关系。一般而言，总供给主要由劳动力、生产性资本存量及技术决定。一般价格水平通过影响实际工资、劳动市场供求关系及就业量而最终影响总供给量。

在总供给分析中，工资行为的决定具有十分重要的作用。但不同经济学家对工资行为的决定有着不同的解释，因而形成了不同的总供给曲线。

三、古典总供给曲线

古典总供给曲线是根据古典学派经济学家对总供给的分析归纳出来的反映价格水平与总产出之间关系的曲线。古典学派经济学家以工资有完全的伸缩性（弹性）假说为基础，因而该模型又被称为"无摩擦的古典模型"（Frictionless Neoclassical Model）。在这一假说下，劳动市场上的均衡就业量是实际就业量，同时也是充分就业量。

（一）工资弹性假说

工资弹性假说的基本内容是：工资以适应劳动力市场供求的变动而迅速变动，当劳动力市场上供给大于需求时，工资会迅速下降，而劳动力市场上供给小于需求时，工资又会迅速上升，通过工资水平这种迅速而及时的变动，经济就总是处于充分就业状态。

这一假说实际上是假设：第一，劳动力市场是完全竞争的。即不存在工会对劳动供给的垄断及厂商对劳动力需求的垄断；劳动力的流动是完全自由的，信息是完全的，交易费用为0。厂商增加或减少劳动力也无须支付任何费用。第二，劳动力的供求取决于实际工资水平。第三，工资对于劳动力市场的调节是迅速的、及时的，没有时滞的。

（二）劳动力市场均衡

劳动力市场均衡是通过分析劳动力需求与劳动力供给的决定，推导出劳动力市场均衡的条件，从而为确定总供给曲线奠定基础。

1. 劳动的需求函数

劳动就业量是劳动力市场均衡时，也就是劳动力需求与劳动力供给均衡时决定的就业量，通常用 N 表示。劳动力的需求量是指在既定工资水平下厂商愿意雇佣的劳动力数量。显然，厂商为了实现利润最大化，总是使劳动力的需求量处于劳动力的边际收益与劳动力的边际成本相等的状态。如果劳动力的边际产出用 MP_L 表示，劳动力的边际收益可表示为 $MP_L \times P$，而劳动力的边际成本就是为每单位劳动力支付的工资率 W，因此 $W = MP_L \times P$，即追求利润最大化的厂商使用劳动的原则是使劳动的边际收益等于劳动的边际成本。用公式表示为

$$MP_L = \frac{W}{P} \tag{8.2}$$

当劳动的边际产出为既定时，劳动的需求就取决于实际工资水平，是实际工资水平的反函数，即实际工资水平上升，劳动需求减少；实际工资水平下降，劳动需求增加。也就是说，只有当实际工资水平 $\frac{W}{P}$ 下降时，厂商才愿意多雇用劳动力。劳动的需求函数可以写为

$$N_d = N_d\left(\frac{W}{P}\right) \tag{8.3}$$

劳动需求函数可以用图8-6来表示。在图8-6中，横轴 N 表示就业量，纵轴 W/P 表

示实际工资水平，N_d 为劳动需求曲线。当实际工资为 $\frac{W}{P_0}$ 时，劳动的需求量为 N_0；而当实际工资下降为 $\frac{W}{P_1}$ 时，劳动的需求量增加到 N_1；当实际工资上升为 $\frac{W}{P_2}$ 时，劳动的需求量减少到 N_2。

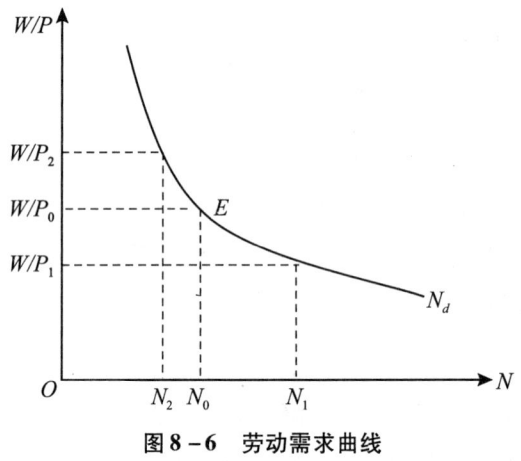

图 8-6 劳动需求曲线

2. 劳动供给函数

劳动力的供给也取决于实际工资水平，由于实际工资较高，则劳动者不工作放弃的实际收入就比较多，不工作的机会成本较高，因此人们会愿意多劳动，以劳动代替闲暇。一般情况下，劳动力供给随着实际工资的增加而增加，于是劳动供给函数可以表示为

$$N_s = N_s\left(\frac{W}{P}\right) \tag{8.4}$$

劳动供给函数可以用图 8-7 来表示。在图 8-7 中，横轴 N 表示就业量，纵轴 W/P 表示实际工资水平，N_s 为劳动供给曲线。当实际工资为 $\frac{W}{P_0}$ 时，劳动的供给量为 N_0；而当实际工资下降为 $\frac{W}{P_1}$ 时，劳动的供给量减少到 N_1；当实际工资上升为 $\frac{W}{P_2}$ 时，劳动的供给量增加到 N_2。

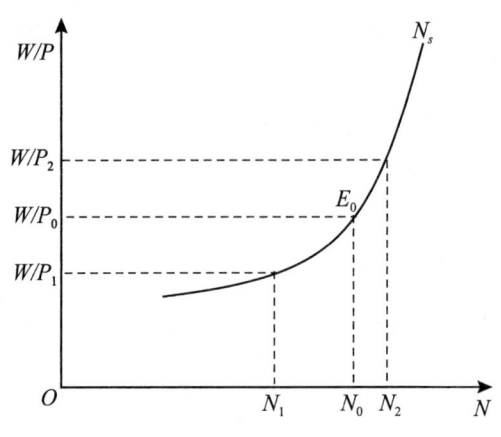

图 8-7 劳动供给曲线

3. 劳动力市场的均衡：就业量的决定

劳动力市场均衡的条件是：$N_d\left(\dfrac{W}{P}\right) = N_s\left(\dfrac{W}{P}\right)$，可用图 8–8 来说明。

在图 8–8 中，劳动需求曲线 N_d 与劳动供给曲线 N_s 相交于 E 点，决定了均衡实际工资水平为 $\dfrac{W}{P_0}$，均衡就业量为 N_0。根据工资弹性假说，E 点所决定的就业量 N_0 是均衡就业量。因为，如果劳动需求大于劳动供给，则实际工资水平会迅速上升，从而使厂商减雇工人，就业减少；而如果劳动供给大于需求，即存在失业，则实际工资水平会迅速下降，从而使厂商增雇工人，就业增加，失业减少。当劳动需求与劳动供给相等时，劳动力市场也就不再进行调整。即在实际工资的调整下，劳动供给与劳动需求相等时的就业量一定是均衡就业量，同时也是充分就业时的就业量。

实际工资水平 $\dfrac{W}{P}$ 取决于名义货币工资率 W 和价格水平 P，当名义货币工资率 W 一定时，若价格水平下降，则实际工资率上升。如图 8–9 所示，曲线 W_1 表示较高的名义货币工资水平。

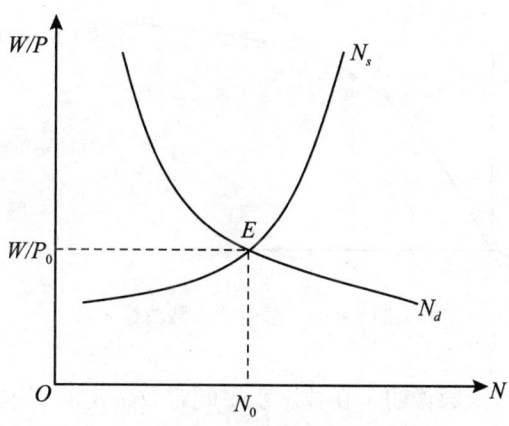

图 8–8 劳动力市场均衡

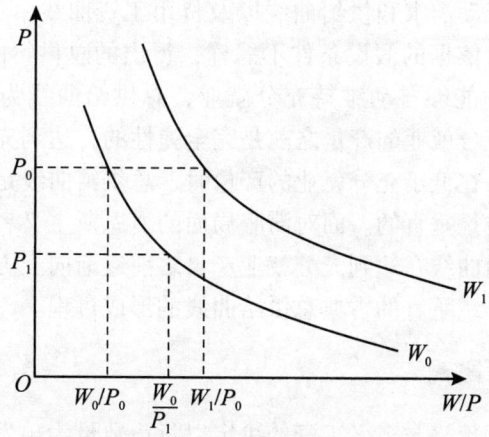

图 8–9 货币工资曲线

(三) 就业量与产量的决定

古典学派认为,产量取决于就业量。也就是说,在假设资本数量与技术条件既定的情况下,产量的大小只由劳动量来决定。以 Y 代表总产量,N 代表投入生产的就业量,$\bar{K}$ 代表短期内不能改变的资本数量,则古典学派的生产函数可以表示为

$$Y = F(N, \bar{K}) \tag{8.5}$$

宏观生产函数又称总量生产函数,是指整个国民经济的生产函数,它表示总投入与总产出之间的关系。式(8.5)表示的就是宏观生产函数。

古典学派的生产函数具有两个重要的性质:第一,总就业量决定了总产量;第二,由于"报酬递减规律"的作用,随着总就业量的增加,总产量按递减的比率增加。古典学派的生产函数即式(8.5)可以用图 8-10 来表示。

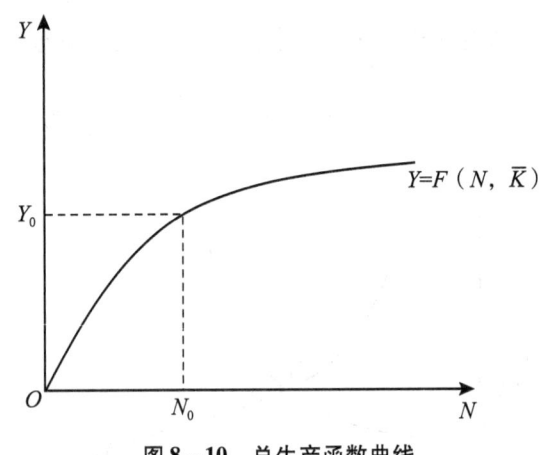

图 8-10 总生产函数曲线

古典学派的宏观生产函数说明了在技术水平既定及一定的资本存量下,总产量与总就业量之间的关系。也就是说,在一定时期和一定条件下,总供给主要由经济的总就业水平来决定。

已知总生产函数、劳动需求和供给曲线以及货币工资曲线,就可以得到总供给曲线。但是由于西方经济学各自依据的假设条件不一样,得出的总供给曲线也不尽相同。例如,古典理论认为,市场机制能够自动维持充分就业,总供给曲线为一条垂直线。凯恩斯认为,总供给曲线在达到充分就业的产量之前是完全弹性的,达到充分就业的产量时,就完全缺乏弹性,也就是说,在低于充分就业的产量时,总供给曲线是水平的;在达到充分就业的产量时,总供给曲线是垂直的。面对滞胀局面的凯恩斯主义者,对凯恩斯的总供给曲线做了修改,认为总供给曲线在达到充分就业产量之前逐渐向上方倾斜,在达到充分就业时成为垂线。下面我们介绍垂直的古典总供给曲线的形成过程。

(四) 古典总供给曲线

古典总供给模型关于价格与名义工资的决定以货币数量为出发点,并且认为,价格的变动最终并不影响实际工资水平,只影响名义工资水平,价格的变动与名义工资的变动是

同比例的。因此，价格的变动最终也并不影响劳动市场的均衡，不影响产量水平。货币是中性的。

根据以上假设，存在以下函数关系。

(1) 生产函数：$Y = F(N, \bar{K})$

(2) 实际工资水平：$w = W/P$

(3) 劳动需求函数：$N_d = N_d\left(\dfrac{W}{P}\right)$

(4) 劳动供给函数：$N_s = N_s\left(\dfrac{W}{P}\right)$

(5) 劳动市场均衡：$N_e = N_d = N_s = N_f$

可以用图 8-11 来说明总供给曲线的推导过程。

图 8-11 (a) 是根据 $w = W/P$ 画出的货币工资曲线。由于实际工资与价格水平反方向变化，所以，货币工资曲线向右下方倾斜。图 8-11 (b) 表示劳动市场均衡条件下劳动需求与劳动供给均等的关系。函数 $N_d = N_s$ 是劳动市场的均衡条件。图 8-11 (c) 表示宏观生产函数 $Y = F(N, \bar{K})$，总产出是总就业量的增函数，与总就业量同方向变化。在图 8-11 (a) 中，首先假设货币工资不变为 W_0，如果价格为 P_0，则实际工资为 w_0。在图 8-11 (b) 中，假设当实际工资为 w_0 时，劳动市场实现均衡，即劳动供给和劳动需求都为 N_0，经济中的充分就业量也为 N_0。根据生产函数，当就业量为 N_0 时，总产出为 Y_0，这一关系反映在图 8-11 (c) 中。这样，我们就可以在图 8-11 (d) 中找到价格水平为 P_0、收入为 Y_0 时价格水平与总产出的结合点，即图 8-11 (d) 中的一点 $A(Y_0, P_0)$。

当价格上升到 P_1 时，如果货币工资不变，仍为 W_0，则实际工资下降为 w_1，这时，$N_s < N_d$，从而使货币工资上涨，而且必须上涨到 W_1，使其实际工资恢复到 w_0，于是，就业量仍为 N_0，总产出为 Y_0。这样可以得到图 8-11 (d) 中的一点 $B(Y_0, P_1)$。同样，当价格下降到 P_2 时，可得到图 8-11 (d) 中的一点 $C(Y_0, P_2)$。将 A、B、C 三点连接起来就得到了一条垂直的 AS 曲线，这就是古典总供给曲线。

AS 曲线垂直的原因是：货币工资可以充分自由伸缩，因而任何价格水平的变化都会引起名义货币工资同向的变化，从而保持实际工资为均衡水平，就业、产量为充分就业均衡。

垂直的 AS 曲线表明，实际产出主要由充分就业时的生产要素数量决定，因而产出独立于价格。换句话说，当价格水平变化时，在经济中的价格和工资调整发生之后，产量水平将不发生变化。这也就意味着经济总是处于自然就业率的水平，从而不会出现长期的、大量的失业现象，这显然与现实不符。原因是古典宏观经济理论强调的是长期分析，没有分析短期的情况。在短期中，古典宏观经济理论关于劳动市场行为的假定是不成立的。

古典总供给曲线还显示出这样的政策含义，即影响总需求的财政政策和货币政策，只能使价格水平变动，不能对产出发生影响。

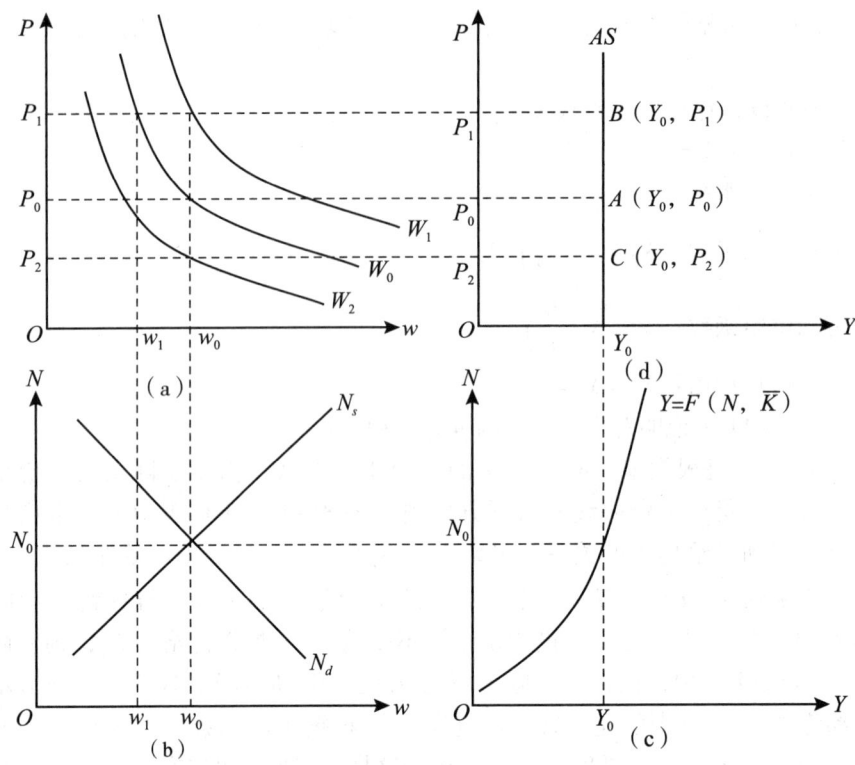

图 8-11 古典总供给曲线的推导

四、凯恩斯主义总供给曲线

凯恩斯主义总供给模型是对古典总供给模型的发展,凯恩斯主义者否定了古典主义者关于劳动力市场上货币工资具有充分弹性以保持充分就业均衡的假设。这两个模型的关键区别在于其工资行为的假说不同。古典总供给模型以工资完全伸缩性假说为出发点,而凯恩斯主义总供给模型则以工资黏性假说为出发点。

(一) 工资黏性假说

工资黏性假说是指:在短期内货币工资具有完全的向下刚性,但也具有完全的向上伸缩性,即工资有一个最低限度,无论劳动的供求如何变化,工资都不会低于这一水平,从而具有不能向下变动的刚性,但在这一最低限度之上,工资则可以随劳动供求关系的变动而变动,从而具有向上的伸缩性,简而言之,其假设工资具有黏性。

这一假说与古典工资完全弹性假说的区别在于:第一,承认工资的下降有一个最低限度,其根源在于劳动力市场并不是完全竞争的;第二,决定劳动供求的不是实际工资水平,而是名义工资水平,因而这一假说强调的是名义工资。

(二) 凯恩斯主义总供给模型中的劳动供给曲线

凯恩斯主义者将劳动供给量作为名义工资的函数。由于劳动者存在"货币幻觉",劳动供给量不取决于实际工资,而取决于名义工资。而且,根据工资黏性假说,可以将劳动供给曲线分为以下两种情况。

第一,当劳动供给小于充分就业水平时,劳动的供给只与工资下限即劳动者愿意接受的最低名义工资标准相关,而与价格水平无关。这部分劳动供给曲线为一段水平线。

第二,当劳动供给大于充分就业水平时,劳动的供给既取决于名义工资,也取决于价格水平,随着名义工资水平的上升,劳动供给量增加。这部分劳动供给曲线为向右上方倾斜的曲线。

凯恩斯主义总供给模型中的劳动供给曲线可以用图 8-12 来进行说明。

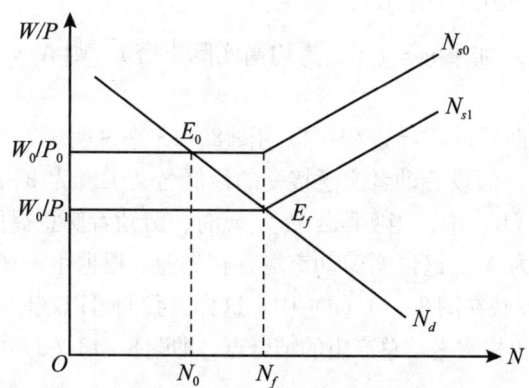

图 8-12 凯恩斯主义总供给模型中的劳动供给曲线

现在假设劳动者愿意接受的最低名义工资水平为 W_0,劳动需求曲线为 N_d,N_f 为充分就业水平。这样,无论价格水平是 P_0 还是 $P_1(P_0<P_1)$,劳动者都愿意提供从 0 到 N_f 的任何劳动量。当社会实现了充分就业以后,即在 N_f 点以后,只有当实际工资水平提高了,劳动者才愿意增加劳动供给量,因而劳动供给曲线向右上方倾斜。

在图 8-12 中,E_f 点为劳动市场处于充分就业状态,N_0 是失业状态。如果名义工资能够随劳动市场供求关系的变动而变动,即具有完全伸缩性,在存在失业时,名义工资可以下降,直至使价格水平为 P_0 时的实际工资水平与价格为 P_1 时的实际工资水平一样,劳动市场就可以实现充分就业均衡。但由于名义工资具有向下的刚性,劳动者不愿意接受低于 W_0 名义工资,从而存在失业就是必然的。

凯恩斯主义者反对古典学派经济学家通过降低名义工资从而降低实际工资来增加就业的做法,主张提高价格来降低实际工资以增加就业。从图 8-12 来看,当价格提高到 P_1,实际工资水平下降到 W_0/P_1 时,就实现了充分就业。

凯恩斯主义者之所以反对降低名义工资而主张提高价格水平主要有两点理由:第一,由于存在工资下限,降低名义工资必然引起劳动者的反对,因此,降低名义工资是行不通的;第二,即使降低名义工资是可行的,这种做法也无法增加就业,因为名义工资降低会减少劳动者的购买力,从而无法使劳动者购买增加的产量,最终仍不能达到增加产量与就业的目的。

(三) 凯恩斯主义总供给曲线

在凯恩斯主义总供给模型中，由于货币工资存在下限，通过以上分析，存在以下函数关系。

(1) 生产函数：$Y = F(N, \bar{K})$

(2) 实际工资水平：$w = W/P$

(3) 劳动需求函数：$N_d = N_d\left(\dfrac{W}{P}\right) = N_d(w)$

(4) 劳动供给函数：$N_s = N_s\left(\dfrac{W}{P}\right) = N_s(w)$

(5) 劳动市场均衡：如果 $w = w_e$（w_e 为均衡实际工资），则 $N_e = N_d = N_s = N_f$；如果 $w > w_e$，则 $N_e = N_d < N_f$。

凯恩斯主义总供给曲线的推导过程可以用图 8 – 13 来说明。

在图 8 – 13（a）中，假设劳动者愿意接受的最低名义工资为 W_0，此时价格为 P_0，实际工资为 w_0。在图 8 – 13（b）中，当实际工资为 w_0 时，劳动者愿意提供的就业量为 N_0，而劳动市场的充分就业水平为 N_f。这说明劳动市场存在失业。根据生产函数，当就业量为 N_0 时，总产出为 Y_0，这一关系反映在图 8 – 13（c）中。这样，我们可以在图 8 – 13（d）中找到价格水平为 P_0、产出为 Y_0 时价格水平与总产出的结合点，即图 8 – 13（d）中的一点 $A(Y_0, P_0)$。

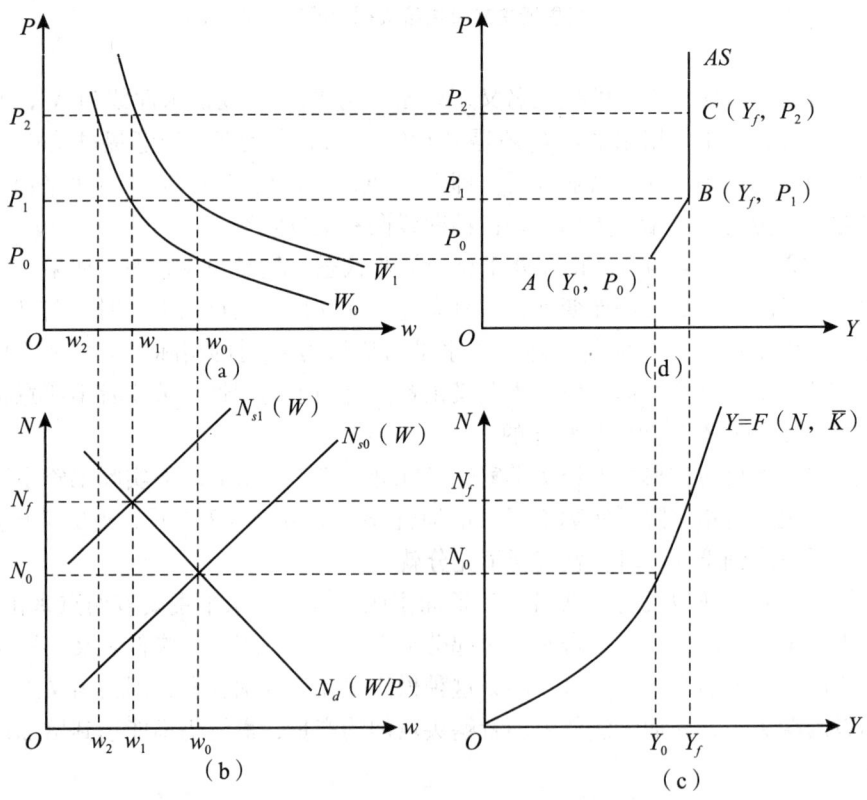

图 8 – 13　凯恩斯主义总供给曲线的推导

当价格上升到 P_1 时，如果名义货币工资不变，则实际工资会减少，由 w_0 减少到 w_1，劳动需求会增加，同时由于劳动者存在"货币幻觉"，因此劳动者愿意提供从 0 到 N_f 的就业量，此时，收入为 Y_f，Y_f 为充分就业时的产量。这样，可以得到图 8 – 13 (d) 中的一点 $B(Y_f, P_1)$。当价格再上升到 P_2 时，如果货币工资不变，则实际工资会减少到 w_2，劳动需求会进一步增加。此时，由于已经实现了充分就业，劳动需求大于劳动供给，会使货币工资提高，假设货币工资提高到 W_1，从而使实际工资为 w_1。由于实际工资不变，收入也不变，仍为 Y_f，据此可以得到图 8 – 13 (d) 中的一点 $C(Y_f, P_2)$。连接 A、B、C 三点就得到了总供给曲线 AS，其中 AB 段为凯恩斯主义总供给曲线。

五、总供给曲线的一般形状及其移动

（一）AS 曲线的一般形状与说明

以上讨论了两种主要学派的总供给曲线，综合以上分析，西方经济学者将总供给曲线分为三大部分，如图 8 – 14 所示。

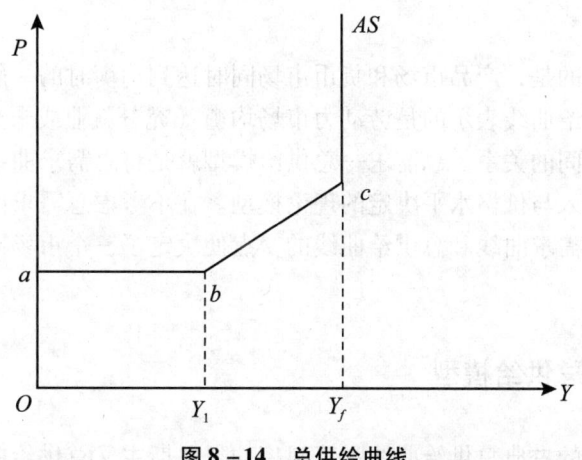

图 8 – 14　总供给曲线

(1) 水平部分。ab 这一段水平线，表示产量或实际收入可在价格不变的情况下增加。ab 这部分又被称为极端凯恩斯总供给曲线，这是凯恩斯所考察的低于充分就业阶段且社会上存在大量失业和资源设备闲置的情况，经济社会扩大产出不会提高现有平均成本，即厂商不必为增加产量而接受更高的成本水平。同时，资源要素的价格水平固定不变，因此，当产量减少时也不存在一般物价水平下跌的压力。

(2) 垂直部分。在 c 点以上的垂直部分，不论价格水平上升或下降，产量都不会扩大或减少，这时 $Y = Y_f$ 是充分就业时的产量，即经济社会所能产出的最大产量。这部分也被称为"古典"段，因为这部分所反映的正是古典经济学考察的情形，即经济社会在长期实现充分就业的情况，又称"长期总供给曲线"。

(3) 正斜率部分。这是夹在水平段和垂直段中间的部分，如图 8 – 14 中的 bc 部分所示。它表明了在资源接近充分利用的条件下，由于产量的增加会使生产要素的价格上涨，

从而使生产成本增加，进而推动整个价格水平的上升，亦即表明总供给与价格水平呈同方向变动。但这是短期内存在的情况，该曲线又称为"短期总供给曲线"。

(二) 总供给曲线的移动

通过分析总供给曲线的形成，可以看出尽管按不同假设条件得到不同形状的总供给曲线，但决定总供给曲线位置的不外乎是劳动市场的均衡状态和总生产函数这两个基本因素。因此，劳动力市场或总生产函数的变化最终都会导致 AS 曲线的移动。例如，劳动力需求减少，劳动力需求曲线向原点方向移动，会使均衡就业量减少，如果总生产函数不变，总供给曲线 AS 就会向左移动。这说明在同一物价水平下，由于对劳动的需求减少，使产量或实际国民收入减少，即供给总量减少。再如，如果由于技术进步等原因使劳动生产率水平普遍提高，则总生产函数曲线会向右上方移动，于是总供给曲线也会右移。这说明在同一物价水平下，劳动生产率的提高使实际产出或收入水平提高，也就是总供给量增加。

第三节 总需求—总供给模型

总需求曲线表示的是，产品市场和货币市场同时达到均衡时的一般价格水平与国民收入之间的关系。总供给曲线表示的是劳动力市场均衡（充分就业或未充分就业）时一般价格水平和国民收入之间的关系。总需求—总供给模型就是将总需求曲线和总供给曲线结合在一起来说明国民收入与价格水平决定的理论模型。在不考虑总需求曲线或总供给曲线发生变动的情况下，总需求曲线和总供给曲线的交点便决定了三个市场同时均衡时的国民收入水平和价格水平。

一、总需求—总供给模型

下面分别就垂直的古典总供给曲线和正斜率的凯恩斯主义总供给曲线部分与总需求曲线结合，分析均衡产出和均衡收入的决定。

(一) 货币工资完全弹性假设下均衡国民收入和价格水平的决定

图 8-15 所示的是古典的总需求—总供给模型。因为假定货币工资有弹性，因此，位于充分就业产量上的总供给曲线 AS 是一条垂直线，表示在充分就业的产量上，总供给曲线完全缺乏弹性，无论价格水平如何提高，都不会引起产量的增加。产量达到充分就业的水平，是基于古典总供给曲线关于货币工资完全有弹性的假设的结论。

可用图 8-15 来说明国民收入和价格水平的决定。在图 8-15 中，总需求曲线 AD 与总供给曲线 AS 相交于 E 点，该点决定的收入 Y_f 为充分就业收入。这是因为，总需求曲线上每一点反映了在给定价格水平的总需求量，而该总需求量又是由 IS 曲线和 LM 曲线的交点决定的；总供给曲线上每一点反映了在给定价格水平上的总供给量，而该总供给量又是由就业量决定的，在货币工资弹性的假定下，就业量是均衡的、充分就业的就业量。因此,总需求、总供给的交点表明产品市场、货币市场和劳动市场同时达到均衡。这时的收入被称为充分就业收入。

这一分析具有以下两点不足。第一,该分析依赖于货币工资弹性假定。而如果货币工资是刚性的,就有可能难以同时实现三个市场的均衡。第二,即使货币工资弹性成立,总供给曲线 AS 垂直,也可能出现总需求曲线不能与总供给曲线相交,从而经济出现不确定的状态,如图 8-16 所示。

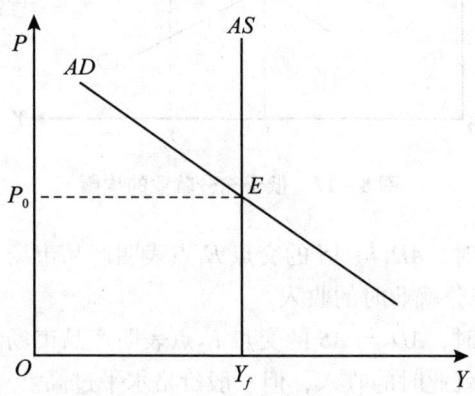

图 8-15 均衡国民收入的决定

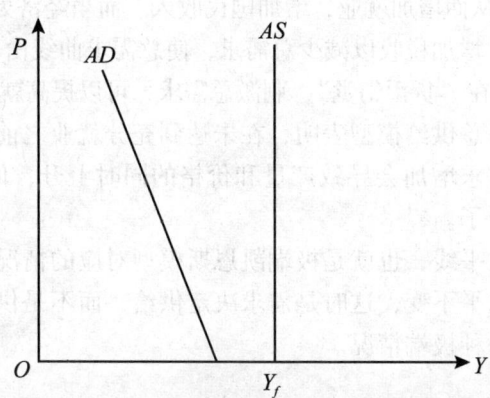

图 8-16 均衡国民收入的决定的特例

(二) 货币工资黏性假设下均衡国民收入与价格水平的决定

图 8-17 所示的是凯恩斯主义的总供给—总需求模型。在低于充分就业产量时,AD 曲线与向右上方倾斜的 AS 曲线相交;当产量达到充分就业产量时,AD 曲线与 AS 曲线的垂直段相交。

假定货币工资黏性,总供给曲线先向右上方倾斜然后垂直。由于 AS 曲线形状特殊,AD 与 AS 在 AS 曲线的不同位置相交,其经济含义也不同。

在图 8-17 中,当总需求曲线为 AD_0 时,AD_0 与 AS 的交点 E_0 点表明产品市场、货币市场和劳动市场同时实现了均衡,Y_f 为充分就业时的收入。

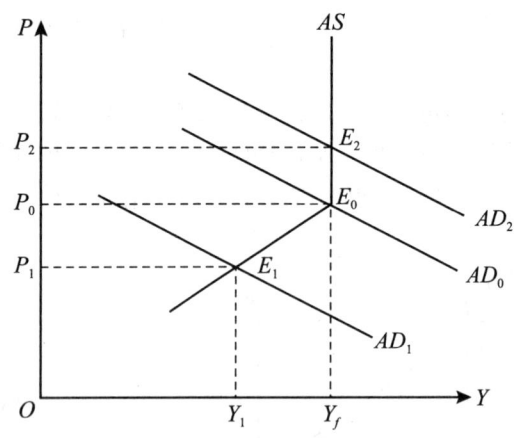

图 8-17 低于充分就业的均衡

当总需求曲线为 AD_1 时，AD_1 与 AS 的交点 E_1 点表明产品市场、货币市场和劳动市场实现了均衡，但 Y_1 为低于充分就业时的收入。

当总需求曲线为 AD_2 时，AD_2 与 AS 的交点 E_2 点表明产品市场、货币市场和劳动市场同时实现了均衡，Y_f 为充分就业时的收入，但一般价格水平过高。

当经济处于低于充分就业均衡如位于 E_1 点时，可以增加支出、减少税收以增加总需求，使之移动到 AD_0 的位置，从而增加就业，增加国民收入。而当经济处于过高的价格水平（如为 P_2）时，可减少支出、增加税收以减少总需求，使总需求曲线由 AD_2 移动到 AD_0，以减轻通货膨胀的压力。由于存在"货币幻觉"，刺激总需求，可以提高就业和收入水平。

凯恩斯主义总需求—总供给模型表明，在未达到充分就业之前，国民收入的增加主要取决于总需求水平，总需求增加会导致产量和价格的同时上升，但是达到充分就业以后，就同古典模型的结论一样了。

如果总供给曲线为水平线，也就是极端凯恩斯模型对应的情况，总需求的增加会导致产量的同等增加而价格水平不变，这时是需求决定供给，而不是供给决定需求，可以说这是与古典模型对应的另一种极端情况。

二、总需求—总供给模型的运用

在宏观经济分析中，总需求—总供给模型是一种十分有用的分析工具，它可以被用来分析宏观经济政策的有关问题。由于总供给曲线有不同的形状，因而在不同供给假定下政府的宏观经济政策具有不同的效应。

（一）凯恩斯主义曲线情形

在短期总供给曲线情形下，总需求的增加会使国民收入增加，价格水平也上升；总需求的减少会使国民收入减少，价格水平也会下降。即总需求的变动引起国民收入与价格水平的同方向变动。如果经济过热，要降低通货膨胀，政府可以紧缩总需求或刺激总供给。短期总供给曲线可用图 8-18 来进行说明。

从图 8-18 可以看出，紧缩总需求的政策会较迅速地制止通货膨胀，如总需求从 AD_0

移动到 AD_1 可以使价格水平从 P_0 降到 P_1，但也会引起严重的经济衰退，如使国民收入从 Y_0 减少到 Y_1。

图 8-19 是对刺激总供给政策的分析。刺激总供给，即使总供给曲线从 AS_0 移动到 AS_1，可以使价格水平从 P_0 下降到 P_1，但在制止通货膨胀的同时使国民收入从 Y_0 增加到 Y_1，从而促进了经济繁荣。

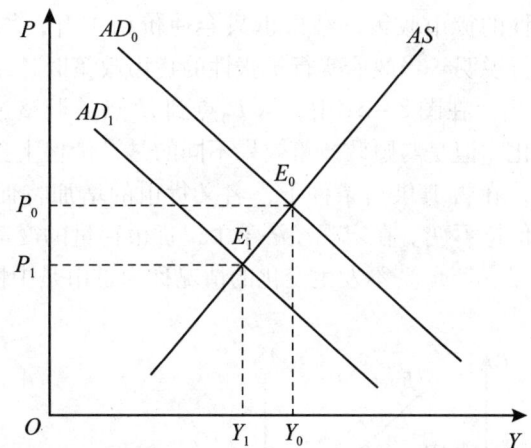

图 8-18　总需求变动下的总需求—总供给模型的运用

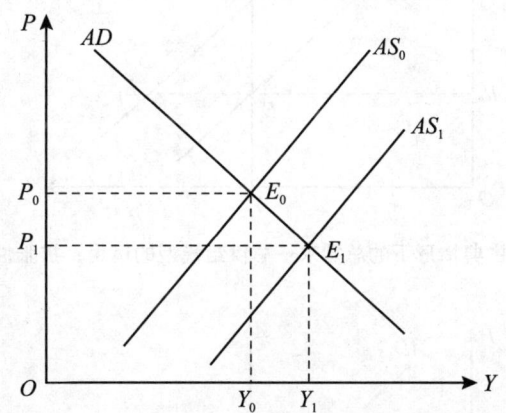

图 8-19　总供给变动下的总需求—总供给模型的运用

（二）古典情形

在古典情形下，也就是长期总供给曲线情形下，由于资源已得到了充分的利用，所以总需求的增加只会使价格水平上升，而国民收入不会变动；同样，总需求的减少也只会使价格水平下降，而国民收入不会变动。即总需求的变动会引起价格水平的同方向变动，而不会引起国民收入的变动。总供给曲线在充分就业的产量水平上是垂直的。可以用图 8-20 来说明政府扩张性政策的效果。

在图 8-20 中，初始的总需求曲线 AD_0 与总供给曲线 AS 相交于 E_0 点，决定了均衡收入为 Y_f，价格水平为 P_0。现在假设政府实行扩张性的财政政策，结果是使总需求曲线向

右移动到 AD_1。在初始价格水平 P_0 上，总需求达到 E_1 点。由于 Y_f 是一种充分就业的产量水平，因而当总需求增加时，厂商在原有的 P_0 价格水平上不可能获得更多的工人，因而不可能增加更多的产量。也就是说，产品供给对新增加的需求无法做出反应，在供给不变的情况下，需求的增加只会带来价格的上升。价格的上升降低了实际货币存量并导致利率上升和支出减少，因而经济将沿着 AD_1 曲线不断向上移动，直至 E_2 点。在 E_2 点，总需求曲线 AD_1 与总供给曲线 AS 相交，决定了价格水平为 P_1，均衡收入仍为 Y_f。

如果政府实行扩张性的货币政策，结果也只会使价格上升，均衡收入则不会发生变化。可用图 8-21 来进行说明。当政府实行扩张性的货币政策时，结果与实行财政政策一样，也会使价格上升到 P_1。在图 8-21 中，从 E_0 点到 E_2 点的调整过程中，没有产量的变化而只有价格水平的变化，但是与财政政策效果不同的是，价格上升与名义货币量的增加成同一比例。也就是说，在古典供给条件下，名义货币的增加将促使价格水平同比例上升，而利率和实际产出保持不变。在宏观经济学中，货币存量的变动只导致价格水平的变化而实际变量（如就业量、产量）不发生变化的情况称为货币是中性的。

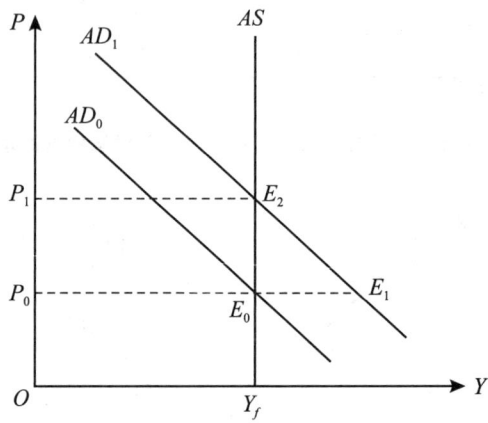

图 8-20　古典情形下的总需求—总供给模型的运用：扩张性财政政策

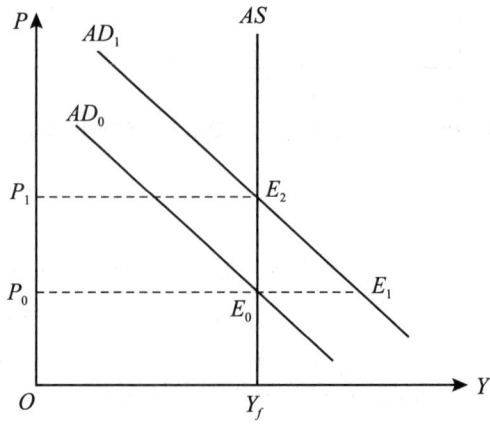

图 8-21　古典情形下的总需求—总供给模型的运用：扩张性货币政策

(三)极端凯恩斯情形

极端凯恩斯情形下,总供给曲线是一条水平线。在这种总供给曲线时,总需求的增加会使国民收入增加,而价格水平不变;总需求的减少会使国民收入减少,而价格水平也不变。即总需求的变动不会引起价格水平的变动,只会引起国民收入的同方向变动。可以用图 8-22 来说明政府扩张性政策的效果。

在图 8-22 中,E_0 点为初始均衡点。现在假设政府实行扩张性的财政政策,结果使总需求曲线由 AD_0 向右移动到 AD_1,AD_1 与 AS 相交于 E_1 点,决定了均衡收入为 Y_1。由于 AS 是水平的,即在 P_0 价格水平上,厂商愿意提供任何数量的产品,因而不存在对价格的影响。由此可以看出,在凯恩斯供给条件下,政府实行扩张性财政政策的结果只是提高产量和就业,而不会影响价格水平。

同样,如果政府实行扩张性货币政策,结果也只会使经济中的均衡产量增加,而且也不存在对价格水平的影响。

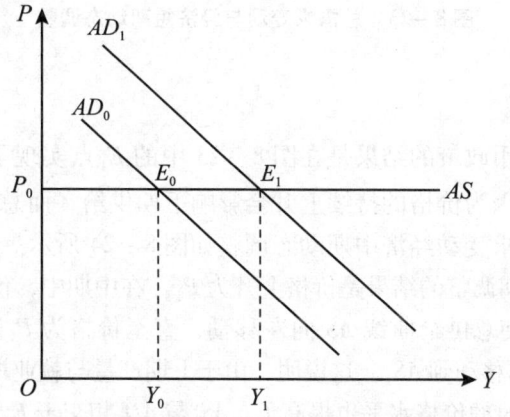

图 8-22 凯恩斯情形下的总需求—总供给模型的运用

三、总需求—总供给模型与经济的动态调整

现代凯恩斯主义者主要探讨了总需求变动对经济的影响,因此,这里主要介绍总需求变动与经济的动态调整过程。动态调整就是考虑到时间因素的调整。由于时间有短期、中期和长期之分,因而经济的动态调整也有短期调整、中期调整和长期调整之分。下面以扩张性货币政策为例来分析总需求变动所引起的经济的动态调整过程。

(一)短期调整

总需求变动与经济短期动态调整如图 8-23 所示。在图 8-23 中,AD_0、AS、E_0、P_0 为初始状态,假设 E_0 点所决定的 Y_0 实现了充分就业,因而工资、成本与价格保持不变。如果这种均衡状态保持下去,则本期价格与上期价格相等,即 $P_t = P_{t-1}$。

现在假设政府采取扩张性货币政策,增加名义货币供应量,则会引起经济的调整。当名义货币量增加而价格水平没有变化时,实际货币供给增加,利率下降,总需求增加,从而总需求曲线从 AD_0 移动到 AD_1。在原来的价格水平 P_0 上,存在过度需求。这时厂商会增加产量,短期中 AD_1 与 AS 相交于 E_1 点,实现了均衡。在 E_1 点,国民收入增加了,价格水平也上升了,即国民收入增加至 Y_1,价格水平上升为 P_1,这时 $P_1 > P_0$。也就是说,在短期内,扩张性货币政策使国民收入增加,随着产量与就业的增加,工资提高,价格上升。

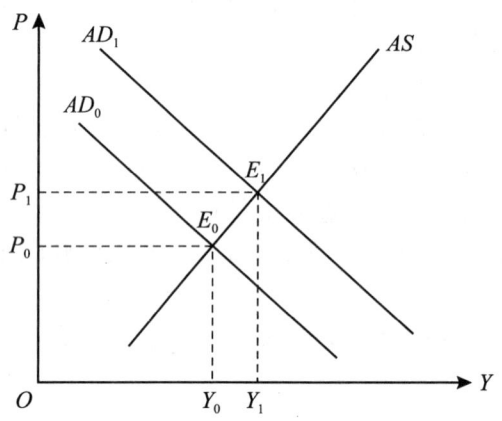

图 8-23 总需求变动与经济短期动态调整

(二)中期调整

短期中,扩张性货币政策的结果是在图 8-23 中的 E_1 点实现了均衡,但从中期来看,调整过程并没有结束。因为价格的持续上升会影响下期供给,而总供给的变动又会影响到均衡状态的变动。总需求变动经济中期动态调整如图 8-24 所示。

在图 8-24 中,短期调整的结果是价格上升为 P_1。在中期中,价格水平的上升会使工资上升、产量减少,从而使总供给曲线 AS 向左移动,直至价格为 P_1 时实现充分就业 Y_0 的水平,即总供给曲线从 AS_0 移动到 AS_1。这说明,由于上期产量与就业增加,工资提高了,同样的充分就业产量(Y_0)时的价格水平也提高了。AS_1 与 AD_1 相交于 E_2 点,E_2 点是中期均衡点。

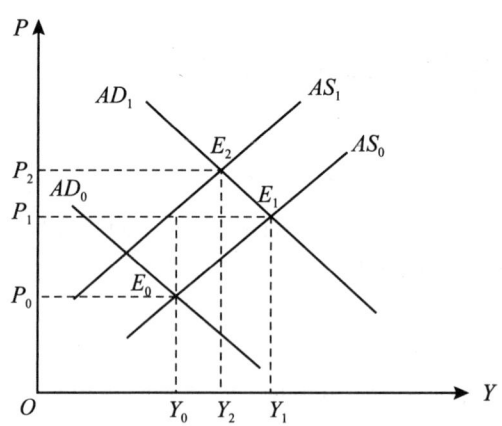

图 8-24 总需求变动与经济中期动态调整

(三)长期调整

长期内,只要产量与就业大于正常水平(即充分就业水平),价格和工资就仍然要上升,总供给曲线就要向上移动,直至形成新的均衡点使产量与就业回到原来的正常水平时为止。这就是长期调整过程,如图8-25所示。

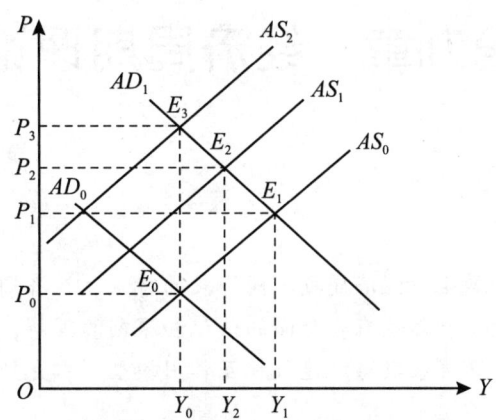

图 8-25 总需求变动与经济长期动态调整

在图 8-25 中,E_2 点是中期均衡点,E_2 点决定的价格水平为 P_2,产量水平为 Y_2。由于 $Y_2 > Y_0$,价格水平仍然要上升。由于价格水平上升,总供给曲线将继续向左移动,直至移动到 AS_2 时达到长期均衡。这时,AS_2 与 AD_1 相交于 E_3 点,决定了国民收入仍为 Y_0,即恢复到原来的充分就业水平,而价格上升为 P_3。这时,价格的上升与扩张性货币政策引起的名义货币量的增加比率相同,从而实际货币量、利率水平仍与采取扩张性货币政策之前一样,国民收入也就又回到原来的水平,即 Y_0。

长期内,工资和价格有进行充分调整的时间,从而其最后结果与古典总供给曲线下的情形相同。其差别在于调整过程。当总供给曲线呈古典总供给的垂直形状时,货币量的增加会直接引起价格同比例上升,并没有影响实际产量的增加。而在现代凯恩斯主义总需求—总供给模型中,货币量的增加使短期、中期产量与价格都发生了变化,只有在长期中,货币量的增加才只影响价格而不影响产量。短期中调整的情况更接近凯恩斯主义总供给曲线的情况,即产量变动大、价格变动小,而且工资对就业量变动的反应越慢,即工资越富有黏性,产量变动就越大,价格变动就越小。

总需求变动所引起的调整过程的快慢取决于工资对就业量变动反应的快慢,即工资黏性的大小。由于工资黏性的存在,总需求变动所引起的短期与中期调整在经济中也是非常重要的。

复习思考题:

1. 为什么总需求曲线会向右下方倾斜?
2. 解释总需求曲线可能移动的原因。
3. 短期总供给曲线的特例是一条水平线,请解释它的含义。
4. 为什么长期总供给曲线是一条垂线?
5. 用 AD-AS 模型解释经济滞涨出现的原因。
6. 简述古典经济学的 AD-AS 模型及其政策主张。

第九章 经济周期理论

教学目标和教学要求

通过本章的学习，使学生对经济周期不同阶段的特点、经济周期的类型、经济周期的理论模型等基本知识、概念和理论有较全面的认识和深刻的理解；进一步了解传统经济周期与现代经济周期理论；掌握乘数与加速数相互作用模型、希克斯的经济周期模型、实际经济周期理论等问题。

1825 年，英国爆发了资本主义历史上的第一次生产过剩性经济危机，以后每隔 10 年左右就有一次这样的危机。面对危机时期生产锐减、物价暴跌、社会动荡、人心不安的状况，人们将这种危机称为"恐慌"或其他令人生畏的名称。同时，也有一些经济学家冷静地分析这种现象。就在大多数经济学家仍把危机作为一种孤立的现象时，法国一位原来行医的学者 C. 朱格拉提出，危机并不是一种独立的现象，而是经济中周期性波动中的一个阶段。从那时以来，经济周期就成为宏观经济学的研究主题之一。

第一节 经济周期的基本知识

一、经济周期的定义及阶段

经济周期（business cycle）是指总体经济活动的扩张和收缩交替反复出现的过程。对此，有两种不同的解释：早期经济学家对经济周期的定义是建立在实际 GNP 或总产量绝对量的变动基础上的，认为经济周期是 GNP 上升和下降的交替过程。这一定义被称为古典的经济周期定义。现代关于经济周期的定义是建立在经济增长率变化的基础上的，认为经济周期是经济增长率上升和下降的交替过程。根据这一定义，衰退不一定表现为 GNP 绝对量的下降，只要 GNP 的增长率下降，即使其值不是负数，也可以称为衰退，所以，在西方有增长性的衰退之说。

经济周期可以分为两个大的阶段：扩张阶段与收缩阶段。收缩阶段常常短于扩张阶段，其振幅可能是收敛性的、发散性的或稳定性的。如果更细一些，则把经济周期分为四个阶段：繁荣、衰退、萧条、复苏。其中繁荣与萧条是两个主要阶段，衰退与复苏是两个过渡性阶段。

可以用图 9-1 来说明这四个阶段的特点。图 9-1 中纵轴 Y 代表国民收入，横轴 t 代表时间（年份），向右上方倾斜的直线 N 代表正常的经济活动水平。A 为顶峰，A→B 为衰退，B→C 为萧条，C 为谷底，C→D 为复苏，D→E 为繁荣，E 为顶峰。从 A→E 即为一个周期，A→C 即衰退与萧条，就是收缩阶段，C→E 即复苏与繁荣，就是扩张阶段。收缩阶段总的经济趋势是下降，扩张阶段总的经济趋势是上升。经济周期的四个阶段各有自己的特点：

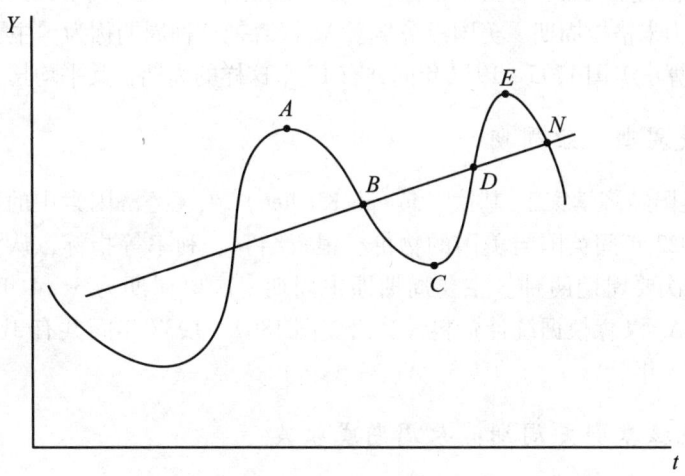

图 9-1　经济波动阶段

繁荣：繁荣是国民收入与经济活动高于正常水平的一个阶段。其特征为生产迅速增加，投资增加，信用扩张，价格水平上升，就业增加，公众对未来乐观。繁荣的最高点称为顶峰，这时就业与产量水平达到最高，但股票与商品的价格开始下跌，存货水平高，公众的情绪正由乐观转为悲观。这是繁荣的极盛时期。也是由繁荣转向衰退的开始。

衰退：衰退是从繁荣到萧条的过渡时期，这时经济开始从顶峰下降，但仍未低于正常水平。

萧条：萧条是国民收入与经济活动低于正常水平的一个阶段。其特征为生产急剧减少，投资减少，信用紧缩，价格水平下跌，失业严重，公众对未来悲观。萧条的最低点称为谷底，这时就业与产量跌至最低，但股票与商品的价格开始回升，存货减少，公众的情绪正由悲观转为乐观。这是萧条的最严重时期，也是由萧条转向复苏的开始。

复苏：复苏是从萧条到繁荣的过渡时期，这时经济开始从谷底回升，但仍未达到正常水平。

在经济分析中，根据经济周期不同阶段的特点和经济统计资料，就可以确定经济处于周期的哪一个阶段，以便采用相应的政策来进行调节。

二、经济周期的分类

经济学家根据一个经济周期时间的长短，把经济周期分为不同的类型。

（一）朱格拉周期：中周期

世界上第一次生产过剩性危机于 1825 年发生在英国，以后经济学家就注意并研究了这一问题。但是，他们大多把危机作为一种独立的事件来研究。1860 年法国经济学家朱格拉（C. Juglar）在他的《论法国、英国和美国的商业危机及其发生周期》一书中提出，危机或"恐慌"并不是一种独立的现象，而是经济中周期性波动的三个连续阶段（繁荣、危机、清算）中的一个。这三个阶段反复出现形成周期现象。他对较长时期的工业经济周期进行了研究，并根据生产、就业人数、物价等指标，确定了经济中平均每一个周期为 9~10 年。这就是中周期，又称为朱格拉周期。美国经济学家 A. 汉森把这种周期称为"主要经济周期"，并根据统计资料计算出美国 1795~1937 年间共有 17 个这样的周期，其平均长度为 8.35 年。

（二）基钦周期：短周期

1923 年，英国经济学家 J. 基钦（Joseph Kitchen）在《经济因素中的周期与趋势》中研究了 1890~1922 年间英国与美国的物价、银行结算、利率等指标，认为经济周期实际上有主要周期与次要周期两种。主要周期即中周期，次要周期为 3~4 年一次的短周期，又称基钦周期。A. 汉森根据统计资料计算出美国 1807~1937 年间共有 37 个这样的周期，其平均长度为 3.5 年。

（三）康德拉季耶夫周期：长周期或长波

1925 年，俄国经济学家 N·康德拉季耶夫（N. D. Kondratief）在《经济生活中的长期波动》中研究了美国、英国、法国和其他一些国家长期的时间序列资料，认为资本主义社会有一种为期 50~60 年，平均长度为 54 年左右的长期波动。这就是长周期，又称康德拉季耶夫周期。

康德拉季耶夫根据对美国、英国、法国 100 多年内批发物价指数、利率、工资率、对外贸易量、煤铁产量与消耗量等的变动，认为从 18 世纪末期以后，经历了三个长周期。第一个长周期从 1789~1849 年，上升部分为 25 年，下降部分为 35 年，共 60 年。第二个长周期从 1849~1896 年，上升部分为 24 年，下降部分为 23，共 47 年。第三个周期从 1896 年起，上升部分为 24 年，1920 年以后进入下降时期。

对长周期现象有不同的解释。有的经济学家认为这是一种长期积累的变动；有的经济学家认为是由战争引起的，与政府在繁荣时期的大量军费开支有关。也有的经济学家认为，长周期仅仅是一种价格现象而不是产量现象。现在有许多经济学家仍然重视对长周期的研究，称为长波动理论。

（四）库兹涅茨周期：另一种长周期

1930 年，美国经济学家 S. 库兹涅茨在《生产和价格的长期运动》中提出了存在一种与房屋建筑业相关的经济周期，这种周期长度在 15~25 年，平均长度为 20 年左右。这也是一种长周期被称为库兹涅茨周期或建筑业周期。

库兹涅茨主要研究了美国、英国、德国、法国、比利时等国从 19 世纪初叶或中叶到 20 世纪初叶 60 种工、农业主要产品的产量和 35 种工、农业主要产品的价格变动的长期时间数列资料。他剔除了其间短周期与中周期的变动，着重分析了有关数列资料中反映出的长期消长过程，提出在主要工业国家存在着长度从 15~25 年不等，平均长度为 20 年的长周期。这种周期与人口增长而引起的建筑业增长与衰退相关，是由建筑业的周期性变动引起的。而且，在工业国家中产量增长呈现出渐减的趋势。库兹涅茨提出的长周期受到了经济学界的重视。

（五）熊彼特周期：一种综合

奥地利经济学家 J. 熊彼特在 1939 年出版的两大卷《经济周期》第一卷中，对朱格拉周期、基钦周期和康德拉季耶夫周期进行了综合分析。

熊彼特认为，每一个长周期包括 6 个中周期，每一个中周期包括三个短周期。短周期约为 40 个月，中周期为 9~10 年，长周期为 48~60 年。他以重大的创新为标志，划分了三个长周期。第一个长周期从 18 世纪 80 年代到 1842 年，是"产业革命时期"，第二个长周期从 1842~1897 年，是"蒸汽和钢铁时期"，第三个长周期从 1897 年以后，是"电气、化学和汽车时期"。在每个长周期中仍有中等创新所引起的波动，这就形成若干个中周期。在每个中周期中还有小创新所引起的波动，这就形成若干个短周期。

第二节 传统经济周期理论

传统经济周期理论可以分为内生经济周期理论与外生经济周期理论两类。

（一）内生经济周期理论

内生经济周期理论在经济体系之内寻找经济周期自发地运动的因素。这种理论并不否认外生因素对经济的冲击作用，但它强调经济中这种周期性的波动是经济体系内的因素引起的，因此，每一次繁荣都为下一次萧条创造了条件。这些经济体系内的因素自发地运动就引起了周期性波动。内生经济周期理论包括以下几种理论：

1. 纯货币理论

纯货币理论是一种用货币因素来解释经济周期的理论。这种理论由英国经济学家 R·霍特里提出。这种理论认为，经济周期是一种纯货币现象。经济中周期性的波动完全是由于银行体系交替地扩大和紧缩信用所造成的。

在发达的资本主义社会，流通工具主要是银行信用。商人运用的资本主要来自银行信用。当银行体系降低利率、扩大信用时，商人就会向银行增加借款，从而增加向生产者的订货。这样就引起生产的扩张和收入的增加，而收入的增加又引起对商品需求的增加和物价上升，经济活动继续扩大，经济进入繁荣阶段。但是，银行扩大信用的能力并不是无限的。当银行体系被迫停止信用扩张，转而紧缩信用时，商人得不到贷款，就减少订货，由此出现生产过剩的危机，经济进入萧条阶段。在萧条时期，资金逐渐回到银行，银行可以通过某些途径来扩大信用，促进经济复苏。根据这一理论，其他非货币因素也会引起局部的萧条，但只有货币因素才能引起普遍的萧条。

许多经济学家认为，货币在现代经济中是非常重要的，货币量的变动（即信用的扩大与缩小）对经济周期也有相当大的影响，但把引起经济周期的唯一原因归结为货币并不符合实际情况。

2. 货币投资过度理论

货币投资过度理论是投资过度理论中的一种（投资过度理论包括货币投资过度理论和

非货币投资过度理论两种）。首先需要了解投资过度理论，它是一种用生产资料的投资过多来解释经济周期的理论。这种理论认为，无论是什么原因引起了投资的增加，这种增加都会引起经济繁荣。这种繁荣首先表现在对投资品（即生产资料）需求的增加以及投资品价格的上升上。这就更加刺激了对资本品的投资。资本品的生产过度发展引起了消费品生产的减少，从而形成经济结构的失衡。而资本品生产过多必将引起资本品过剩，于是出现生产过剩危机，经济进入萧条。

货币投资过度理论认为是货币量的增加引起投资增加，主要用货币因素来说明经济结构的失调以及由此所引起的经济波动，代表人物有奥地利经济学家 F. 哈耶克和 L. 米塞斯等。

3. 消费不足理论

消费不足理论是一种历史悠久的理论，主要用于解释经济周期中危机阶段的出现以及生产过剩的原因，并没有形成解释经济周期整个过程的理论。这种理论的早期代表人物是英国经济学家马尔萨斯和法国经济学家西斯蒙第，近期代表人物是英国经济学家 J. 霍布森。

这种理论认为，经济中出现萧条与危机是因为社会对消费品的需求赶不上消费品的增长，而消费品需求不足又引起对资本品需求不足，进而使整个经济出现生产过剩性危机。消费不足的根源则主要是由于国民收入分配不平等所造成的穷人购买力不足和富人储蓄过度。主要包括以下几种理论：

（1）马尔萨斯的储蓄过度论

马尔萨斯在 1820 年出版的《政治经济学原理》一书中提出有效需求论，即有支付能力的消费需求受到限制来论证普遍生产过剩是可能的。

（2）霍布森的储蓄过度（消费不足）论

霍布森认为，国民收入不全部用于个人消费，而有一部分储蓄起来，形成新资本，这是发展生产，提高劳动生产率和社会进步所必需的，如果国民收入中消费所占比例过大，就会降低生产发展速度。另外，若用于消费部分所占比例过小，从而储蓄所占比例过大，就会引起生产过剩和危机，造成人力、物力的闲置和浪费。

（3）福斯特和卡钦斯的消费不足论

福斯特和卡钦斯认为，推动资本主义生产的最终因素是消费者手中有足够的货币购买市场的消费品，使得企业家不仅能收回垫支的成本，还能赚得一定的利润。

4. 心理理论

心理理论强调心理预期对经济周期各个阶段形成的决定作用，主要代表人物是英国经济学家庇古和凯恩斯。这种理论认为，预期对人们的经济行为有决定性的影响，乐观与悲观预期的交替引起了经济周期中繁荣与萧条的交替。当任何一种原因刺激了投资活动，引起高涨后，人们对未来的预期的乐观程度一般总超过合理的经济考虑下应有的程度。这就导致过多的投资，形成经济过度繁荣。而当这种过度乐观的情绪所造成的错误被觉察以后，又会变成不合理的过分悲观的预期。由此过度减少投资，引起经济萧条。凯恩斯认为，萧条的产生是由于资本边际效率的突然崩溃，而造成这种崩溃的正是人们对未来的悲观预期。因为这种理论强调了引起人们预期过分悲观或乐观的原因仍然是经济因素，所以，应该属于内生经济周期理论。

预期在经济中的确是十分重要的，现代的理性预期学派也从预期的角度来解释经济周期，但这两者所使用的预期概念并不一样。凯恩斯所强调的是预期的无理性，而理性预期学派强调了预期的合理性,所以,这两种经济周期理论并不一样。

(二) 外生经济周期理论

外生经济周期理论认为,经济周期的根源在于经济之外的某些因素的变动。这种理论并不否认经济中内在因素(如投资等)的重要性,但它们强调引起这些因素变动的根本原因在经济体系之外,而且,这些外生因素本身并不受经济因素的影响。外生经济周期理论包括以下几种理论:

1. 创新理论

这是一种用技术创新来解释经济周期的理论,由熊彼特提出。创新是指对生产要素的重新组合。例如,采用新生产技术、新的企业组织形式,开辟新产品、新市场等。这种理论首先用创新来解释繁荣和衰退。也就是说,创新提高了生产效率,为创新者带来了盈利,引起其他企业仿效,形成创新浪潮。创新浪潮使银行信用扩大,对资本品的需求增加,引起经济繁荣。随着创新的普及,盈利机会的消失,银行信用紧缩,对资本品的需求减少,这就引起经济衰退。直至另一次创新出现,经济再次繁荣。

对经济周期实际上包括繁荣、衰退、萧条、复苏四个阶段,这种理论用创新引起的"第二次浪潮"来解释。也就是说,在第一次浪潮中,创新引起了对资本品需求的扩大和银行信用的扩张,这就促进了生产资本品的部门扩张。这种扩张引起物价普遍上升,投资机会增加,也出现了投机活动,这就是第二次浪潮,它是第一次浪潮的反应。然而,这两次浪潮有重大的区别,即第二次浪潮中许多投资机会与本部门的创新无关。这样,在第二次浪潮中包含了失误和过度投资行为,这就在衰退之后出现了另一个失衡的阶段——萧条。萧条发生后,第二次浪潮的反应逐渐消除,经济转向复苏,要使经济从复苏进入繁荣还有待于创新的出现。

熊彼特根据这种理论解释了长周期、中周期与短周期。他认为,重大的技术创新(如蒸汽机、炼钢、汽车制造等)对经济有长期的影响,这些创新所引起的繁荣时间长,繁荣之后的衰退也长,从而所引起的经济周期就长,形成了长周期。中等创新所引起的经济繁荣及随之而来的衰退则形成中周期。那些属于不很重要的小创新则只能引起短周期。

熊彼特的创新周期理论有自己的特色,至今仍受重视。

2. 非货币投资过度理论

非货币投资过度理论是投资过度理论(见前面货币投资过度理论中的论述)的另一种理论。

非货币投资过度论者瑞典经济学家 G. 卡塞尔、威克塞尔和德国经济学家 A. 斯皮托夫等认为是新发明、新发现、新市场开辟等因素引起了投资增加。他们用非经济因素(技术、领土、人口等)来说明经济结构的失调以及由此所引起的经济波动,被称为非货币投资过度理论。

3. 政治周期理论

政治周期理论的代表是波兰的经济学家卡莱斯基。主要论点是当经济出现萧条和失业时,政府实施扩张性政策后社会就达到充分就业,经济繁荣的同时会发生通货膨胀,如果治理通货膨胀的政策是人为制造经济停滞和衰退,就会增加失业,那么人民就会反抗,这时政府采取措施治理失业。经济会进入下一个循环。

萨缪尔森对政治周期的描述是选举刚结束，政府紧缩经济，提高失业并关闭工厂，减轻通货膨胀压力，造成萧条（这时人们怒而无法）。到了大选之前，如果他想连任，就会扩张经济、减少失业，使经济繁荣。

所以在美国，政治性的经济周期四年一次，前两年衰退、后两年增长。如果后两年经济未增长，那么总统就要让位。

4. 太阳黑子理论

太阳黑子理论是用太阳黑子来解释经济周期，由英国经济学家杰文斯父子所提出并加以论证。

这种理论认为，太阳黑子的活动对农业生产影响很大，而农业生产的状况又会影响工业及整个经济。太阳黑子的周期性决定了经济的周期性。具体来说，太阳黑子活动频繁就使农业生产减产，农业的减产影响到工业、商业、工资、购买力、投资等方面，从而引起整个经济萧条。相反，太阳黑子活动的减少则使农业丰收，整个经济繁荣。他们用长期中太阳黑子活动周期与经济周期基本吻合的资料来证明这种理论。这种理论把经济周期的根本原因归结为太阳黑子的活动，是典型的外生经济周期理论。

现代经济学家认为，太阳黑子对农业的影响是非常有限的，而农业生产对整个经济的影响更是非常有限的，因此，这种理论难以成立。

此外，还有用战争、革命、移民、偶然事件等来解释经济周期的。

第三节 现代经济周期理论模型

一、乘数与加速数相互作用模型

（一）加速原理

现代西方经济学家认为，一个较完整的经济周期理论，通常应能说明：(1) 经济体系本身具有产生周期性波动的功能；(2) 经济波动的原动力来自外界的冲击。西方一些早期的经济波动理论，一般来说都不能同时满足这两方面的要求。这里介绍的乘数和加速数相互作用的模型则是一种能同时满足上述两个条件的经济周期的现代理论。许多西方经济学家认为，在影响经济波动的各种经济变量中，投资变量起着关键性的作用。因为从长期来观察，消费行为或储蓄行为和收入之间的关系是大致稳定的。但是投资行为与收入之间的关系，却具有不稳定的性质。投资的少量变动会引起收入的较大变动；反之，收入的少量变动也将引起投资需求的较大变动。正是这种不稳定关系使经济形成周期性的波动。以前讲的乘数原理是用来表示投资变动怎样引起收入变动的，而这种用来表示收入或消费需求的变动怎样引起投资变动的理论，则称为加速原理（Acceleration Principle）。

加速原理说明的是这样的现象：收入或消费需求的增加必然引起投资若干倍的增加，而收入或消费需求的减少必然引起投资若干倍的减少。为什么收入或消费的变动会引起投资若干倍的变动呢？要弄清这一点，首先要介绍资本—产量比率和加速系数这两个概念。

资本—产量比率（Capital-output Ratio）是指资本量与其产出量之间的比率，用公式表示：资本—产量比率 = 资本/产量

如果生产一个单位产品需要 4 个单位资本，则资本—产量比率就是 4。

加速数（Accelerator）是指增加 1 单位产品生产所需增加的资本数量，也就是投资与产量增量之比。加速数值的大小取决于生产的技术条件，即制造一定量产品所需要使用的资本量。例如，增产 1 000 万美元的产品需要增加 4 000 万美元的机器设备，则加速数是 4。在技术不变条件下，资本产量比率与加速系数的数值是相等的。若以 V 代表加速数，I 表示投资，ΔY 为产量或收入增加量，则用公式表示的加速数为：

$$V = \frac{I}{\Delta Y} \tag{9.1}$$

为了从动态的角度考察收入的变动同投资变动的关系，说明加速原理，需要把投资区分为净投资（Net Investment）和重置投资（Replacement Investment）。

净投资是指资本存量的新增加部分，它取决于收入变动的情况。重置投资是用来补偿磨损的资本设备的投资，它取决于原有资本的数量、使用年限及其构成。净投资加重置投资等于总投资，它构成一个时期中新建造的厂房设备的总和。

加速原理是在假定重置投资不变的前提下，来考察收入变动对净投资，从而对总投资变动的影响的。因为 $V = \frac{I}{\Delta Y}$，所以，$I = V \cdot \Delta Y$；由于 $\Delta Y = Y_t - Y_{t-1}$，因此收入的变动与投资的变动之间的关系可用方程式（9.2）表示：

$$I_t = V(Y_t - Y_{t-1}) \tag{9.2}$$

式中 I 为净投资，下标 t 表示一定时期，V 为加速数，Y 为产量或者收入。该方程式表明，投资等于收入变动额乘上加速数。如果收入增加，即 $Y_t > Y_{t-1}$，则 $I_t > 0$，净投资为正数；如果收入减少，$Y_t < Y_{t-1}$，则 $I_t < 0$，净投资为负数。

如果进一步考察总投资（G_t），则总投资为净投资加重置投资（D_t），则：

$$G_t = I_t + D_t = V(Y_t - Y_{t-1}) + D_t \tag{9.3}$$

该方程式表明，总投资等于收入变动额乘上加速数，再加上重置投资（折旧）。如果产量或收入增加，总投资也增加，如果产量或收入减少，总投资也减少。

为了进一步说明加速原理的含义，我们可以举一个例子。设 $a = 2$（资本 – 产量比率亦为 2），折旧率为 10%，则可以作出以下加速原理举例表（见表 9 – 1）。

表 9 – 1　　　　　　　　　　加速原理

时期	产量	资本量	净投资	重置投资	总投资
第 1 年	100	200	—	20	20
第 2 年	120	240	40	24	64
第 3 年	140	280	40	28	68
第 4 年	160	320	40	32	72
第 5 年	160	320	0	32	32
第 6 年	150	300	−20	30	10

根据表9-1，我们可以说明加速原理的基本含义：

第一，投资并非取决于产量变动的绝对量，而是取决于产量变动的相对量，即产量的变动率，只有在产量增加的情况下才会有净投资，在产量的增量提高时，净投资增加，当产量的增量不变或下降时，净投资保持不变或趋于下降。

第二，投资的变动大于产量的变动。当产量增加时，投资的增加率大于产量的增长率（在表9-1中，从第1年到第2年，产量增加20%，而总投资增加220%）。当产量减少时，投资的减少也大于产量减少（在表9-1中，从第5年到第6年，产量减少6.25%，而总投资减少68.75%），这就是加速的含义。投资的变动大于产量的变动是因为现代生产是一种"迂回生产"，即采用了大量的机器设备，这样，在开始时必然引起大量的投资。同样，在产量减少时，投资也会减少得更多。加速原理所反映的正是这种现代化大生产的特点。

第三，要使投资增长率保持不变，产量就必须维持一定的增长率（在表9-1中，第2年到第3年和第3年到第4年，要使净投资不变，产量的增长率应分别为17%和14%）。如果产量维持原水平，投资一定要下降（在表9-1中，从第4年到第5年，产量没变，总投资减少了56%）。这说明经济发展到一定阶段时，要再实现高增长率就是一件困难的事。

加速原理有它的局限性，西方经济学家提出了以下几点：

（1）加速原理的限制条件是，生产部门没有闲置的生产设备，这样，产量增长才会引起净投资。而在现实中，一般厂商都有闲置设备。如果产量增加是短期的，厂商会利用闲置设备，或通过加班加点的方法充分利用现有设备，不一定会引起新投资。

（2）加速原理假定资本—产量比率固定不变，实际上，随着技术进步，资本—产量比率会提高，因此增加产量不一定需要新增投资。

（3）资本设备即投资的增加一般不能在一年半载内完成，从国民收入的变动到增加投资，需要一段很长的时间，对于某些行业来说，产量的短期增加引起的资本设备的零星增加，可能是不经济的，或者在技术上是不可能的（一个厂商不能增加半个鼓风炉）。

加速原理有局限性，但是国民收入变动对投资的影响还是存在的。

（二）汉森—萨缪尔森模型

西方经济学家认为，投资与收入之间的作用是相互的。因此，只有把两者结合起来，才能说明收入、消费和投资之间的关系，才能解释经济波动问题。但是凯恩斯的理论只分析了投资的乘数作用，没有分析投资的加速作用。为了说明消费、投资、收入之间彼此相互作用的关系，有必要用加速原理弥补乘数原理的不足，把乘数的作用和加速的作用结合起来进行考察。投资的加速系数使收入或者消费需求的增长（下降）引起投资若干倍的增长（下降），投资的乘数作用使投资的增长（下降）导致收入若干倍的增长（下降）。加速系数和乘数的交互作用，就造成了经济的波动。由美国经济学家汉森和萨缪尔森提出的模型，即"汉森—萨缪尔森模型"，就是说明乘数和加速系数相互作用的一种理论。

乘数和加速数相结合的模型，可以通过以下公式来表达。

设边际消费倾向为 b，$b = \dfrac{\Delta C}{\Delta Y}$

加速系数为 V，$V = \dfrac{I}{\Delta Y}$

现期收入为 Y_t。

自发投资为 I_0，假定 I_0 是不变的，这里的所谓自发投资是指人口、技术、资源、政策等外生因素的变动所引起的投资。

现期消费为 C_t，现期消费由前期收入和边际消费倾向决定，即 $C_t = b \cdot Y_{t-1}$。

引致投资为 I，这里所谓引致投资是指由收入或消费的变动所引起的投资，它由消费变动与加速系数决定。所以，$I = V(C_t - C_{t-1})$。

现期投资为 I_t，$I_t = I_0 + I = I_0 + V(C_t - C_{t-1})$。

现期收入为 Y_t，$Y_t = C_t + I_t = b \cdot Y_{t-1} + I_0 + V(C_t - C_{t-1})$。

这样，便可以得出"汉森—萨缪尔森模型"的基本公式，分别用来表示消费、投资、国民收入：

$$C_t = b \cdot Y_{t-1}$$
$$I_t = I_0 + V(C_t - C_{t-1})$$
$$Y_t = C_t + I_t \tag{9.4}$$

若边际消费倾向、加速系数和每期自发投资都为已知，根据上述模型，不难推出以后各期的收入，并能用它说明经济中繁荣与萧条的周期性波动。下面举一个例子说明。

假定 $b = 0.5$，$V = 1$，$I_0 = 1\,000$ 万美元。这时，各期的收入变化如表 9 – 2 所示。

表 9 – 2　　　　　　　　　　乘数与加速系数相结合

时期	现期消费 C_t	自发投资 I_0	引致投资 I	现期投资 I_t	现期收入 Y_t	经济波动趋势
1	—	1 000	—	1 000	1 000	—
2	500	1 000	500	1 500	2 000	复苏
3	1 000	1 000	500	1 500	2 500	繁荣
4	1 250	1 000	250	1 250	2 500	繁荣
5	1 250	1 000	0	1 000	2 250	衰退
6	1 125	1 000	– 125	875	2 000	衰退
7	1 000	1 000	– 125	875	1 875	萧条
8	937.5	1 000	– 62.5	937.5	1 875	萧条
9	937.5	1 000	0	1 000	1 937.5	复苏
10	968.75	1 000	31.25	1 031.25	2 000	复苏
11	1 000	1 000	31.25	1 031.25	2 031.25	繁荣
12	1 015.625	1 000	15.625	1 015.625	2 031.25	繁荣
13	1 015.625	1 000	0	1 000	2 015.625	衰退

表 9 – 2 所反映的是乘数与加速系数相结合时的收入变动的情况。如果假定自发投资为一个固定的量，那么经济本身的调节就会自发形成经济的周期波动。经济从高峰到谷底之间的摆动，正是由乘数与加速数相结合的作用所决定的。

表 9 – 2 中的经济波动是在某个特定的 b（边际消费倾向）和 V（加速数）的数值结合下形成的。萨缪尔森认为，不同的 b 和 V 的数值的结合，会产生不同的经济波动形式，b 和 V 的各种可能的组合，会形成图 9 – 2 中的五种经济波动形式。其中（A）表明国民收入按一个减少的比率波动，逐渐接近新的均衡；（B）表明国民收入经过幅度越来越小的

周期而波动；(C) 表明国民收入经过幅度越来越大的周期而波动；(D) 表明国民收入按一个增大的比率而波动逐渐远离均衡水平；(E) 则表明国民收入周期性波动的幅度不变。

上述五种经济波动形式是由于边际消费倾向和加速数的不同值造成的。萨缪尔森将 b 的取值范围在 $0\sim1.2$ 的所有值与 V 取值范围在 $0\sim5$ 的所有值组合，绘制了一张图，用于说明 b 和 V 的不同组合的区域，如图 9-3 所示。图 9-2 中 (A) 情况表现在图 9-3 中 (A) 区域，(B) 情况、(C) 情况和 (D) 情况分别表现在图 9-3 中的 (B)、(C)、(D) 区域内。只有 (E) 情况比较特殊，它的出现要求 b 和 V 的组合点必须位于 (E) 曲线的线上（图 9-3 中虚线上）。

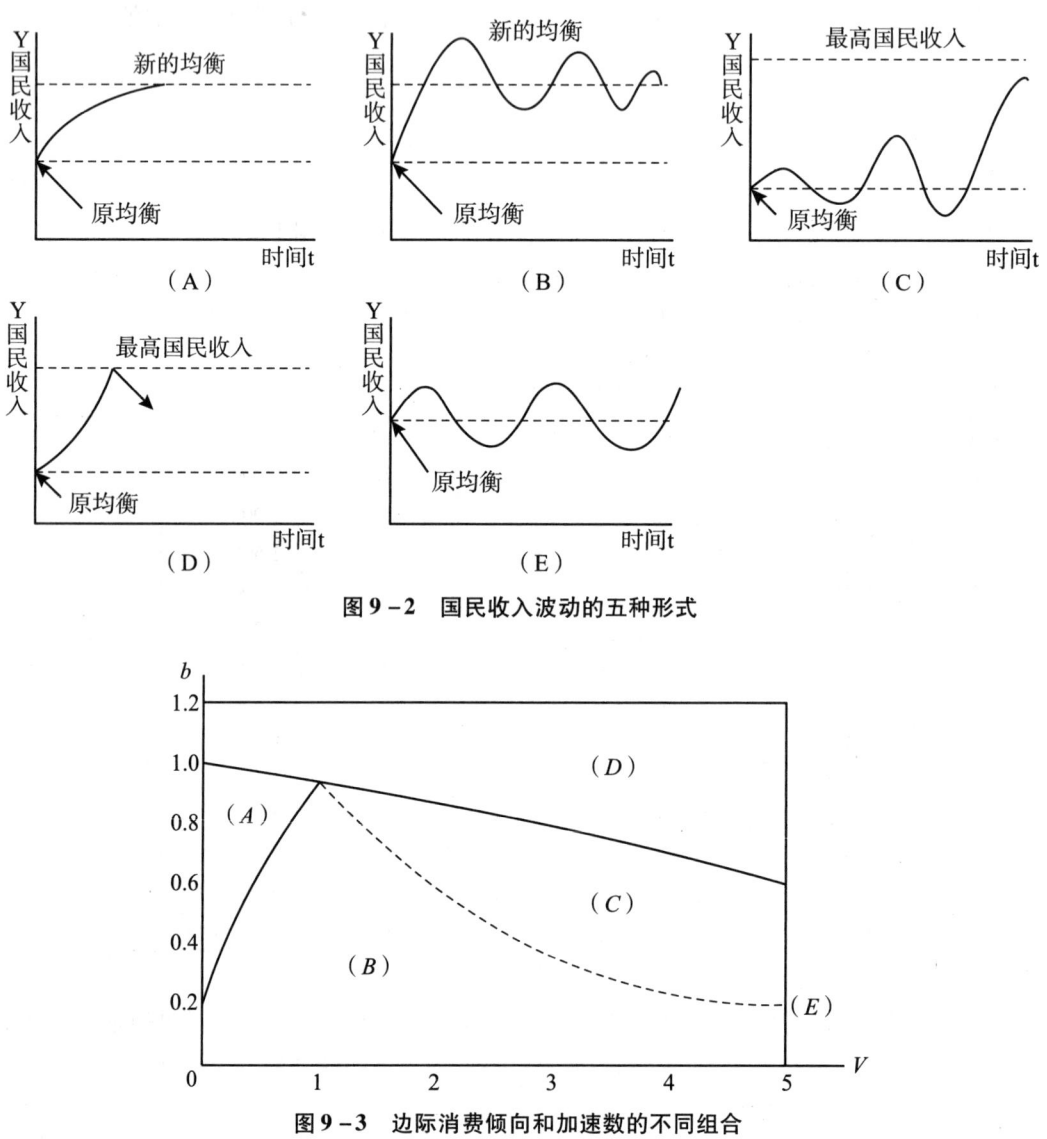

图 9-2　国民收入波动的五种形式

图 9-3　边际消费倾向和加速数的不同组合

二、希克斯的经济周期模型

前文已指出，经济波动是沿着一条不断上升的路线展开的。根据希克斯的经济周期模型的解释，这是因为从历史上来看，自发性投资在按照一不变比率持续地增长，经济的这种长期均衡增长道路是由自发性投资的增长决定的。相对于自发性的稳定增长路线，对应着一条均衡国民收入稳定增长的趋势线。两条趋势线之间的距离，即从长期趋势看均衡国民收入与自发性投资之间的比例，是由乘数和加速数来决定的。当然，经验表明，均衡国民收入是在围绕其长期趋势线上下波动中不断地增长的；自发性投资也不是一成不变地按照一条稳定的路线增长。但是，自发性投资偏离其趋势线的偶然性变化具有明显的外生性特征，所以不是分析的关键所在。问题的实质在于，如果自发性投资按照其趋势线不断地增加，为什么必然要导致经济的扩张与收缩交替出现，而使均衡国民收入偏离其长期趋势作周期性波动？这就是希克斯经济周期模型所要回答的关键问题。

为明白起见，我们从图9-4入手，图9-4中AA线表示自发性投资，EE线表示以AA线为基础的均衡收入增长的路线，即总收入长期增长的趋势线。EE线所表示的收入水平与自发性投资水平之间的距离，由加速数和乘数决定。CC线表示在充分利用经济资源条件下最大产出的增长路线。FF线则表示在经济收缩时处于最低限度的收入的增长路线。现在具体来说明为什么总收入并不总是沿着EE线增长，而会在最大产出限CC线与最低产出限FF线以内出现周期性的波动。

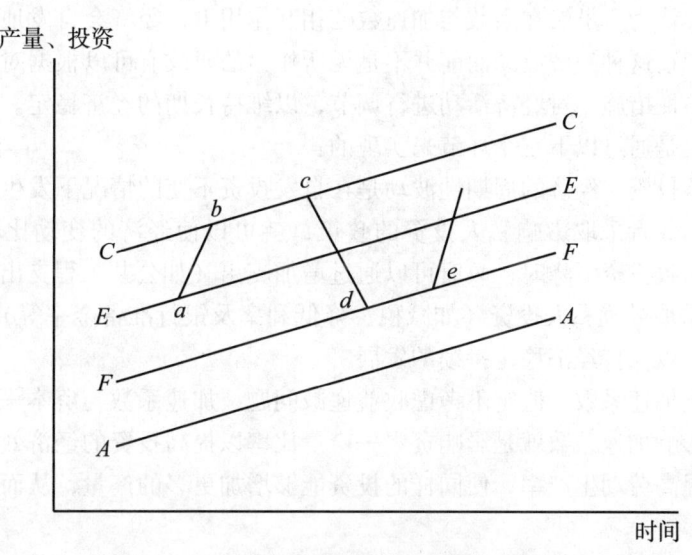

图9-4 希克斯的周期模型

假定经济开始时位于a点处。在a点，如果由于创新等原因，导致自发性投资增加，由于乘数与加速数的作用，经济将出现累积性的向上扩张，总收入将会沿着a点到b点的路线变化。这时，经济最大产出限也会随时间而改变。但是，由于实际产出的增长率超过最大产出限的增长率，实际产出的增长迟早会碰到上限。这样，扩张就会因此而中止，收缩必将出现。可见，经济收缩之所以不可避免，是因为实际产出不可能持续地按照快于最大产出限上升的速率增长。经济活动水平处于b点后，最大产出增长率必然小于由a点到b点后的实际产出的增长率。在前面讨论加速数与乘数的相互作用时已经看到，仅仅由于产出增长率的下降，也足以导致总产出下降，使产出由高峰水平向下变动。可见，经济必然地由扩张变为收缩，是因为经济在偏离趋势线EE后，在强有力的加速原理作用下，必然会使经济系统对最大产出限发生撞击,从而导致经济收缩。

经济一旦开始收缩,加速数就在相反方向起作用,总收入的变化现在为负,引致投资开始下降,投资为负。但是经济收缩也将遇到不可逾越的界限,这是因为负投资将由于折旧而受到限制。例如,在实际产出下降时,由于加速原理的作用,负投资应为300亿美元,但如果在此期间资本的磨损或消耗实际仅为100亿美元,那么100亿美元就是那段时期的最大负投资。这就表明,在经济衰退时期,加速原理将不再起作用。

经济在下限上由 d 点到 e 点,收入仍然沿着下限向上运动,这是因为这时自发性投资仍然支撑着一定的收入水平。由 d 点到 e 点的距离很大程度上取决于资本闲置的程度。一旦这些闲置资本耗尽,出于重置资本的需要,就将出现新的订货,总投资就会超过自发性投资的水平,这就将引起收入的增加,进一步地,加速数便开始起作用,从而导致引致投资产生和增加。由乘数与加速数的相互作用,使总收入不断地增加,以致最终受到上限即 CC 线的限制,而被反弹回来,然后又开始向下运动,形成另一个经济周期。

三、政府对经济波动的控制

西方经济学认为,虽然在乘数与加速数的相互作用下,经济会自发地形成周期性的波动,但是,人们在这种经济波动面前并不是无所作为的。政府可以根据对经济活动变化的预测,采取预防性措施,对经济活动进行调节,以维持长期的经济稳定。他们认为,政府的调整措施主要是通过以下三个环节来实现的:

第一,调节投资。经济的周期性波动是在自发投资不变的情况下发生的。如果政府及时变更政府支出或者采取影响私人投资的政策,就可以使经济的变动比较接近政府的意图。例如,在引致投资下降时,政府可以通过增加支出(如公共工程支出、社会福利的转移支出等)或采取鼓励私人投资(如减税、降低利率及银行准备金率等),从而使现期投资不变或上升,以保持经济稳定持续的发展

第二,影响加速系数。假定不考虑收益递减问题,加速系数与资本—产量比率是一致的。政府采取影响加速系数就是影响资本—产量比率以提高投资的经济效果。例如可采取适当的措施来提高劳动生产率,使同样的投资能够增加更多的产量,从而对收入的增长产生积极影响。

第三,影响边际消费倾向。即通过适当的政策影响人们的消费在收入增量中的比例,从而影响下一期的收入。例如,当经济将要出现下降局面时,政府可以采取鼓励消费的政策,提高边际消费倾向,这可以增加消费量,引致投资量的增大,进而促使下一期的收入增多。

第四节 实际经济周期理论

实际经济周期理论(The Real-business Theory,通常简称为 RBC 模型),它是对传统总需求波动理论进行修正,是新古典经济学在经济周期理论方面的新发展。

在实际经济周期理论以前,存在着一个由美国经济学者卢卡斯发展出来的货币经济周

期模型。到 20 世纪 80 年代初，该模型同时陷入了理论上和经验上的困境。在理论上，人们认识到信息障碍在实际中似乎并不特别重要，货币经济周期模型对包含货币与产出之间因果关系的经济周期没有作出令人能够接受的解释。在经验方面，尽管在早期该模型取得了一些成功，但支持预期到的货币是中性的这一主张的证据并非那么有力。在这种情况下，挪威经济学家芬恩·基德兰德和美国经济学家爱德华·普雷斯科特（2004 年诺贝尔经济学奖得主）在货币经济周期模型的基础上研究出实际经济周期理论。实际经济周期理论的核心观点是，经济周期波动的根源是实际因素的意外冲击，其中技术冲击是最为重要的。

一、意外冲击

实际经济周期理论认为，宏观经济经常受到一些实际因素的意外冲击，明显的两个例子是石油危机和农业歉收，还有诸如战争、人口增减、技术革新等等。比如伊拉克战争和 2004 年的印度海啸，都会导致相关国家产生经济波动。

实际经济周期理论在解释意外冲击对经济的影响时，与其他经济周期理论相比较，具有重要区别：该理论认为意外冲击是通过影响供给，从而产生经济波动，并且对经济的影响是长期的。如技术进步使得投入（劳动和资本）转化为产出的能力提高，即通过对供给的冲击，导致经济波动。并且技术冲击对供给的影响将是长期存在的，这种影响不会随着时间的推移而有所变化，除非发生新的技术冲击。其他经济周期理论，如新古典宏观经济学认为名义变量（如货币等）的异常变化（冲击）导致需求的变化。但是由名义变量异常变化造成的需求变化是难以持久的，一旦名义变量异常变动停止，经济就会反方向变化，从而产生经济周期。

二、技术冲击

实际经济周期理论认为，虽然冲击的具体原因可以列很长的单子，但他们引起经济波动的途径是有限的：要么使人们的偏好发生变化，要么改变技术状况（生产率），或者使可利用的资源量发生变动等。实际经济周期理论认为其中最常见、最值得分析的是对技术的冲击，技术冲击是造成经济周期的最主要的因素。由于技术冲击具有随机性，经济波动也呈现出随机性特征。当生产技术进步时，产量就会增加，经济就会繁荣；当生产技术退步时，产量就会减少，经济开始进入衰退。

如前所述，技术冲击会产生持久作用，是实际经济周期理论与其他经济周期理论的重要区别之一。因此，实际经济周期理论的一个重要内容，就是解释技术冲击为什么会对就业和产出持续多年的影响。该理论把资本与劳动力等投入品转化为产品和服务产出的生产能力称为生产技术水平。显然，当生产技术水平得以改进，产出就会增加，在劳动力存在跨期替代时，会进一步带来更多的就业。

其中的关键在于劳动供给的跨期替代。所谓劳动供给的跨期替代是指在不同阶段、不同时期劳动供给量的配置。实际上，任何经济周期理论都必须回答人们为什么会在不同时期提供不同的劳动量。实际经济周期理论认为，工资暂短变化的劳动供给具有较大弹性。

人们更加关注总的劳动报酬,但并不在意什么时候提供劳动,即劳动具有跨期替代的性质。

通过以上分析可以看出,劳动供给的跨期替代从理论上成功地解释了在经济周期波动中,伴随着工资的暂时变动,出现了劳动供给的变化,从而使产量出现了巨大波动。需要注意的是,按照实际经济周期理论,劳动供给的跨期替代并不意味着劳动供给对工资的持续变化也具有较高弹性。在工资持续变动的过程中,劳动供给对工资持续变动的反应就不会像工资暂短变化那样灵敏,即劳动供给对工资的持续变动弹性可能很小。

三、基本理论

在人口和劳动力固定的情况下,一个经济中所生产的实际收入便取决于技术和资本存量,从而总量生产函数可以表示为:

$$y = zf(k)$$

式中 y 为实际收入,k 为资本存量,z 为技术状况。于是生产中的技术变动便反映在 z 值发生的变化上,z 值的变动表现为生产函数的变动。假定资本折旧率为 δ,于是没有被折旧的资本存量为 $(1-\delta)k$,那么在所考察时期的期末,经济中的可供利用资源为当期的产量加上没有折旧的资本存量,即 $zf(k)+(1-\delta)k$。

实际经济周期理论假定:经济当中的每一个人具有相同的偏好,这相当于经济中存在着反映所有人利益的代表。该理论进一步假定,这个代表的偏好仅依赖于可延续未来无限期的每年的消费,它每年对更多消费者的偏好在减少,即从消费获得的边际效用递减。这样,这个代表最好的做法是在整个生命期内均匀地消费。

图 9-5 给出了生产函数和资源函数。图 9-5 中,横轴 k 为资本存量;纵轴 J 表示的变量为:实际收入、消费、下期的资本存量和投资。总资源函数为 $zf(k)+(1-\delta)k$。图 9-5 中向右下方倾斜的直线为经济中的约束线(又称消费和资本积累可能线),它反映消费与积累的关系,当期可供消费的最大量为当期收入加上未折旧的资本量,如果这个量被消费掉,则下一期将没有资本存量。已知约束线的斜率为 -1,因为下一期一单位额外资本存量的增加正好来自当期一单位消费量的减少。约束线上的每一点可供经济社会选择。假定

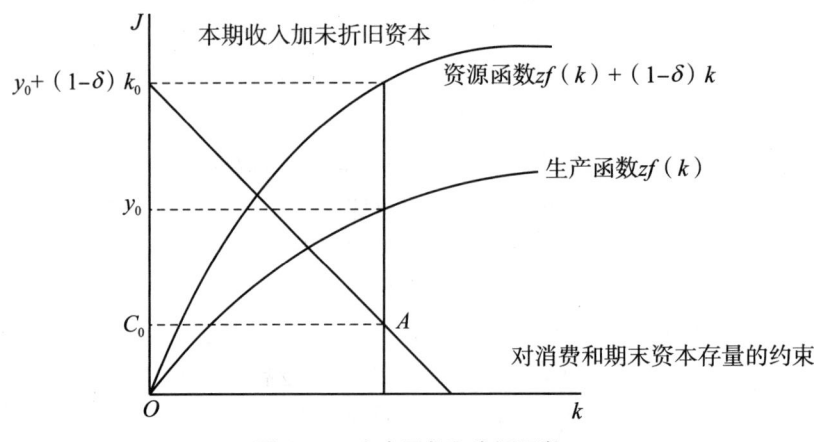

图 9-5　生产函数和资源函数

约束线上的 A 点代表经济的稳定状态,这时,下期资本存量为 k_0,投资为 i_0,消费为 C_0(为简单起见忽略政府购买和净出口),实际收入为 y_0。如果资本存量保持 k_0 不变以及生产函数(从而总资源曲线)不发生变动,则消费、投资和实际收入将会重复下去。

下面用图 9-6 来说明实际经济周期理论对宏观经济波动的解释。

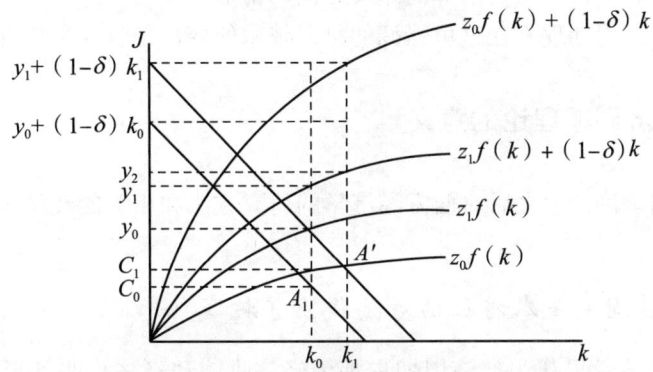

图 9-6　实际经济周期理论对宏观经济波动的解释

经济原有的稳定状态为图 9-6 中的 A_1 点,现在假定由于技术进步使 z 值由 z_0 增加到 z_1,则生产函数和总资源函数向上移动。在资本存量 k_0 不变的情况下,产量增加到 y_1,总资源增加到 $y_1+(1-\delta)k_0$,从而使下期的消费和资本积累相应地增加,这表现为约束线向右移动。如果新约束线上的 A' 点是被经济社会所选择之点,则资本存量增加到 k_1,消费上升到 C_1。

如果没有进一步的技术变化,在 k_1 水平的资本存量下,实际收入在下一个时期进一步增加到 y_2,相应地,经济的总资源也增加,在下一个时期,关于消费和资本存量的约束线又向右移动,这些进一步的变动在图 9-6 中并没有表示出来,但可以想象,资源约束线的向右移动会在接下来的时期相继发生,但向外移动的幅度会越来越小,经济会向新的稳定状态收敛。最终,资本存量、收入、消费和投资都将增加到各自新的稳态水平上。这种由于技术变化(冲击)所导致的收入变动的路径可用图 9-7 表示。

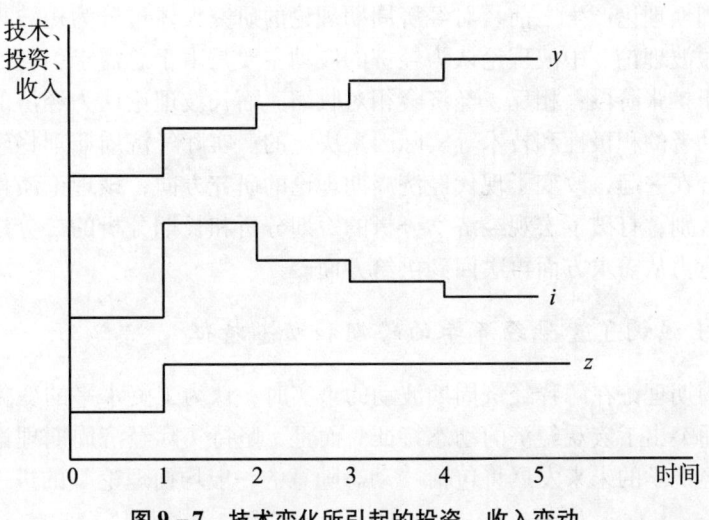

图 9-7　技术变化所引起的投资、收入变动

在图 9-7 中，反映技术进步的 z 值在时期 1 末的提高，使投资和收入的相应增加。随着经济向新的稳定状态运动，投资增量逐渐下降，但收入继续增加，只是增加的幅度越来越小，直到达到新的稳定状态上。

类似地，也可以说明随着 z 值减少，生产函数向下移动，减少了可用资源，紧接着便是投资、资本存量、消费和收入下降的相反方向的情形。

总之，实际经济周期理论在这里强调的是，技术的变化是收入和投资变动的根源。

四、实际经济周期理论的意义

实际经济周期理论产生之后对西方经济学的研究方法和相关的经济理论产生了重大影响，具体表现为：

（一）对经济周期基本特征的看法提出了挑战

长期以来，经济学界认为经济周期表现为经济收缩和经济扩张的反复出现，即经济周期具有规则性和重复性。而且为了说明这种规则性和重复性，经济学家试图将经济周期解释为不同长度的确定性周期，从而就有了关于经济周期的短波理论、中波理论和长波理论。比如，基钦周期认为，每隔 3~4 年经济体系就会爆发周期性波动；朱格拉周期认为，每隔 9~10 年经济体系就会爆发周期性波动；库兹涅茨周期认为，每隔 20 年左右经济体系就会爆发周期性波动；熊彼特认为，每隔 50 年左右经济体系就会爆发周期性波动。而实际经济周期理论认为就经济波动和持续时间的长短而言，各个经济周期并不表现为规则性和重复性，经济周期之间存在很大差别。经济周期是随机冲击和随机扰动传播的结果，而这些冲击和扰动的大小与类型是各异的，因此，就经济周期的特性而言，它是无规则性的。所以经济学家是无法准确预测经济周期的，他们只能分析和描述它的基本特征。

（二）对研究经济周期的传统方法提出了挑战

实际经济周期理论产生之前，对经济周期理论的研究大体可分为短波理论、中波理论和长波理论。短波理论、中波理论认为经济的波动主要是由于总需求引起的，当总需求扩张时，经济处于扩张阶段；相反，经济会相对收缩。而长波理论认为经济的长期趋势是有资源数量、劳动者的积极性和技术等实际因素决定的。实际经济周期理将经济的短期波动和长期增长结合在一起，改变了现代经济周期理论的研究方向，该理论淡化了增长趋势和周期性波动的区别，打破了宏观经济学分析的短期分析和长期分析的二分法，而且使宏观经济学家的注意力从需求方面再次回到供给方面。

（三）突出强调了宏观经济学的跨期和动态特征

实际经济周期理论在解释经济周期波动的事实时，认为工资水平的变化会引起劳动的跨期替代，从而突出了宏观经济的动态特征。而且，坚持实际经济周期理论的宏观经济学家认为，宏观经济学的未来发展将包括"动态随意的一般均衡理论"的进一步发展。

(四) 对常规的稳定经济周期的政策提出了挑战

实际经济周期理论认为,产量和就业的波动主要是供给引起自然律水平的波动,因此政府不应该用稳定政策来消除这些波动。常规的稳定政策不但不起积极作用,反而是有害的。

复习思考题:

1. 西方经济学家将经济周期分为哪些类型?
2. 乘数原理和加速原理有什么联系与区别?
3. 经济波动为什么会有上限和下限的界限?
4. 简述政府可以如何采取措施对经济波动实行控制?
5. 如果经济将面临衰退,你对重要的宏观经济变量,如总产出、消费、投资、价格水平、实际工资、就业和失业、股票市场价格等,在未来一段时间内的表现有何预期?
6. 实际经济周期中的技术冲击是什么?

第十章 通货膨胀和失业理论

教学目标和教学要求

通过本章的学习，使学生对通货膨胀、通货膨胀的衡量指标、通货膨胀的类型、失业、失业的类型、通货膨胀和失业的关系、菲利普斯曲线等基本知识、概念和理论有较全面的认识和深刻的理解；进一步了解通货膨胀和失业的代价及其治理措施；掌握短期与长期菲利普斯曲线的经济学含义和滞涨的相关问题。

通货膨胀和失业是当代经济中存在的主要问题。无论是发达国家，还是发展中国家，都不同程度地存在着失业和通货膨胀问题。20世纪70年代，美国总统福特曾将通货膨胀问题列为"头号公敌"。因此，失业与通货膨胀就成为宏观经济学研究的主要问题。

第一节 通货膨胀理论

一、通货膨胀及其衡量

因为通货膨胀问题很复杂，在不同的历史时期和不同的国家其表现形式和成因都有所区别，所以经济学界对通货膨胀的解释并不完全一致，一般所接受的是这样的定义：通货膨胀是物价水平普遍而持续的上升。在理解通货膨胀时应注意：第一，物价的上升不是指一种或几种商品的物价上升，而是物价水平普遍上升，即物价总水平的上升。第二，不是指物价水平一时的上升，而是指持续一定时期的物价上升。

考虑到现实经济中成千上万种不同商品价格加总的实际情况，以及经济当中一些商品价格上涨的同时，另一些商品的价格却可能在下降，而且各种商品价格涨跌幅度也不尽相同，这种复杂情况，宏观经济学运用价格指数这一指标来衡量通货膨胀。

价格指数是表明某些商品的价格从一个时期到下一个时期变动程度的指数。价格指数一般不是简单的算术平均数，而是加权平均数，即根据某种商品在总支出中所占的比例来确定其价格的加权数的大小。计算价格指数的一般公式是：

$$价格指数 = \frac{\sum P_t q_t}{\sum P_0 q_t} \times 100\%$$

在上式中，P_0、P_t 是基期和本期的价格水平，q_t 是本期商品量。

通货膨胀的程度通常用通货膨胀率来衡量，而衡量通货膨胀率的价格指数一般有三种：

（1）国内生产总值价格折算指数（GDP Deflator），是衡量各个时期一切商品与劳务价格变化的指标。

$$国内生产总值价格折算指数 = \frac{名义国内生产总值}{实际国内生产总值} \times 100\%$$

这种指数用于修正 GDP 数值，从中去掉通货膨胀因素，其统计对象包括所有计入 GDP 的最终产品和劳务，因而能较全面地反映一般物价水平变化。但作为厂商和消费者，主要关心与自己有关的物价水平的变化，从中判断自己受通货膨胀影响有多大，因此，为满足这种需求，又有了生产者价格指数和消费价格指数。

（2）消费价格指数（Consumer Price Index，CPI），又称生活费用指数，指通过计算城市居民日常消费的生活用品和劳务的价格水平变动而得的指数，计算公式是：

$$消费价格指数（一定时期）= \frac{本期价格指数}{基期价格指数} \times 100\%$$

（3）生产者价格指数（Producer Price Index，PPI），又称批发价格指数，指通过计算生产者在生产过程中所有阶段上所获得的产品的价格水平变动而得的指数。这些产品包括产成品和原材料。

这三种价格指数都能反映出基本相同的通货膨胀率变动趋势，但由于各种指数所包括的范围不同，所以，数值并不相同。例如，美国 1971～1980 年的平均通货膨胀率，按消费价格指数是 7.9%，按批发价格指数是 8.5%，按国民生产总值折算数是 6.9%。在这三种指数中，消费价格指数与人民生活水平关系最密切，因此，一般都用消费价格指数来衡量通货膨胀。

按照不同的划分标准，西方经济学家把错综复杂的通货膨胀划分不同的类型。以下几种划分是常见和较有意义的。

（1）按照价格上升的速度，西方学者认为存在着三种通货膨胀类型：第一，温和的通货膨胀。指每年物价上升的比例在 10% 以下。目前，许多国家都存在着这种温和类型的通货膨胀。一些西方经济学家并不十分害怕温和的通货膨胀，甚至有些人还认为这种缓慢而逐步上升的价格对经济和收入的增长有积极的刺激作用。第二，奔腾的通货膨胀。指年通货膨胀率在 10% 以上和 100% 以下。这时，货币流通速度提高和货币购买力下降，均具有较快的速度。西方学者认为，当奔腾的通货膨胀发生以后，由于价格上涨率高，公众预期价格还会进一步上涨，因而采取各种措施来保护自己，以免受通货膨胀之害。这使通货膨胀更为加剧。第三，超级通货膨胀。指通货膨胀率在 100% 以上。发生这种通货膨胀时，价格持续猛涨，人们都尽快地使货币脱手，从而大大加快货币流通速度。其结果，货币完全失去信任，货币购买力猛降，各种正常的经济联系遭到破坏，以致使货币体系和价格体系最后完全崩溃，在严重的情况下，还会出现社会动乱。

（2）按照对不同商品的价格影响的大小加以区分，存在着两种通货膨胀的类型：第一种为平衡的通货膨胀，即每种商品的价格都按相同比例上升。这里所指的商品价格包括生产要素以及各种劳动的价格，如工资率、租金、利率等。第二种为非平衡的通货膨胀，即各种商品价格上升的比例并不完全相同。例如，甲商品价格的上涨幅度大于乙商品的，或者，利率上升的比例大于工资上升的比例等。

（3）如果以通货膨胀的原因作为分类标志，可以把通货膨胀分成作为货币现象的通货膨胀、需求拉动的通货膨胀、成本推动的通货膨胀、混合通货膨胀和结构性通货膨胀五类：认为每一次通货膨胀背后都有迅速的货币供给的增长，就是作为货币现象的通货膨胀；把通货膨胀看作由实际因素或货币因素造成的过度需求拉上的，这是需求拉上的通货膨胀；假如认为通货膨胀是由于特定集团，比如工会，行使其市场权力，而使工资率水平提高从而使总供给函数转移所引发的，这属于成本推进的通货膨胀；大多数通货膨胀的发生实际上总是包含了需求和供给两方面因素共同的作用，这属于混合通货膨胀；如把通货膨胀的起因归之于特定的经济制度、控制系统、信息系统和决策系统的结构因素或这些结构的变化，那么这属于结构性通货膨胀。

（四）按照人们的预料程度加以区分，存在着两种通货膨胀的类型：一种为未预期到的通货膨胀，即价格上升的速度超出人们的预料，或者人们根本没有想到价格会上涨的问题。例如，国际市场原料价格的突然上涨所引起的国内价格的上升，或者在长时期中价格不变的情况下突然出现的价格上涨。另一种为预期到的通货膨胀。例如，当某一国家的物价水平年复一年地按5%的速度上升时，该国的人便会预计到，物价水平将以同一比例继续上升。既然物价按5%的比例增长成为意料之中的事，则该国居民在日常生活中进行经济核算时会把物价的这一比例的上升考虑在内。例如，银行贷款的利息率肯定会高于5%，因为5%的利率仅能起到补偿通货膨胀的作用。由于每个人都把5%的物价上涨考虑在内，所以每个人所索取的价格在每一时期中都要上升5%。每种商品的价格上涨5%，劳动者所要求的工资、厂商的利润都会以相同的速度上涨，因此，预料之中的通货膨胀具有自我维持的特点，有点像物理学上的运动中的物体的惯性。因此，预期到的通货膨胀有时又被称为惯性的通货膨胀。

二、通货膨胀的原因

关于通货膨胀的原因，西方经济学家提出了各种解释，可分为四个方面：第一方面为货币数量论的解释，这种解释强调货币在通货膨胀中的重要性；第二方面是用总需求与总供给来解释，包括从需求的角度和供给的角度的解释；第三方面是需求和供给共同作用的解释，强调实际的通货膨胀过程极少可能只是由需求拉上的或者只由成本推动的，大多数通货膨胀的发生实际上总是包含了需求和供给两方面因素的共同作用。第四方面是从经济结构因素变动的角度来说明通货膨胀的原因。下面依次加以说明。

（一）作为货币现象的通货膨胀

货币数量论在解释通货膨胀方面的基本思想是每一次通货膨胀背后都有货币供给的迅速增长，这一理论的出发点是如下所示的交易方程：

$$MV = Py \tag{10.1}$$

式中，M 为货币供给量；V 为货币流通速度，它被定义为名义收入与货币量之比，即一定时期（如一年）平均一元钱用于购买最终产品与劳务的次数；P 为价格水平；y 为实际收入水平。

方程（10.1）左边的 MV 反映的是经济中的总支出，而右边的 Py 为名义收入水平。由于经济中对商品与劳务支出的货币额即为商品和劳务的总销售价值，因而方程的两边相等。由方程（10.1），可以得到如下关系式：

$$\pi = m_g + v_g - y_g \tag{10.2}$$

式中，π 为通货膨胀率；m_g 为货币增长率；v_g 货币流通速度变化率；y_g 为产量增长率。

根据方程（10.2），通货膨胀来源于三个方面，即货币流通速度、货币增长和产量增长。进一步地，假定货币流通速度不变，则有

$$\pi = m_g - y_g \tag{10.3}$$

式（10.3）表明，通货膨胀率等于货币增长率减去产量增长率。另外，在长期内，实际产量的增长率是固定不变的。因此，上述方程意味着在长期内，货币供给增长率的变化一对一地导致通货膨胀率的变化。

这里举一个例子。如果货币供给按每年7%的速度增长，且实际产量按每年4%的速度增长，则该经济每年的通货膨胀率将是3%。

（二）需求拉动的通货膨胀

需求拉动通货膨胀，又称超额需求通货膨胀，是指总需求超过总供给所引起的一般价格水平的持续显著的上涨。需求拉动通货膨胀理论是一种比较传统的通货膨胀理论，这种理论把通货膨胀解释为"过多的货币追求过少的商品"。图10-1常被用来说明需求拉动通货膨胀。

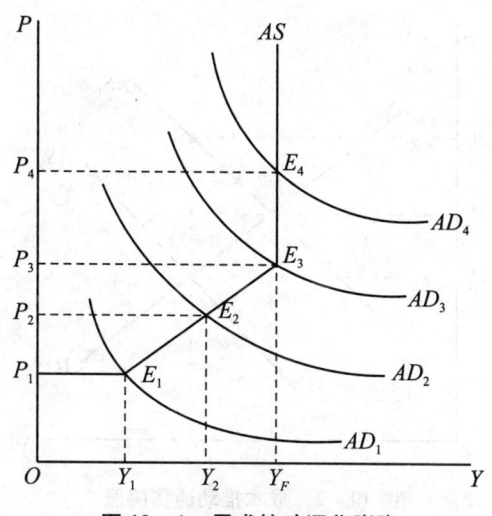

图10-1 需求拉动通货膨胀

图10-1中，横轴Y表示总产量（国民收入），纵轴P表示一般价格水平。AD为总需求曲线，AS为总供给曲线。总供给曲线AS起初呈水平状。这表示，当总产量较低时，总需求的增加不会引起价格水平的上涨。

在图10-1中，产量从零增加到Y_1价格水平始终稳定。总需求曲线AD_1与总供给曲线AS的交点E_1决定的价格水平为P_1，总产量水平为Y_1。当总产量达到Y_1以后，继续增加总供给，就会遇到生产过程中所谓瓶颈现象，即由于劳动、原料、生产设备等的不足而使成本提高，从而引起价格水平的上涨。图10-1中总需求曲线AD继续提高时，总供给曲线AS便开始逐渐向右上方倾斜，价格水平逐渐上涨。总需求曲线AD_2与总供给曲线AS的交点决定的价格水平为P_2，总产量为Y_2。当总产量达到最大，即为充分就业的产量Y_F时，整个社会的经济资源全部得到利用。图10-1中总需求线AD_3同总供给曲线AS的交点E_3决定的价格水平为P_3，总产量水平为Y_F。价格水平从P_1上涨到P_2和P_3的现象被称作"瓶

颈"式的通货膨胀。在达到充分就业的产量 Y_F 以后,如果总需求继续增加,总供给就不再增加,因而总供给曲线 AS 呈垂直状。这时总需求的增加只会引起价格水平的上涨。例如,图 10-1 中总需求曲线从 AD_3 提高到 AD_4 时,它同总供给曲线的交点所决定的总产量并没有增加,仍然为 Y_F,但是价格水平已经从 P_3 上涨到 P_4。这就是需求拉动通货膨胀。西方经济学家认为,不论总需求的过度增长是来自消费需求、投资需求,或是来自政府需求、国外需求,都会导致需求拉动通货膨胀。需求方面的原因或冲击主要包括财政政策、货币政策、消费习惯的突然改变,国际市场的需求变动等等。

(三) 成本推动的通货膨胀

这是从总供给的角度来分析通货膨胀的原因。供给就是生产,根据生产函数,生产取决于成本。因此,从总供给的角度看,引起通货膨胀的原因在于成本的增加。成本的增加意味着只有在高于从前的价格水平时,才能达到与以前同样的产量水平,即总供给曲线向左上方移动。在总需求不变的情况下,总供给曲线向左上方移动使国民收入减少,价格水平上升,这种价格上升就是成本推动的通货膨胀。可用图 10-2 来说明这种情况。

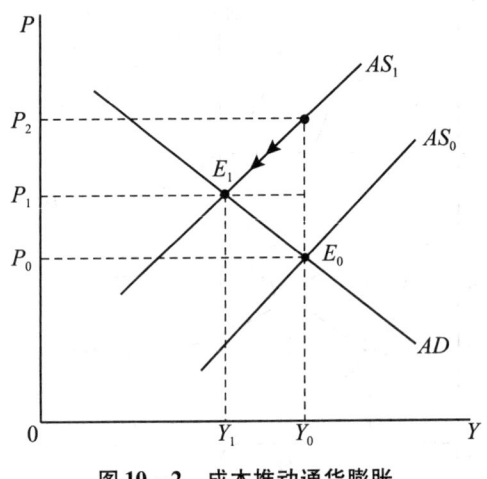

图 10-2 成本推动通货膨胀

在图 10-2 中,原来的总供给曲线为 AS_0,AS_0 与总需求曲线 AD 相交于 E_0 点,决定了国民收入为 Y_0,价格水平为 P_0。由于生产成本或利润增加,总供给曲线从 AS_0 向上移动到 AS_1。这时,如果仍然要维持原产量水平 Y_0,价格就会上升为 P_2。这是成本或利润增加直接所引起的通货膨胀。由于这时价格水平太高,在总需求水平没变的情况下,产品无法卖出去,库存增加,厂商减少产量,产量从 Y_0 向 Y_1 减少,在这一过程中价格水平由 P_2 向 P_1 下降,直至 E_1 点时,AS_1 与 AD 相交,决定了产量为 Y_1,价格水平为 P_1。与原来均衡时的价格 P_0 相比,价格仍然上升了。这样,在总需求不变的情况下,由于供给方面的原因而产生了通货膨胀。这就是成本推动的通货膨胀。

成本推动的通货膨胀的产生可能有三种根源:工资成本的增加、利润的增加、进口原料成本的增加。据此,又可以把成本推动的通货膨胀理论分为三种。

1. 工资成本推动的通货膨胀理论

这种理论认为,强有力的工会组织对雇主提出过分的增加工资的要求,使工资的增长率大于劳动生产率的增长率，这就引起产品成本的提高和物价水平的上升。

工资成本推动的通货膨胀首先存在于不完全竞争的劳动市场。在有工会的部门中，工会的压力迫使雇主不得不提高工资。由于工资决定中的"攀比原则"，没有工会的部门也不得不提高工资。这是因为，如果后者不提高工资，他们的工人就会流向工资较高的部门，从而使后者面临劳动力短缺的状况。这样，一个部门的工资提高，迟早会扩展到所有的部门。厂商无法抵制这种工资的提高，只好把工资的增加打入成本，提高产品的价格，于是，在总需求没有任何增加的情况下，就产生了工资成本推动的通货膨胀。

2. 利润推动的通货膨胀理论

这种理论认为，在市场拥有垄断地位的厂商可以自行决定产品价格，这样，他们就可以不管市场商品的供求关系，以成本增加为借口，使产品价格上升的幅度大于成本增加的幅度。这种厂商为了获得更多利润而使价格上升所引起的通货膨胀就是利润推动的通货膨胀。

这种通货膨胀的根源在于商品市场的不完全竞争。在完全垄断或寡头垄断的市场上，产品的价格并不直接由产品的供求关系决定，而是由垄断者操纵的，这种价格称为操纵价格（administered price）。垄断者人为地规定高于成本增加的操纵价格就引起了通货膨胀。

3. 进口性通货膨胀与出口性通货膨胀

工资成本与利润推动都是从国内供给因素来考虑的。在现实开放经济中，进出口所引起的成本增加也会导致通货膨胀。一国经济中一些重要的进口品价格上升会引起用这些进口品作为原料的本国产品生产成本的上升，从而导致物价水平的上涨。这种类型的成本推动通货膨胀就是进口性通货膨胀。这种通货膨胀极容易变为滞胀。例如，20世纪70年代初世界石油价格的大幅度上升，使许多输入石油的国家发生了严重的通货膨胀，这种通货膨胀不仅没有增加产量，反而使得一些与石油有关的部门因生产成本上升过快而产品销路锐减，结果在通货膨胀的同时又使失业增加。

与此相应，如果出口迅速扩张，以致出口生产部门的边际生产成本上升，国内市场的产品供给不足，也会导致国内物价水平上升。这种情况就是出口性通货膨胀。

（四）混合通货膨胀

许多经济学家认为，任何实际的通货膨胀过程极少可能只是由需求拉上的或者只由成本推动的，大多数通货膨胀的发生实际上总是包含了需求和供给两方面因素的共同作用。把通货膨胀区分为需求拉上型的与成本推动型的是一种静态分析方法，它可以解释由于总需求曲线或总供给曲线变动所引起的价格水平的一次性上升，但无法用来分析物价水平的持续上升以及通货膨胀的实际过程。因此，要研究需求拉上和成本推动的混合，以及它们之间的相互作用如何引起通货膨胀。

如果通货膨胀的过程是从总需求方面开始的，这时过度需求的存在会引起物价水平上升，形成通货膨胀。但在这一过程中，物价水平的上升又会引起货币工资增加。因此，在需求拉动的通货膨胀中不能排除成本推动的作用。在需求拉动与成本推动的共同作用之下，通货膨胀就会持续下去。如果这种需求拉动的通货膨胀没有成本推动起作用，那么，价格上升实际工资下降就会自发地减少总需求，从而使通货膨胀结束。

如果通货膨胀的过程是从总供给方面开始的，即货币工资的增加使成本增加引起物价水平上升，那么，除非在这一过程中有总需求的相应增加，否则通货膨胀也不会持续下去。这是因为，没有总需求的相应增加，价格上升使需求减少，厂商不得不减少产量，从而失业增加，最终导致经济萧条，在这种情况下，通货膨胀也会停止。可以用图10-3来说明需求和成本混合推动通货膨胀的情况。

在图10-3中，原来的均衡点为E_0点，总需求曲线AD_0与总供给曲线AS_0相交，决定了国民收入为Y_0，价格水平为P_0。

总需求增加，总需求曲线从AD_0移动为AD_1，AD_1与AS_0相交于E_1点，决定了国民收入为Y_1，价格水平为P_1。价格水平上升就是发生了通货膨胀。这时，如果总供给不变，即货币工资不上升，总供给曲线不向上移动。实际工资下降会使总需求减少（此外，价格水平上升实际货币供给量减少也会使利率上升，总需求减少），从而总需求最终又会下降到AD_0，通货膨胀结束。只有在货币工资增加，总供给曲线从AS_0移动到AS_1时，AS_1与AD_1相交于E_2点，价格水平才会继续上升为P_2。这时，通货膨胀的发生过程是$E_0 \to E_1 \to E_2$。

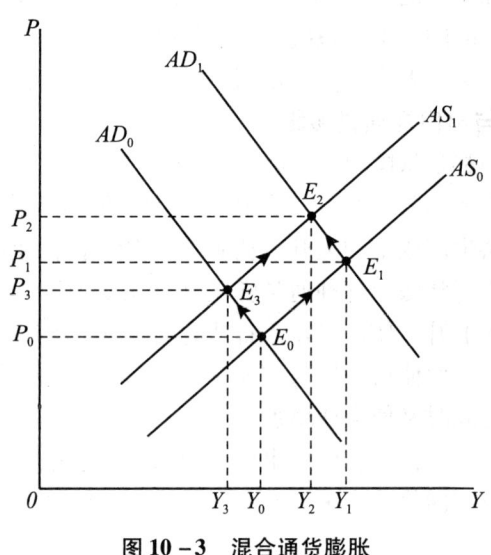

图10-3 混合通货膨胀

如果是工资成本增加，总供给曲线从AS_0移动到AS_1，AS_1与AD_0相交于E_3点，决定了国民收入为Y_3，价格水平为P_3，价格水平上升就是发生了通货膨胀。这时，如果总需求不变，总需求曲线仍为AD_0，则工资水平上升会使产量进一步减少，从而价格下降，通货膨胀结束，只有在总需求增加，总需求曲线从AD_0移动到AD_1时，AS_1与AD_1相交于E_2点，决定了价格水平才会继续上升为P_2。这时，通货膨胀的发生过程是$E_0 \to E_3 \to E_2$。

因此，现实中的通货膨胀实际上是一种供求混合型的通货膨胀。

（五）结构性通货膨胀

西方经济学家认为，在没有需求拉动和成本推动的情况下，只是由于经济结构因素的变动，也会出现一般价格水平的持续上涨。他们把这种价格水平的上涨叫作结构性通货膨胀。

结构性通货膨胀是指经济结构变动所引起的通货膨胀。它的前提是市场不完全性，这主要包括两方面的内容，即资源在部门间缺乏流动性和垄断因素所引起的工资率和价格向下刚性。

这种理论从各生产部门之间劳动生产率的差异、劳动市场的结构特征和各生产部门之间收入水平的赶超速度等角度分析了由于经济结构特点而引起通货膨胀的过程。

英国经济学家希克斯对扩展部门与非扩展部门进行了结构分析。他认为经济中可以分为扩展部门与非扩展部门。扩展部门正在扩大，需要更多的资源与工人，而非扩展部门已在收缩，资源与工人过剩。如果资源与工人能迅速地由非扩展部门流动到扩展部门，则这种结构性通货膨胀就不会发生。但在现实中，由于各种限制，非扩展部门的资源与工人不能迅速地流动到扩展部门。这样，扩展部门由于资源与人力短缺，资源价格上升，工资上升，而非扩展部门尽管资源与人力过剩，但资源价格并不会下降，尤其是工资不仅不会下降，还会由于攀比行为而上升。这样，就会由于扩展部门的总需求过度和这两个部门的成本增加，尤其是工资成本的增加而产生通货膨胀。

此外，各经济部门的劳动生产率不同（如工业部门劳动生产率高，服务部门劳动生产率低），而各部门的工资水平由于攀比向高工资水平看齐，也会使整个社会的工资增长率超过劳动生产率增长率而引起通货膨胀。这种通货膨胀也是结构性通货膨胀。

美国经济学家 J. 托宾分析了劳动市场结构特征所引起的通货膨胀。他认为，劳动市场的特点是失业与空位并存，即一方面有人无工作，另一方面又同时存在有工作无人做，这种情况是由于劳动力市场技术结构、地区结构、性别结构这些特征造成的劳动力不能迅速流动而引起的。在这种情况下，由于工资能上不能下的刚性，有失业存在，工资不能下降；有空位存在，则工资上升。这样，工资总水平的提高就会导致通货膨胀。

国际市场价格结构变动也会在不完全的市场体系中引发通货膨胀，设一国存在开放部门和非开放部门两类部门。当国际市场价格上升时，出口产业的货币工资率可能提高。非开放部门通过攀比行为也将提高自己的货币工资率。这样，这些市场中的价格只能上升，国内也出现通货膨胀。进口商品价格上升，会带动国内同类产品的价格上升。这些部门货币工资率提高也会通过类似的攀比行为带动其他部门的价格上涨。

如果进口的石油一类的产品涨价，它所引发的物价上涨不属于结构性通货膨胀，而是成本推动的通货膨胀。

三、通货膨胀的代价

通货膨胀并没有直接造成产量损失，但给社会经济生活的各个方面带来程度不同的影响，其中包括对收入和财产分配的影响、对经济效率的影响及其与经济增长的关系。

在分析通货膨胀的代价时首先要区分可以完全预期的通货膨胀与无法完全预期的通货膨胀，它们的代价是不同的。在前一种情况下，通货膨胀率在相当长的时期是相当稳定的，人们可以根据过去的经验对未来作出相当准确的预期，并根据这一预期来调整自己的经济行为，从而通货膨胀并不影响各种实际变量，只是引起名义变量与通货膨胀率同比例变动。这也是在长期中的情况。在后一种情况下，通货膨胀率变动较大，人们无法准确地作出预期并调整自己的经济行为，从而通货膨胀就要影响实际变量。我们所要分析的主要还是后一种情况（主要是短期中的情况）。

（一）通货膨胀对收入分配与财产分配的影响

（1）对收入分配的影响。通货膨胀对社会不同集团的人有不同的影响，会使一些人从中受益，也会使一些人由此受害。我们从以下一些利益集团来进行分析。

①就利润收入者与工资收入者而言，通货膨胀是有利于前者而不利于后者的。这是因为，在发生通货膨胀后产品价格调整较快，而工资调整较慢。这样，实际工资减少，而实际利润增加，价格的增长所带来的好处归利润所有者，工人则由于价格上升、名义工资调整缓慢、实际工资收入下降而受害。

但是对利润收入者来说，通货膨胀的影响也不一样。具有垄断地位的厂商可以较大幅度、较迅速地提高价格，甚至可以使自己产品价格上升的幅度大于通货膨胀率，从而由通货膨胀中获得更大好处。而对那些处于完全竞争市场上的中小厂商而言，情况就不同了，他们无法控制自己产品的价格，作为市场价格的接受者，他们产品的价格取决于市场供求状况。如果市场处于供大于求的状况，他们产品的价格无法与通货膨胀率同比例上升，他们也可能受损失。所以，从通货膨胀中获得最大好处的还是那些具有垄断地位的厂商。

同样，对工资收入者来说，通货膨胀的影响也不一样。那些工会力量强大的行业的工人可以通过工会强大的压力，迫使厂商尽快地按通货膨胀率调整工资，从而所受的损失小。那些有技术的专业工人，由于通货膨胀时期经济繁荣，厂商对他们的需求更大，从而就可能得到较高的工资，所受的损失小，甚至还有所受益。另外有两类工资收入者所受的损失要大一些。一种是非工会会员工人，他们的工资不受工会保护，加之，他们大多在中小企业中就业，这些企业本身还要受通货膨胀之苦，从而他们的工资调整要慢得多，所受损失也就大。另一种是行政人员（如一般政府职员、文教卫生人员等），他们的工资合同都是长期，并不能随通货膨胀率而迅速调整，从而就会由于通货膨胀而受损失。还应特别指出的是，在通货膨胀中受打击最大的是退休金领取者，即那些退休的老年人，以及靠社会救济为生的穷人。他们靠退休金与社会保险金生活，在通货膨胀时期退休金或社会保险金没有调整，或调整很少，从而被认为是通货膨胀最大的受害者。近年来，工资合同和社会保险中都有了根据通货膨胀率进行自动调整的条款，从而，这些人在通货膨胀时期不利的状况也有所改善。

②就债权人与债务人而言，通货膨胀是不利于前者而有利于后者的，这几乎是所有经济学家一致的意见。这是因为，债务契约是根据签约时的通货膨胀率的情况规定名义利率，如果在偿还期到时发生了通货膨胀，通货膨胀率高于签约时，那么，债权人的利息收入受到侵害，而债务人获得好处，所付的实际利率降低了。例如，签约时，通货膨胀率为5%，实际利率为5%，则规定名义利率为10%，但在到期时，如果通货膨胀率已上升至7%，那么，实际利率就降至3%，从而债权人受害，债务人受益了。特别是在长期债务中，这种情况更严重。正因为如此，在20世纪70年代之后，债务契约中也有了根据通货膨胀率来自动调整名义利率的条款。

③就政府与公众而言，通货膨胀是有利于前者而不利于后者的。这是因为在累进税率与税率固定的情况下，通货膨胀所引起的名义收入增加会使税收增加，从而以减少公众的实际收入为代价增加了政府税收，这种由于通货膨胀而增加的税收被称为"通货膨胀税"，被认为是政府通过通货膨胀对公众进行的一种掠夺。

许多经济学家认为，这种通货膨胀率的存在使政府有动力去加剧通货膨胀，因此，就要根据通货膨胀率来调整税率标准，即实行税收指数化。

（2）对财产分配的影响。这里所要考虑的是通货膨胀对财产净值的影响。财产净值取决于所拥有财产的货币价值以及所欠的债务。一般而言，财产的货币价值会由于通货膨胀而变动，有的财产会升值，而有的会贬值，债务则会由于通货膨胀而减少。根据美国20世纪70年代的情况，财产净值为负数（即财产小于负债）的居民户，会由于实际负债的减少而从通货膨胀中受益；中等财产净值的居民户其财产也增加了，因为在这些人的财产中最主要的是房子，房子本身的价格是上升的，而按固定标准偿还的抵押贷款减少了；有高额财产净值的居民户由于通货膨胀而受害，由于他们的负债很小，而另一些资产会由于通货膨胀而贬值。

（二）通货膨胀对经济效率的影响

通货膨胀之所以损害经济效率是因为它会扭曲价格信号，不利于经济活动。尤其是发生非均衡的高通货膨胀时，各种商品及劳务的相对价格和总体价格都会发生变化，使人们无法根据价格提供的信号来进行经济决策，造成经济活动的低效率。当价格发生变化时，企业需要调整产品的价格。例如，商业企业更换商品的价格标签，餐厅需要重新打印菜单，生产企业也需要重新制定产品的价格目录，招聘人员制定新的价格决策。另外，通货膨胀给经济活动带来不确定性，通货膨胀率越高，不确定性越大。人们会花费很多时间和精力去预测通货膨胀，不愿意去工作，专门靠投机获益，造成经济资源更多地用于预测方面，而不是用于生产性投资，从而不利于经济的发展。在通货膨胀的环境中，人们不愿意签订长期合同，从而使经济中的交易费用高，不利于经济的稳定。

通货膨胀同样会导致货币使用的混乱。当实际利率为负时，人们就不愿意持有货币，频繁地进出银行，恨不得将手头的货币尽快转换成商品和劳务，以至于磨掉鞋跟，浪费掉宝贵的时间。我们将这种成本称为"鞋底成本"（Shoe-leather Cost）即减少货币持有量时所浪费掉的资源。当发生通货膨胀时，工人会要求雇主尽快地支付工资。假定某工人每周工资100元，每周支付，一周内用完，则他平均的货币持有量为50元；若每月支付400元，下一个开支日用完，则平均的货币持有量为200元；若每天支付20元（假设每周有五个工作日），则平均的货币持有量为10元。由此可以看出，工资支付与购物越频繁，货币持有量越少，人们的持币成本越小，但是高频率的交易更不方便，交易费用也更高。

（三）通货膨胀与经济增长

通货膨胀能否促进经济增长是经济学界长期争论不休的问题。围绕这一问题，经济学家进行了广泛的研究，并运用经济计量学模型对各种主要观点进行了实证检验。然而时至今日也并没有得出一致的看法。这里简单介绍几种主要观点。

（1）促进论。这种观点认为，从总体上看，通货膨胀能对经济增长起到积极的促进作用。一些发展经济学家，诸如以前谈到的 A. 刘易斯，以及美国经济学家乔治斯库—罗金、泰勒等，提出通过通货膨胀可以刺激经济发展。他们的理由是：第一，发展中国家税收体系不健全，税收来源有限，可以通过通货膨胀来增加财政收入、增加资金，并把这些资金投资于生产。第二，通货膨胀可以产生一种有利于高收入阶层而不利于低收入阶层的收入再分配效应。由于高收入阶层的边际储蓄倾向远远高于低收入者,这样,就可以借助于通货膨胀来增加高收入者的储蓄,增加投资,解决发展中国家资本不足的问题,刺激经济增加。第三,通过通货膨胀降低实际工资水平。这就增加了利润,既能刺激资本家投资的积极性,又能增加转化为再投资的利润。在这些经济学家看来,尽管通货膨胀也会带来许多不利的影响,但也许这是为实现经济增长所必须付出的代价。

(2) 促退论。以美国经济学家坎普斯、哈伯格、沃格尔和加拿大经济学家蒙德尔等为代表的经济学家则认为,通货膨胀会导致经济效率低下,从而阻碍经济增长。这种观点也被称为"通货膨胀扭曲论"(Distortionary Inflationview)。

他们认为通货膨胀不利于经济增长的原因在于:第一,通货膨胀破坏了正常的经济秩序,尤其是破坏了价格作为社会供求关系的指示器与指挥者的作用,使资源配置和资金使用失衡,从而引起资源浪费和经济效率低下。第二,通货膨胀导致投机活动和助长囤积心理,从而使社会资金不是用于生产性活动,而是用于投机,这就降低了经济增长率。第三,通货膨胀降低了储蓄率,不利于储蓄增加。第四,通货膨胀时期物价上涨与工资增加的不对称性易于引起社会动乱,降低经济效率。第五,通货膨胀会增加生产性投资的风险,从而不利于投资增加。第六,政府对付通货膨胀的政策,诸如,控制工资与物价、采取配给制,进行外汇管制等都会降低经济效率,进一步加深经济混乱。第七,任何通货膨胀一旦开始就难以控制,而如果演变为恶性通货膨胀则会给经济带来毁灭性灾难。

(3) 中性论。这种观点认为,在短期中由于政府政策所引起的通货膨胀也许会影响产量,但从长期来看,通货膨胀对产量和经济增长没有什么影响。我们可以以理性预期学派经济学家 S. 费希尔等的"货币工资期间调整模型"来说明这一观点。

这一模型的特点是:第一,采用了理性预期概念。第二,从短、中、长期分析通货膨胀(物价水平)与经济增长率的关系。第三,假定平均名义工资不是完全刚性的。由于每一年都有一部分工资合同到期要重新修订,所以通货膨胀会使名义工资逐步上升,从而就抵消了物价上升的作用。可用图 10-4 来说明该模型。

在图 10-4 中,LAS 为长期总供给曲线,AS_0、AS_1、AS_2 为三条短期总供给曲线,当长期总供给与短期总供给相等,即 LAS 与 AS_0 的交点为 E_0 点时,经济处于均衡状态,价格水平为 P_0,产量与充分就业的水平为 Y_0。

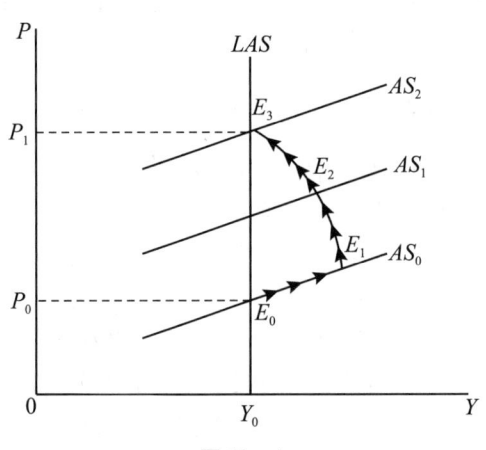

图 10-4

政府采取扩张性政策，价格上升，即发生了通货膨胀。短期中，人们没有预期到这种通货膨胀，按原来的工资合同，实际工资下降，这就刺激了生产，经济从 E_0 点沿 AS_0 移动到 E_1 点，这时较高的通货膨胀率与较高的经济增长率相适应。较高的通货膨胀率导致人们预期通货膨胀率的变化，总供给曲线由 AS_0 移动到 AS_1。同时，新的通货膨胀率使得工资合同修改时名义工资提高，这就减少了通货膨胀带给企业的好处，产量减少，均衡点由 E_1 点向 E_2 点移动。这时，由于并不是所有的工资合同都已修订，所以，通货膨胀还有一定刺激生产的作用。然后，预期的通货膨胀率随实际通货膨胀率的提高而提高，短期总供给曲线由 AS_1 移动至 AS_2，同时工资合同也逐步修订货币工资的增加完全抵消了通货膨胀的扩张效应，经济最终由 E_2 点移动到 E_3 点。在 E_3 点时，产量恢复至 Y_0。而通货膨胀率上升。这时通货膨胀率的大小既不会增加产量，也不会减少产量，从而通货膨胀对经济增长的影响是中性的。

根据对历史与现实情况的研究，各个国家不同时期通货膨胀与经济增长的关系并不是单一的，两者之间并没有固定的"促进"、"促退"或"中性"关系，既有高通货膨胀率与低经济增长率相结合的事实，也有低通货膨胀率与高经济增长率相结合的事实。也还有其他情况。这说明，通货膨胀是否能有助于经济增长还取决于不同国家与不同时期的具体情况。但无论如何，从长期来看，通货膨胀绝不是实现经济增长的"灵丹妙药"。

四、治理通货膨胀的措施

为了防止通货膨胀影响经济，通常可以通过指数化这种措施来治理通货膨胀。

（一）通货膨胀和利率

有很多长期名义利率借贷合同，包括长期的政府债券和长期的抵押贷款。例如，一家公司可以在资本市场上，以8%的年息，销售20年的债券，但无论债券的实际利率（扣除通货膨胀后）是高还是低，都要视此后20年里通货膨胀率的情况而定。因此，通货膨胀率对长期贷款人和借款人而言，都是非常重要的，住房业的情况尤其如此。下面就以通货膨胀与住房为例进行分析。

近年来，城市家庭通常都是从银行或储蓄和贷款机构借钱购买住房。通货膨胀和税收的相互作用，对借款的实际成本有很大影响。

现在考虑一下住宅投资的经济学。例如，在美国某人1963年购买了一所住宅，是以一笔25年期固定利息抵押贷款（住宅贷款的用语）融资购置的。1963年的抵押贷款利率为5.9%，随后25年间的平均通货膨胀率达到5.4%，于是这笔借款的税前实际利息成本仅为0.5%。此外，买房者还可从其应纳税的收入中扣除因抵押贷款所要支付的利息。在利率为5.9%，税率为30%的情况下，免税额相当于每年1.77%（5.9%的30%），因而借款的税后实际成本为负1.3%。这确实是一笔不坏的买卖！但是，通货膨胀当然可能比预期的要低，则借款人的情况将会比预期的情况要糟得多，放款人则赚了，而不是赔了钱。

通货膨胀前景的不确定性是一种新的融资工具产生的原因：即利率可调整的抵押贷款（ARM）。它是浮动利率贷款的一个特例。这是一项长期贷款，其利率比照现行短期利率，会定期（比如说每年）进行调整。就名义利率大体上反映了通货膨胀的趋向而言，利率可调整的抵押贷款减少了通货膨胀对购房融资的长期实际成本的影响。在美国，利率可调整的抵押贷款和长期固定利息抵押贷款这两种方式都在使用。

（二）指数化债务

在那些通货膨胀率很高而且不确定的国家，已不可能以名义负债方式进行长期借款了；放款人对到期偿还贷款的实际价值心里实在是太没底了。在这样的国家，政府一般采用指数化债务。当利息或本金或两者都根据通货膨胀进行调整时，债券就被（按价格水平）指数化了。

指数化债券的持有人收到的利息将等于宣布的实际利率（比如说3%）加上通货膨胀率。这样一来，如果通货膨胀率为18%，债券持有人将会得到21%的利息。如果通货膨胀率为50%，事后支付的名义利率就是53%。通过这种方式，债券持有人在通货膨胀中就可得到补偿。

许多经济学家认为，政府应该实行指数化债务，以便公民们至少能持有一种安全的实际收益的资产。然而，通常只有那些高通货膨胀国家的政府，诸如巴西、阿根廷和以色列等国，才实行这种指数化债务，因为不这样做，这些政府就借不到钱了。

在低通货膨胀国家中，英国政府自1979年以来发行了指数化债券。美国财政部于1997年开始发行指数化债券，希望"通货膨胀保险"的价值能够降低政府支付的实际利率。当然由于很多国家的社会保险福利支出已有效地指数化了，这些国家的公民确实拥有了一种能保护他们不受通货膨胀之苦的资产。但是，这种社会保障福利的支出流量，并不是他们能够买卖的资产。

（三）工资的指数化

正式的劳动合同中有时包括自动"生活费用调整"（Cost of living Adjustment，COLA）条款。COLA条款设计得能使工人在签订劳动合同之后全部或部分地恢复他们在价格上涨中损失的购买力。

这种形式的指数化是许多国家劳动市场非常普遍的特征。指数化在长期合同的优势与工人和企业的利益之间找到平衡办法，使实际工资不至于相差得太远。

工资谈判一般是采取1年期或3年期的合同形式，但是由于合同期内，价格会发生变化，必须根据通货膨胀进行某些调整。大体上有两种可能性。一种是根据CPI或GDP缩减指数来指数化工资，通过定期的（比如说每季度一次）回顾，按该段时期内价格的上升来增加工资。另一种是根据预期价格上涨率，来定期安排事先预告的工资增加。如能确切地知道通货膨胀的变化，这两种方法就会殊途同归。但由于通货膨胀与预期也许不一样，两种方法就会产生差距。

当通货膨胀的不确定性很高时，我们希望找到指数化而不是事先宣布的工资增长。高通货膨胀率比低通货膨胀率更加变化不定，因此工资指数化在高通货膨胀国家比在低通货膨胀国家更为流行。

以上各种指数化做法可以消除通货膨胀对收入分配的不利影响，保证通货膨胀时期人民实际收入与生活水平不变，从而有利于社会稳定。但这种政策实施起来较为困难，特别是有加剧通货膨胀的危险。因此，如何根据不同情况来采用指数化政策仍然是值得研究的。也有一些经济学家对这种政策持否定意见。

指数化只能减轻通货膨胀在收入分配上的后果，但却不能消除通货膨胀本身。因此，严格说来，指数化并不能构成一种反通货膨胀的方法。

西方学者认为，指数化虽然在一定限度内可以消除在收入分配上的影响，但如果运用不当，它也会造成加剧通货膨胀的不良后果。按照西方学者的意见，指数化是否会造成不良后果取决于造成通货膨胀的原因是什么。如果通货膨胀的原因来自货币量的增加，那么工资指数化可以补偿由于货币量增加而导致的物价上涨，这样，它至少可以部分地避免对收入分配的影响。另外，通货膨胀的原因也可以来自"供给冲击"。例如，当进口原料价格由于短缺而上升时，使用进口原料的国内产品的价格也会上升。西方学者认为，在供给冲击的情况下，实际工资应该随着价格的上升而下降。如果这时把工资指数化，那么实际工资不会随着原料价格的上涨而下降。在这种情况下，货币工资反而会随着原料价格的上升而上升。货币工资的上升反过来又会导致物价水平进一步上升。这样，指数化的结果会使通货膨胀恶化。

(四) 各学派关于治理通货膨胀的主张

货币主义者认为通货膨胀完全是一种货币现象，所以他们主张采取所谓"单一规则"的货币政策，即要控制通货膨胀率，实现经济的稳定增长，最根本的措施就是控制中央银行货币供给量的增长，每年按照某一固定的比例增加货币供给量，就可以实现物价的稳定的增长。政府过度干预经济，采取逆经济周期的宏观经济政策，只会使经济更具波动性，使经济变得更糟。撒切尔夫人执政时，针对英国当时高达21.9%的通货膨胀率，就完全采用了货币主义者的政策主张。货币主义者主张在实行紧缩性的货币政策时，采取渐进主义的方针，通过逐渐降低货币供给量，来降低通货膨胀率，降低货币工资增长率。

理性预期学派认为由于人们能够对经济行为作出理性预期，所以发生通货膨胀时只会带来货币工资和价格的调整，产量和就业量都不会改变。政府行为的可信度越强，人们预期调整的速度越快，降低通货膨胀的产出和失业代价越小。人们的预期本身就有助于降低通货膨胀，政府的政策能成功，部分得益于人们的信任，反之，如果人们认为政策不可能奏效就不会调整通货膨胀预期，所以通货膨胀会继续下去。但是，政府往往需要3~5年或者更长的时间才能建立起信誉。

供给学派认为可以通过减税的政策，使人们有动力去工作和储蓄，促进企业进行投资，从而使产量增加、就业率提高、社会总供给增加，进而降低通货膨胀率。当人们预期物价水平将要下降时，现实中的货币工资、价格和利率都会降低。

第二节 失业理论

一、失业的定义及分类

失业（unemployment）是有劳动能力的人想工作而找不到工作的社会现象。按《现代经济学词典》的解释，失业者是"所有那些未曾受雇，以及正在调往新工作岗位或未能按当时通行的实际工资率找到工作的人。"在研究失业问题时，西方经济学家还提出自愿失业概念。自愿失业（voluntary unemployment）指工人所要求得到的实际工资超过了其边际生产率，或不愿意接受现行的工作条件而未被雇佣而造成的失业。这种失业在西方不被看作真正的失业。

计量失业的指标有两个：失业人数和失业率。其中失业率是失业人数占全部劳动者人数的百分比。

在对失业进行计量时，并不是把每一个没有工作的人都看作是失业者。只有年龄在规定范围内（如美国规定年满16周岁以上），有工作能力，而且愿意工作并积极寻找工作，却没有工作的人才算作是失业者。年龄在规定范围之外，已退休者，丧失工作能力者，在学校学习者，由于某种原因不愿工作或不积极寻找工作的自愿失业者都不计入失业人数，也不计入劳动者人数。

在现代经济学中，按不同的标准，对失业有不同的分类。

（一）摩擦性失业（Frictional Unemployment）

这是劳动者正常流动过程中所产生的失业。这种失业即使在充分就业的情况下也会存在。这里所说的劳动者流动过程包括老工人退休、年轻人进入劳动力市场的新老交替过程；人们出于某种原因放弃原来的工作或被解雇，以及转移到新的地区，寻找新工作的过程。无论是年轻人开始进入或妇女重新进入劳动力市场，还是原来有工作的人变换工作，都需要花费一定时间，在任何情况下，总会存在一定的摩擦性失业。即使在劳动力供给与对劳动力的需求在职业、技能、地区分布等结构上完全相符，不存在需求不足的紧缩缺口（或GNP缺口）的条件下，仍会存在摩擦性失业。

摩擦性失业量的大小取决于劳动力流动性的大小和寻找工作所需要的时间。劳动力流动量越大，越频繁，寻找工作所需要的时间越长，则摩擦性失业量越大。劳动力流动性的大小在很大程度上是由制度性因素、社会文化因素和劳动力的构成决定的。寻找工作所需要的时间则主要取决于获取有关工作机会的信息的难易程度和速度，以及失业的代价和失业者承受这种代价的能力。寻找工作的人不可能具有关于工作机会的完全信息，只有通过寻找的过程，才能取得这种信息。由于信息不完全，人们不接受所碰到的第一个工作可能是合理的，因为他们如果继续寻找，很可能找到工资水平更高、工作条件更好、工作性质更令人满意的工作。但寻找工作的过程是有代价的。除了寻找过程本身需要花费时间、精力和少量金钱外，还有由于放弃不太满意的工作所带来的机会成本。如果人们的生活有一定保障，他们就可能花更多的时间去寻找工作，失业救济金和家庭中其他成员的收入都可为摩擦性失业者花更多的时间寻找工作提供支持。

摩擦性失业既有自愿失业的因素，也有非自愿失业的原因。在许多情况下，很难分清摩擦性失业者是自愿失业还是非自愿失业。例如一个人可能不愿接受某些工作机会。从有工作机会而没有接受这种机会的角度说，他是自愿失业者；但从他没有找到他认为合适的工作来看，他又是非自愿失业者。至于这个人对工作的要求是否合理，则是很难判断的。

（二）结构性失业（Structural Unemployment）

结构性失业是由于经济结构的变化，劳动力的供给和需求在职业、技能、产业、地区分布等方面的不协调所引起的失业。结构性失业往往属于非自愿失业。

结构性失业的大小取决于转移成本的高低。劳动力在各个部门之间的转移和流动需要成本。例如，重新接受职业培训、再教育等。转移成本越高，花费的时间越长，结构性失业越严重。转移成本的高低取决于两方面的因素：(1) 不同产业部门之间的差异程度。部门之间的差异程度越大，劳动力转移所需的成本越高。(2) 劳动力的初始人力资本及培训机制。劳动力的初始人力资本较高，就比较容易接受新技能的培训，培训机制越完善，转移成本越低。

经济发展、技术进步、人口规模和构成的变化、消费者偏好的变化等都会引起经济结构的变化，进而引起对劳动力的需求结构发生变化。而劳动力供给结构的调整常常滞后于劳动力需求结构的变化，从而产生结构性失业。例如，在有些现代西方国家，随着经济和科学技术的发展，世界贸易格局的变化，汽车工业开始走向衰落，对汽车工人的需求减少，从而引起了汽车工人的失业。与此同时，某些新兴工业所需要的具有特殊技能的劳动力却供不应求，产生了许多职位空缺。同样，在某些走向衰落的工业区存在大量失业者的同时，某些新兴工业区却可能出现劳动力供不应求、许多职位空缺的情况。

不适当的政府政策也常常会引起或加剧结构性失业。有些抑制经济结构调整，如抑制以机械替代劳动力的政策可能在短期内有助于减少失业。但从长期看，这种政策会降低受保护工业的竞争能力，从而无力与外国竞争者相抗衡，最终加重结构性失业。对相对工资的调整起阻碍作用的政策也会加重结构性失业。最低工资法会引起某些特殊劳动力集团的失业。如一个体力较弱、技能较低的人，或第一次参加工作的年轻人，可能愿意接受工资低于法定最低工资的工作。企业也愿意以这一较低的工资水平雇用这个人。但由于有最低工资法的限制，这些人就只能失业。

摩擦性失业与结构性失业既有区别又有联系。两者的共同点是每有一个失业者，就有一个职位空缺。区别在于：在摩擦性失业的情况下，劳动力供给的结构与对劳动力的需求结构是相吻合的，每一个寻找工作者，都有一个适合他的职位空缺，只是寻找者尚未找到这个空缺。在结构性失业的情况下，劳动力的供给结构与对劳动力的需求结构是不相符的，寻找工作者找不到与自己的技能、职业、居住地区相符的工作。此外，摩擦性失业者失业时间一般较短，结构性失业持续的时间较长。

(三) 周期性失业 (Cyclical Unemployment)

周期性失业是指劳动力总需求不足引起的失业，因而常常又称为"需求不足型失业"(Deficientdemand Unemployment)。个别产业或地区劳动力需求不足属于结构性失业，不属于周期性失业。

劳动力需求是一种引致需求。在经济周期波动过程中，当国民经济总需求或总产出下降时，对物品和劳务的需求也会减少，这种最终需求的变化又会引起对劳动力这种中间需求的变化。其他条件不变，尤其是工资刚性的情况下，国民经济有效需求不足会导致周期性或需求不足型失业。

由此可见，周期性失业与摩擦性失业和结构性失业的根本区别在于，后两者即使在劳动力市场处于均衡状态时也会存在，而周期性失业则是劳动力需求不足引起的失业。存在周期性失业时的劳动力市场必然处于非均衡状态，一些人愿意工作却无业可就，因此，周期性失业基本上属于非自愿失业。

(四) 自然失业 (Natural Unemployment)

(1) 自然失业的概念。自然失业是正常时期存在的失业,又称长期均衡失业。失业是一个动态概念,经济中总有一部分人处于失业状态,弗里德曼在《货币政策的作用》中把这种失业称为自然失业。

(2) 充分就业与自然失业率。充分就业是各国宏观经济政策的重要目标之一,但充分就业并不是要做到丝毫不存在失业,或失业率降至为零。因为摩擦性失业和结构性失业对任何经济来说都是不可避免的。因此,充分就业时的失业率(Fullemployment Unemployment Rate)就是摩擦性失业率与结构性失业率二者之和。或者说,周期性失业率为零时的失业率就是充分就业时的失业率。

充分就业情况下的失业率的另一名称是自然失业率(Natural Rate of Unemployment)。二者的含义完全相同,但经济学家更多地使用自然失业率的概念。需要说明的是,经济并不总在自然失业率基础上运行,当然也并不总能实现潜在国民产出。一般来说,实际失业率往往大于自然失业率,但也有实际失业率低于自然失业率的偶然情况。

自然失业率是劳动力市场和商品市场处于均衡状态时的失业率,也是能够长期持续存在的最低失业率。当实际失业率等于自然失业率时,价格和工资的增长是稳定的,通货膨胀率既不加速也不减速。如果实际失业率低于自然失业率,通货膨胀率就会不断上升,不断上升的通货膨胀率迟早会迫使政府采取措施加以抑制,而要抑制通货膨胀,首先要使失业率回升到自然失业率上来。

自然失业率总是大于零。在现实经济中,劳动者的爱好和技能存在差别,社会对物品和劳务的供给和需求会不断变化,这些都会引起劳动力资源的不断转移。也就是说,摩擦性失业和结构性失业总是存在的,因而由二者之和构成的自然失业率显然总是大于零的。

自然失业率与通货膨胀有着密切联系。可能有人认为失业率越低越好,但非常低的失业率往往伴随着难以接受的通货膨胀。自然失业率是不致引发难以接受的通货膨胀的最低失业率。民众对通货膨胀十分反感,负责任的政府也不会明知故犯地在正常年份使经济在超过潜在生产能力的状态下运行。为做到这一点,重要前提就是不要使失业率低于自然失业率。

另外,与自然失业率相应的实际国民产出就是一国的潜在国民产出。潜在产出是可持续实现的最高国民产出水平。当失业率过低,同时产出水平过高时,必然引发通货膨胀。如果不想出现加速的通货膨胀,也就不应期求国民经济较长时期地在低于自然失业率的状态下运行。

(五) 技术性失业 (Technical Unemployment)

技术性失业是由于技术进步所引起的失业。在经济增长过程中,技术进步的必然趋势是生产中越来越多地采用了先进技术,越来越先进的设备代替了工人的劳动。这样,对劳动力需求的相对缩小就会使失业增加。此外,在经济增长过程中,资本品相对价格下降和劳动力相对价格的上升加强了机器取代工人的趋势,从而也就加重了这种失业。在长期中,技术性失业是很普遍的一种失业现象,属于这种失业的工人大多是文化技术水平低,不能适应现代化技术要求的工人。

（六）季节性失业（Seasonal Unemployment）

季节性失业是由于某些行业生产的季节性变动所引起的失业。某些行业的生产具有季节性，生产繁忙的季节所需的工人多，生产淡季所需的工人少，这样就会引起具有季节性变动特点的失业。这些行业生产的季节性是自然条件决定的，很难改变。因此，这种失业是"正常"的。在农业、建筑业、旅游业中，这种季节性失业最严重。

二、失业的代价

失业的最大代价是产出的损失。就整个社会而言，失业意味着人力资源的浪费，如果一个社会达到充分就业，就意味着对生产资源的充分利用，全社会的国民收入会达到潜在的国民收入水平。对失业的个人来说，失业意味着生活水平的下降和心理上的痛苦。此外，失业也是一个严重的社会问题，失业本身可以造成除国内生产总值减少以外的社会代价，因为失业的人更容易犯罪，或形成身体上和心理上的病态。

（一）失业造成的产量损失

失业会造成资源的浪费，带来经济上的严重损失。因为本期可利用的劳动力资源不能延续到下一期使用，所以本期可利用的劳动力资源的闲置是永久性的浪费。而且失业会带来生产设备以及其他经济资源的大量闲置，生产性资源的闲置使生产能力开工不足，直接减少了社会产品，降低国内生产总值。失业造成国内生产总值的直接损失是巨大的。例如，在美国的一次典型的衰退（1990~1991年）中，国内生产总值大约两年内比潜在水平下降了5%左右，总的损失大约是一年内国内生产总值的10%，或按1996年的价格水平计算的8 000亿美元，美国大约有1亿个家庭，因此每户损失大约为8 000美元。

当经济处于非充分就业状态，即存在周期性失业时，我们可以用奥肯定律来估计损失的产量。奥肯定律是由美国肯尼迪政府时期经济顾问委员会的阿瑟·奥肯于20世纪60年代提出的。

它是说明失业率与 GDP 增长率之间关系的经验统计规律。这一规律表明，周期性失业率每增加1%，GDP 增长率就减少2%；反之，周期性失业率每减少1%，GDP 增长率就增加2%。

需要说明的一点是，失业率变化与 GDP 增长率变化之间的1:2 的关系只是一个平均数，是根据经验统计资料得出来的，在不同的国家不同时期并不相同。在美国的20世纪60年代这一比率为1:3；70年代为1:2.5~1:2.7；80年代为1:2.5~1:2.9。因此，奥肯定律的意义在于揭示了经济增长与就业增长之间的关系，而不在于其所提供的具体数值。

奥肯定律主要适用于没有实现充分就业时的情况，即失业率是指周期性失业率。所以奥肯定律主要用来衡量周期性失业给社会所带来的产量的损失。

另外，奥肯定律所估计的产量损失不仅包括失业率上升的直接的影响，而且还包括衰退期间劳动力市场上的其他变化。例如，缩短了的周工作日，降低了的劳动力参与率及降低了的劳动力生产率等。这样，根据奥肯定律估计的产量损失可能会过高。然而，即使失业所带来的产量损失只有奥肯定律所估计的 1/5，这部分损失仍然是很大的，尤其是当这部分损失主要由社会中相对贫穷或处于不利地位的人来承担时。相对而言，年轻人更容易失业，他们当中许多人的工资水平很低，这种工作的部分收益是由他们所接受的职业培训来弥补。这些人一旦失业，损失的不仅包括他们生产出来的计入国民生产总值中的产品，而且还包括不计入国民生产总值的职业培训的价值。

除了以上分析的失业给整个社会所造成的直接经济损失外，失业还会对一国的财政状况产生重大影响。由于个人的工资所得及企业的收入所得都要交税，当个人失业时，个人收入下降，企业开工不足，利润下降，政府的税收收入也会大大减少。

（二）失业的社会代价

失业所带来的另一个重大代价是失业者及其家庭所面临的个人损失或心理上的打击。失业所造成的这部分社会代价是无法用货币的形式来表示的，但这种影响是巨大的。失业会使失业者及其家庭的收入和消费水平下降，特别是在没有失业保障制度的情况下，失业者的悲惨状况可想而知。如果一个工人长期没有稳定的职业，他会丧失某种劳动技能和自我肯定，还会遭受焦虑之苦。

失业给人们的心里会造成巨大的创伤，当工人处于长期失业状态时所受的伤害更大。心理研究表明，被解雇所造成的心理冲击相当于死去一个最亲密的朋友。由于生活质量的下降和心理上的冲击，失业者会早衰早亡。例如，俄罗斯在 2005 年大约有 19% 的个人失业，实际 GDP 急剧下降，人们的健康状况恶化，男性的平均预期寿命从 2000 年的 66 岁下降到了 2005 年的 59 岁。另外，失业还会造成失业者的失望和不满，会提高社会犯罪率和离婚率，并有可能引发社会骚乱。

由此可以看出，失业在政治上占有重要地位的原因。失业问题直接关系到政治的稳定，任何政府都必须关注失业问题，政府在制定宏观经济政策时必须考虑其对失业的影响。

综上所述，我们可以看出失业所带来的损失是巨大的，后果也是很严重的。但是，有两方面的补偿因素应该注意：一方面是失业工人在从事某些诸如寻找工作或接受新的劳动技能等经济上有效率的活动时，由当前失业所引起的产量损失在某种程度上可以由将来产量的增加得到补偿。尤其是摩擦性失业所引起的工人与企业之间的相互适应程度的提高，能提高将来的生产效率和产量，这样看来经济上的净损益可能几乎为零甚至为正。另一方面的补偿因素是失业工人有了更多的闲暇时间，可以与家庭和朋友在一起，做点家务劳动等等。然而，随着闲暇时间的增多，额外闲暇时间所带来的收益在下降。大多数的失业工人觉得增加的闲暇时间并不足以弥补他们的工资收入损失。

（三）失业对分配的影响

失业代价的承担很不平衡，失业具有重大的分配后果。有些经济学家根据失业持续时间将失业划分为短期失业和长期失业，通过分析这两种失业的不同影响，看出失业所造成的收入分配后果。一般来说，一个社会的大多数人的失业为短期失业，但失业中的大部分时间属于长期失业。例如，假设 100 个工人失业，其中 80 人失业 1 个月，20 人失业 1 年。由此我们可以推算出，短期失业的个人占 4/5，只有 1/5 的个人属于长期失业。但在总的失业时间 320 个月（$1 \times 80 + 12 \times 20$）中，属于长期失业的时间为 240 个月，占总失业量的75%。

短期失业与长期失业对收入分配所造成的影响完全不同。短期失业一般属于摩擦性失业，由于许多人不断流入流出失业大军，这种失业的负担由许多人来承担，每个人承担的损失较小。长期失业可能是由于劳动力市场的结构性因素或由于工资刚性而形成的，这种失业的负担由少数人来承担，所以长期失业所引起的社会代价较高。

还有的经济学家认为，一般失业对穷人的打击比对富人的打击要大。还有的观点认为，经济衰退的损失主要是由那些失去工作的人来承担。例如，大学生如果在衰退期毕业，将面临极大的困难；恰好在经济繁荣期毕业，会很快开始其职业生涯。刚刚进入劳动力大军的工人、青少年以及城市贫民区的居民往往由于技能低下、素质不高、经验不足以及政府规定的最低工资等因素而成为容易失业的群体，因此他们是失业率上升时最容易受到伤害的群体。

另外，由于失业者可能停止纳税，还有可能得到失业保险的好处或其他的政府转移支付，这使失业的产量损失也会由就业者即纳税人来承担。尤其是当失业者领取的失业救济金总额接近他们就业时所得到的收入时，失业者不会因失业而遭受明显的损失，社会的总产量损失主要由就业者来承担，因为失业救济金是通过向在职工人征税来提供的。

三、降低失业的措施

在了解了失业的概念及分类，失业所带来的经济代价及严重的社会问题后，我们开始探讨一国政府应如何采取有力的措施来降低失业率，提高本国的产出水平。针对失业的劳动力供给大于劳动力需求的状况，我们可以大致从劳动力供给和劳动力需求量两方面采取措施降低失业率。

（一）劳动供给方面的措施

一国政府要想采取措施降低失业率，首先应该使劳动力的供给在数量、结构和质量上与劳动力的需求相符。

控制劳动力的供给规模。政府可以通过延长劳动力的受教育时间，推迟青年人进入劳动力大军的时间，从而缓解失业状况。另外，延长受教育的时间，还可以提高劳动力的素质，从而降低结构性失业。针对容易失业的劳动者群体，包括青年人、妇女、低技能劳动者及缺乏劳动经验的人等，可以通过降低最低工资，加强职业培训来降低他们的失业率。例如，欧洲的学徒制度因为能使青年人接受在职培训而受到广泛的赞誉，该制度不仅为青年人提供了正经的工作，而且使他们成为长期颇具生产力的工人。

（二）劳动需求方面的措施

提供就业的信息服务，加强劳动力的流动性。还可以通过寻求工资谈判的分散化，提倡工资的非指数化等措施提高工资的灵活性。完善失业保障制度，使失业者能维持基本的生活水平，达到社会公平的目的。

但是失业保障制度会对一国的就业水平产生负面影响。首先，失业保障制度会使工人的替代比率提高。替代比率是指工人失业时的税后收入与就业时的税后收入的比率。失业救济金的提供还能使人们有更多的时间求职。这些都会提高整个社会的失业率。其次，失业保障制度会产生就业稳定性效应，尤其是在经济萧条时期，失业救济能刺激企业暂时解雇工人而不再保留工人的职位。针对这种效应，政府可以通过经验评级制度对失业率高的企业征收较高的失业保险税，从而刺激企业走向更加稳定的就业水平。最后，失业保障制度会产生报告效应。有研究表明，该报告效应能使失业率提高近 0.5 个百分点。因为有人实际上并不需要工作，但为了领取失业救济金又必须是寻找工作的"在册劳动力"。

由此可见，在失业保障制度的设计过程中，必须权衡减轻失业者的痛苦和高失业救济金能提高失业率的可能性二者之间的利弊。政府对失业保障制度进行改革时，必须尽可能地减少其负面影响。

第三节 通货膨胀和失业的关系

如前所述，失业与通货膨胀是当今世界各国宏观经济中的两大难题，也是各国政府和经济学家试图解决的问题。但是在现实中，实现物价稳定（或较低的通货膨胀率）和充分就业（或较低的失业率）这两大宏观经济目标往往存在着矛盾。因此，有必要从理论上探讨失业和通货膨胀之间的关系。在宏观经济学中，失业和通货膨胀之间的关系主要是由菲利普斯曲线来说明的。

一、菲利普斯曲线

（一）原始的菲利普斯曲线

1958 年，当时在英国伦敦经济学院工作的新西兰经济学家菲利普斯（A. W. Philips）通过整理英国 1861～1957 年近一世纪的统计资料，发现在货币工资增长率和失业率之间存在一种负相关的关系，这种关系可表示为：

$$\Delta W_t = f(U_t) \tag{10.4}$$

ΔW_t 表示 t 时期的货币工资增长率，U_t 表示 t 时期的失业率。二者具有负相关的函数关系。

把这样一种关系用曲线的形式反映出来就是菲利普斯曲线（见图 10-5）。图 10-5 中横轴表示失业率，左面的纵轴表示通货膨胀率，右面的纵轴表示货币工资增长率。

在图 10-5 中，菲利普斯曲线自左上方向右下方倾斜，表明货币工资上涨率或通货膨胀率越低，失业率越高，反之亦然。当失业率为 5% 时，货币工资上涨率为 3%，通货膨胀率为零。当失业率为 4% 时，货币工资上涨率为 4%，通货膨胀率为 1%。

（二）对菲利普斯曲线的解释

失业率所以与货币工资上涨率呈负相关关系，英国经济学家利普赛（Lipsey）从理论上解释说，货币工资上涨率是劳动市场超额需求程度的函数，而失业率是劳动市场超额需求的一个负指数，对劳动的需求越是超过供给，失业率越低，由于存在超额需求，雇主之间的竞争会驱使货币工资率上升。反之，失业率越高，劳动市场上越是供过于求，货币工资率上涨就越少。

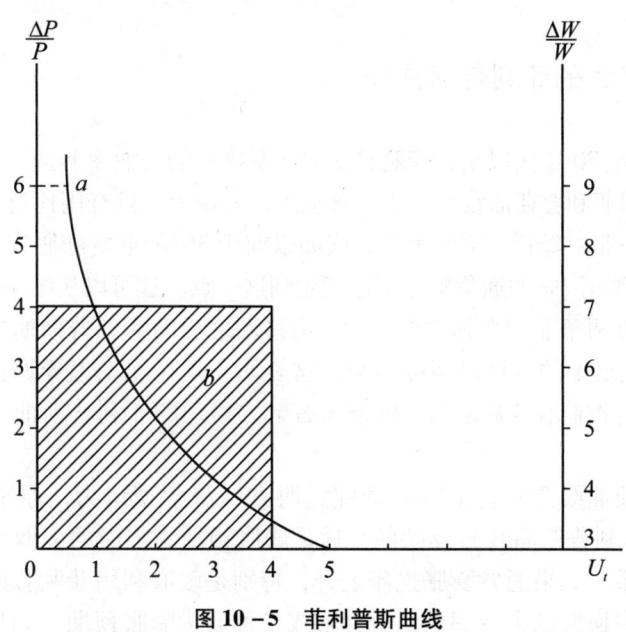

图 10-5　菲利普斯曲线

菲利普斯曲线本来只描述失业率与货币工资上涨率之间的关系，但西方经济学家认为，工资是成本的主要构成部分，从而也是产品价格的主要构成部分。因此他们把菲利普斯曲线描述的那种关系延伸为失业率与通货膨胀率的替代关系。失业率高时，通货膨胀率就低；失业率低时通货膨胀率就高。当然，通货膨胀率与货币工资上涨率并不是同一的，两者的差额为劳动生产率的增长率，假定劳动生产率的年增长率为3%，货币工资也上升3%，则不会引起物价上涨，所以左纵轴上的刻度比右纵轴上的刻度少3%。如果货币工资上涨率超过劳动生产率增长率时，物价就会随货币工资的上升而上涨。

菲利普斯曲线提供的失业率与通货膨胀率之间的关系为实施政府干预、进行总需求管理提供了一份可供选择的菜单。它意味着可以用较高的通货膨胀率为代价，来降低失业率或实现充分就业；而要降低通货膨胀率和稳定物价，就要以较高的失业率为代价。例如，假定政府认为失业率或通货膨胀率超过4%，社会就无法接受了，那么这4%的失业率或通货膨胀率就成为一定时期社会所能承受最大极限，被称为"临界点"，图10-5中有斜线的区域就是临界点以内的区域。

假定通货膨胀率高达6%，即位于图10-5中的a点，那么，政府可以通过紧缩性的经济政策使失业率提高，从而使失业率和通货膨胀率都控制在临界区内；反之，如失业率过高，政府也可以采取扩张性的政策使通货膨胀率提高，以换取较低的失业率，使两者都处于临界区之内。这就是所谓相机抉择的做法。在20世纪70年代以前，西方国家奉行的就是这套政策。

菲利普斯曲线与标准的凯恩斯理论是有差异的。标准的凯恩斯理论认为，失业和通货膨胀两者是不会并存的，在未达到充分就业时增加总需求并不会引起通货膨胀，只有在充分就业后再增加总需求才会引起通货膨胀。而菲利普斯曲线却表明失业和通货膨胀可以并存，两者为负相关关系，可以此消彼长，只有高失业率和高通货膨胀率才不会并存。

二、按预期扩大的菲利普斯曲线

西方国家 20 世纪 70 年代以来，菲利普斯曲线所描述的失业率和通货膨胀率的交替关系发生了新的变化，即菲利普斯曲线向右上方移动了，表现为，只有用比过去更高的通货膨胀率为代价，才能把失业率降到一定的水平，假如以前用 3% 的通货膨胀率就能把失业率降到 3%，那么，现在必须用 7% 的通货膨胀率才能做到这一点。这可以从图 10-6 中看出。

在图 10-6 中有两条菲利普斯曲线，PC_2 为移动之后的菲利普斯曲线，这条菲利普斯曲线与 4% 的临界点划出的区域已不能相交，这表明，现在无论怎样调控，都不能把失业率和通货膨胀率同时控制在 4% 之内。这条向右上方移动的菲利普斯曲线称为按预期扩大的菲利普斯曲线。

为什么菲利普斯曲线会向右上方移动呢？西方经济学家认为，原来的菲利普斯曲线 PC_1（或称原始的菲利普斯曲线）反映的是通货膨胀预期为零时的失业率与通货膨胀率之间的此消彼长的关系。如果通货膨胀连年上升，特别是政府利用菲利普斯曲线进行相机抉择，用高通货膨胀率换取低失业率的话就会形成一种通货膨胀预期。如果通货膨胀已被预期到了，工人就会要求提高货币工资以避免生活水平受通货膨胀侵蚀。如果人们预期通货膨胀会以 5% 的速度增加，那么，当货币工资率上升 7% 时，人们会认为实际工资只上升 2%，因此，如果以往货币工资率上涨 2% 便能使失业率下降到 3%，那么现在达到 3% 的失业率必须使货币工资率上涨 7%，即以往的货币工资上涨率 2% 加上 5% 的通货膨胀预期。

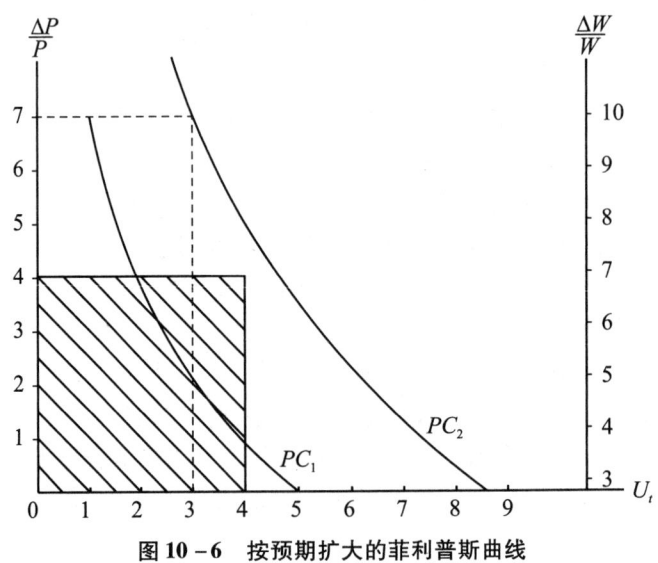

图 10-6　按预期扩大的菲利普斯曲线

凯恩斯主义者认为，按预期扩大的菲利普斯曲线依然表现出失业和通货膨胀之间的交替关系，只不过现在的交替关系表现为用更高的通货膨胀率来换取一定失业率。

按预期扩大的菲利普斯曲线可用公式表示如下：

$$\Delta W_t = f(U_t) + a p_t^e \tag{10.5}$$

ΔW_t 表示 t 时期货币工资上涨率;U_t 表示 t 时期的失业率,p_t^e 表示 t 时期的通货膨胀预期。

货币主义者反对上述论点,他们认为,菲利普斯曲线所表示的失业与通货膨胀之间的此消彼长关系,只有在短期才存在,在长期,菲利普斯曲线变成一条垂线,通货膨胀率与失业率之间不存在相关关系。

三、短期与长期菲利普斯曲线

为什么短期内通货膨胀率与失业率之间会存在交替关系呢?货币主义者认为,如果工资契约是在不存在通货膨胀预期的情况下订立的,那么,物价上涨会导致实际工资下降,因而厂商愿意扩大产量,增加就业。当工人们发现实际工资下降时,他们会要求增加货币工资,但货币工资的增长总是滞后于物价上涨。弗里德曼用适应性预期的概念来解释人们的行为。所谓适应性预期,是指人们在形成价格预期时,会考虑到上一期预期的误差,当上一期的预期价格高于实际价格时,对下一期的预期价格要相应减少,反之,则相应增加。

按照适应性预期的理论,当工人预期物价要涨5%时,便会要求增加货币工资,把5%的适应性预期放入工资合同,这样一来,厂商就不愿意增加产量和多雇工人了,失业率又回到原来水平;而政府为了降低失业率,采取了刺激性更强的、超过5%的通货膨胀政策,使工资的增长再次滞后于物价上涨,使厂商因实际工资提高慢于物价上涨而再次愿意增加产量和增雇工人,这样,更高的通货膨胀率与失业率又存在交替关系,这在图上表现为菲利普斯曲线向右移动。这种过程如不断持续下去,换取一定失业率的通货膨胀率必然越来越高,菲利普斯曲线不断向右移动,最终演变成为一条垂直的菲利普斯曲线。这条垂直的菲利普斯曲线就是长期菲利普斯曲线,其形成过程可用图10-7来表示。

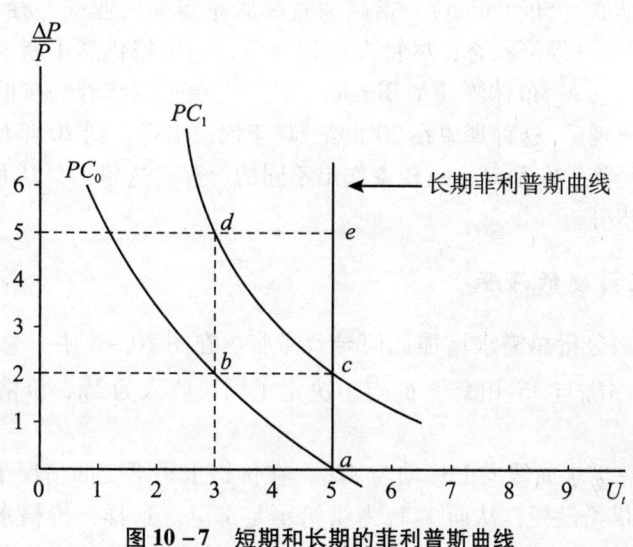

图10-7 短期和长期的菲利普斯曲线

假定原来通货膨胀率为零,人们没有通货膨胀预期,经济运行在图10-7中的 a 点。现在假定总需求突然增加(由于政府实行膨胀性政策等原因),使通货膨胀率上升到2%。

由于人们事先没有预计到有通货膨胀，因此经济沿菲利普斯曲线 PC_0 变动到 b 点，失业率从 5% 降到 3%，通货膨胀率上升到 2%。这就是通货膨胀和失业在短期中的交替关系。

假定通货膨胀率不是突然上升，而是经常上升，比如说是 2%，则人们就会形成 2% 的通货膨胀率预期。工人们会要求提高工资，假定要求名义工资上升与预期的通货膨胀率同步，则企业会感到物价上升时工人实际工资没有降低，因而企业的雇工数又回到原来水平，失业率回复到原来的自然失业率 5% 的水平上，从而经济到达 c 点。现在，这 2% 的通货膨胀率就成为自然失业率水平上的通货膨胀率，而原来自然失业率水平上的通货膨胀率是零（a 点上）。如果这时政府再把失业率降到自然失业率以下的 3%，则经济沿第二条菲利普斯曲线 PC_1 变动到 d 点，这时通货膨胀率为 5%。如果 5% 的通货膨胀率成为人们预期的通货膨胀率，人们就会把 5% 的通货膨胀率放入下一轮工资谈判中。一旦这样做了，企业劳动使用量又会回到原来的自然失业率水平，经济到达 e 点。这样的过程不断重复，形成一条 a、c、e 点相连的垂直的菲利普斯曲线。这就是长期菲利普斯曲线。这条长期菲利普斯曲线是连接每一条短期菲利普斯曲线上实际通货膨胀率和预期通货膨胀率相等之点的一条曲线。在短期中，实际通货膨胀率高于预期通货膨胀率时，经济会沿着短期菲利普斯曲线向上移动到 b 点、d 点等等，使失业率下降，因而通货膨胀和失业之间存在交替关系，然而在长期中，通货膨胀和失业之间没有交替关系。

短期菲利普斯曲线不断右移，不但会形成垂直的长期菲利普斯曲线，甚至可能形成向右上倾斜的正相关曲线。如果实际通货膨胀率为 3%，而人们预期为 5%，并以这一预期要求提高工资，则企业就不但会把雇工减到原来水平，甚至低于原先水平。这样，就会产生通货膨胀与失业并发的"滞胀"局面。

四、滞胀问题

滞胀就是停滞膨胀（Stagflation），指高通货膨胀率与高失业率并存。M. 布朗芬布伦纳说："滞胀是这样一种经济状态：尽管失业相当多，而价格仍然不断上涨（实际上失业水平可能也在提高）"。A. 布林德（A. Blinder）说："滞胀意味着经济的停滞和相对较高的通货膨胀率同时出现。"这种现象在 20 世纪 60 年代已出现，到 70 年代引起了经济学界的广泛关注。各派经济学家都对这一现象作出不同的解释。这里，只从总需求与总供给的角度对滞胀进行初步分析。

（一）总需求引致的滞胀

可用图 10-8 来分析总需求增加如何导致滞胀。在图 10-8 中，总需求曲线为 AD_0，总供给曲线为 AS_0，AD_0 与 AS_0 相交于 E_0 点，决定了国民收入为 Y_0，价格水平为 P_0，这时经济是均衡的。

总需求增加，总需求曲线向上移动为 AD_1，在价格水平不变的情况下，国民收入应该达到 Y_1，但由于总供给没变，从而 Y_0Y_1 为供给不足部分。这样，价格水平上升，实际工资减少，厂商增加产量，AD_1 与 AS_0 相交于 E_2 点时实现了短期均衡，这时国民收入增至 Y_2，价格水平上升为 P_1。

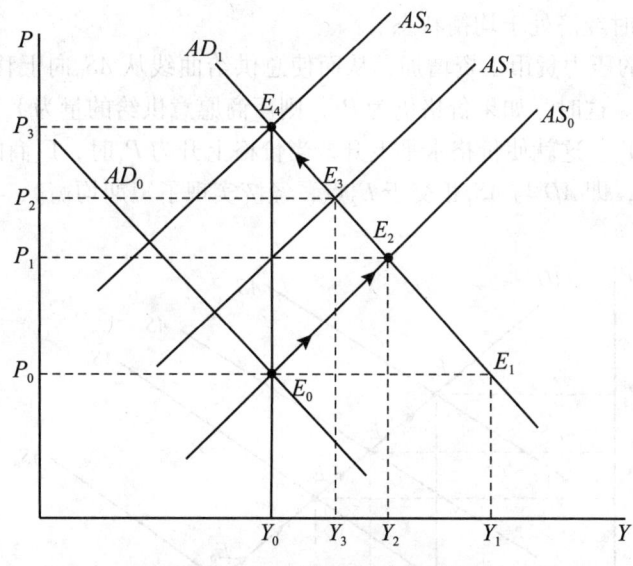

图 10-8 总需求引致的滞胀

但是，E_2 点并不是长期均衡，总供给曲线 AS_0 是在预期价格水平也是 P_0 的假设下成立的。在 E_2 点时实际价格水平 P_1 大于原来预期的价格水平 P_0。当工人认识到实际价格水平已达到 P_1，高于原来预期的 P_0 时，他们就会修正自己的预期，使预期价格上升为 P_1。这时工资增加，总供给曲线向上方移动为 AS_1，AS_1 是与预期价格水平 P_1 相对应的总供给曲线。AD_1 与 AS_1 相交于 E_3 点，决定了国民收入为 Y_3，价格水平为 P_2。E_3 点意味着价格水平上升，国民收入减少。这时，实际价格水平 P_2 又超过原来预期的价格水平 P_1。一旦工人认识到实际价格水平已达到 P_2，高于原来预期的 P_1 时，他们又会修正自己的预期，使预期价格上升为 P_2。这时，工资又增加，总供给曲线向上方移动为 AS_2，AS_2 是与预期价格水平 P_2 相对应的总供给曲线。AD_1 与 AS_2 相交于 E_4 点，决定了国民收入仍为 Y_0，价格水平为 P_3。这里要注意的是，如果 AS_2 与 AD_1 相交的国民收入大于 Y_0，总供给曲线就要一直向上移动，直至总供给曲线与总需求曲线 AD_1 相交决定的国民收入为 Y_0 为止。但这时，价格水平与名义工资水平都上升了。

在这一过程中，从 E_0 点到 E_2 点是就业与产量增加，价格水平上升。而从 E_2 点到 E_4 点则是价格水平继续上升，产量和就业下降。这一段就是由于总需求增加而引起的滞胀。

使总需求增加的原因是很多的，但最主要的是政府所采取的扩张性财政政策与货币政策。也就是说，在一定时期内，这种扩张性政策会在引起通货膨胀的同时使产量和就业增加。但是，在长期中，这种政策会在使通货膨胀加剧的同时，又使产量与就业减少。因此，许多经济学家把滞胀的产生归咎于凯恩斯主义刺激总需求的扩张性政策。这也正是滞胀严重的 20 世纪 70 年代，凯恩斯主义受到各方面抨击的原因所在。

(二) 总供给引致的滞胀

从总供给方面来看，成本的增加也会在总需求不变的情况下引起滞胀。可以用图 10-9 来说明这种情况。

在图 10-9 中，总需求曲线 AD 与总供给曲线 AS_0 相交于 E_0 点，决定了国民收入为 Y_0，

价格水平为 P_0，这时经济处于均衡状态。

假定迫于工会的压力货币工资增加，从而使总供给曲线从 AS_0 向上移动到 AS_1，AS_1 与预期价格 P_0 相对应。这时，如果价格仍为 P_0，则厂商愿意供给的量为 Y_1，但总需求为 Y_0，存在着过度需求 Y_1Y_0。这就使价格水平上升，当价格上升为 P_1 时，厂商的供给增加至 Y_2，总需求也减少为 Y_2，即 AD 与 AS_1 相交于 E_2 点，经济实现了短期均衡。

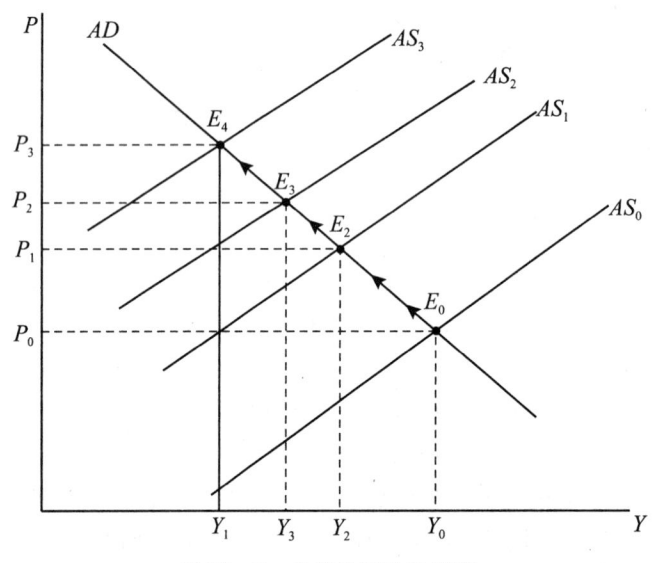

图 10-9 总供给引致的滞胀

但是，当实际价格上升为 P_1 时，P_1 高于原来预期的价格 P_0，从而工人就会调整自己的价格预期，再要求增加工资，于是总供给曲线又向上移动至 AS_2，AS_2 与预期价格为 P_1 相对应。AS_2 与 AD 相交于 E_3 点，决定了国民收入为 Y_3，价格水平为 P_2，即产量与就业减少，价格水平上升。

这时，实际价格上升为 P_2，高于原来预期的价格 P_1，从而工人就又会调整自己的价格预期，又一次要求增加工资，于是总供给曲线又向上移动至 AS_3，AS_3 与预期价格为 P_2 相对应。AS_3 与 AD 相交于 E_4 点，决定了国民收入又为 Y_1，价格水平为 P_3。这时总供给曲线与总需求曲线在长期均衡点上相交，总供给不再变动。这样，由于工资增加，以及由此所引起的价格预期的调整，使价格不断上升，产量与就业减少，经济沿 E_0 点→E_4 点一直发生滞胀。

影响总供给的因素很多，因此造成这种滞胀的原因也是多方面的。例如，20 世纪 70 年代初期石油价格的大幅度上升提高了原料的价格，就引起了总供给引致的滞胀。同样，由于厂商垄断价格上升也会引起这种滞胀。这就是所说的"操纵价格"引致的滞胀。

（三）总需求与总供给共同引致的滞胀

当总供给引致滞胀时，如果政府采取扩张性政策来对付这种滞胀，那么，就会由总需求与总供给的共同作用而引起经济中一个滞胀的过程。可用图 10-10 来分析这种情况。

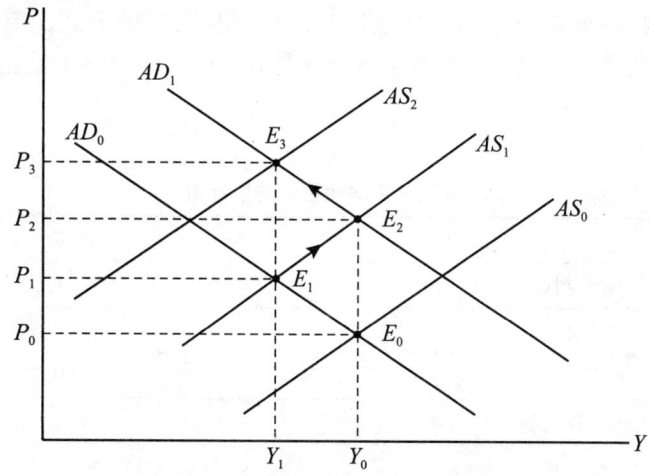

图 10-10　总需求与总供给共同引致的滞胀

在图 10-10 中，总需求曲线 AD_0 与总供给曲线 AS_0 相交于 E_0 点，决定了国民收入为 Y_0，价格水平为 P_0。假定这时经济处于充分就业状态。

充分就业的实现意味着劳动力的需求大，这就为工会要求提高工资创造了有利的条件。工会利用这一条件迫使雇主提高工资水平，从而使总供给曲线从 AS_0 向上移动到 AS_1。AD_0 与 AS_1 相交于 E_1 点，决定了国民收入为 Y_1，价格水平为 P_1，这就是由于总供给变动而引起的短期滞胀。

假定政府为了克服这种滞胀而采取扩张性财政政策与货币政策来刺激总需求。这样，总需求曲线从 AD_0 向上移动到 AD_1，AD_1 与 AS_1 相交于 E_2 点，决定了国民收入为 Y_0，价格水平为 P_2。这说明了，当成本增加，总供给曲线向上移动时，采用刺激总需求的政策会使产量和就业回到原来的均衡水平，但所要付出的代价则是通货膨胀的加剧，即国民收入可以恢复到 Y_0，而价格水平要上升为 P_2。但这时，由于实际价格水平超过了预期的价格水平，当工人调整自己的预期，从而工资增加之后，总供给曲线又会向上移动为 AS_2，AS_2 与 AD_1 相交于 E_3 点，使国民收入又回到了 Y_1，而价格水平上升为 P_3。

如果政府再采取扩张性政策又会引起同样过程的重复，这样，经济就在 E_0 点→E_1 点的衰退，以及 E_1 点→E_2 点的扩张，又是 E_2 点→E_3 点的衰退中发展，其结果产量不会大于 Y_0，失业率不会下降，而通货膨胀加剧了，这就形成了滞胀。

由此可以看出，政府为了实现充分就业而采取的扩张性政策最终造成了经济的停滞。由总供给方面的因素（工资上升，石油价格上升等）所引起的短期滞胀只是在政府扩张性政策的引致之下才成为长期滞胀与波动。所以，造成滞胀的根本原因还在于国家干预的经济政策。

五、牺牲率和痛苦指数

在定量研究的意义上，西方学者提出了牺牲率的概念，它是指为了使通货膨胀率降低 1 个百分点而必须放弃的一年实际 GDP 的百分点数。例如，如果一个经济的牺牲率为 5%，则意味着该经济的通货膨胀率每下降 1 个百分点，则使该经济一年的 GDP 必须牺牲约 5 个百分点。牺牲率通常依时间、地点以及降低通货膨胀的方式而有所变化。尽管如此，还是有一个大致估计，这对进行政策选择还是有用的。表 10-1 给出了一些国家平均牺牲率的估计值。

表 10-1　　　　　　　　　　一些国家平均牺牲率的估计值

国家	比率（%）
澳大利亚	1.00
加拿大	1.5
法国	0.75
德国意大利	2.92
意大利	1.74
日本	0.93
瑞士	1.57
英国美国	0.79
美国	2.39

资料来源：转引自［美］多恩布什等. 宏观经济学（第十版）［M］. 北京：中国人民大学出版社，2010：130.

进一步地，还可以用失业来表示牺牲率。奥肯定律告诉我们，失业率变动 1%，会使得 GDP 变动 2%，因此，在牺牲率为 5% 的条件下，通货膨胀率降低 1%，则要求周期性失业大约上升 2%。

一般地说，公众对失业和通货膨胀都不喜欢。在理论上，试图计量失业与通货膨胀的政治效应的一种方式被称为痛苦指数，它被定义为：

痛苦指数 = 失业率 + 通货膨胀率

西方一些学者认为，如果一个经济的痛苦指数水平高或者趋于上升，则说明政府的政绩较差。

复习思考题：

1. 如果你的房东说："工资、公用事业以及别的费用上升都太快了，我只得提高你的房租。"这是属于成本推动的还是需求拉动的通货膨胀？如果店主说："可以提价出售，别愁卖不了，店门口排队争购的人多着哩。"这属于何种类型的通货膨胀？
2. 摩擦性失业与结构性失业相比，哪种失业问题更严重？
3. 哪些失业是可以消除的？哪些失业是无法消除的？为什么？
4. 能不能说有劳动能力的人都有工作了才是充分就业？
5. 说明短期菲利普斯曲线和长期的菲利普斯曲线的关系。
6. 通货膨胀和失业的代价分别有哪些？

第四部分 长期宏观经济分析

第十一章 经济增长基本理论

教学目标和教学要求

通过本章学习，使读者知道现实世界中的经济增长事实，了解经济增长的主要原因，知道经济增长的核算以及熟悉和分析索洛模型及一般的索洛模型。同时，也希望读者能够推导索洛模型和分析索洛模型，并进一步推导和分析带技术进步的索洛模型。

如何在越来越激烈的国际经济竞争和经济全球化中取得有利地位，使得各国都将实现经济增长作为战略性目标以及提升人民生活水平的主要途径。经济增长问题的重要性，不仅体现在吸引很多经济学家进行研究，更体现在政府的大政方针政策中。很多人会对何为经济增长，经济增长的典型事实是什么，为什么不同国家的经济增长速度表现出很大差异？

经济增长的一般定义是指：一个国家或地区生产商品和劳务能力的增长（潜在 GDP 的增长），或指其产出水平的提高。GDP 或人均 GDP 的高低，不仅决定人们当前的收入和消费水平，而且决定了长期的资本积累水平。

库兹涅茨（1981）指出："一国的经济增长，可定义为给居民提供种类日益繁多的经济产品的供给能力长期上升，这种能力建立在先进技术及所需的制度和思想意识的相应调整的基础上。"

第一节 经济增长的事实

纵观世界各国的经济增长历史经验，经济增长具有以下几个事实：（1）人均产出的平均增长率为正并相对不变。（2）资本的实际回报率并没有显示出上升和下降的趋势。（3）国民收入中资本和劳动所占的比重没有明显的变化。（4）各国经济增长率差异巨大，在快速的增长（衰退）过程中，一国可以从富裕走向贫穷（贫穷走向富裕）。（5）各国人均收入水平差异巨大。（6）一国的增长可能停滞，增长率从高转低，反之亦然。（7）各国经济增长非均衡。

一、各国经济增长的差异巨大

1970 年前后，博茨瓦纳、尼日利亚和乌干达三国的劳均 GDP（劳均 GDP 指把 GDP 按照总的劳动力规模来均分）水平几乎一样，从国际标准来看这一水平是极低的。到 2003

年时，通过 33 年的发展，博茨瓦纳的劳均 GDP 以每年约 6% 的高速持续增长，而尼日利亚和乌干达的年均增长速度则分别为 0.7% 和 0.4%。这意味着在 2003 年，博茨瓦纳的劳均 GDP 是尼日利亚的 6 倍，是乌干达的 8 倍。

1960 年，牙买加和中国香港的劳均 GDP 均为美国劳均 GDP 的 27% 左右。1960~2003 年，牙买加年均增长速度为 0.1%，而中国香港的年均增长率为 4.2%。今天中国香港是世界富裕地区之一，其 2003 年的劳均 GDP 约为美国同期的 75%，而牙买加相对贫穷，其 2003 年的劳均 GDP 约是美国同期的 13%。

1960 年的委内瑞拉是世界富国之一，它的劳均 GDP 为美国同期的 62%，意大利的劳均 GDP 仅为美国同期的 55%。然而，1960~2003 年，意大利的年均增长率为 2.6%，委内瑞拉却为负增长。最终，2003 年意大利超越委内瑞拉成为世界富国之一，其劳均 GDP 为美国同期的 77%。而委内瑞拉的劳均 GDP 为美国同期的 22%。

二、富裕和贫穷，增长和衰退

从相关统计分析（资料来源：Penn World Table 6.2.）可知，1970 年的世界基尼系数（基尼系数表示收入分配不平等的程度，数值介于 0 和 1 之间，值越大说明收入分配越不公平）为 0.61，2003 年的世界基尼系数为 0.51。这就说明 1970~2003 年全世界的收入似乎变得越来越平等了（尽管这一简单的结论是在忽略各个经济体内部收入分配收入不公平的程度变化的假设下得出的，但是与有关研究中加入这一因素所得出的结论一致）。

通过对 1965 年、2003 年世界上最贫穷的 15 个国家（地区）和最富裕的 15 个国家（地区）的研究得出，有些国家（地区）均处在 1965 年和 2003 年最贫穷国家（地区）之列，而有些国家（地区）已经脱离了最贫穷国家（地区）之列。例如，1965 年中国内地处于最贫穷的 15 国（地区）之列，其劳均 GDP 仅为美国的 2.4%，到 2003 年中国内陆的的劳均 GDP 已经跃升为美国同期的 12.2%。年均 6.1% 的增长率使得中国内地成功摆脱了 2003 年最贫穷 15 国（地区）的队伍，而此时的这 15 国（地区）的劳均 GDP 都没有超过美国同期的 3.5%。

另外一些脱离贫穷的国家有莱索托、加纳等。显然，有些国家的增长则不尽如人意，跌入贫穷国家之列，诸如赞比亚、尼日尔。

在富国（地区）之列，也有很大的变化。最引人注目的是中国香港、新加坡、爱尔兰，1965 年其劳均 GDP 分别是美国的 37% 左右、36% 左右、44%；2003 年这些数值变为 75% 左右、80%、97% 左右，跻身 15 富国（地区）之列。跌出 15 富国（地区）之列最惊人的是委内瑞拉和新西兰。即使是在 2003 年最富裕的 15 个国家（地区）中，劳均 GDP 也发生很大的变化，最低的劳均 GDP 也占美国同期的 75% 左右。更为惊人的是，在这 38 年间年均劳均 GDP 增长率最高的 15 个国家（地区）中，加纳和莱索托这两个非洲国家赫然在列。

增长最快的 15 个国家（地区）被称为"增长的奇迹"，而增长最慢的 15 个国家（地区）被称为"增长灾难"。在增长最慢的 15 国（地区）中，1965~2003 年的年均增长率甚至为负值。

三、各国经济增长的初始条件存在巨大差异

一国的初始禀赋对该国经济的长期增长有很大影响。这里的初始禀赋主要是指不可再生的自然资源,劳动者的受教育程度和技能水平,物质资本的稀缺度,该国的地理位置,法律的起源及法制传统,政府对经济的参与程度等等。由于初始禀赋不同,各国似乎不存在共同的经济增长起点。

为什么初始条件的不同会导致长期经济增长水平出现巨大的差异呢?经济学家发现一国的初始禀赋越差,越可能缺乏生产高级资本设备的中间资本品,因而,会影响消费品的生产,最终会影响一国的产出水平。此外,在其他条件不变的情况下,劳动力丰富的国家会更加容易实现经济增长。具体来说,初始禀赋主要包含以下五个因素:

(1)自然资源。具有不同自然资源特征的国家,经济增长的初始条件不同,导致经济增长在不同的路径上进行,各要素的回报率也会呈现出巨大的差异。

(2)地理位置。地理环境对一国的经济增长的重要性主要体现在对外交流的难易程度上。在经济全球化的今天,如何迅速地获得国际上的先进技术和资本,对本国经济增长至关重要。即使是在一国内部,不同地区之间的差异巨大,沿海地区及大城市在资本等要素密集度、劳动力素质、投资与消费的环境等方面都相对优于内陆省份。

(3)劳动力供给。劳动力供给对长期经济增长具有决定性的作用。劳动力规模的大小决定了经济体中可用的劳动力资源,新增劳动力是产出增加的直接原因。

(4)人力资本。人力资本是指体现在人的体内、对生产发挥重要作用的有用知识和技能。人力资本是现代经济增长的一个重要动力和源泉。自1994年起,世界银行对一些国家和地区的财富进行了初步计算,结果表明,除中东及少数资源型国家外,其他国家的人力资本在国家财富中占比达60%以上。人力资本投入的增加可以同时增加人力资本自身和其他生产要素的生产效率。作为生产要素的人力资本不仅直接对经济增长做出贡献,而且通过促进科学技术的进步来促进经济增长。科学技术进步依赖人力资本的提高,而科技进步又直接促进人力资本规模收益率的提高。

(5)生产技术和知识。随着经济的发展,新的生产方式逐渐取代了旧的生产方式,技术应经广泛渗透到社会生产力的各要素之中。从历史经验看,在20世纪初,主要通过增加劳动、资本、设备及原材料的投入来提高劳动生产率,技术进步的作用仅占5%~20%。现在,发达国家多以集约型增长代替了粗放型增长,劳动生产率的提高主要依靠技术进步,技术进步的作用上升为60%~80%,技术进步发挥了革命性作用。

四、经济增长的代价

经济增长的同时,自然环境破坏和能源危机将对经济的可持续发展构成极大的威胁。大多数国家在追求短期经济增长时都肆无忌惮地破坏环境,过度开采自然资源,导致土地、森林和草地退化,生物多样性减少,水和空气的污染,人类生存环境恶化等一系列问题。

著名经济学家Grossman和Krueger(1991)通过对42个国家横截面数据的分析,发

现环境污染和经济增长在长期存在倒"U"型关系，如同反映经济增长和收入分配之间关系的库兹涅茨曲线（Kuznets，1955）。环境库兹涅茨曲线是指：当一国经济发展水平较低时，环境污染的程度较轻，但随着经济增长其恶化程度加剧；当该国经济发展到一定水平后，其环境污染的程度逐渐减轻，环境质量逐渐得以改善。环境库兹涅茨曲线表明应以经济增长作为首要的政策目标，环境的改善可在人民福利实现之后得以进行，但是发达国家的经验教训启示我们，实行环境与经济增长并重的政策才是发展中国家的最好选择。

第二节 增 长 核 算

增长的核算由罗伯特·索洛在1956年的另一篇论文中提出。增长核算只使用了索洛模型中的一个方程即总量生产函数。这里假定生产函数为柯布—道格拉斯形式。在增长核算中，人们常将技术进步表示为全要素生产率 B_t 的变化（希克斯中性）。也可以将其表示为劳动增广型的变化（定义为 A_t），记为 $A_t = B_t^{1/1-\alpha}$。因此一国 t 年的总产量被假定取决于资本和劳动的投入以及技术水平。

$$Y_t = B_t K_t^\alpha L_t^{1-\alpha} = K_t^\alpha (A_t L_t)^{1-\alpha} \tag{11.1}$$

对于 $T > t$，有

$$Y_T = B_T K_T^\alpha L_T^{1-\alpha} \tag{11.2}$$

对上式两边取对数，并将（11.2）式与（11.1）式相减，然后两边同除以 $T-t$，则：

$$\frac{\ln Y_T - \ln Y_t}{T-t} = \frac{\ln B_T - \ln B_t}{T-t} + \alpha \frac{\ln K_T - \ln K_t}{T-t} + (1-\alpha)\frac{\ln L_T - \ln L_t}{T-t} \tag{11.3}$$

上式中左边是 t 年到 T 年间的 GDP 的近似年均增长率，右边是全要素生产率的近似年均增长率加上资本的近似年均增长率的加权平均和。因此，方程（11.3）将 GDP 的增长分解为几个部分。

【扩展阅读 11.1】

柯布—道格拉斯生产函数

生产函数的一般公式是 $Y = AF(K, N)$。如果你更愿意讨论一个特定公式，可以使用柯布—道格拉斯生产函数，$Y = AK^\theta N^{1-\theta}$ 至少就美国而言，$\theta = 0.25$ 使柯布—道格拉斯生产函数与现实经济相当相似。因此，该函数可以写成 $Y = AK^{0.25}N^{0.75}$。经济学家喜欢柯布—道格拉斯生产函数的形式，因为它对经济做了比较准确的描述，而且用代数方法很容易操作。例如，资本的边际产出是：

$$MPK = \theta AK^{\theta-1}N^{1-\theta} = \theta A(K/N)^{-(1-\theta)} = \theta Y/K$$

如果有 GDP 以及 t 年到 T 年的资本和劳动投入的数据，并且设定资本的份额为 1/3，那么式（3）就能够用来计算每个部分对全部增长的贡献。全要素生产率增长 $\frac{\ln B_T - \ln B_t}{T-t}$ 贡献就可以计算出来，这部分被称为索洛剩余。

【扩展阅读11.2】

索 洛 剩 余

如何测量技术进步呢？按照定义，A 的变化解释了所有非源于要素投入变化的生产率变化。A 的变化有时被称为全要素生产率的变化，或 TFP 的变化。TFP 是一个比"技术进步"更为中性的术语。由于投入与产出可以直接观察到，而 A 不能直接观察，经济学家便通过以下方程

$\Delta Y/Y = [(1-\theta) \times \Delta N/N] + [(\theta \times \Delta K/K)] + \Delta A/A$ 转换来测量 $\Delta A/A$：$\Delta A/A = \Delta Y/Y - [(1-\theta) \times \Delta N/N] - (\theta \times \Delta K/K)$，并将剩下的一切归因于 TFP 的变化，通过这种方法测量到的 TFP 变化称为索洛剩余。

一段时间内全要素生产率年均增长率的计算值（如为5%）能说明事实吗？可能由于信息不充分，并不能真正确定 B_t 是什么。我们仅仅将不同于物质资本和劳动的所有生产要素归于 B_t。索洛自己也说索洛剩余是对"未知"的测量。尽管我们不能确定 B_t 的增加代表什么，但增长的核算仍然有用。比如，人们仍然可以比较一国不同时期的索洛余值，或者同一时期不同国家的索洛余值。若一个余值大于另一个余值，则未知要素对增长的贡献在不同时期就有所变化，或者一个国家比另一个国家大。较低的 B_t 的增长率首先警示了生产率的提高并不理想，或者不如其他国家理想。

我们也可以得出人均（劳均）的增长核算。生产函数方程（1）意味着 $y_t = B_t k_t^\alpha$。取对数以及时间差分，可得：

$$\frac{\ln y_T - \ln y_t}{T-t} = \frac{\ln B_T - \ln B_t}{T-t} + \alpha \frac{\ln k_T - \ln k_t}{T-t} \tag{11.4}$$

由于 $B_t = A_t^{1-\alpha}$，因此上述方程可以改写为：

$$\frac{\ln y_T - \ln y_t}{T-t} = (1-\alpha)\frac{\ln A_T - \ln A_t}{T-t} + \alpha \frac{\ln k_T - \ln k_t}{T-t} \tag{11.5}$$

上式表明 y_t 的增长率是 A_t 和 k_t 增长率的加权平均。方程（11.4）将人均（劳均）GDP 的增长分解为人均（劳均）资本增长和全要素增长率增长之和。根据人均（劳均）GDP 和劳均资本的数据以及设定 $\alpha = \frac{1}{3}$，能够确定技术（或其他要素）的贡献率。

增长核算仅仅使用了生产函数与参数（如 α）的一些信息。生产函数并不如上面的式（1）那样简单。经常讨论的是，增长核算不仅应该考虑以小时或年衡量的劳动投入的数量，而且应该考虑以平均教育水平衡量的劳动投入的质量。我们用平均受教育年数 u_t（劳动力在 t 年已经花在教育上，如在学校的年数）衡量 t 年的平均教育水平。那么劳动的质量由递增的函数 $h(u_t)$ 给出，这一函数经常被称为人力资本函数，总量生产函数修正为：

$$Y_t = B_t K_t^\alpha [h(u_t)L_t]^{1-\alpha} \tag{11.6}$$

只有详细地知道函数 $h(u_t)$，才能以式（6）为基础进行增长核算。劳动经济学的成果可以在这里引用。很多劳动经济学家已经研究了教育和工资之间的关系。他们的成果（大多基于微观数据）之一是教育数量（如在学校中的更多年数）的绝对变化似乎能致使工资率的相对变化。这里假设如下的函数形式：

$$h(u_t) = \exp(\psi u_t), \ \psi > 0$$

上面的函数是递增函数。对其两边取对数并对 u_t 取导数：

$$\frac{dh(u_t)}{h(u_t)}/du_t = \psi$$

也就是说，在与初始的 u_t 无关的人力资本水平下，受教育年数增加一年所导致的工资的相对增加是 ψ。现在就要尽力估计 ψ。如果劳动被支付的是它的边际产品，那么式（6）就意味着工资率 w_t 应当是：

$$w_t = (1-\alpha)B_t K_t^\alpha h(u_t)^{1-\alpha} L_t^{-\alpha} = (1-\alpha)B_t \left(\frac{K_t}{L_t}\right)^\alpha \exp[(1-\alpha)\psi u_t]$$

两边取对数并对 u_t 求导，得：

$$\frac{\mathrm{d}w_t}{\mathrm{d}u_t}/w_t = (1-\alpha)\psi$$

因此在学校所受的教育增加一年导致工资的增长为 $(1-\alpha)/\psi$。在实证研究中一个相当稳定的结果（主要是对于美国，但其他国家也是如此）是多受一年的学校教育带来的工资增长为 7% 左右。如果 $(1-\alpha)/\psi$ 近似等于 0.07，α 有为 1/3，那么 ψ 大约为 0.1。根据生产函数：

$$Y_t = B_t K_t^\alpha [\exp(\psi u_t) L_t]^{1-\alpha} \tag{11.7}$$

以及参数 α 和 ψ 的值，我们能核算增长。在人均（劳均）意义上，根据式（11.7）推导出下面的公式：

$$\frac{\ln y_T - \ln y_t}{T-t} = \frac{\ln B_T - \ln B_t}{T-t} + \alpha\frac{\ln k_T - \ln k_t}{T-t} + (1-\alpha)\psi\frac{\ln u_T - \ln u_t}{T-t} \tag{11.8}$$

从上式可以看出，进入该方程的是 t 年到 T 年的所受学校教育的平均的绝对变化而不是平均的相对变化。根据两个不同年份 t 和 T 的人均（劳均）GDP、人均（劳均）资本以及劳动力所受学校教育的平均年限的相关数据，可以将增长分解为人均（劳均）资本的增长、教育增长和全要素增长率增长的贡献。

特别地，如果一个国家在考察期内教育增长得很快，但在增长核算中没有考虑教育因素，那么就有可能夸大全要素增长率增长的贡献。如果人们发现一个国家具有比其他国家高得多的全要素增长率，那么通过恰当地控制教育的差异，人们就能够继续寻找其他的被忽视的生产要素来解释这种差异。

增长的核算将 GDP 或人均（劳均）GDP 的增长分为几个部分，因此总的增长有不同的源泉。然而这并没有明确增长的原因。我们在这里解释一下，假设一些经济的增长过程完全能够由具有适当参数的索洛模型的稳态来描述，当且仅当 $g>0$ 时，人均（劳均）GDP 的增长才为正值。从此意义上来说，所有的人均（劳均）GDP 的增长都源于外生的技术变量的增长。以下两个发现都是真实的。没有技术增长就没有人均（劳均）GDP 的增长，因此技术增长是长期增长的最终源泉。然而，当人均（劳均）GDP 以及技术的稳态增长时，也存在人均（劳均）资本的增长，因此部分的增长来源与资本积累。

第三节 索洛模型

经济学家分别在 20 世纪 50 年代末期至整个 60 年代以及 20 世纪 80 年代末期至 90 年代初期的这两个时期对经济增长理论进行了集中研究。其中，第一个时期的最具代表性的研究者为麻省理工学院的经济学家、诺贝尔经济学奖得主罗伯特·M·索洛。索洛在 1956

年发表了题为《对经济增长理论的一个贡献》的重要论文,首次提出了平衡增长路径的概念。索洛模型被视为新古典增长理论的起点,索洛模型也被称为新古典增长模型。随后,很多经济学家对之做出了进一步的研究拓展,并运用索洛模型解释与经济增长密切相关的其他问题。

一、基本的索洛模型

基本的索洛模型研究的无技术进步的封闭经济。索洛模型使用的生产函数具有连续性、规模报酬不变、资本与劳动可以相互替代的特点,这里加入时间 t,是一个离散的时间序列,可以把一个时期看作是一年。假定生产函数具有以下的形式:

$$Y_t = F(K_t^d, L_t^d) \tag{11.9}$$

其中,Y_t 代表产出,K_t^d 代表投入生产的资本,L_t^d 代表投入生产的劳动。生产函数具有规模报酬不变的特征,其数学语言的表达为 $F(\lambda K_t, \lambda L_t) = \lambda F(K_t, L_t)$,$\lambda > 0$。$F_K > 0$,$F_L > 0$,这两个不等式表示资本和劳动的产出为正;$F_{KK} < 0$,$F_{LL} < 0$,其中 F_{KK} 是关于 K_t^d 的二阶偏导数,F_{LL} 是关于 L_t^d 的二阶偏导数,这两个不等式表示随着资本和劳动投入的增加其边际产量递减。$F_{KL} = F_{LK} > 0$,这一不等式表示当一种要素的投入增加时,另一种要素的边际产出会增加。

假定企业在 t 时期面临的实际利率为 r_t($r_t = \rho_t + \delta$,$0 < \delta < 1$,ρ_t 表示实际利率即净资本的回报率,δ 表示折旧率),实际价格为 w_t(w_t 表示实际工资),在技术约束 $Y_t = F(K_t^d, L_t^d)$ 下,企业会选择 Y_t,K_t^d,L_t^d 以实现净利润 $Y_t - rK_t^d - wL_t^d$ 最大化。实现利润最大化的条件是边际要素产品等于要素实际价格的位置选择要素的投入量。在这里的一阶必要条件是:

$$F_K(K_t^d, L_t^d) = r_t \tag{11.10}$$

$$F_L(K_t^d, L_t^d) = w_t \tag{11.11}$$

虽然式(11.10)和式(11.11)是含有两个未知数的等式,但在给定 r_t 和 w_t 时,它们并不能决定 K_t^d 和 L_t^d 的值。如果一个组合 (K_t^d, L_t^d) 满足这两个等式,那么对于任意的 $\lambda > 0$,$(\lambda K_t^d, \lambda L_t^d)$ 也满足上述等式。这是生产函数具有齐次性的结果。但是,存在满足式(11.10)和式(11.11)的最优要素投入组合。

在完全竞争的要素市场上,租金率 r_t 会使资本供求平衡,工资率 w_t 也会使劳动供求平衡。只要租金率大于零,消费者就会因为有利可图而提供资本,资本供给就会等于资本存量 K_t。此外,这里假设消费者的劳动供给不具有弹性,从而劳动供给必然等于劳动力数量 L_t。将 $K_t^d = K_t$,$L_t^d = L_t$ 代入式(11.10)和式(11.11),可得:

$$F_K(K_t, L_t) = r_t \tag{11.12}$$

$$F_L(K_t, L_t) = w_t \tag{11.13}$$

在每一个时期 t,资本存量和劳动都是预先给定的,下面将对此进行说明。式(11.12)和式(11.13)决定了该时期的租金率 r_t(也就决定了利率 $r_t - \delta$)和工资率 w_t,因为租金率,工资率取决于既定的资本存量和劳动力规模。这就引出了功能性收入分配理论。

利用式(11.9)、式(11.12)和式(11.13),可以得出任一时期 t 中的资本和劳动在总收入中所占的份额:

$$\frac{r_t K_t}{Y_t} = \frac{F_K(K_t, L_T) K_t}{F(K_t, L_t)} \quad (11.14)$$

$$\frac{w_t L_t}{Y_t} = \frac{F_L(K_t, L_t) L_t}{F(K_t, L_t)} \quad (11.15)$$

由于 $\frac{F_K K}{Y} \equiv \frac{\partial Y}{\partial K} \frac{K}{Y}$ 是产出对资本投入的弹性，$\frac{F_L L}{Y} \equiv \frac{\partial Y}{\partial L} \frac{L}{Y}$ 是产出对劳动投入的弹性，因此式（11.14）和式（11.15）说明每种要素投入所占总收入的比重等于产出对该要素投入的弹性。

企业的净利润用实际值表示是：

$$Y_t - (r_t K_t + w_t L_t) \equiv F(K_t, L_t) - [F_K(K_t, L_t) K_t + F_L(K_t, L_t) L_t]$$

既然生产函数是一阶齐次的，则有 $F(K_t, L_t) = F_K(K_t, L_t) K_t + F_L(K_t, L_t) L_t$，净利润为零。这完全符合长期的完全竞争经济的特征。

我们知道在长期中要素收入占总收入的比重是固定的，但根据式（11.15），劳动收入份额是由产出对劳动投入的弹性决定的，而这又取决于要素投入组合 (K_t, L_t)，这个组合是随时间而改变的。更精确的讲，劳动收入份额取决于资本—劳动比率 K_t/L_t。在发达国家，这个比率随着时间系统性的变大了。为了解决这一问题，需要引入柯布—道格拉斯生产函数：

$$Y_t = F(K_t^d, L_t^d) = B(K_t^d)^\alpha (L_t^d)^{1-\alpha}, \; B > 0, \; 0 < \alpha < 1 \quad (11.16)$$

这里，α 和 B 是给定的参数，B 被称为全要素生产率（TFP）。TFP 一般被看作是对技术的一种测量，但它实际上能体现所有要素的影响，而不仅仅是指生产函数里显示的要素。

对资本和劳动的投入是随时间而变化的（都标有 t）。假定技术不发生变化，则 B（未标有 t）为常数。

利用式（11.16）的偏导数，并代入 $K_t^d = K_t$，$L_t^d = L_t$，可得：

$$F_K(K_t, L_t) = \alpha B \left(\frac{K_t}{L_t}\right)^{\alpha-1} = r_t \quad (11.17)$$

$$F_L(K_t, L_t) = (1-\alpha) B \left(\frac{K_t}{L_t}\right)^\alpha = w_t \quad (11.18)$$

利用式（11.16）、式（11.17）和式（11.18），可以看出柯布—道格拉斯生产函数确实具有前面提到过的 F 的所有性质，两种要素占有固定的比重，资本占 α，劳动占 $1-\alpha$。

这就说明柯布—道格拉斯生产函数对总量函数的长期分析是一个合理的近似。

基本的索洛模型假定消费者平均储蓄倾向不变。假定每个消费者在每个时期提供一单位的劳动，不具有弹性，故总的劳动供给是 L_t。由于消费者拥有的资本存量 K_t 是由过去的资本积累决定的，因此资本供给是无弹性的，等于资本存量的规模 K_t。

消费者的总收入为 $Y_t = r_t K_t + w_t L_t$，消费者自主决定其消费 C_t，以及总储蓄 $S_t = Y_t - C_t$，这代表其跨期预算约束。另外，根据此约束，消费者从 t 期到 $t+1$ 期的实际资本存量 $K_{t+1} - K_t$，必须等于他在 t 期的总储蓄减去折旧 δK_t，也即在 t 期贷给企业的资本。因此跨期选的预算约束为：

$$K_{t+1} - K_t = S_t - \delta K_t \quad (11.19)$$

这里假定消费者每一时期的储蓄是总收入的一个外生比例 s：

$$S_t = sY_t, \ 0 < s < 1 \tag{11.20}$$

假定劳动力的变化用外生性增长率 n 来表示：

$$L_{t+1} = (1+n)L_n, \ n > -1 \tag{11.21}$$

完整的基本索洛模型包含以下六个等式：

$$Y_t = BK_t^\alpha L_t^{1-\alpha} \tag{11.22}$$

$$r_t = \alpha B \left(\frac{K_t}{L_t}\right)^{\alpha-1} \tag{11.23}$$

$$w_t = (1-\alpha)B \left(\frac{K_t}{L_t}\right)^{\alpha} \tag{11.24}$$

$$S_t = sY_t \tag{11.25}$$

$$K_{t+1} - K_t = S_t - \delta K_t, \ K_0 \tag{11.26}$$

$$L_{t+1} = (1+n)L_n, \ L_0 \tag{11.27}$$

模型中的参数有 α、B、s、n、δ。给定初始年份的初始投入 K_0 和 L_0 后，六个等式决定了经济的动态变化。

在 t 时期，投入 K_t 和 L_t 是先决变量，上述六个等式中的第一个给出了有供给决定的产出 Y_t，式（11.23）和式（11.24）描述了租金率 r_t 和工资率 w_t。Y_t 决定后，等式（11.25）给出了 t 时期的总储蓄率 S_t。通过 K_t 和 S_t，等式（11.26）决定了下一时期的资本供给 K_{t+1}。根据 t 时期的劳动供给 L_t，由等式（11.27）可得下一时期的劳动供给 L_{t+1}。由此就得知 K_{t+1} 和 L_{t+1}，进而可以依次重复实现上述过程进行 $t+1$ 期的计算。

上面选用了基本的资本积累方程（11.26）作为代表性消费者的跨期预算约束。或者可以用更直接的方式来理解资本积累方程：根据定义，总投资 I_t 减去折旧 δK_t，就是资本的增量：$K_{t+1} - K_t = I_t - \delta K_t$。由于 $S_t \equiv Y_t - C_t$，因此由 $Y_t = C_t + I_t$ 可推出 $I_t \equiv S_t$。用 S_t 替换总投资定义中的 I_t，可得式（11.26）。

该模型还可以包含政府部门。假定政府在 t 期征税 T_t，分别用于公共消费 C_t^g 和公共投资 I_t^g。公共消费占 GDP 的比重用 c_t^g 表示，公共投资占 GDP 的比重用 i_t^g 表示，分别是：

$$C_t^g = c_t^g Y_t, \ 0 < c_t^g < 1$$

$$I_t^g = i_t^g Y_t, \ 0 < i_t^g < 1$$

需要明确的是，这里认为 c_t^g 和 i_t^g 与时间有关，并假定 $c_t^g + i_t^g < 1$。进而假定政府的预算平衡：

$$T_t^g = C_t^g + I_t^g$$

用 c_t^p 表示私人部门消费 C_t^p 与私人部门可支配收入 $Y_t - T_t$ 之比，则：

$$C_t^p = c_t^p (Y_t - T_t), \ 0 < c_t^p < 1$$

同样认为 c_t^p 与时间有关，结合上面的等式有：

$$C_t^p = c_t^p (1 - c_t^g - i_t^g) Y_t$$

这样 GDP 中的私人消费比重 $c_t^p (1 - c_t^g - i_t^g)$ 并非一定是常数。总消费 $C_t = C_t^g + C_t^p$ 是：

$$C_t = [c_t^g + c_t^p (1 - c_t^g - i_t^g)] Y_t$$

我们作的这个假定是，总消费占 GDP 得比重 $c_t^g + c_t^p (1 - c_t^g - i_t^g)$ 是给定的常数。这样全国储蓄也一定会占 GDP 固定的一部分，$S_t = s_t Y_t$，其中：

$$s = 1 - c_t^g - c_t^p(1 - c_t^g - i_i^g) = (1 - c_t^p)(1 - c_t^g) + c_t^p i_t^g \tag{11.28}$$

值得再次强调的是，国家总投资一定会等于国家总储蓄，$I_t = S_t$。因此，把政府部门引入模型中的式（11.22）~式（11.27）时，只需要把 S_t 看作是私人储蓄和公共储蓄之和，把式（11.22）中出现的不变储蓄率和投资率 s 看作是由式（11.28）中的各个参数给定的即可。值得注意的是，总储蓄率 s 是 c_t^g 和 c_t^p 的减函数，是 i_t^g 的增函数。

索洛模型中一个潜在的重要假设是私人消费和公共消费所占 GDP 的比重之和，即总消费占 GDP 的比重，是一个给定的常数。研究表明发达国家的总消费占 GDP 的比重确实比较稳定，C_t^p/Y_t 和 C_t^g/Y_t 有相反的变化趋势，使得它们的和 C_t/Y_t 相对稳定。

不过，在索洛模型中并没有直接体现出货币的作用。因为有很多经济学家认为货币在长期是中性的，即不会对实际经济变量产生影响。但是应该谨慎的对待这种观点。金融体系的完整程度确实会对经济体产生长期的影响，例如，影响参数 s。也有经济学家认为货币稳定政策的好坏也会对经济的长期发展产生影响。但是在给定的金融系统完善程度的情况下，多数经济学家认为长期中，名义货币存量和央行设定的短期名义利率的水平值或增长率并不会影响诸如 GDP 等实际变量。

目前所分析的索洛模型看上去并不是索洛本人提出的具有连续性质的索洛模型。通常索洛模型是用连续时间变量表示的。此时像产量、消费、储蓄、投资这些流量就是时间的连续函数。例如，如果在时间 t 的投资是 $I(t)$，那么完整一年从时间 $t = 0$ 到 $t = 1$ 的总投资就是 $\int_0^1 I(t)\mathrm{d}t$。如果投资密度全年保持在 I 水平上，那么全年的总投资就是 I。存量变量也是时间的连续函数，例如 $K(t)$ 是 t 时刻的资本存量。

在连续的时间内资本的变化必须表示为对时间的导数，即：

$$\frac{\mathrm{d}K(T)}{\mathrm{d}t} \equiv \dot{K}(t) = \lim_{\Delta t \to 0} \frac{K(t + \Delta t) - K(t)}{\Delta t}$$

它衡量了在某一特定时间点单位时间里资本的变化。因此，$\dot{K}(t)$ 是资本在时间 t 变化的幅度。离散时间表达式 $K_{t+1} - K_t = I_t - \delta K_t$ 的另一种表示形式是 $\dot{K}_t = I_t - \delta K_t$，说明在时间 t 资本的变化量等于总投资减去此时的折旧，也可以直接去掉时间的符号写成 $\dot{K} = I - \delta K$。

在连续时间下的完整的索洛模型可由前面的式（11.22）~式（11.27）改写而成：

$$Y = BK^\alpha L^{1-\alpha} \tag{11.29}$$

$$r = \alpha B \left(\frac{K}{L}\right)^{\alpha-1} \tag{11.30}$$

$$w = (1-\alpha) B \left(\frac{K}{L}\right)^{\alpha} \tag{11.31}$$

$$S = sY \tag{11.32}$$

$$\dot{K} = sY - \delta K, \quad K_0 \tag{11.33}$$

$$\frac{\dot{L}}{L} = (1+n)L_n, \quad L_0 \tag{11.34}$$

二、基本索洛模型分析

人均（劳均）GDP 是衡量一个国家繁荣程度的指标，而不是 GDP。因此，这里的索洛模型主要关注劳均产出 $y_t \equiv Y_t/L_t$。同样，在 t 时刻的劳均资本定义为：$k_t = K_t/L_t$，也被称为资本劳动比或资本密度。根据索洛模型的第一个等式（11.22），两边同除以 L_t 可得：

$$y_t = Bk_t^\alpha \tag{11.35}$$

这很像一个产出是劳均 GDP 且投入是劳均资本的生产函数。这个生产函数是边际报酬 $Bk_t^{\alpha-1}$ 递减，当 k_t 由零增加到无穷大时，边际产出由无穷大减少到零。式（11.35）表明，劳均产量的增长只能由劳均资本的增加来实现。定义 g_t^y 和 g_t^k 是从 $t-1$ 时刻到 t 时刻的 y_t 和 k_t 的近似增长率。如式（11.35）那样写出 $t-1$ 时刻与 t 时刻的等式，然后取对数，相减的：

$$g_t^y \equiv \ln y_t - \ln y_{t-1} = \alpha(\ln k_t - \ln k_{t-1}) \equiv \alpha g_t^k \tag{11.36}$$

根据式（11.36），劳均产出的（近似）增长率与劳均资本的增长率成比例，而且系数恰是资本份额 α。这就说明，在基本的索洛模型中，经济增长与资本积累是完全联系在一起的。

现在分析人均（劳均）变量 y_t 和 k_t。把储蓄行为方程（11.25）代入到资本积累方程（11.26）中得：

$$K_{t+1} = sY_t + (1-\delta)K_t$$

上式两边同除以 L_{t+1}，在式子右边用 $L_{t+1} = (1+n)L_t$ 代替。根据 y_t 和 k_t 的定义可得

$$k_{t+1} = \frac{1}{1+n}[sy_t + (1-\delta)k_t]$$

再根据人均产量函数式（11.35），用 Bk_t^α 代替 y_t，可得：

$$k_{t+1} = \frac{1}{1+n}[sBk_t^\alpha + (1-\delta)k_t] \tag{11.37}$$

这就是基本索洛模型中资本密度的基本变动规律，或称为转换方程。注意到式（11.37）具有一阶、一维、非线性差分方程的性质。给出初始的资本密度值 k_0，由式（11.37）可得第一期的资本密度 k_1，进而代入式子右边可得 k_2。因此，只要给定初始的 k_0，就能得到全部的资本密度动态序列 (k_t)。

分别给出了 Y_t、S_t、K_t、L_t 的动态演化的式（11.22）、式（11.25）~式（11.27）最终归结为一个关于 k_t 的动态方程式（11.37）。(k_t) 已知，要素价格由式（11.23）和式（11.24）给出：

$$r_t = \alpha Bk_t^{\alpha-1} \tag{11.38}$$

$$w_t = (1-\alpha)Bk_t^\alpha \tag{11.39}$$

关于劳均产出的序列 (y_t)，用 (k_t) 表示如下：$y_t = Bk_t^\alpha$。t 时期的总消费为 $C_t = Y_t - S_t = (1-s)Y_t$，所以劳均消费为 $c_t = (1-s)y_t$。因此 (c_t) 可通过 $c_t = (1-s)Bk_t^\alpha$ 表示，以此在给出初始资本密度时，所有相关的变量就都能得出。

另一种描述变动规律的直接方法是：把资本密度变化表达为当前资本密度的函数，方程（11.37）两边同时减去 k_t 就得出索洛方程。

$$k_{t+1} - k_t = \frac{1}{n+1}[sBk_t^\alpha - (n+\delta)k_t] \tag{11.40}$$

这种解释更加直观。等式左边是劳均资本的增量，右边是导致这种增加的要素：t 时

期的劳均储蓄为 $sy_t = sBk_t^\alpha$，增加了劳均资本；t 时期的劳均折旧为 δk_t，减少了劳均资本；最后一个被减去的部分是 nk_t，这是 $t+1$ 时刻有更多工人来分享资本存量所造成的对劳均资本的稀释（若 $n > 0$）。

索洛模型可用图 11 – 1 来表示。

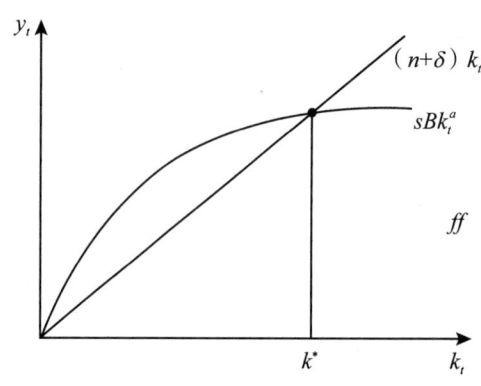

图 11 – 1　索洛模型的均衡

在图 11 – 1 中，横坐标表示劳均资本存量，纵坐标表示劳均产出水平，曲线代表劳均储蓄水平 sBk_t^α，射线 $(n+\delta)k_t$ 代表收支相抵项（即表示劳均资本密度不变）。由于射线的不变斜率 $n+\delta > 0$，而曲线的斜率由无穷大到零单调递减，所以这两条曲线一定会在 $k_t = 0$ 的右侧相交一次。随着时间的推移，k_t 将收敛于两曲线的交点处的稳态值 k^*。随着 k_t 收敛于 k^*，劳均收入 $y_t = Bk_t^\alpha$ 将收敛于它的稳态值 $y^* \equiv Bk^*$。在索洛图形中，当曲线在射线上方时，必然有 $k_{t+1} - k_t > 0$，所以，k_t 在一段时间内一定是递增的，反之亦然。因此在交点的左侧，k_t 随时间的变化而不断增加，趋近于 k^*，而在右侧，它将不断降低趋近于 k^*。

在合理的稳态条件 $n+\delta > 0$ 下，基本的索洛模型显示了资本密度（劳均资本）单调的收敛于特定值 k^*。将 k^* 称为资本密度的稳态值。同时劳均收入收敛于 y^*。

当参数 α、B、s、n、δ 给定时，但是从某个初始年份开始，总储蓄率由 s 增加到 s'，之后便在较高的水平上保持不变，其他参数也保持不变。由于 $s = S_t/Y_t = I_t/Y_t$，也可以说总投资增加了。值得注意的是，从长期看，高储蓄率导致了产出水平的增加，更多的储蓄提高了潜在的 GDP 水平，但是储蓄率并不改变稳态时的 GDP 增长率。

储蓄率与经济增长的关系小结如下：

①如果一个经济保持较高的储蓄率，它会保持较高的资本存量水平和较高的产出水平，但是它无法保持较高的增长率，因为资本的边际收益递减。如果储蓄率较低，则经济会有较低的资本存量水平和产出水平。

②较高的储蓄率仅意味着较高的稳态，表示当前资本存量水平（未达到稳态水平）与较高稳态之间的差距可能更大，经济增长会有较大的空间和速度，导致经济在未达到稳态之前有一个较快的增长。但这种较快的增长仅仅是暂时的，一旦经济在长期中达到稳态，资本存量增长率恒定。

根据式（37）和（40）稳态的资本—劳动比为特定的常数，$k_{t+1} = k_t = k$。因此，k 必须满足：$sBk_t^\alpha - (n+\delta)k = 0$ 或者 $k^{1-\delta} = sB/(n+\delta)$。因此：

$$k^* = B^{\frac{1}{1-\alpha}}\left(\frac{s}{n+\delta}\right)^{\frac{1}{1-\alpha}} \tag{11.41}$$

给定 $n+\delta>0$，是为了使分析有意义。将 k_t 的特定值 k^* 代入人均生产函数 $y_t = Bk_t^\alpha$，得到稳态时的劳均产出：

$$y^* = B^{\frac{1}{1-\alpha}}\left(\frac{s}{n+\delta}\right)^{\frac{\alpha}{1-\alpha}} \tag{11.42}$$

时期 t 的人均消费为 $c_t = (1-s)y_t$，所以：

$$c^* = B^{\frac{1}{1-\alpha}}(1-s)\left(\frac{s}{n+\delta}\right)^{\frac{\alpha}{1-\alpha}} \tag{11.43}$$

同样地，将 k^* 代入式（11.38）和式（11.39）中，得到稳态时的实际要素价格：

$$r^* = \alpha\left(\frac{s}{n+\delta}\right)^{-1} \tag{11.44}$$

$$w^* = (1-\alpha)B^{\frac{1}{1-\alpha}}\left(\frac{s}{n+\delta}\right)^{\frac{\alpha}{1-\alpha}} \tag{11.45}$$

这些看似简单的式子包含了对经济长期表现的一些非常直接并且重要的预测。例如，式（11.42）给出了劳均 GDP 在长期是如何由一些基本的结构参数如投资率和人口增长率等决定的。对式（11.42）两边取对数得：

$$\ln y^* = \frac{1}{1-\alpha}\ln B + \frac{\alpha}{1-\alpha}\ln s - \frac{\alpha}{1-\alpha}\ln(n+\delta) \tag{11.46}$$

从该式看出，y^* 对于 s 的弹性是 $\alpha/1-\alpha$，对 $n+\delta$ 的弹性是 $-\alpha/1-\alpha$（通过对式（11.38）求微分得出）。同时，易得 w^* 对 s 的弹性也是 $\alpha/1-\alpha$ 等。

就像式（11.42）给出了长期劳均 GDP 的预测一样，式（11.44）同样给出了实际利率的预测，式（11.44）中的 r^* 是资本租金率的稳态值，而稳态时的实际利率是 $\rho^* = r^* - \delta$，所以：

$$\rho^* = \alpha\frac{n+\delta}{s} - \delta \tag{11.47}$$

式（11.47）中的 ρ^* 有时被称为自然利率，是瑞典经济学家克努特·维克赛尔（Knut Wicksell）首先提出来的。

式（11.42）表明一个更高的 s 会产生一个更高的长期劳均收入 y^*。但是，该式并为说明最大的储蓄率是不可取的。如果 s 接近 1，那么劳均 GDP 将是最大的，但是根据式（11.43），劳均消费将接近 0。如果生产最终的目的是享受尽可能高的劳均消费，那么最优的储蓄率 s 应该是多少？利用式（11.43），求出关于 s 的最大的劳均消费 c^*，得到：$s^{**} = \alpha$。这个使得消费最大的储蓄率 s^{**}，称为黄金储蓄率。

三、一般的索洛模型（有技术进步的索洛模型）

全要素生产率随时间而变化，它的符号表示为 B_t，在所有的时期 t，$B_t > 0$。所有按时间顺序排列的全要素生产率都是外生的。总量生产函数为柯布—道格拉斯形式。t 时期的柯布—道格拉斯生产函数为：

$$Y_t = B_t K_t^{\alpha} L_t^{1-\alpha}, \quad 0 < \alpha < 1 \tag{11.48}$$

由于市场要出清，因此要素需求 K_d^t 和 L_d^t 必定分别等于（无弹性的）要素供给 K_t 和 L_t。由于对（B_t）一个特殊假设是 B_t 可能为常数，故可将生产函数写为：

$$Y_t = K_t^{\alpha}(A_t L_t)^{1-\alpha} \tag{11.49}$$

这里 $A_t \equiv B_t^{1/(1-\alpha)}$。由于柯布—道格拉斯函数的特性，无论是用全要素生产率时间序列（B_t）还是劳动生产率（不是平均的劳动生产率 Y_t/L_t）时间序列来描述技术变化是无差异的。

对于更一般的生产函数可能有一些差别。一般来说，在生产函数 $F(K_t, A_t L_t)$ 中作为递增变量 A_t 出现的技术进步被称为劳动增广型或哈罗德中性。在产出函数 $F(D_t K_t, L_t)$ 中作为递增变量 D_t 出现的技术进步被称为资本增广型或索洛中性。而在生产函数 $B_t F(K_t, L_t)$ 中作为递增变量 B_t 出现的技术进步被称为希克斯中性。

这里选择便于研究的技术进步形式（11.49）式来进行分析。

生产可能性的完整描述包括对外生变量序列（A_t）的说明。这里假设劳动生产率变量 A_t 以固定的比率变化：

$$A_{t+1} = (1+g)A_t, \quad g > -1 \tag{11.50}$$

这里，g 是 A_t 的精确增长率。因此，如果初期的技术进步水平为 A_0，则 t 期为 $A_t = (1+g)^t A_0$。对于近似的增长率：$g_t^A \equiv \ln A_t - \ln A_{t-1}$，由公式（11.50）可得 $g_t^A = \ln(1+g) \approx g$。

因此，这里用技术水平 A_t 和 A_t 的增长即技术进步来共同说明技术。但实际上 A_t 是作为所有其他因素的影响的剩余解释。一个正的 g 值表示外生的稳定的技术进步，它不依赖于经济体系内部的资源，生产函数变得越来越有效率。索洛认为技术进步是外生的，这是有别于内生增长模型中将技术进步作为内生的假定的。

这里仍然使用劳均产出（平均的劳动生产率）$y_t \equiv Y_t/L_t$ 以及劳均资本（资本密度）$y_t \equiv K_t/L_t$ 的定义。将式（11.50）两边同时除以 L_t，可以给出"劳均形式的生产函数"：

$$y_t = k_t^{\alpha} A_t^{1-\alpha} \tag{11.51}$$

对上式取对数并进行差分：

$$\ln y_t - \ln y_{t-1} = \alpha(\ln k_t - \ln k_{t-1}) + (1-\alpha)(\ln A_t - \ln A_{t-1}) \tag{11.52}$$

或者使用近似增长率的定义：

$$g_t^y = \alpha g_t^k + (1-\alpha) g_t^A \tag{11.53}$$

这些表达式说明劳均产出的增长能够通过两个途径得到：更多的劳均资本或更好的技术。实际上，劳均产出的增长率是劳均资本增长率与技术进步的加权平均，二者的权重分别为 α 和 $1-\alpha$。现在有两个潜在的经济增长源泉：资本积累与技术进步。

完整的一般索洛模型包含以下七个公式：

$$Y_t = K_t^{\alpha}(A_t L_t)^{1-\alpha} \tag{11.54}$$

$$r_t = \alpha \left(\frac{K_t}{A_t L_t}\right)^{1-\alpha} \tag{11.55}$$

$$w_t = (1-\alpha)\left(\frac{K_t}{A_t L_t}\right)^{\alpha} A_t \tag{11.56}$$

$$S_t = sY_t \tag{11.57}$$

$$K_{t+1} - K_t = S_t - \delta K_t, \quad K_0 \tag{11.58}$$

$$L_{t+1} = (1+n)L_t, \ L_0 \qquad (11.59)$$
$$A_{t+1} = (1+g)A_t, \ A_0 \qquad (11.60)$$

第一个方程表示投入产出的生产函数的复制。后两个方程给出了得自投入的边际产品的租金率。这里要素收入分配有 α 给出,并且没有纯利润。给定状态变量 K_0、L_0 和 A_0 的初始值,模型（11.54）~模型（11.60）决定了经济变量的完整动态变化。

四、分析一般的索洛模型

我们根据变量 $k_t \equiv K_t/L_t$ 和 $y_t \equiv Y_t/L_t$ 分析基本的索洛模型,这些变量被证明是收敛于具体的稳态水平的。比较准确的猜测是一般的索洛模型也可以依据变量进行分析:

$$\tilde{k}_t = \frac{K_t}{A_t L_t} = \frac{k_t}{A_t} \text{ 和 } \tilde{y} = \frac{Y_t}{A_t L_t} = \frac{y_t}{A_t} \qquad (11.61)$$

这分别是技术调整的资本密度和技术调整的平均劳动生产率,这些变量收敛于固定的稳态值。

其实,如果 k_t/A_t 和 y_t/A_t 都是稳态值时,那么 k_t 和 y_t 必定同 A_t 以相同的速度 g 增长。所以可以得到一个稳态,与平衡增长一致,劳动收入的增长率不变,资本产出比 k_t/y_t 也不变。

将生产函数方程（11.49）的两边同时除以 $A_t L_t$ 可得:

$$\tilde{y}_t = \tilde{k}_t^\alpha \qquad (11.62)$$

现在,再从加入储蓄行为的资本积累方程开始: $K_{t+1} = sY_t + (1+\delta)K_t$。两边同除以 $A_{t+1}L_{t+1}$。在方程左边有 $\tilde{k}_{t+1}$,在方程右边使用 $A_{t+1}L_{t+1} = (1+n)(1+g)A_t L_t$,可得:

$$\tilde{k}_{t+1} = \frac{1}{(1+n)(1+g)} \left[s \frac{Y_t}{A_t L_t} + (1-\delta) \frac{K_t}{A_t L_t} \right] = \frac{1}{(1+n)(1+g)} [s\tilde{y}_t + (1-\delta)\tilde{k}_t]$$

最后将 $\tilde{y}_t = \tilde{k}_t^\alpha$ 代入上式得

$$\tilde{k}_{t+1} = \frac{1}{(1+n)(1+g)} [s\tilde{k}_t^\alpha + (1-\delta)\tilde{k}_t] \qquad (11.63)$$

这就是状态变 $\tilde{k}_t$ 的转换方程或变动规律。

给定资本、劳动和技术的初始值 K_0、L_0 和 A_0,则有效劳均资本的初始值是 $\tilde{k}_0 = \frac{K_0}{A_0 L_0}$。一阶差分方程（11.63）决定了 $\dot{k}_1$ 和整个序列的 $(\tilde{k}_t)$。序列 $(\tilde{y}_t)$ 由 $\tilde{y}_t = \tilde{k}_t^\alpha$ 得出。根据式（11.55）和式（11.56）可得:

$$r_t = \alpha \tilde{k}_t^{\alpha-1} \qquad (11.64)$$
$$w_t = (1-\alpha) A_T \ k_t^\alpha \qquad (11.65)$$

由于劳均收入为 $y_t = \tilde{y}_t A_t$ 且 $A_t = (1+g)^t A_0$,进而有:

$$y_t = \tilde{k}_t (1+g)^t A_0$$

故劳均消费为 $c_t = (1-s)y_t$。给定初始值 K_0、L_0 和 A_0,转换方程（11.63）和其他的模型要素决定了模型的动态变化。

将方程（11.63）的两边同减去 $\tilde{k}_t$,可得索洛方程:

$$\tilde{k}_{t+1} - \tilde{k}_t = \frac{1}{(1+n)(1+g)} [s\tilde{k}_t^\alpha - (n+g+\delta+ng)\tilde{k}_t] \qquad (11.66)$$

这与基本的索洛模型的区别是加入了技术变化的部分，即这里的 $\tilde{k}_t$ 和基本索洛模型中的 k_t 是不同的。

复习思考题：

1. 人均 GDP 与劳均 GDP。请说明当比较国家间的收入水平时为什么使用劳均 GDP 而不是人均 GDP。
2. 生产函数提供什么信息？
3. 索洛增长能否有助于解释趋同现象？
4. 在标准生产函数 $Y = F(K, N)$ 的范围内，K 代表实物资本，N 代表非熟练劳动，如果将索洛剩余（$\Delta A/A$）解释为"技术进步"，我们将犯错误。除了技术进步之外，对剩余还可作什么理解呢？你将如何扩展模型来消除这个问题？
5. 决定人均产出稳态增长率的因素有哪些？还有什么其他因素会影响短期产出增长率呢？
6. 图 11-1 提供了对索洛增长模型的基本说明。对此进行说明，要审慎解释储蓄曲线和必需的投资曲线的含义。为什么稳态出现在它们的交汇处？
7. 如何理解柯布—道格拉斯生产函数。
8. 请尝试分析一般的索洛模型。

第十二章 内生增长理论

教学目标和教学要求

通过本章的学习，使读者知道第十一章的索洛模型被称为所谓的外生增长理论和本章所要研究的内生增长理论的区别所在以及何为内生增长理论，了解 AK 模型，知道那些经济增长模型的劳均 GDP 增长的最终源泉都是技术进步，熟悉和分析将技术进步视为一个需要生产性投入的生产过程的内生和刻意的结果的过程。同时也希望读者能够推导和分析本章的经济增长模型。

索洛模型将技术变化看作是外生的，没有解释经济的长期（稳态）增长率。因此索洛模型被称为所谓的外生增长理论。本章将解释作为长期人均收入增长源泉的技术变化率，这就引入了内生增长理论，在内生增长理论中长期人均 GDP 的增长率确实是内生的。

能够解释长期劳均 GDP 增长率的模型应是一个将潜在的技术变化率内生化的模型，即是说技术变化率取决于基本的模型参数。这也就是说内生增长模型中的长期技术增长率取决于基本的参数，如固定资本和人力资本的投资率、人口增长率或经济中的其他基本特征。因此，内生增长模型能够分析影响上述基本参数的经济政策如何影响长期人均收入的增长。内生增长模型的一个重要（有人认为是起决定性的）特征是：结构型经济政策对长期人均产出的增长具有重要意义。

在这里，用 A_t 表示"技术"，值得注意的是，没有外生技术进步的假设，如 $A_{t+1} = (1+g)A_t$，其中技术增长率 g 是外生的。一类模型明确描述了 t 时期的技术进步 $A_{t+1} - A_t$ 是怎样通过具体的生产过程产生的，该过程要求技术要素本身的投入。这里认为技术进步产生于研发，所以称这类模型为基于研究与开发（R&D）的内生增长模型。另一类没有明确描述技术进步的生产过程，但是由于"生产外部性"的存在，假定单个企业的技术正向地取决于资本或产出的总使用量。这意味着与单个企业的生产函数相反，总量生产函数是规模报酬递增的。这会导致在没有外生技术进步的假定下，长期劳均 GDP 仍会增长。这类模型被称为基于生产的外部性的内生增长模型。

第一节 生产外部性的增长模型

一、生产外部性的增长模型

生产函数 $Y_t = K_t^\alpha L_t^{1-\alpha}$，显示出规模报酬不变以及单独考虑 K_t 时的边际报酬递减（$\alpha < 1$）。

因此在劳均生产函数 $y_t = k_t^\alpha$ 中，劳均资本也是边际报酬递减的。现在，假定劳动力增长且增长率为每年1%。如果资本也以每年1%的速度增长，与基本索洛模型中的稳态一样，由于资本和劳动的规模报酬不变，产出每年将增长1%，因此劳均产出不变。

依据基本的索洛模型劳均产出的增长只能在资本每年增长超过1%时才能实现。如果资本每年的增长率大于1%，例如为2%，那么产出每年的增长就会超过1%，因此劳均产出就会增长。当然，劳均资本的（近似）增长率 g_t^a 是不变的且等于1%，劳均产出的（近似）增长率 $g_t^y = \alpha g_t^k$。因此劳均产出具有一个不变的正增长率。但是，公式 $g_t^y = \alpha g_t^k$ 就暴露出问题了。因为 $\alpha<1$，劳均收入的增长率小于假定的假定的劳均资本的增长率，因此储蓄并不能维持劳均资本的持久不变的增长率。实际上，只要资本的增长快于劳动的增长，劳均资本就会越来越多，由于边际报酬递减，这就表示额外单位的劳均资本所带来的额外劳均产出和劳均储蓄就会越来越小。结果就是劳均资本和劳均GDP的增长在长期将会停止。

以上过程说明，如果资本和劳动存在递增的规模报酬，那么在没有外生技术的情况下，长期劳均GDP的增长才是可能的。如果资本和劳动每年分别增长1%，那么仅仅由于报酬递增，每年的产出增长将超过1%。在这种情况下，经济的增长就不会停止，因为无须积累越来越多的劳均资本来维持增长，边际报酬递减也就不算是问题了。

因此总量水平上的规模报酬递增似乎是内生增长的潜在源泉。

在规模报酬不变和要素投入价格既定的条件下，总成本与总产出是成比例变化的。原因是产出增长一定比例需要投入增加相应的比例。因此在规模报酬不变的情况下，平均成本和边际成本是不变的，都等于生产的单位成本 $\hat{C}$。在规模报酬递增的情况下，一定比例的产出增长需要小于这一比例的投入的增加，所以平均成本和边际成本随产出的增长而递减。指数之和大于1的柯布—道格拉斯生产函数，其边际成本 $\hat{C}(Y_t)$ 是减函数，随着 Y_t 趋于无穷大，$\hat{C}(Y_t)$ 将趋于0。如果企业将投入和产出的价格视为既定的，那么是吸纳利润最大化的选择就是使产出无穷大。换言之，通过利润最大化是无法知道单个企业的明确行动。价格接受行为和完全竞争与企业层面的规模报酬递增是不相容的。

有一种方法可以实现企业层面上规模报酬不变的假设与总量层面上的规模报酬递增的假设并存。在模型中，仅有一个追求利润最大化的代表性企业，但是该企业代表许多企业的总的行为，每个企业相对于整个经济体而言是很小的。因此代表性企业将诸如GDP或者资本的总使用量之类的总量视为既定，因为它太小了，对总量的影响可以忽略不计。在这里的模型中，资本的总使用量等于单个代表性企业的资本使用量，尽管如此，仍假定在进行个体决策时，代表性企业将总量视为给定的。

假设代表性企业的生产函数（作为单个的小企业时）为：

$$Y_t = (K_t^d)^\alpha (A_t L_t^d)^{1-\alpha}, \quad 0<\alpha<1 \qquad (12.1)$$

这里企业将劳动生产率 A_t 视为既定的，资本 K_t^a 和劳动 K_t^a 投入的规模报酬不变。进而假定单个企业的劳动生产率 A_t 正向地取决于总的资本存量 K_t，正如以下不变弹性的函数所描述的：

$$A_t = K_t^\phi, \quad \phi \geq 0 \qquad (12.2)$$

$\phi = 0$ 时即是基本的索洛模型，下面将解释为什么假定 $\phi > 0$ 是合理的。

单个企业对总资本没有影响，且视为 A_t 给定。将式（12.2）代入式（12.1），再根据要

素市场出清条件 $K_t^d = K_t$ 和 $L_t^d = L_t$，此处 L_t 是 t 时期的总的劳动供给，可得总量生产函数：

$$Y_t = K_t^\alpha (K_t^\phi L_t)^{1-\alpha} = K_t^{\alpha+\phi(1-\alpha)} L_t^{1-\alpha} \quad (12.3)$$

当 $\phi > 0$ 时，则 $1 + \phi(1-\alpha)$ 大于 1，式（12.3）的总量生产函数是规模报酬递增的。两种总投入要素分别增加 1 倍时意味着总产出将原产出的 $2^{1+\phi(1-\alpha)}$ 倍。

因为单个企业将总资本视为既定的，因此最优要素需求条件"边际产品等于实际租金率"中的边际产品应是将 A_t 视为给定时计算的值。对式（12.1）求偏导数得：

$$r_t = \alpha \left(\frac{K_t^d}{A_t L_t^d}\right)^{\alpha-1}, \quad w_t = (1-\alpha) \left(\frac{K_t^d}{A_t L_t^d}\right)^{\alpha} A_t \quad (12.4)$$

将市场出清条件 $K_t^d = K_t$ 和 $L_t^d = L_t$ 以及式（12.2）代入式（12.4）得：

$$r_t = \alpha \left(\frac{K_t^d}{K_t^\phi L_t}\right)^{\alpha-1}, \quad w_t = (1-\alpha) \left(\frac{K_t^d}{K_t^\phi L_t}\right)^{\alpha} K_t^\phi \quad (12.5)$$

从式（12.3）到式（12.5），易证明 $r_t K_t = \alpha Y_t$，$w_t L_t = (1-\alpha) Y_t$。因此，就得出了在企业层面上规模报酬不变（可以假定完全竞争），在总量层面上规模报酬递增，功能性收入分配理论依然具有不变收入份额和无纯利润的性质，资本的份额是 α。

从资本的总使用量到劳动生产率，方程（12.2）对于完整的生产外部性假定的构建是至关重要的。

对理论方面的推动因素来说，关键的短语是"干中学"。尽管有点不同的看法，但是这一思想说明的是单个企业在利用资本的过程中会对生产产生直接影响，就像式（12.1）的单个企业的生产函数所示，除此之外，还会对在利用新资本的过程中获得新知识的劳动者的能力产生直接的正效应。这种效应不仅使增加了自身资本存量的企业的利益增加，而且惠及一般的企业，因为知识是一种公共品，随劳动者的流动无成本的传递。

这解释了为什么额外的能力效应会溢出到一般的企业，进而被称为外部性。下面将给出完整的模型。

$$Y_t = (K_t)^\alpha (A_t L_t)^{1-\alpha} \quad (12.6)$$

$$A_t = K_t^\phi \quad (12.7)$$

$$K_{t+1} = sY_t + (1-\delta) K_t, \quad K_0 \quad (12.8)$$

$$L_{t+1} = (1+n) L_t, \quad L_0 \quad (12.9)$$

式（12.6）是 μ 既定时代表性企业的生产函数，但是加入了要素市场的均衡条件 $K_t^d = K_t$ 和 $L_t^d = L_t$。方程（12.7）解释了由于"干中学"生产外部性的存在，劳动增广型生产率 A_t（如果 $\phi > 0$）潜在地取决于总资本的假定。方程（12.8）和（12.9）分别描述了资本积累和劳动力增长，本质上与基本的索洛模型一致。假定参数满足 $0 < \alpha < 1$，$\phi \geq 1$，$0 < s < 1$，$0 < \delta < 1$，$n > -1$。

有时在类似的模型中假定"干中学"外部性对劳动生产率的影响来源于总量生产函数而不是对资本的利用。这一假定对应的公式是 $A_t = Y_t^\phi$，而不是式（12.7），模型其余的方程是一样的。

二、半内生增长

上面提到，在 $\phi = 0$ 时，以上模型就是基本的索洛模型。因此，假定 $\phi > 0$，那么总量生产函数[即式(12.3)]中的 K_t 和 L_t 的规模报酬递增。但根据式(12.3),当 $\phi<1$ 时,仅考虑资本时,规模报酬是递减的,因为 $\alpha+\phi(1-\alpha)$ 小于1。当 $\phi=1$ 时,仅考虑 K_t 时总量生产函数具有不变收益。仅对于资本而言,是具有递减的还是不变的收益,结果有很大差别。下面首先考虑 $\phi<1$ 的情况。

假定 $\phi<1$,经过技术调整的变量的形式

$\tilde{k}_t \equiv k_t/A_t = K_t/(A_tL_t)$,$\tilde{y}_t \equiv y_t/A_t = Y_t/(A_tL_t)$ 再次分析这个模型。但是 A_t 不再作为一个外生比率增长。相反 A_t 的变化是作为内生的,并且根据式(12.2),其变化取决于总资本的变化。从式(12.6)可得:

$$\tilde{y}_t = \tilde{k}_t^\alpha \tag{12.10}$$

由式(12.7)可知:

$$\frac{A_{t+1}}{A_t} = \left(\frac{K_{t+1}}{K_t}\right)^\phi \tag{12.11}$$

根据 $\tilde{k}_t$ 的定义,可得:

$$\frac{\tilde{k}_{t+1}}{\tilde{k}_t} = \frac{\frac{K_{t+1}}{K_t}}{\frac{A_{t+1}}{A_t}\frac{L_{t+1}}{L_t}} = \frac{\frac{K_{t+1}}{K_t}}{\left(\frac{K_{t+1}}{K_t}\right)^\phi \frac{L_{t+1}}{L_t}} = \frac{1}{1+n}\left(\frac{K_{t+1}}{K_t}\right)^{1-\phi} \tag{12.12}$$

这里用到了式(12.11)和(12.9)。将 $K_{t+1}=sY_t+(1-\delta)K_t$ 代入式(12.12)得:

$$\frac{\tilde{k}_{t+1}}{\tilde{k}_t} = \frac{1}{1+n}\left[\frac{sY_t+(1-\delta)K_t}{K_t}\right]^{1-\phi} = \frac{1}{1+n}\left[\frac{s\tilde{k}_t}{\tilde{k}_t}+(1-\delta)\right]^{1-\phi} = \frac{1}{1+n}[s\tilde{k}_t^{1-\alpha}+(1-\delta)]^{1-\phi}$$

上式用到了式(12.10)。将式(12.12)两边同时乘以 $\tilde{k}_t$,即得到转换方程:

$$\tilde{k}_{t+1} = \frac{1}{1+n}\tilde{k}_t[s\tilde{k}_t^{\alpha-1}+(1-\delta)]^{1-\phi} \tag{12.13}$$

也可以写成以下形式:

$$\tilde{k}_{t+1} = \frac{1}{1+n}[s\tilde{k}_t^{\frac{\alpha+\phi-\alpha\phi}{1-\phi}}+(1-\delta)\tilde{k}_t^{\frac{1}{1-\phi}}]^{1-\phi} \tag{12.14}$$

因为假定 $\phi<1$,所以式(12.14)中的参数都是意义明确的且为正数。如果令 $\phi=0$,则方程(12.13)和方程(12.14)即是基本索洛模型中的转换方程。

转换方程是 $\tilde{k}_t$ 的一维一阶差分方程形式。这里将建立转换方程的一些性质,这些性质暗示着长期中 $\tilde{k}_t$ 收敛于一个特定值 $\tilde{k}^*$。

从方程(12.13)或方程(12.14)可知,转换曲线经过(0,0)点。根据方程(12.14)可知转换曲线是递增的。进而根据方程(12.13)可知转换曲线在 $\tilde{k}_t$ 的值为正的 $\tilde{k}^*$ 处与45°线相交:将 $\tilde{k}_{t+1}=\tilde{k}_t$ 代入方程(12.13),可得:

$$\tilde{k}_t = \tilde{k}^* \equiv \left[\frac{s}{(1+n)^{1/1-\phi}-(1-\delta)}\right]^{\frac{1}{1-\alpha}} \tag{12.15}$$

如果 $(1+n)^{1/1-\phi}>(1-\delta)$,那么可以证明这是唯一的正的交点。$(1+n)^{1/1-\phi}>(1-\delta)$ 这一条件是假定的,可以由 n 为正值推出($n\geq0$)。

最后,收敛于 $\tilde{k}^*$ 的很重要的一点是在 $\tilde{k}^*$ 处,转换曲线在45°线的上方与其相交。如图所示。为了说明这一点,将转换方程(12.13)对 $\tilde{k}_t$ 求导,代入 $\tilde{k}_t=\tilde{k}^*$,求出转换曲线在

$\tilde{k}^*$处的斜率，然后可得这一斜率小于1的条件。以上分析表明，长期中$\tilde{k}_t$收敛于$\tilde{k}^*$。因此$\tilde{y}_t = \tilde{k}_t^\alpha$收敛于：

$$\tilde{y}^* \equiv \left[\frac{s}{(1+n)^{1/1-\phi} - (1-\delta)}\right]^{\frac{\alpha}{1-\alpha}} \tag{12.16}$$

至此已经证明了$\tilde{k}_t$和$\tilde{y}_t$长期分别收敛于$\tilde{k}^*$和$\tilde{y}^*$。这就是稳态。

目前的结论似乎是对一般索洛模型的回忆。辅助变量是以同样的方式定义的，分别为$\tilde{k}_t \equiv k_t/A_t$，$\tilde{y} \equiv y_t/A_t$，这里再次发现这些变量收敛于不变的稳态值。当变量为稳态值时，k_t和y_t一定与A_t相同的比率增长。在索洛模型中，这能够满足确定k_t和y_t的稳态增长率的需要。两者等于外生的A_t的增长率g。这里不再有外生的A_t的增长率，为了确定y_t的稳态增长率，就必须确定稳态时A_t的内生增长率。

考虑方程（12.12），稳态时方程左边$\tilde{k}_{t+1}/\tilde{k}_t$等于1。所以方程的右边也一定等于1：

$$\frac{1}{1+n}\left(\frac{K_{t+1}}{K_t}\right)^{1-\phi} = 1 \Leftrightarrow \frac{K_{t+1}}{K_t} = (1+n)^{\frac{1}{1-\phi}}$$

代入方程（12.11）可得：

$$\frac{A_{t+1}}{A_t} = (1+n)^{\frac{\phi}{1-\phi}} \Leftrightarrow \frac{A_{t+1} - A_t}{A_t} = (1+n)^{\frac{\phi}{1-\phi}} - 1 \equiv g_{se} \tag{12.17}$$

所以稳态时A_t的增长率是$(1+n)^{\frac{\phi}{1-\phi}} - 1$，称这一增长率为$g_{se}$。$g_{se}$是内生决定的，且取决于模型参数。

稳态时，劳均资本k_t和劳均GDP即y_t的增长率必为g_{se}。因此根据方程（12.17），如果劳动力的增长率为0，那么人均GDP的稳态增长率也是0。为了使人均GDP的增长率为正，必有一个正的人口（劳动力）增长率。为了使总量生产函数显示出规模报酬递增，劳动力必须是递增的。术语"半内生增长"指的是只有存在（外生的）人口增长，才有劳均GDP（内生的）增长。

半内生增长的总结：根据非常合理的稳态条件$(1+n)^{1/1-\phi} > (1-\delta)$以及总资本利用的增广型劳动生产率弹性小于1的假设，基于生产外部性的增长模型意味着有效劳均资本k_t/A_t和有效劳均收入y_t/A_t收敛于某一稳态值。因此在长期中劳均资本k_t和劳均收入y_t一定会趋于与A_t相同的比率增长，这表明资本产出比$k_t/y_t = K_t/Y_t$依均衡的增长收敛于一个定值。在稳态时，A_t和y_t共同的增长率g_{se}严格地取决于劳动力的增长率n。当且仅当n严格大于零时，g_{se}严格为正。

稳态时的资本和劳动的投入并不以相同的比率增长。劳动投入的增长率为n，但是由于$k_t \equiv K_t/L_t$的增长率为g_{se}，资本必定以一个近似的比率$n + g_{se}$增长。仅当$n = 0$时这些增长率才相等。

现在看来稳态的增长路径。根据$\tilde{y}_t$的定义，y_t的增长路径一定是$y_t^* = \tilde{y}^* A_t$。A_t的变化服从$A_t = K_t^\phi$，所以$y_t^* = \tilde{y}^* K_t^\phi$。此外，当经济处于稳态时，$K_t$和$L_t$之间存在必然的联系。这是因为被定义为$K_t/(A_t L_t) = K_t^{1-\phi}/L_t$的稳态变量$\tilde{k}_t$处于$\tilde{k}^*$的位置，因此在稳态时：

$$K_t = (\tilde{k}^* L_t)^{\frac{1}{1-\phi}}$$

将K_t代入稳态增长路径$y_t^* = \tilde{y}^* K_t^\phi$，得出劳均产出为：

$$y_t^* = \tilde{y}^* (\tilde{k}^* L_t)^{\frac{\phi}{1-\phi}} = (\tilde{k}^*)^{\alpha + \frac{\phi}{1-\phi}} L_0^{\frac{\phi}{1-\phi}} (1+n)^{\frac{\phi}{1-\phi}}$$

这里用到了 $\tilde{y}_t = \tilde{k}_t^\alpha$ 和 $L_t = (1+n)^t L_0$。代入由式（12.15）得到的 $\tilde{k}^*$ 和由式（12.17）得到的 $(1+n)^{\phi/1-\phi} = 1 + g_{se}$：

$$\tilde{y}_t^* = \left[\frac{s}{(1+n)^{1/1-\phi} - (1-\delta)}\right]^{(\alpha + \frac{\phi}{1+\phi})/(1-\alpha)} L_0^{\frac{\phi}{1-\phi}} (1 + g_{se})^t \quad (12.18)$$

该式给出了劳均产出的稳态增长路径（y_t^*），在式（12.18）两边同时乘以 $1-s$ 可得到相应的劳均消费的稳态增长路径（c_t^*）。

稳态的结构性经济政策必须能够影响这些路径的位置或影响沿着增长路径的增长率（或是影响两者）。关于路径的位置，政策含义与基本的索洛模型中的政策含义多少有些相似。例如，较高的投资率 s 使 y_t 的增长路径上移。值得注意的是，这里暗含着消费的增长路径（c_t^*）可能的最高位置 s，其黄金规则值现在是 $\alpha + \phi(1-\alpha)$，大于在基本索洛模型中的值 α。

新的特征是 y_t 和 c_t 的稳态增长率以内生方式取决于模型参数：都等于 $g_{se} \equiv (1+n)^{\phi/(1-\phi)} - 1$。将 ϕ 视作既定的技术参数，从模型的稳态得出的结论是为了促进人均 GDP 和人均消费的长期增长，应该促进人口增长！这是应该谨慎对待的政策。

三、内生增长

AK 模型

在前面的分析中，$1-\phi$ 出现在很多地方，包括一些分母和当 $\phi = 1$ 时无意义的几个表述。因此，不能在前面所有的方程中简单地令 $\phi = 1$。根据前面的阐述，ϕ 小于或等于 1 是不重要的，因此当 $\phi = 1$ 时，实际要素价格的表述和与之相关联的收入分配理论仍然是相关的。当 $L_t = L$ 且 $\phi = 1$ 时，可以从方程（12.5）中得到：

$$r_t = r \equiv \alpha L^{1-\alpha} \text{和} w_t = (1-\alpha)K_t/L^\alpha \quad (12.19)$$

所以实际利率 $r - \delta$ 是常数，工资率 w_t 和 K_t 成比例变动，从而 $k_t \equiv K_t/L$。

除了以上关于实际要素价格的表达式以外，模型可以凝结为两个方程：

$$Y_t = K_t L^{1-\alpha} \equiv AK_t \quad (12.20)$$

$$K_{t+1} = sY_t + (1-\delta)K_t \quad (12.21)$$

方程（12.20）是根据方程（12.6）和（12.7）得出的或者当 $\phi = 1$ 时直接从方程（12.3）得出的总量生产函数，方程（12.21）是通常的资本积累方程，是方程（12.8）的重复。式（12.9）可以由 $L_t = L$ 代替。在方程（12.20）中用到了定义 $A \equiv L^{1-\alpha}$。

可以明显地看出，上面的模型能带来劳均 GDP 的永久增长。将生产函数方程（12.20）两边同时除以 L，可得劳均形式的产出方程 $y_t = Ak_t$。资本积累方程（12.21）两边同除以 L，代入 $y_t = Ak_t$，得到转换方程：

$$k_{t+1} = (sA + 1 - \delta)k_t \quad (12.22)$$

两边减去 k_t，得到索洛方程：

$$k_{t+1} - k_t = (sA - \delta)k_t \quad (12.23)$$

然后两边同除以 k_t，得到改进的索洛方程：

$$\frac{k_{t+1} - k_t}{k_t} = (sA - \delta) \equiv g_e \quad (12.24)$$

方程（12.24）直接给出了劳均资本 k_t 的内生的不变增长率 g_e，因为 $k_t = K_t/L_t$，因而

这也是资本 K_t 的增长率。另外，因为 y_t 是一个常数乘以 k_t，所以劳均产出的增长率是 g_e，从而劳均消费 $c_t=(1-s)y_t$ 的增长率一定是 g_e。技术变量 A_t 一定以 g_e 的增长率增长，因为 $\phi=1$ 时有 $A_t=K_t$。

因此根据 AK 模型，$g_e=sA-\delta$ 是所有变量共同的增长率（假定 $sA-\delta>0$）。因此在没有外生技术进步和人口增长的假定下，永恒的经济增长在此模型中也是可能的。

索洛模型中的"增长制动"，即资本的规模报酬递减，在总量函数中不再存在。因此增长的源泉是可再生要素—资本的总的规模报酬不变。

模型的主要结论是较高的储蓄（投资）率 s 能够带来劳均 GDP 和劳均消费持久较高的增长率。这与先前得出的结论不同，因为较高的 s 不再仅仅带来较高的长期劳均产出水平和短期中暂时较高的增长，而且导致持续较高的劳均产出增长率。因为 $\phi=1$ 时的模型可以看作是 ϕ 很大但小于 1 时的半内生增长模型的近似，严格来说正确的表述是 s 的增加导致劳均 GDP 经历持续较长时期的短暂增长。政策含义：鼓励储蓄的政策能够推动经济经历持续较长时期的繁荣和增长。

δ 的下降与 s 的上升具有类似的效应，但是 δ 的下降似乎更难通过经济政策来实现。更多的有效总投资能够导致较低的折旧率，而在内生增长模型中，较低的折旧率会使劳均 GDP 以一个较高的增长率持续增长。虽然一种类型的经济系统转换成另一种类型时可能存在转换成本，但是在投资决策中更多地依靠私人利益驱动的国家能够在长期获得更高的繁荣和增长。

注意一般的趋势是索洛模型中带来劳均 GDP 长期水平效应的参数变化在内生增长模型中会对劳均 GDP 的变动率产生长期效应。

AK 模型一个显著的特征是：对所有源自该模型的政策建议产生怀疑。记住 $A\equiv L^{1-\alpha}$，因此不变的人口规模 L 越大，增长率 $g_e=sA-\delta$ 就越大，如果人口以一个固定比率增长，那么增长率会提高而且随着时间的推移甚至会激增。这就是所谓的"规模效应"，该效应是备受争议的。实证研究并不支持规模较大的国家应该具有较高的长期增长率的假设，但需要强调的是这里的模型并不清楚其覆盖的区域究竟有多大。

消除规模效应是可能的。假定生产的外部性是由劳均资本而不是资本本身引起的，则模型中的方程（7）应被下式替代：

$$A_t=\left(\frac{K_t}{L_t}\right)^\phi$$

可以很容易证明 $\phi=1$ 时总量生产函数变为 $Y_t=K_t$，即是 $A=1$，独立于 L。因此模型的内生增长率为 $g_e=s-\delta$，并且规模效应被消除了。然而，总量生产函数（非单个企业的生产函数）现在对劳动投入完全无弹性。企业层面上较高的劳动投入 L_t 对生产的正效应恰好被总量水平上（$\phi=1$ 时）较低的 K_t/L_t 的负外部效应抵消。

要么内生增长模型不存在引人注意的规模效应，那么模型假定劳动投入在总量水平上不具有生产性。解决此问题没有任何其他的方法。

【扩展阅读 12.1】

一个想法导致下一个想法

1970 年诺贝尔经济学奖获得者保罗·萨缪尔森（Paul Samuelson）在其经典性著作《经济分析基础》一书中写道："大多数物理的大学毕业生都比伊萨克·牛顿（Isaac Newton）知道得更多：正因为牛顿自己所说的，科学家比前人看得更远，因为他站在原来的巨人的肩上。"萨缪尔森的名言源于："如果我看

得更远，那是因为我站在巨人的肩上。"［牛顿致胡克（Hook）的信，1676年2月5日］

第二节 外生与内生增长

较大的正的生产外部性的存在，$0<\phi<1$，引出半内生增长模型。这个模型长期中收敛于稳态，因此具有"收敛性质"：经济越低于稳态水平，增长越快。此外，稳态时经济增长可由劳动力增长来解释，并且人口增长率越大，劳均GDP的增长率就越高。

大的生产外部性，$\phi=1$，引出（真正的）内生增长模型。这个模型没有稳态，从而不会收敛于1（更为准确的解释是非常缓慢的收敛于1）。所以模型没有收敛性质。没有人口增长，人均GDP的增长也会发生，但是模型存在规模效应：较大的劳动力规模能够带来较高的经济增长率，人口以固定比率增长意味着经济增长率会激增。

半内生增长模型和内生增长模型都给出了经济增长的解释：劳均GDP增长率取决于基本的结构性模型参数。

以前研究过外生增长模型，所有这些模型都收敛于稳态，都具有收敛性质。长期中劳均GDP增长率要么独立于人口增长率，要么受人口增长率的负向影响。在这些模型中，劳均GDP的持久增长是外生技术进步的反映，所以模型实际上并没有真正解释长期经济增长问题。

本章中内生增长的基本机制是生产的外部性。技术进步作为经济活动中无意间获得的副产品出现在模型中。没有企业特意参与技术进步。

大家都认同能够对长期经济增长进行解释是很好的事情，并且内生增长模型比外生增长模型给出了更多的解释，这是赞成内生增长模型的观点。然而，目前的内生增长模型并不具有说服力，所以在理解增长问题时还需要借助外生增长模型，虽然其局限性是没有解释技术进步。

严格地说，（真正的）内生增长模型仅仅是零可能性的，刀锋的情形（$\phi=1$）是令人厌恶的。内生增长模型由于这一问题而遭到批评。然而，正如已经证明过的，该模型应该恰当地被解释为一种较为宽泛的情况（ϕ稍稍小于1）的近似，这样就不是零可能性了。因此据此，这一批评是无效的。真正的问题是相关参数（ϕ）现实中是否能被假定成接近一个极限值（这里是1），以使内生增长模型可以被看作是一种很好的近似。这又是实证问题。

如果说内生增长模型的刀锋性质不代表模型的严重缺陷，那规模效应确实是一个严重的缺陷。不断增加的人口意味着人均GDP增长率不断提高的特征完全不现实。规模效应的存在定（真正的）内生增长模型的唯一最重要的理由。

根据半内生增长模型，人均GDP的长期增长率与（不变的）人口增长率之间存在正向关系。人口增长与经济增长的实证关系似乎主要支持外生增长模型，当包含自然资源时，外生增长模型预测二者之间是一种负相关关系。

在世界模型中，国家之间的收敛于模型中（以恰当的形式）收敛于稳态一样，会自然地出现。（从下面）临近稳态时，增长会变得越来越慢。具有相似特征的两个不同国家会收敛于相同的稳态，所以开始的人均GDP最低的国家将会增长得最快。从而经验上观察到的国家间的收敛可以被外生或半内生增长模型更加自然地加以解释。

AK 形式的内生模型不会收敛于稳态,也显示不出初始位置对后来的经济增长是重要的趋势。这样观察到的收敛就与模型矛盾,看起来似乎否定了内生增长模型。然而必须补充的是,经过非常自然的修正后,内生增长模型可以顾及收敛问题,比如将国家间渐进的技术传播引入模型框架中。

支持(真正的)内生增长模型的唯一的最有力的实证证据是:投资率和增长率之间具有非常明确的正向实证关系。内生增长模型预测,较高的储蓄率或投资率,带来较高的增长率,高投资率与高增长率的确是同时变动的。

在外生或半内生增长模型中,较高的储蓄率长期中并不能带来较高的增长率,但是由于暂时增长的存在,它能在中期起到这种作用。投资率和增长率的这种正向关系是短暂增长的结果,因此并不必然与外生或半内生增长模型相矛盾。

然而,在外生增长模型中较高的储蓄率和投资率 s 并不能带来技术变量 A_t 的高增长,确切地说是因为技术增长率是外生的。在内生增长模型中,较高的 s 会带来 A_t 的高增长,因为 A_t 的增长率为 $sA - \delta$,在半内生增长模型中较高的 s 会带来 A_t 暂时较高的增长。

第三节 基于探究与开发的内生增长模型

一、技术进步

在前述的所有模型中,劳均 GDP 增长的最终源泉都是技术进步。到目前为止,技术进步要么没有得到解释,要么是在无意中发生的。在本节将技术进步视为一个需要生产性投入的生产过程的内生和刻意的结果代入模型。

有两类产出:"新技术"和可以被用于消费或物质资本投资的最终产品。这里将描述每种产出的生产过程。

根据常见的柯布—道格拉斯生产函数,代表性企业的最终产出 Y_t 为:

$$Y_t = K_t^\alpha (A_t L_{Yt})^{1-\alpha}, \quad 0 < \alpha < 1 \tag{12.25}$$

这里劳动投入由 L_{Yt} 表示,而不是 L_t,这是因为研发部门也需要一部分劳动投入 L_{At},这必须加以区分。另一种投入是资本服务,假定其数量与资本存量 K_t 成比例。当然还有技术变量 A_t。

这里将在更大程度上把 A_t 视为与 K_t、L_{Yt} 一致的一种投入。变量 A_t 是到 t 时期为止所有创造性知识存量的总的生产效应。A_t、K_t 和 L_{Yt} 之间存在重要的区别:第一,代表性企业无法根据其意愿调整技术投入。从单个企业来看,社会的知识或技术存量 A_t 是给定的。第二,由于一般的技术水平是非竞争性的,因此每个企业都可以使用固定的技术量 A_t。

生产函数对于两种竞争性投入 K_t 和 L_{Yt} 而言,具有不变的规模报酬,正如方程(12.25)中假定的。同种活动进行两次使得产出加倍,意味着两倍的资本和劳动投入以及两次使用相同的技术投入。结果方程(12.25)代表的生产函数对三种投入 A_t、K_t 和 L_{Yt} 都具有递增的规模报酬。

R&D 部门也有一个代表性企业。这里要区别其两种作用。一方面由于这是唯一的企业，因此它生产 t 时期全部的新技术产出 $A_{t+1} - A_t$。另一方面，该企业实际上被视为许多小企业中的一个，因此它对 R&D 部门的总量，也就是总的劳动投入量 L_{At} 和 t 时期 R&D 部门的总产出 $A_{t+1} - A_t$ 的影响极小。所以 R&D 部门的代表性企业在任一时刻都将技术存量视为给定。

单个企业的生产函数是：

$$a_t = \bar{\rho} A_t^\phi L_{At}^d, \quad \bar{\rho} > 0 \tag{12.26}$$

其中 a_t 是单个企业生产的创造性知识的数量，L_{At}^d 是单个企业 t 时期的劳动需求。均衡时，a_t 和 L_{At}^d 分别等于总的知识产量 $A_{t+1} - A_t$ 和总的劳动投入 L_{At}。

这里假定 R&D 部门不需要资本的投入。因此，只需考虑劳动投入时，生产函数是规模报酬不变的。

现有的知识存量 A_t 是 R&D 企业的投入，其产出弹性为 ϕ，R&D 部门的每个企业都将 A_t 视为既定的。现有的技术可以促进新技术的生产，这种效应被称为"巨人肩膀效应"。这种效应表明 ϕ 是正的，可能等于 1。另外，或许现有的知识存量 A_t 积累得越多，获取新知识就越困难，这被称为"钓鱼效应"。这种效应基于以下这种观点：有一个给定的关于潜在知识的大（可能是无穷的）池子，最简单的知识首先被发现，所以已获得的知识越多，发现新知识就越困难。这种效应表明 ϕ 为负值。现在不对 ϕ 的大小和符号强加限制，但一般视其为正值。

在总量水平上，假定 R&D 部门劳动的总投入 L_{At} 存在负外部性：

$$\bar{\rho} = \rho L_{At}^{\lambda-1}, \quad \rho > 0, \quad 0 < \lambda \leq 1 \tag{12.27}$$

如果 $\lambda < 1$，那么 R&D 部门的总活动水平到单个企业的生产力存在负的溢出效应，而如果 $\lambda = 1$，则不存在这种效应。使得这一效应存在的原因是"重复研究效应"：R&D 部门存在的研究越多，出现重复研究的可能性就越大。而创造相同的知识在知识存量 A_t 中只算为一个。

均衡时一定有 $a_t = A_{t+1} - A_t$ 和 $L_{At}^d = L_{At}$，所以方程由（12.26）和方程（12.27），新技术的总生产函数为：

$$A_{t+1} - A_t = \rho A_t^\phi L_{At}^\lambda \tag{12.28}$$

如果不存在负的"重复研究效应"，$\lambda = 1$，那么在整个 R&D 部门的水平上，创造知识的数量和部门的劳动投入成正比例。如果综合考虑"巨人肩膀效应"和"钓鱼效应"，使得 $\phi = 1$，那么方程（12.28）给出的技术增长率为：$(A_{t+1} - A_t)/A_t = \rho L_{At}^\lambda$。

完整的模型由以下六个方程组成：

$$Y_t = K_t^\alpha (A_t L_{Yt})^{1-\alpha} \tag{12.29}$$

$$A_{t+1} - A_t = \rho A_t^\phi L_{At}^\lambda, \quad A_0 \tag{12.30}$$

$$K_{t+1} = sY_t + (1-\delta)K_t, \quad K_0 \tag{12.31}$$

$$L_{t+1} = (1+n)L_t, \quad L_0 \tag{12.32}$$

$$L_{Yt} + L_{At} = L_t \tag{12.33}$$

$$L_{At} = s_R L_t \tag{12.34}$$

$0 < s < 1$，$0 < \delta < 1$，$n > -1$，$0 < s_R < 1$。方程（12.34）假定在所有时期中，全部劳动中的 s_R 部分被应用到 R&D 部门，s_R 是一个固定的外生比率。参数 s_R 被称为 R&D 份额，

应被看作是与 s、n 一致的行为参数，而 α、ρ、ϕ、λ、δ 是技术参数。

以上模型的状态变量是 K_t、L_t 和 A_t，给定 K_0、L_0 和 A_0，模型将确定所有内生变量的全部动态演变。

可以通过在式（12.30）两边同时除以 A_t 来计算任一时期的技术增长率，然后利用方程（12.34），在右边代入 $L_{At} = s_R L_t$，可得：

$$g_t \equiv \frac{A_{t+1} - A_t}{A_t} = \rho A_t^{\phi-1} L_{At}^{\lambda} = \rho A_t^{\phi-1} (s_R L_t)^{\lambda} \tag{12.35}$$

这说明 g_t 在任何时期都是严格为正的。只要一些劳动投入被应用到研发部门，知识就一直都有正的增长。分别写出 $t+1$ 时期和 t 时期的方程（12.35），将第一方程除以第二方程，就得到（s_R 是常数）：

$$\frac{g_{t+1}}{g_t} = \left(\frac{A_{t+1}}{A_t}\right)^{\phi-1} \left(\frac{L_{t+1}}{L_t}\right)^{\lambda}$$

这里 A_{t+1}/A_t 是 A_t 的增长因子，等于增长率加 1：$\frac{A_{t+1}}{A_t} = \frac{(A_{t+1} - A_t)}{A_t} + 1 = g_t + 1$。如果代入 $A_{t+1}/A_t = g_t + 1$，$L_{t+1}/L_t = 1 + n$，则可得：

$$\frac{g_{t+1}}{g_t} = (1 + g_t)^{\phi-1} (1 + n)^{\lambda}$$

也可以写作：

$$g_{t+1} = (1 + n)^{\lambda} g_t (1 + g_t)^{\phi-1} \tag{12.36}$$

这是 g_t 的一阶差分方程或转换方程。它可由涉及研发部门的三个方程（12.30）、（12.32）和（12.34）推导出来。模型的第一个结论是技术增长率 g_t 有其自身的动态演变过程：从任何既定的初始值出发，它独立于其他内生变量而变化，仅取决于参数 ϕ、λ 和 n（只要 s_R 实常数）。

现在定义一般的辅助变量，$\tilde{k}_t \equiv K_t/(A_t L_t) = k_t/A_t$，$\tilde{y}_t \equiv Y_t/(A_t L_t) = y_t/A_t$。利用方程（12.29）、（12.33）和（12.34），可以将生产函数写作 $Y_t = K_t^{\alpha} (A_t (1 - s_R) L_t)^{1-\alpha}$。两边同时除以 $A_t L_t$，得到 $\tilde{y}_t = \tilde{k}_t^{\alpha} (1 - s_R)^{1-\alpha}$。将资本积累方程（12.31）两边同除以 $A_{t+1} L_{t+1}$，得到：

$$\tilde{k}_{t+1} = \frac{1}{(1+n)(1+g_t)} [s \tilde{k}_t^{\alpha} (1 - s_R)^{1-\alpha} + (1 - \delta) \tilde{k}_t] \tag{12.37}$$

方程（12.37）并不是 $\tilde{k}_t$ 的变动规律，因为方程右边有一个内生变量 g_t。然而由方程（12.36）和（12.37）构成的体系是 g_t 和 $\tilde{k}_t$ 的变动规律。这两个差分方程仅在一个方向上连接在一起：根据方程（12.37）计算 $\tilde{k}_{t+1}$，必须同时知道 g_t 和 $\tilde{k}_t$，但是根据方程（12.36）计算 g_{t+1}，只需知道 g_t。

现在假定研发部门的劳动投入不变，集中讨论独立的技术动态变化。假定 L_{At} 是一个常数，$L_A > 0$。这种情况下，可以从方程（12.35）中得到如下的技术增长率：

$$g_t = \rho A_t^{\phi-1} L_A^{\lambda} \tag{12.38}$$

如果 $\phi = 1$，技术增长率 g_t 将是一个正的常数，在所有时期都等于 $\rho L \lambda_A$。这暗示着 A_t 会永远增长，并且在长期中趋于无穷大。

如果 $0 < \phi < 1$，知识存量 A_t 在所有时期都将会不断增长并趋于无穷大：在 t 时期，技术的绝对变化直接由方程（12.30）给出，$A_{t+1} - A_t = \rho A_t^{\phi} L_{At}^{\lambda}$，它是正值，并随着 A_t 越来越

大，技术增量 $A_{t+1} - A_t$ 也会越来越大，这暗示着 A_t 最终将趋于无穷大。然而，这次技术增长率会随着时间而降低，最终为 0。这可以很容易的从方程（12.38）中看出：随着 A_t 趋于无穷大，$A_t^{\phi-1}$ 将趋于 0（$\phi < 1$）。知识存量一直在增加，但是当 $\phi < 1$ 时，增量 $A_{t+1} - A_t$ 无法与存量 A_t 保持同步，因为在新知识的创造中，现有的知识存量不具有足够的生产力。因此知识增长率 $(A_{t+1} - A_t)/A_t$ 下降了。

研发部门中固定的劳动投入是带来不变的正技术增长率（$\phi = 1$），还是只能带来知识存量的永恒增长[技术增长率却趋于 $0(0 < \phi < 1)$]，这会造成很大的不同。

二、半内生增长

这里考虑 $0 < \phi < 1$ 时的情况，劳动力增长率 $n > 0$。

重述已经得到的稳态：

$$g_{t+1} = (1+n)^\lambda g_t (1+g_t)^{\phi-1} \tag{12.39}$$

$$\tilde{k}_{t+1} = \frac{1}{(1+n)(1+g_t)} [s \tilde{k}_t^\alpha (1-s_R)^{1-\alpha} + (1-\delta) \tilde{k}_t] \tag{12.40}$$

首先考虑关于 g_t 的独立的动态方程（12.36）。易见，由该方程定义的转换曲线的性质。第一，它经过（0，0）点。第二，对于任意的 g_t，它的斜率 $(1+n)^\lambda (1+g_t)^{\phi-2} \times (1+\phi g_t)$ 是严格为正的。第三，因为假定 $n > 0$，所以它与 45°线有唯一的正交点：令方程（12.36）中的 $g_{t+1} = g_t$，得到 $(1+g_t)^{1-\phi} = (1+n)^\lambda$，或者

$$g_t = (1+n)^{\frac{\lambda}{1-\phi}} - 1 \equiv g_{se} \tag{12.41}$$

其中 $g_{se} > 0$，因为 $n > 0$。第四，转换曲线的斜率在 $g_t = 0$ 处为 $(1+n)^\lambda$，是严格大于 1 的，因为 $n > 0$。

这四个特征意味着随着 t 趋于无穷大，g_t 收敛于 g_{se}。$\phi < 1$ 且 $n > 0$ 时，模型的一个主要结论是，长期中知识增长率单调收敛于特定值 $g_{se} > 0$。

然后考虑另一个动态方程（12.37）。如之前提到的，因为方程右边 g_t 的存在，这并不是 $\tilde{k}_t$ 真正的转换方程。然而，现在知道长期中只是增长率单调收敛于特定值 g_{se}。因此，可以写出一个新的动态方程，令方程（12.37）中的 g_t 恒等于 g_{se}。如果根据这一新的方程，$\tilde{k}_t$ 在长期中收敛于一个特定值 $\tilde{k}^*$，那么这也是由方程（12.36）和（12.37）构成的正确的动态系统所暗示的值。$\tilde{k}_t$ 收敛于一个定值 $\tilde{k}^*$（条件是 $n + g_{se} + \delta + ng_{se} > 0$，这里条件是满足的，因为假定 $n > 0$）。

将 $g_{t+1} = g_t$ 代入方程（12.37），解出这一固定值 $\tilde{k}_{t+1} = \tilde{k}_t = \tilde{k}^*$，得：

$$\tilde{k}^* = \left(\frac{s}{n + g_{se} + \delta + ng_{se}} \right)^{\frac{1}{1-\alpha}} (1-s_R) \tag{12.42}$$

可以根据 $\tilde{y}^* = (\tilde{k}^*)^\alpha (1-s_R)^{1-\alpha}$，计算 $\tilde{y}^*$：

$$\tilde{y}^* = \left(\frac{s}{n + g_{se} + \delta + ng_{se}} \right)^{\frac{\alpha}{1-\alpha}} (1-s_R) \tag{12.43}$$

这些表达式的右边的 $(1-s_R)$，反映出现在只有这一部分劳动投入到最终产品部门。

前面已经说明在长期中 g_t 收敛于 g_{se}，$\tilde{k}_t$ 和 $\tilde{y}_t$ 分别收敛于 $\tilde{k}^*$ 和 $\tilde{y}^*$。这种状态定义了稳态，在这种状态下，变量的长期值是常数。

改写动态方程（12.40），改写后方程左边是 $\tilde{k}_t$ 的增长率：

$$\frac{\tilde{k}_{t+1} - \tilde{k}_t}{\tilde{k}_t} = \frac{1}{(1+n)(1+g_t)}\left[s\tilde{k}_t^{1-\alpha}(1-s_R)^{1-\alpha} - (n+g_t+\delta+ng_t)\right] \quad (12.44)$$

对于任意的定值 g_t，这类似于修正后的索洛方程。对于 t 时期给定的 g_t 值，$\tilde{k}_t$ 的增长率与递减曲线 $s\tilde{k}_t^{1-\alpha}(1-s_R)^{1-\alpha}$ 和直线 $n+g_t+\delta+ng_t$ 之间的距离成比例地变动。$\tilde{k}_t$ 将向曲线和直线的交点移动。然而，这里的交点是"移动的目标"，因为 g_t 变化时直线移动。在长期中 g_t 的移动会越来越小，因为最终收敛于 g_{se}。所以直线慢慢地停在与 g_{se} 相一致的位置。

总之，引发 g_t 发生调整过程的参数，也就是以某种方式影响研发部门的变化，意味着与不影响研发部门的参数变化相比，收敛于新稳态的速度更慢。

在稳态，当 $\tilde{k}_t \equiv k_t/A_t$ 和 $\tilde{y}_t \equiv y_t/A_t$ 达到其长期中不变的稳态值时，k_t 和 y_t 一定与 A_t 相同的速度增长。稳态时这一比率是 g_{se}。因此，在长期中，技术 A_t、劳均资本 k_t 和劳均产出 y_t，收敛于不变的增长率 g_{se}。

这与均衡增长的要求一致。尤其是，稳态时资本产出比 $z_t \equiv K_t/Y_t = \tilde{k}^*/\tilde{y}^*$ 也是不变的，且由下式给出：

$$z^* = \frac{s}{n+g_{se}+\delta+ng_{se}} \quad (12.45)$$

稳态时技术增长率和经济增长率都是 $g_{se} = (1+n)^{\lambda/(1-\phi)} - 1$。只要 $n > 0$，之一比率就是正的。由于这一特征，$\phi < 1$ 时的增长模型被称为半内生增长。

经济增长要求人口增长的直观感觉：当 $\phi < 1$ 时，研发部门不变的劳动投入意味着技术增长率 g_t 在长期中会趋于零。为了使 A_t 保持一个不变的正增长率，要求研发部门的劳动投入不断增加，由于全部劳动的不变部分 s_R 被应用于研发部门，因此这一点只能通过劳动力一直增长才能实现。

对于有效劳均产出 $\tilde{y}_t$ 来说，这里对劳均产出 y_t 更感兴趣。根据 $y_t = \tilde{y}_t A_t$，稳态时劳均产出一定按照 $y_t^* = \tilde{y}_t^* A_t$ 变化。此外，稳态时 A_t 和 L_t 之间存在一种必然的联系。注意方程（12.35）将增长率 g_t 描述为 A_t 和 L_t 的函数。稳态时 $g_t = g_{se}$。在这种情况下，方程（35）可写作：$\rho A_t^{\phi-1}(s_R L_t)^\lambda = g_{se}$，因此稳态时：

$$A_t = \left[\frac{\rho(s_R L_t)^\lambda}{g_{se}}\right]^{\frac{1}{1-\phi}} \quad (12.46)$$

根据方程（12.43）、（12.46）和 $y_t^* = \tilde{y}^*/A_t$，稳态时劳均产出将根据下式发生变化：

$$y_t^* = \left(\frac{s}{n+g_{se}+\delta+ng_{se}}\right)^{\frac{\alpha}{1-\alpha}}(1-s_R)s_R^{\frac{\lambda}{1-\phi}}\left(\frac{\rho}{g_{se}}\right)^{\frac{1}{1-\phi}}L_t^{\frac{\lambda}{1-\phi}} \quad (12.47)$$

这里可以代入：

$$L_t^{\frac{\lambda}{1-\phi}} = [L_0(1+n)^t]^{\frac{\lambda}{1-\phi}} = L_0^{\frac{\lambda}{1-\phi}}(1+n)^{\frac{\lambda}{1-\phi}t} = L_0^{\frac{\lambda}{1-\phi}}(1+g_{se})^t \quad (12.48)$$

这样稳态劳均产出可以追溯到初始值和参数值（一些值隐含在 g_{se} 中）。稳态时劳均消费的增长路径为 $c_t^* = (1-s)y_t^*$。

【扩展阅读 12.2】

基于研发的半内生增长和结构性政策

假定劳动增长率严格为正，以及现存知识在新知识生产中的弹性也为正但小于1，基于R&D的增长模型意味着，技术增长率收敛于一个特定的稳态值 g_{se}，劳均资本、劳均收入很热劳均消费在稳态增长路径收敛，沿该路径的增长率为 g_{se}，因此资本产出比收敛于一个与均衡增长一致的固定值。当且仅当人口（劳动力）增长率为正时。增长率 g_{se} 严格为正。

通过制定高投资率、地人口增长率和高研发份额的政策，长期均衡增长路径的水平取决于结构性参数。沿均衡增长路径的增长率取决于参数，在某种程度上暗示了一项提高人口增长的政策也会提升经济增长。考虑到人口增长与经济增长之间的正想联系在实证上看起来并不那么合理可信，不仅能够避免对增长路径水平的负向影响而且还会逐渐提高这一水平的一项谨慎的政策选择是保证研发份额逐渐增加。如果基于实证理由，人们难以接受长期经济增长的源泉是劳动力增长，那么人们不应该必然得出 $\phi < 1$ 时的模型是错误的结论，而只能得出其稳态似乎很难描述的论断。如果这里的模型中收敛十分缓慢，那么实证数据或许与模型相符。降低人口增长率 n，将提高由方程（12.47）和（12.48）给出的稳态增长路径，但是会降低沿着稳态增长路径的增长率。第一种效应带来短暂的额外增长，而第二种效应应带来较低的长期增长率。如果接近新的稳态增长路径需要花费较长的时间，那么第一种效应将在较长的时间内占主导地位。

三、内生增长

作为对较大但小于1的 ϕ 值的一个近似，这里考虑 $\phi = 1$。为得到性能良好的模型假定 $n = 0$。用 L 表示不变的劳动力。

很容易分析对由方程（12.29）~（12.34）构成的基本模型施加这些参数约束而得出的模型。实际上，之前已经或多或少地分析过，因为这个模型几乎与一般的索洛模型完全相同，人口增长率为0，技术增长率是一个特定的内生值。

方程（12.32）描述了劳动力的变化，现在由 $L_t = L$ 代替，对所有时期都如此。进而根据方程（12.33）和（12.34），得到对于所有的 t，$L_{Yt} = (1 - s_R)L$ 和 $L_{At} = s_R L$。如果将后一个等式代入方程（12.30），可得：

$$A_{t+1} - A_t = \rho A_t (s_R L)^\lambda \tag{12.49}$$

或者等价地：

$$g_t \equiv \frac{A_{t+1} - A_t}{A_t} = \rho (s_R L)^\lambda \equiv g_e \tag{12.50}$$

如前所述，当 $\phi = 1$ 时，研发部门固定的劳动投入 $s_R L$ 带来固定的技术增长率，这一增长率现在由 g_e 表示，(e 代表内生)。因此在所有时期 t，$A_{t+1} = (1 + g_e)A_t$。将 $L_{Yt} = (1 - s_R)L$ 代入最终产品的生产函数方程（12.29），重复资本积累方程（12.31），完整模型减少到三个方程

$$Y_t = K_t^\alpha [A_t(1 - s_R)L]^{1-\alpha}$$
$$K_{t+1} = sY_t + (1 - \delta)K_t$$
$$A_{t+1} = (1 + g_e)A_t$$

$\tilde{y}_t$ 收敛于：

$$\tilde{y}^* = \left(\frac{s}{g_e + \delta}\right)^{\frac{\alpha}{1-\alpha}} (1 - s_R)$$

从而在长期，y_t 将朝着增长路径收敛：

$$y_t^* = \left(\frac{s}{g_e + \delta}\right)^{\frac{\alpha}{1-\alpha}} (1 - s_R) A_0 (1 + g_e)^t \tag{12.51}$$

所以劳均消费将收敛于 $c_t^* = (1-s) y_t^*$。

这里的模型有一些明显的优点。第一，它是一个"真正的"内生增长模型。不用假设外生的技术增长，可得一个不变的正的技术增长率 g_e，并且在长期中劳均 GDP 增长率收敛于 g_e。第二，有一个显示增长率怎样取决于模型行为参数的表达式。第三，正如可以从方程（12.50）给出的表达式中可以看到的，人口增长并不是经济增长的先决条件。

结构性政策主要的潜在含义是为了获得劳均产出和劳均消费的高增长率，政府应该试图获得高水平的 R&D 份额 s_R 比如说，可以通过对研发活动进行补贴或承担研发活动来实现。

方程（12.50）给出的增长率 g_e 并不取决于投资率 s。然而这一特征是人为的结果，源于研发份额外生的假定。在建立于适当的微观基础上的模型中，s_R 是内生的，这一份额正向地取决于投资率 s。传导机制基本上是较高的储蓄率将创造更多的资本，从而带来较低的实际利率。这反过来又意味着基于新知识的专利的资本价值和所引起的未来的收入流增加，这样就使得私人研发部门更有利可图。因此，根据对模型的正确解释，促进储蓄和投资的政策能够促进增长。

模型的另一个优点是没有收敛。尽管技术增长率是常数，但是随着 y_t 逐渐接近方程（12.51）给出的长期增长路径，劳均产出的增长率随着时间的推移而不断变化。特别地，方程（12.51）中的所有参数都给定时，较低的初始劳均 GDP 即 y_0，意味着较高的劳均 GDP 增长率。因此可以认为该模型与现实世界中观察到的国家之间的条件收敛相一致。

复习思考题：

1. 什么是内生增长和半内生增长？
2. 对于内生增长模型，其资本边际产出不变，为什么不能像传统微观经济学推理所暗示的那样，产生单独一家大厂商统治该经济的局面？
3. 内生增长理论能解释增长率的国际差异吗？如果能，如何解释？如果不能，它有助于解释什么？
4. 假定一个社会能对实物资本与人力资本这两类资本进行投资。那么，对投资分配的选择如何影响长期增长潜力？
5. 内生增长模型的哪些要素有助于我们解释那些被称为"亚洲四小龙"的国家与地区的惊人增长？
6. 在发达工业化国家和欠发达工业化国家中，人均产出增长率具有无限增长的潜力吗？请加以解释。
7. 思考并试图推导半内生增长模型和内生增长模型。
8. 思考并试图推导基于探究与开发的内生增长模型。

第五部分　开放经济

第十三章 开放经济条件下的宏观经济均衡

本章要点：

1. 各个经济通过商品交易并通过金融市场形成国际间的联系。汇率是以美元表示的外国通货的价格。高汇率（弱美元）降低进口而增加出口，刺激总需求。

2. 在固定汇率制下，中央银行以固定汇率买卖外国通货。在浮动汇率制下，市场确定以一种通货表示另一种通货的价值。

3. 如果一国在国际收支出现赤字时愿意维持固定汇率制，中央银行就必须用其外汇储备和黄金，或者从国外借入的外汇储备，买回本国通货。如果国际收支赤字长期维持并使该国用完外汇储备，它就必须让本币贬值。

4. 在特长时期中，汇率会调整直到各国之间商品的实际成本相等为止。

5. 在资本完全流动与固定汇率制下，财政政策作用大。在资本完全流动与浮动汇率制下，货币政策作用大。

当 21 世纪开始时，各国经济联系变得日益密切，因而全球化概念（即我们正趋向于单一的全球经济）也越来越被接受。国外经济已经强有力地影响美国经济。而美国经济政策则更加显著地影响外国经济。

美国经济是增长还是走向衰退，对墨西哥，甚至对日本都有重大影响。其他工业国家是转向财政刺激还是财政紧缩，对美国经济也有重大影响。美国采取紧缩性货币政策，提高本国利率，不但影响世界范围内的利率，而且改变美元对其他通货的价值，从而影响美国的竞争力，以及世界贸易和 GDP。

在本章中，我们介绍开放经济（相互进行贸易的各个经济）之间的关键性联系，以及介绍一些基本的分析。

任何经济通过两种主要渠道与其余的世界进行联系：（商品与服务的）贸易与金融。贸易联系指的是一国的部分产品出口到外国，而国内消费或投资的一些商品在国外生产后输入进来。在 2005 年，美国出口的商品与服务额占 GDP 的 10.5%，而进口额相当于 GDP 的 16.2%。与其他国家相比较，美国从事的国际贸易相对较小——是一个相对封闭的经济。荷兰是另一极端——非常开放的经济——它的进出口额分别达到了 GDP 的 60%。

对美国而言，贸易联系仍然是重要的。用于进口的支出脱离了收入的循环流动，其意义是美国居民的部分收入没有支出于本国生产的商品；与此相反，出口表现为增加本国产品的需求。因此，收入决定的 IS – LM 基本模型必须修改以便包括国际效应在内。

再者，美国商品价格与其竞争者的价格相比较会直接影响需求、产出与就业。相对于美国厂商出售的价格,竞争者出售的美元价格下降,需求从美国商品转移至国外生产的商品。进口增加,出口下降。这正是 1980~1985 年间在美国发生的事情,当美元的价值相对于外国通货的币值增加到创纪录的水平时,进口商品变得价格低廉。而外国人发现美国商品非常昂贵。反之,当美元币值比其他通货的币值下降时,美国制造的商品变得相对便宜,国内外的需求便转向美国商品,出口增加,而进口下降。

在金融领域中,也有密切的国际联系。2004 年 4 月外汇市场的日平均交易量是 1.9 万亿美元,这大约是年度 GDP 的 16%。美国居民不论是家庭、银行还是公司,均可持有像国库券与公司债券之类的美国资产,他们也可持有像加拿大或德国等外国资产。绝大多数美国家庭持有的几乎全部是美国资产。但对银行与大公司而言,肯定不是这样。资产组合经理在世界各处选购收益最诱人的资产,他们考虑多种情况后,可能清楚地认定德国政府债券、日本政府发行的日元债券,或者巴西政府债券都被认为会比美国债券提供更好的收益。

由于国际性投资者在世界各处转换其资产,他们将国内资产市场联系在一起,从而影响收入、汇率以及货币政策影响利率的能力。本章显示如何将 IS-LM 分析作必要的修改,以便把国际贸易与国际金融考虑在内。首要的步骤是讨论汇率与国际收支。

第一节 国际收支平衡表

国际收支(balance of payment)是一国居民与世界其他地方进行交易的记录。国际收支有两个主要账户:经常账户与资本账户,表 13-1 显示了美国新近的数据。

表 13-1　　　　　　　　美国国际收支平衡表　　　　　　　　单位:10 亿美元

年份	2000	2001	2002	2003	2004	2005
经常账户余额	-415.2	-389.0	-472.4	-527.5	-665.3	-791.5
商品和服务余额	-377.6	-362.8	-421.1	-494.9	-611.3	-716.7
资本账户余额	415.2	389.0	472.4	527.5	665.3	791.5
美国官方储备资产,净值	-0.3	-4.9	-3.7	1.5	2.8	14.1
私人资本净流量	415.4	393.9	476.1	526.0	662.5	777.4
国际收支赤字	-0.3	-4.9	-3.7	1.5	2.8	14.1

* 美国官方储备资产净值为负表示官方储备减少。
** 包括统计误差。
资料来源:Bureau of Economic Analysis.

国际收支核算的简单原则是在任何交易中,一国居民付出款项就是增加国际收支中的亏损项目。因此,就美国而言,进口汽车,赠送礼物给外国人,购买西班牙的土地或者在瑞士银行存款——都是亏损项目。与此相反,盈余项目的例子是美国向国外出售飞机,外国人使用美国技术,支付给美国的许可证费用,美国居民收到国外支付的退休金以及外国购买美国资产等。

经常账户记录商品与服务贸易以及转移支付。服务包括运输、专利支付与利息支付。

服务还包括净投资收入（net investment income），即本国在国外资产所得到的利息与利润减去外国人在美国拥有的资产所得到的收入。转移支付包括汇款、礼物与赠款。贸易余额（trade balance）只记录商品贸易。贸易余额加上服务贸易和净转移，就得到经常账户余额。

如果出口超过进口加上对外国人的净转移支付，即如果从商品与服务贸易以及转移支付中所得收入，超过为这些项目进行的支出，则经常项目出现盈余。

资本账户记录了资产的买卖，诸如股票、债券与土地等资产的买卖。当美国从出售股票、债券、土地、银行存款以及其他资产中所得到的收入，超过美国为自己购买外国资产进行的支付时，则美国资本账户出现盈余（也称作净资本流入）。

一、对外账户的平衡

国际收支的中心论点非常简单：个人与厂商必须支付其在国外的购买。如果个人支出多于其收入，它的亏空必须以出售资产或以借款方式获得资金，进行支付。同理，如果一国的经常账户出现赤字，即支出于国外的大于它出售给世界其他地方所得收入，这项赤字必须以出售资产或以向国外借款方式，获得资金加以弥补。这笔抵消性的资本流入，以提供资金加以弥补：

$$\text{经常账户赤字} + \text{资本账户} = 0 \tag{13.1}$$

公式（13.1）提出一个严峻的论点：如果一国无资产可以出售，如果它无外汇储备可以利用，以及如果没有任何人愿意借款给它，不论如何痛苦与困难，该国都必须实现其经常账户的平衡。

将资本账户分为两个独立部分往往是有用的：（1）该国私人领域的交易；（2）相当于中央银行活动的官方储备交易。经常账户赤字可能由居民私人出售国外资产或向国外借款来弥补。或者，也可以由政府通过减少其外汇储备，即在外汇市场出售外币来提供资金，弥补经常账户赤字。反之，出现盈余时，私人领域可以利用其收到的外汇收入，偿还债务或购买海外资产；另外的办法是，中央银行可购买私人领域赚得的（净）外国通货，增加中央银行的储备。

增加官方储备也称作国际收支盈余（balance-of-payment surplus）。我们可将以上讨论概括为下面的陈述：

$$\text{国际收支盈余} = \text{官方外汇储备的增加} = \text{经常账户盈余} + \text{净私人资本流入} \tag{13.2}$$

如果经常账户与私人资本账户均为赤字，那么国际收支总额出现赤字，也就是说中央银行损失了储备。一个账户出现盈余而另一个出现正好相同数量的赤字，国际收支总额为零——既不是盈余，也不是赤字。

如表13-1所示，在2000~2005年间，美国经常账户出现赤字（1982年以来就已如此）。在所有的年份中，美国都存在资本的净流入。在一些年份里，资本流入足以抵消资本账户赤字。在另一些年份里，美国不得不减少其官方储备来弥补差额。

二、汇率制

我们首先回想一下，汇率是以另一国货币表示的一国通货的价格。例如，你在1999

年8月购买1爱尔兰镑需要花费1.38美元,因此,名义汇率(nominal exchange rate)就是,e = 1.38。一个6英寸大的Subway Club三明治在都柏林价值2.39爱尔兰镑,就等于1.38 × 2.39 = 3.30(美元)。同样的三明治在美国西雅图仅值3.09美元,所以,一位真正节俭的美国游客应该在来爱尔兰之前将其买好带来,那就能节省支付而把差额放在零钱罐里了。

到2006年8月,爱尔兰已经在浪漫中抛弃了名字叫作镑的货币,而爱上了欧洲共同货币欧元。欧元和美元间的名义汇率是1.29美元 = 1.00欧元。同样一个6英寸大的Subway Club三明治在都柏林现在值4.25欧元,等于1.29 × 4.25 = 5.48美元,而西雅图是4.19美元。爱尔兰的三明治现在比在美国的价格贵31%,与1999年相比差了7%。在本章后面讨论实际汇率(real exchange rate)时,我们再回到这个比较。

我们现在关注中央银行如何通过其官方交易,为国际收支盈余与赤字融通,或提供支付手段。此刻,我们要区分固定汇率制与浮动汇率制。

三、固定汇率制

1. 固定汇率制

在固定汇率制(fixed exchange rate system)下,外国中央银行准备随时按以美元表示的固定价格,买卖它们的通货。主要国家从第二次世界大战结束到1973年为止,相互之间采取规定汇率。现如今有些国家固定其汇率,其他国家则不然。

例如在20世纪60年代,德国中央银行即联邦银行以1美元兑4马克(DM)的比价,无限制地买卖美元。中央银行随时按这些固定价格即汇率无限制买卖美元这一事实,意味着市场价格的确会等于固定的汇率。为什么呢?因为当人们能以1美元兑4.90法郎的价格,在联邦银行购买到美元,则没有人愿意支付高于此价格的法郎购买美元。反之,如果联邦银行通过其商业银行系统,随时以此价格购买美元,则没有人愿意以低于1美元兑换4.90法郎的比价脱手美元。

2. 干预

外国中央银行持有储备(美元库存、其他通货与出售后能获得美元的黄金库存),当他们想要或必须干预外汇市场时,作出售之用。干预就是中央银行买卖外汇。

在固定汇率制下,什么决定中央银行必须进行干预的幅度呢?我们已经回答了该问题。国际收支计量中央银行需要干预的幅度。例如,美国发生对日本的国际收支赤字,因此以美元兑换日元的需求超过日本人以日元兑换美元形成的日元供给。日本银行将购进该项超额美元,付给卖家日元。

因此,固定汇率的操作类似于其他的价格支持方案,如同农产品市场上的支持方案一样。市场供求一定时,当局必须弥补超额需求或吸收超额供给。为了能保证价格(汇率)继续固定不变,显然必须持有外币或外汇库存,用来兑换本国通货。

只要中央银行拥有必需的储备,它就能继续干预外汇市场,保持汇率不变。

一旦一国国际收支持续出现赤字,中央银行最终会用尽外汇储备,无法继续进行干预。

在达到这种情况之前,中央银行可能判定它不可能再维持这种汇率,它将对其通货贬值。例如,1967年英国将英镑从2.80美元兑1英镑贬值为2.40美元兑1英镑。其意义是美国人和其他外国人购买英镑比以往便宜了。通过使外国人购买的英国商品相对便宜,这样，贬值会影响国际收支。

四、可变汇率

在固定汇率制下，中央银行必须提供所需的任何数量的外币以弥补国际收支的失衡。而相反，在可变（浮动）汇率制［flexible（floating）exchange rate system］下，中央银行允许调整汇率以保持外币供求平衡。如果美元对日元的汇率是1日元兑0.86美分，日本对美国的出口增加，因而美国人需要更多的日元支付给日本的出口商，日本银行可以袖手旁观，听任汇率自行调整。在这个特定例子中，汇率可能从1日元兑0.86美分增加到诸如1日元兑0.90美分的水平，使得日本商品以美元计算更加贵了，因此减少美国人对它们的需求。本章稍后将研究，在浮动汇率制下，汇率变化影响国际收支的方式。可变汇率（flexible rates）与浮动汇率（floating rates）两个词可以互换。

五、清洁浮动与肮脏浮动

在清洁浮动（clean floating）制下，中央银行完全袖手旁观，允许汇率在外汇市场上自由确定。由于在这种制度下，中央银行不干预外汇市场，因此，官方储备交易为零。其意义是在清洁浮动制下，国际收支为零：即汇率调整到使经常账户和资本账户之和为零。

实际上，从1973年开始实施的浮动汇率制，并不是清洁浮动汇率制，而是管理浮动汇率制，或肮脏浮动汇率制（managed, or dirty floating）。在管理浮动汇率制下，中央银行通过干预外汇的买卖，来影响汇率。相应地，在管理浮动汇率制下，官方储备交易不等于零。

六、长期汇率

一国政府或中央银行在一段时期中能够固定其货币价值，也就是固定其汇率。但在长期中，两国之间的汇率决定于各自国家中货币的购买力。例如，在哥本哈根的polsevogh购买一个热狗，花费25丹麦克朗（DKr），而在费城街头小贩处购买，要花费2.50美元，于是，人们有理由期望美元1克朗的汇率为0.10美元。这说明了购买力平价（purchasing power parity，PPP）理论。当1单位本国货币能在本国或国外购买到同样的一篮子商品时，则两国货币处于购买力评价。实际汇率测定两种货币的相对购买力。

实际汇率是以相同货币计量的外国价格与本国价格的比率。它衡量一国在国际贸易中的竞争力。实际汇率 R 被定义为：

$$R = \frac{eP_f}{P} \tag{13.3}$$

其中 P 与 P_f 分别代表本国与外国物价水平，e 为外汇的美元价格。要注意 P_f 代表外国价格，例如以丹麦克朗计量的价格，而汇率是以1丹麦克朗兑若干美元计量，分子表示以美元计量的国外价格；分母中的本国价格水平，在本例中以美元计量，因此，实际汇率表示国外价格与本国价格之比。

如果实际汇率等于1，各种货币处于购买力平价。如果美国的实际汇率高于1，其含义是国外商品比美国商品要贵。在其他情况不变的情况下，这意味着美国和国外的人们可能乐意将一些支出花费在购买美国生产的商品上。这常常解释为我们产品竞争力的加强。只要 R 大于1，对国内生产商品的相对需求可望增加。最终结果不是迫使国内价格上升，就是迫使汇率下降，更接近购买力平价。

【扩展阅读13.1】

实际汇率衡量的惯例

按照学术惯例，当国外商品相对昂贵而本国通货价值相对低的时候，实际汇率高。在购买力评价之下，实际汇率 R 等于1。实际上，我们这里计算的汇率，使用了单一商品——到处都有的 Subway Club 三明治，而不是计量全部市场篮子的价格指数。

市场力量防止汇率离开 PPP 太远，或者防止无限期保持与 PPP 的距离。但是，驱使其移向 PPP 的压力起作用太慢。在20世纪90年代中期，美元1克朗汇率接近18美分，而不是10美分，而热狗在哥本哈根的实际费用大约是费城的两倍。缓慢移向 PPP 有几个原因。第一个原因是国家间购物篮子中物品的不同。美国人与丹麦人消费的并不是相同的一大堆商品。向 PPP 缓慢移动的第二个原因是，商品在国家间的移动遇到许多障碍。有些是自然障碍（运输成本显然是一项附加成本）；还有其他障碍，例如关税是政府征收的。有时移动最终产品还不够：工人与资本还须移动。美国人一般不太可能经常往来于丹麦去出售热狗。第三个原因，也可能是最重要的原因，许多商品是"非贸易商品"（土地是经典的例子），而且不能流动。

年份	e	都柏林价格	西雅图价格	R
1999	1.38 镑/美元	2.39 镑	3.09 美元	$1.38 \times \frac{2.39}{3.09} = 1.07$
2006	1.29 欧元/美元	4.19 美元	4.19 美元	$1.29 \times \frac{4.25}{4.19} = 1.31$

由于实际汇率公式中，P_f 与 P 代表每一国家特有的一篮子商品，PPP 并不必然意味着实际汇率应该等于1。相反，实际上 PPP 的含义是，在长期中，实际汇率将回到其平均水平（有时称为相对 PPP）。倘若实际汇率高于其长期平均水平，PPP 就意味着汇率行将下降。

第二节 开放经济中的产品市场均衡

掌握了国际贸易与国际金融的基本概念，现在就能研究商品贸易对收入水平的影响以及各种扰动对收入和贸易余额的影响——在本节中，使用贸易余额作为经常账户的简化形式。在这一阶段，不包括资本账户。因此，目前的经常账户等同于国际收支。

在本节中，我们将对外贸易放进 IS – LM 框架里。假定价格水平一定，需求的产出均能供应。但由于理解引进贸易后将如何改进总需求的分析是十分重要的，因此，我们从业已熟悉而基本的 IS – LM 模型开始。

一、国内支出与对国内商品的支出

在开放经济中，部分国内产出出售给外国人（出口），本国居民部分支出用于购买外国商品（进口）。因此，我们必须修改 IS 曲线。

最重要的变化是本国支出不再决定本国产出，取而代之的是对本国商品的支出决定了本国产出。本国居民的一些支出花费于进口，例如购买进口啤酒。对比之下，本国商品的需求除了本国居民的部分支出外，还包括出口即国外需求。

对外贸易对本国产品需求的影响已在前面章节中研究过。将 DS 界定为本国居民的支出，则：

$$\text{国内居民支出} = DS = C + I + G$$
$$\text{对国内商品的支出} = DS + NX = (C + I + G) + (X - Q) \tag{13.4}$$
$$= (C + I + G) + NX \tag{13.5}$$

其中 X 是出口水平，Q 是进口，$NX \equiv X - Q$ 是贸易（商品与服务）盈余。对本国商品的支出是本国居民总支出减去其对于进口的支出，再加上国外需求即出口。由于出口减进口是贸易盈余，即净出口（NX），所以对国内商品的支出就是国内居民的支出加上贸易盈余。

根据这样的澄清，我们回到收入决定模型。假定国内支出取决于利率与收入，因此

$$DS = DS(Y, i) \tag{13.6}$$

二、净出口

净出口，即出口超过进口的数量，取决于我们的收入，它影响进口支出；也取决于国外收入 Y_f，它影响外国对我们出口的需求，还取决于实际汇率 R。R 提高或实际贬值会改善我们的贸易余额，因为需求会从国外生产的商品转移到在本国生产的商品上：

$$NX = X(Y_f, R) - Q(Y, R) = NX(Y, Y_f, R) \tag{13.7}$$

我们可以立即阐明三个重要结论：

如果其他情况不变，国外收入增加将会改善本国贸易余额，从而提高本国的总需求。

本国实际贬值将会改善贸易差额，从而提高总需求。

本国收入提高将会增加进口支出，并因此恶化贸易余额。

三、商品市场的均衡

收入增加 1 美元引起进口需求的增加称为边际进口倾向（marginal propensity to import）。边际进口倾向量度收入增加 1 美元中用于进口的部分。部分收入会用于进口商品（而不用于本国商品）这一事实，意味着 IS 曲线将比在封闭经济中的要陡峭。对于既定的利率下降，只需增加较少的产出与收入即可恢复商品市场的均衡。

开放经济的 IS 曲线，包括作为总需求组成部分的净出口。因此，以实际汇率 R 度量的竞争水平，影响 IS 曲线。实际贬值增加对本国商品的需求，使 IS 曲线向外向右移位。同样，随着国外收入的增加，国外对我们商品的支出也增加，这会提高净出口，即提高对

我们商品的需求。所以，我们有：

IS 曲线：$Y = DS(Y, i) + NX(Y, Y_f, R)$

由于均衡收入水平现在将取决于国外收入与实际汇率两者，我们必须要问国外收入的扰动与实际汇率的变动会如何影响均衡收入水平。

图 13 - 1 表明了国外收入提高的影响。较高的国外对我们商品的支出提高了需求，因此在利率不变时，需要增加产出。这表现为 IS 曲线向右方移位。因此，国外需求增加的全面影响是提高利率与增加本国产出和就业。相反的变动很容易加以分析研究。疲软的国外经济会减少其进口，从而降低对本国商品的需求。本国的均衡收入和利率都会下降。

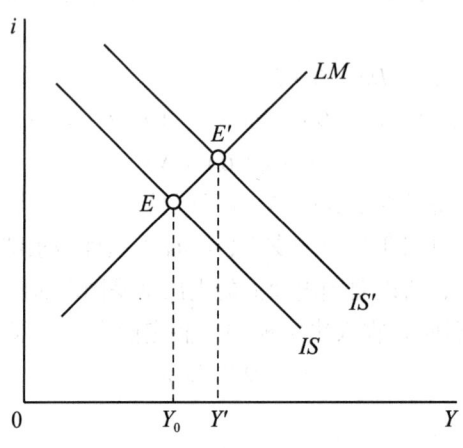

图 13 - 1　国外收入提高的效应

图 13 - 1 也有助于解释实际贬值的效应。正如我们理解的，实际贬值提高了每一个人收入水平的净出口，使 IS 曲线向上并向右移位。因此，实际贬值会引起本国均衡收入的提高。

表 13 - 2 概括了不同扰动对均衡收入水平与净出口的效应。每个例子都可利用与净出口表相结合的 IS 曲线推导出来。

表 13 - 2　　　　　　　　　　　扰动对收入和净出口的效应

	国内支出增加	国外收入增加	实际贬值
收入	+	+	+
净出口	−	+	+

四、回响效应

在相互依存的世界中，我们的政策变化既影响其他国家，也影响我们自己，然后反馈于我们的经济。增加政府支出时，我们的收入提高了；部分增加的收入将花费于进口品，这意味着国外收入也将增加。国外收入增加后，会提高他们对我们商品的需求，这又增加了因政府提高支出而引起的国内收入扩大的势头。

这些回响效应（repercussion effects）在实践中可能很重要。当美国经济扩展时，它会像一个"火车头"把其余的世界牵引到经济扩张之中。同样，如果其余的世界经济扩张了，美国同样也会分享其经济扩张的好处。

回响效应也会随着汇率变化而出现。在表 13-3 中，显示了实际汇率变动对于美国实际 GDP 影响的经验估计。表中记录了美元贬值 10% 对其他所有货币的影响。与此相反，美国产出水平强劲地扩大时，国外的实际 GDP 却降低了。原因是美国净出口的增加提高了国内收入但降低了外国的需求和产出。

表 13-3　　　　　　　　　　　美元贬值 10% 的影响

影响对象	年份 1	年份 2
实际 GDP（%）	0.5	0.6
CPI（%）	0.4	1.3
经常账户（10 亿美元）	15	38

资料来源：Federal Reserve, unpublished model – based simulation.

值得注意的是，尽管扩张性财政政策既增加我们的 GDP，也增加其他国家的 GDP，但是我们的汇率贬值只会增加我们的收入，却减少了外国的收入。

第三节　开放经济中的金融市场均衡

一、资本流动性

国际经济的一个惊人事实是各个金融市场或称资本市场之间是高度一体化或联系在一起的——在这些市场中进行债券与股票的交易。现如今在绝大多数工业化国家中，并不禁止持有外国资产。不论是美国的居民，还是德国的居民或英国的居民，均可持有本国的或国外的财富。因此，他们在世界各处搜寻（根据风险评定的）最高收益，因而将不同国家资本市场的收益联系在一起。例如，倘若纽约的利率相对于加拿大的利率上涨了，投资者便向纽约放款，而借款者转向于多伦多。由于纽约的放款增加，多伦多的借款增大，收益迅速变得一致起来。

在最简单的世界里，其中的汇率是永久固定不变的，各地的税收都一样，外国资本持有者从不会碰到政治风险（国有化、禁止转移资产以及外国政府赖债等），我们预料所有资产持有者都会挑选收益最高的资产。这将迫使世界各地的资本市场的资产收益绝对相等，因为没有一个国家能以较低的利率得到借款。

不过，实际上这三种情况一个也不存在。各国的税负不同；汇率可以变动，也可能是相当大的变动，因而影响外国投资的美元回报；最后，各国有时会设置资本外流的障碍，或者只不过是他们无力支付而已。这些就是国家间利率不一致的原因。

但是，事实上，主要工业化国家的利率，经排除汇率变动风险的校正后，实际差异非常小。考察美国与加拿大的情况，一旦利率在"有保护的"（covered）基础上衡量，因而排除了汇率风险，它们就应该完全相等。实际上利差非常小，平均小于0.5%这主要是税负差别的结果。我们以这个证据，支持像我们在后面假定的资本在国际间是高度流动的观点。

今后我们暂时性的假定就是资本完全流动（perfect capital mobility）资本在国际间的完全流动，是指投资者能在他选定的任何国家以低交易成本，迅速而无限量地购买资产。资本完全流动时，资产持有人愿意并能够调动大量资金，跨国寻求最大回报或最低借贷成本。

高度一体化的资本市场意味着，任何一国的利率不能脱离现行市场水平太远，否则会引起资本流动，导致收益向世界水平恢复。回到前面的例子，如果加拿大的收益相对低于美国的收益，资本将从加拿大流出，因为贷款人会将其资金调出加拿大，而借款人则力求在加拿大筹措资金。从国际收支平衡的观点看，这意味着相对降低的利率——即相对于国外利率的美国利率的下降——将会恶化国际收支，因为美国居民会向国外贷款而造成资本外流。

承认利率影响资本流动与国际收支，对稳定政策有重要意义。第一，由于货币政策与财政政策影响利率，他们对资本账户，从而对国际收支也有影响。货币政策与财政政策对国际收支的影响不局限于上面讨论过的对贸易余额的影响，而且延伸到对于资本账户的影响。第二个意义是，有国际资本流动时，货币政策与财政政策影响国内经济与国际收支变动的作用方式不同。

1. 国际收支与资本流动

我们在一个思想框架中，引进资本流动的作用，在这个思想框架中，假定本国面临的是既定的进口价格和既定的出口需求。此外，还假定实际利率i_f（即国外投资市场利率）也是既定的。再者，在资本完全流动的情况下，如果本国利率高于国外的利率（从现在起到再次提示为止，均假定没有外汇风险），则资本无限地流入本国。与此相反，如果本国利率低于国外的利率，资本就会无限地流出。

下面我们来看看国际收支。国际收支盈余BP，等于贸易盈余NX，加上资本账户盈余CF：

$$BP = NX(Y, Y_f, R) + CF(i - i_f) \tag{13.8}$$

方程（13.8）显示贸易余额是本国与外国收入以及实际利率的函数，它还显示资本账户决定于利差（interest differential）。收入增加会恶化贸易余额，而利率上升到超过世界水平，就会吸引国外资本因而改善资本账户。于是，当收入增加时，只要利率些许增加就足以保持总国际收支的均衡。贸易赤字将会由资本流入来弥补。

2. 政策的两难处境：内部均衡与外部均衡

资本流动的潜在性对于经常账户的赤字融资来说，是特别重要的，一些国家经常会面临政策上的两难处境，即所涉及的一项政策在处理一个问题时也会使其他问题变得更糟。具体来说，就是有时存在着外部均衡与内部均衡间的冲突。

外部均衡（external balance）存在于国际收支接近平衡之时。否则，中央银行不是损失储备——它是无法不断地进行下去——就是增加储备——它也不愿意永远这样。内部均衡（internal balance）存在于产出处于充分就业水平之时。

图13-2显示了从方程（13.8）中推导出来的曲线$BP=0$。沿着这条曲线，国际收支处于均衡状态。我们的关键假定——资本完全流动——使$BP=0$这条曲线成为一条平行线。只有在国内利率水平等于国外利率水平时，才能实现外部平衡；如果国内利率较高，则有大量资本账户盈余与总盈余；如果国内利率低于国外利率，则有无限大的赤字。

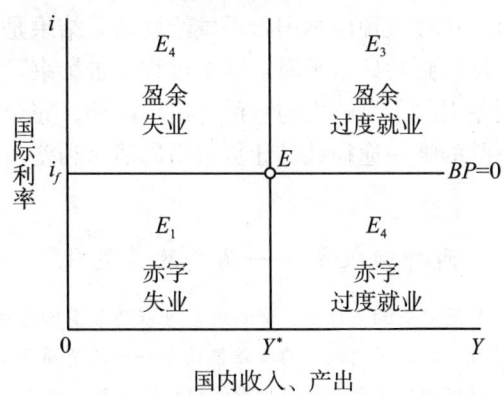

图 13 – 2　固定汇率剩下的内部均衡与外部均衡

因此，处于世界利率中心的 $BP=0$ 那条线必然是平直的。高于曲线 $BP=0$ 的点对应着盈余，低于曲线 $BP=0$ 的点对应着赤字。图 13 – 2 画出了充分就业产出水平 Y^*。E 点是内部均衡与外部均衡两者都能达到的唯一的点。例如，E_1 点相当于失业与国际收支赤字的情况，与此相反，E_2 点相当于赤字与过度就业的情况。

我们可以研究图 13 – 2 中以四个象限内的点为代表的政策两难困境。例如在 E_1 点，国际收支有赤字并有失业。扩张性货币政策能处理失业问题，但却恶化了国际收支，因此，这显然是对决策者给出一个两难的困境。有了对利息敏感的资本流动，就暗示难题的解决：如果该国能找到提高利率的办法，它就会得到弥补贸易赤字的资金。

这意味着必然要使用货币政策与财政政策结合，来同时实现外部均衡与内部均衡。图 13 – 2 中的每一点都可以看作是 IS 与 LM 曲线的交点，每一条曲线都必须移位，但如何移位呢？如何进行调整，严格取决于汇率制度。

现在，我们已做好准备将确定产出的分析，延伸到具有资本完全流动的开放经济中。下一节我们假设汇率是固定的。

二、蒙代尔—弗莱明模型：固定汇率制下的资本完全流动

1. 蒙代尔—弗莱明模型

将标准 IS—LM 模型引申为资本完全流动情况下的开放经济分析，有个特殊名称，即蒙代尔—弗莱明模型（Mundell – Fleming model），它是诺贝尔经济学奖获得者罗伯特·蒙代尔现任哥伦比亚大学教授，与国际货币基金组织已故研究员马科斯·弗莱明早在实行浮动汇率制之前，于 20 世纪 60 年代研究出来的。尽管以后的研究改进了他们的分析，在这里讨论的蒙代尔—弗莱明表达式完整地保留了原始状态，作为理解资本高度流动情况下政策如何起作用的一种手段。

在资本完全流动的情况下，些微的利差引起资本巨大的流动。在固定汇率制下，由于资本的完全流动，中央银行无法独立实施货币政策。要了解为什么，就假定一国打算提高利率，它采取紧缩货币政策，利率就会上扬。全世界的资产组合持有者立刻就会将其财富调拨过来，从新利率中赚取利润。其结果是大量资本流入，国际收支出现巨额盈余；外国人设法购买国内货币，使得汇率升值，迫使中央银行进行干预，以维持汇率固定不变。它

购买外币，放出本国货币。这种干预使本国货币供给增加。结果是最初的货币紧缩被逆转了。当本国利率已经被压低回到初始水平时。这个过程才告结束。

换言之，一个小的利差引起了足够大的货币进出国内外，完全淹没了可以得到的中央银行的储备。避免汇率下跌的唯一途径就是让货币当局消除利差。

【扩展阅读13.2】

两种回报率——两个政策变化

在一个完美的或者是一个接近完美的条件下，资本流动可以为最高回报率下的投资流量融资，并且也是使国内外收益均等化的过程。计算国内投资的收益很简单——就是简化为利率。要计算国外投资的收益，就必须考虑从我们投资时间到将货币收回国内时间内，汇率变化的可能性。

假定美元/欧元的汇率最初是1.25美元，而且汇率在一年内保持不变。那么，在欧洲1 000美元就可以兑换为800欧元（1 000/1.25）。如果欧洲的利率是5%，而一年后这笔投资将增加到840欧元，再换回美元就变成1 050美元（840×1.25）。所以，在固定汇率制下，国外的回报率恰好就是国外的利息率。

现在假设在浮动汇率制下，而且在该年年底，每欧元可兑换1.30美元。当欧元在该年年底兑换时，它们将是1 092美元（840×1.3）。总的回报率是9.2%，这大概是5%的利息和欧元升值4%的总和。

所以，存在两种国外回报率：利率和外币升值。在资本完全流动条件下，国内和国外的回报率一定相等。

如果汇率固定，则利率必定会趋向均等化，使国内利率和国外利率一定达到相同的程度。中央银行不能改变利率。实际上，LM曲线是水平的：财政政策有效，而没有运用货币政策的余地。

如果汇率浮动，则汇率使投资回报率均等化，允许国外利率和国内利率两分。不过，汇率的变化也会改变净出口，因此，也会移动IS曲线。货币政策有效，而没有运用货币政策的余地。

所以，要记住回报率会在很大程度上推动利率或汇率的均等化，告诉我们运用财政政策或者货币政策的力量。

结论是：在固定汇率制和资本完全流动条件下，一国无法独立运用货币政策。利率无法背离那些在世界市场上通行的利率水平。实施独立货币政策的任何尝试都会导致资本流动，并因而需要干预，直到利率重新回到与世界市场上的利率相一致为止。表13-4显示了这一论点的各个步骤。对固定汇率的承诺涉及其中的步骤5。由于外国人设法购买美国货币而造成汇率趋向升值，中央银行必须提供本国货币（美元）。正如在公开市场操作中，中央银行为了调整货币供给而买卖债券，所以，在外汇市场上，货币当局为调整本国货币的供给而通过买卖外币（日元、欧元或加拿大元）进行干预。由此，货币供给与国际收支得以相互联系起来。盈余意味着货币的自动扩张，赤字意味着货币的收缩。

表13-4　　固定汇率制和资本完全流动条件下的国际收支失衡、干预和货币供给

1. 货币紧缩
2. 利率上升
3. 资本流入，国际收支盈余
4. 通货升值的压力
5. 以卖出本币和买入外币来进行干预
6. 为降低利率而干预所导致的货币扩张
7. 回到初始利率、货币存量和国际收支平衡

2. 货币扩张

根据开放经济的 LS-LM 模型来研究上述观点是很有价值的。在图 13-3 中，我们给出了 IS 曲线与 LM 曲线以及 BP=0 的曲线，现在由于资本完全流动，该 BP=0 曲线表现为一条水平线。只有在利率等于国外的利率水平，即 $i=i_f$ 时，一国才会达到国际收支平衡。在其他任何利率水平上，资本都会大量流动，以致国际收支无法达到均衡，而中央银行必须进行干预，才能维持利率不变。这种干预使得 LM 曲线发生移动。

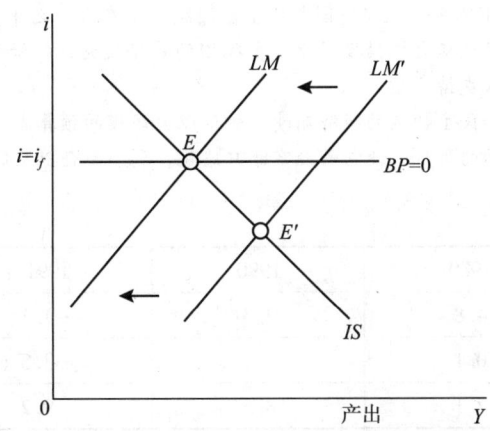

图 13-3 固定汇率制与资本完全流动情况下的货币扩张

特别要考虑从 E 点开始的货币扩张。LM 曲线移向右下方，整个经济移到 E' 点。在 E' 点有大量收支赤字，因而有货币贬值的压力。中央银行必须进行干预，售出外币，并收进本国货币。本国货币供给因而减少。结果是，LM 曲线移回到左上方。这个过程继续下去，直到恢复为初始均衡点 E 点为止。

在资本具有完全流动性时，经济确实不会达到 E' 点。因为资本流动的反应如此巨大，时间这样迅速，迫使中央银行一想到要扭转货币存量的初始扩张存量措施，就立刻着手采取行动。与此相反，任何紧缩货币存量的企图都会立刻引起大量的储备损失，迫使货币存量重新扩张，并恢复到初始均衡状态。

3. 财政扩张

在货币政策基本上不可行时，与此相反，固定汇率制下资本完全流动时，财政扩张特别有效。我们用 IS-LM 模型描述这种效应，但我们不画出图解，留作本章结束时的一道习题。

不改变初始的货币供给，财政扩张使 IS 曲线移向右上方，引起利率和产出水平都增加。较高的利率导致资本流入，将使汇率升值。为了维持汇率不变，中央银行必须扩大货币供给，向右移动 LM 曲线，因此会进一步增加收入。当货币供压增加到足以使利率恢复到其初始水平，即 $i=i_f$ 时，重新恢复均衡。在这个事例中，有了内生货币供给，有效地固定了利率，而简单凯恩斯乘数则用来进行财政扩张。

4. 内生货币存量

资本完全流动虽然是极端的假定，但它是有效的基准情况，最后结果与许多国家的真实情况相距不远。基本论点是维持固定汇率的承诺使货币存量内生化，这是由于在固定汇率制下，中央银行必须提供所需的外汇或本国货币。因而，即使资本并不完全流动，中央银行也有变动货币供给的有限能力，而不必关心汇率的维持问题。

阅读材料3描述了因德国统一而发生的财政扩张的效应，以及与德国马克维持固定汇率的德国邻国所受的影响。

【扩展阅读 13.3】

德国统一与外部问题

1989年秋天柏林墙刚倒下不久，联邦德国与民主德国统一就在进行之中。联邦德国政府开始转移大量资源到民主德国。财政项目包括大规模投资于民主德国的基础设施，投资与工业，以及大范围的为失业者与亏损企业工人实施收入支持方案。

大量财政扩张有助于缓和民主德国的经济崩溃。但这以大规模的预算赤字为代价。扩张性财政政策，正如蒙代尔—弗莱明模型预示的那样，使它的经常账户恶化，利率高企以及德国马克升值。

（占 GDP 的百分比）

年份	1989	1990	1991	1992
经常账户	4.8	3.3	−1.1	−1.1
预算赤字	−0.1	2.1	33.3	2.8
利率	7.1	8.5	9.2	9.5

资料来源：OECD, *Economic Outlook*, December 1995.

在世界市场上，德国以前一直是净贷款国，但从1991年开始，经常账户出现赤字（见上表）。德国的资源从供应世界市场转用于民主德国重建。

德国财政扩张对它那些与其实行固定汇率制的欧洲贸易伙伴产生了不希望有点副作用。由于民主德国绝大部分的需求针对民主德国的商品，民主德国经济发生了过热现象。对于这种过热现象，德国联邦银行实施了紧缩性货币政策，大幅度提高了利率。

在德国重新统一的时期，欧洲各国仍然有自己的货币。像法国、意大利等国原则上面临的选择是，要么在欧洲货币体系中实行法定贬值，要么准许其利率与德国利率一起上升。由于它们看重利率的稳定，因而提高利率与德国相适应，以便保卫它们的通货。他们并没有像德国那样从财政扩张中获得好处，而是经济大幅度下滑。德国贸易伙伴极力敦促德国联邦银行削减利率，但联邦银行却认为它必须继续打击通货膨胀。这个插曲证明，当各国政策相互对立，或者他们各自面临的干扰不一样时，固定汇率制就很难维持下去。

第四节 产品市场和金融市场的结合

在本节中，我们利用蒙代尔—弗莱明模型，研究具有完全可变汇率与资本完全流动的经济中，货币政策与财政政策如何起作用。尽管汇率是可变的，但在这里假定国内价格固定不变。

一、汇率对总需求的影响

在完全可变汇率制下，中央银行并不为了外汇而干预市场。汇率必定会调整得使市场出清,外汇供求得以平衡。因此,不需要中央银行干预,国际收支余额必然等于零。

在完全可变汇率制下,没有干预意味着是一个余额为零的国际收支。任何经常账户赤字必须由私人资本流入加以弥补。经常账户盈余被资本流出所平衡。汇率的调整保证了经常账户与资本账户之和为零。

完全可变汇率的第二个含义是,中央银行能按自己的意愿决定货币供给。由于没有干预任务,国际收支与货币供给之间不再有任何自动的联系。

资本完全流动意味着,国际收支只在一种利率水平上达到平衡:

$$i = i_f \tag{13.9}$$

在其他任何利率水平上,资本如此大量流动,国际收支都不会为零。通过图 13 – 4 中的直线 $i = i_f$ 可以证明这一点。

从方程(13.8)中,我们知道,实际汇率是总需求的一个决定因素,因此,实际汇率的变动使 IS 曲线移位。给定价格 P 与 P_f,贬值使本国更具竞争力,改善净出口,因而使 IS 曲线向右移位。反之,实际升值意味着本国商品变得相对更为昂贵,因此恶化了贸易余额而使对本国商品的需求下降。因此,IS 曲线向左移动。

图 13 – 4 中的箭头将总需求的移动与利率水平联系起来。如果本国利率高于 i_f,则资本流入引起通货升值。在任何高于 $i = i_f$ 曲线的点上,汇率升值,本国商品变得相对较贵,总需求下降。因此,IS 曲线将向左移位。反之,任何低于 $i = i_f$ 曲线的点代表贬值,增进竞争能力并增加总需求。IS 曲线因而将向右移位。现在研究各种干扰如何影响产出与汇率。

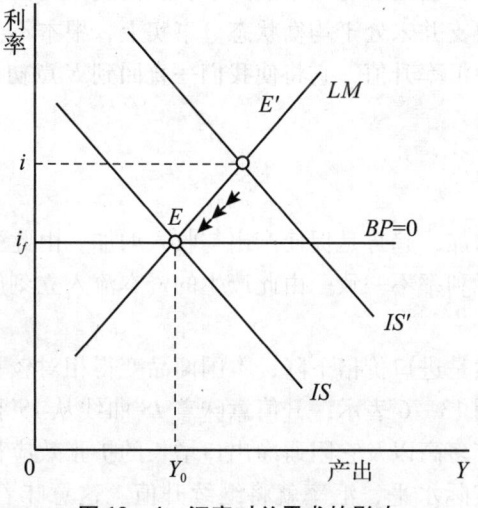

图 13 – 4　汇率对总需求的影响

二、对实际干扰的调整

通过方程(13.8)、方程(13.9)与方程(13.10)所表示的模型,我们想知道各种变动如何影响产出水平、利率与汇率。研究的第一个变动是对本国产品的外生性世界需求的增加即出口的增加。

从图 13 – 5 中 E 点的初始均衡开始,我们知道国外需求的增加意味着对本国产品的超额需求。在初始的利率、汇率与产出水平情况下,对本国商品的需求现在超过了可以得到的供给数量。就处于初始利率与汇率的商品市场均衡而言,需要更高的产出水平。因此,IS 曲线向外向右移位到 IS'。

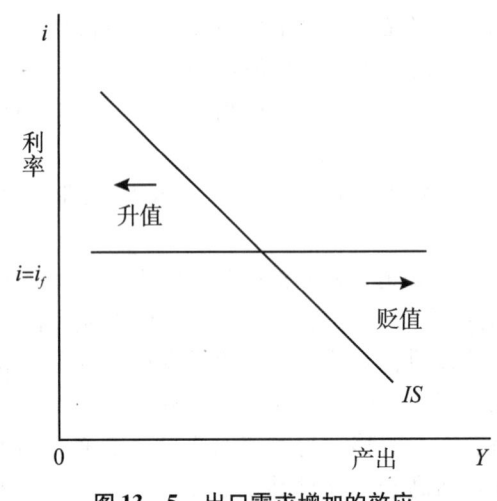

图 13-5 出口需求增加的效应

现在考虑一下 E' 点,在此点商品市场与货币市场都将出清。在这里产量的增加满足了需求的增加。收入的提高,会增加对货币的需求,从而提高均衡利率水平。但 E' 点并不是一个均衡点,因为国际收支并未处于均衡状态。事实上,根本不会到达 E' 点。正如我们现在证明的,经济的走向使汇率升值,它将使我们一直回到 E 点初始均衡状态。

三、调整过程

设想国外需求业已增加,趋势是促使产出与收入增加。由此引起的货币需求的增加将提高利率,使得它与国际利率不一致。由此产生的资本流入立刻施加压力于汇率。资本流入导致本国通货升值。

汇率升值的意义当然是进口价格下降,本国商品变得相对较贵。需求从本国商品转移开,而净出口萎缩。用图 13-6 表示,升值意味着 IS 曲线从 IS' 移回到左边。其次,我们必须询问外汇升值究竟有多高以及它阻碍净出口增长的扩张效应程度有多大。

只要本国利率超过实际水平,汇率就将继续升值。这意味着汇率升值必定继续到 IS 曲线一直移回到它的初始位置为止。这种调整是由沿着 LM 曲线的箭头表示的。只有当我们回到 E 点,产出与收入才达到与在世界利率下的货币均衡一致的水平。

我们现在业已表明,在资本完全流动的条件下,一次出口扩张对均衡产量没有持久的影响。在资本完全流动时,作为出口需求增加的结果,引起利率提高的趋势,导致货币升值,并因此完全抵销出口的增加。一旦回到 E 点,净出口就回到其初始水平。汇率当然已经升值了。至于升值,进口会增加。出口的初始扩张由于本国汇率升值而部分地被抵销。

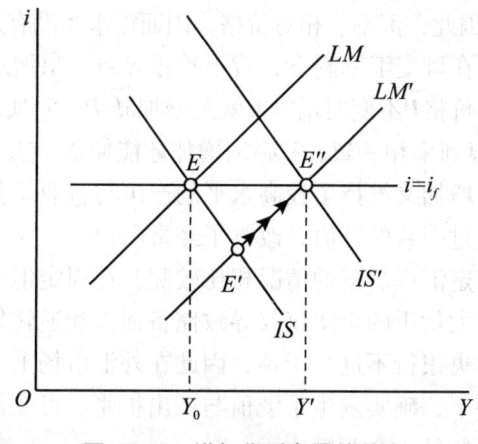

图 13-6 增加货币存量的效应

四、财政政策

我们可以通过承认这种分析对增加出口以外的干扰的有效性来扩展其有用性。同样的分析也可应用于财政扩张。削减税收或者增加政府支出会以出口增加的方式，导致需求的扩张。利率再一次上升的倾向导致货币升值并因而导致出口下降，进口增加。于是，出现完全的挤出效应。这种挤出效应不是由利率提高，降低投资所产生的，而是由于汇率升值，减少净出口产生的。

在这里，重要的教训是，在资本完全流动的可变汇率制下，对需求的实际干扰，不影响均衡产出。通过对可变汇率制下的财政扩张与我们从固定汇率制下推导的结果相比较，就可以充分认识这个教训。在上一节中，我们证明，在固定汇率制的资本流动情况下，财政扩张对提高均衡产出高度有效。与此相对照的是，就可变汇率而言，财政扩张并不改变均衡产出。取而代之的是，产生抵消性的汇率升值与本国需求结构的变动，放弃对本国商品的需求而转向对国外商品的需求。

这种分析有助于理解 20 世纪 80 年代早期美国经济的发展，当时的财政扩张附带有经常账户赤字。

五、适应于货币存量变动的调整

现在分析货币存量的变动，并已证明在可变汇率制下，该项变动导致收入的增加与汇率的贬值。利用图 13-6，从 E 点的初始位置开始，并考虑名义货币数量 $\overline{M}$ 的增加。由于价格是给定的，我们增加实际货币存量 $\overline{M}/P$。在 E 点将有超额的实际余额的供给。要想恢复均衡，必须降低利率，否则就必须使收入增大。因此，LM 曲线向右下方移位至 LM'。

我们再度提问，在 E' 点，经济是否就处于均衡状态。在 E' 点，商品市场与货币市场（在初始的汇率水平上）处于均衡状态，但利率却降低到世界水平之下。由于资本的流出，施加压力于汇率，导致贬值。资本流出引起的外汇贬值使得进口价格提高，本国商品更具竞争能力，因而使本国产品的需求增加。IS 曲线向外向右移位，并且继续移动直到贬值的汇率提高需求与产出到 E'' 点所表示的水平为止。只有在 E'' 点，商品市场与货币市场的均衡才与世界利率水平相适应。因此，汇率、相对价格，因而需求才没有进一步变动的趋向。

我们现在业已证明，在可变汇率制下，货币扩张导致产出增加和汇率贬值。有关这个结果的一种思考方式是，价格 $\overline{P}$ 不变时增加 $\overline{M}$ 就是增加 $\overline{M/P}$。对实际余额的需求（L）等于 $L(i, Y)$。由于 i 要与世界利率相一致，Y 必须增加才能使货币需求等于货币供给。汇率贬值增加净出口，净出口的增加又维持了较高水平的产出与就业。我们的分析含有一个有趣的命题，即货币扩张，通过引致的贬值，改善了经常账户。

我们的结论如何与固定汇率制下的情况相比较呢？在固定汇率制下，货币当局不能控制名义货币存量，并且扩大货币的企图仅仅导致储备损失和逆转货币增加的局面。与此相反，在可变汇率制下，中央银行不进行干预，因此在外汇市场上，货币存量增加不会产生逆转。在给定的固定价格下，确实发生了贬值与产出扩张。可变汇率制下，中央银行能够控制货币存量，是该汇率制的一个关键方面。

表 13-5 表明了可变汇率制下，美国财政扩张和货币扩张对于美国与外国 GNP 的数量影响方面的估计。该表根据两个实验，报道头两年（平均）GNP 的变动百分率。一项实验是持续增加等于 5% GNP 的政府支出；另一项实验是 10% 的货币扩张。值得注意的是，正如所料，在每一情况下，美国的 GNP 都是扩大的（尽管估计的财政政策乘数相对较小）。与我们的模型相一致，美国的财政扩张提高国外产出。与此相反，美国货币扩张降低国外产出。其原因是美元贬值使其余国家的竞争力减弱。

表 13-5	美国政策行动的效应	（GNP 增长百分比）
	财政扩张*	货币扩张（GNP 增长百分比）**
美国	2.7	5.3
日本	0.4	-0.6
德国	0.5	-0.8

注：*政府支出增加为 GNP 的 5%。
**货币供给目标增加 10%。
资料来源：Paul Masson et al., "Multimod Mark Ⅱ: A Revised and Extended Model," IMF occasional paper 71, 1990, tables 9 and 10.

六、以邻为壑政策与竞争性贬值

我们业已证明，本国货币扩张引起汇率贬值，增加净出口，从而增加产出与就业。但是本国增加净出口相当于国外贸易余额的恶化，本国贬值使需求从国外商品转移到本国商品。国外的产出与就业因此下降。就由于这个原因，因贬值引起的贸易余额的变动被成为以邻为壑的政策（beggar-thy-neighbor policy）——它是出口失业，或以损害别国就业来创造本国就业的一种方式。

认识到汇率贬值主要是将需求从一个国家转移到另一个国家，而不是改变世界需求水平，是重要的。这意味着，当各个国家处于经济周期的不同阶段——例如一国处于繁荣阶段（过度就业），而其他国家处于衰退阶段，汇率调整才可能使有用的政策。在这种情况下，遭受衰退的国家进行贬值，则将世界需求转移到它这方面，并有助于减少各国对充分就业背离的程度。

与此相反,当各国的经济周期是高度同步的如同20世纪30年代,或者在1973年石油冲击之后的情况那样,汇率变动对世界范围内的充分就业起不到多大作用。如果世界总需求处于不正常水平,汇率调整并不能纠正总需求水平,基本上只是影响既定的实际需求在各国间的分配。

类似的是,在经历同样冲击的一组国家中进行汇率变动,只能将需求在它们之间移动,而且具有以邻为壑的性质,这就是欧洲走向货币同盟的理由之一。

尽管如此,从个别国家的观点来看,汇率贬值既可以吸引世界需求,又可以提高本国产出。如果各个国家都试图贬值以吸引世界需求,则是竞争性贬值(competitive depreciation),只是在世界各处转移世界需求,而不是增加全世界的支出水平。如果各国大致以相同程度贬值,结果是汇率与开始时的差不多。当世界范围内的总需求处于不正常的水平时,需要协调货币政策与财政政策,而不是贬值,以提高各个国家的需求与产出。

复习思考题:

1. 为什么本国货币升值使进口增加,出口减少?
2. 汇率变动和净出口变动有何互相影响?
3. 均衡汇率是怎样决定的?
4. 如果政府想通过改变汇率而减少贸易赤字,那么,政府应采取什么样的货币政策?
5. 什么是肮脏浮动?
6. 对进口商品征收关税和实行进口限额对本国经济分别会产生什么影响?
7. 若一国经济既处于通货膨胀又有国际收支赤字状况时,应当采取什么样的政策措施?
8. 在开放经济中,货币政策如何影响产出?
9. 为什么小国开放经济国内的利率水平与国际利率水平总能保持一致?
10. 用IS-LM-BP模型分析在浮动利率的蒙代尔—弗莱明模型中,紧缩的财政政策和货币政策分别会对国民收入、汇率和净出口产生什么样的短期影响?

第十四章　汇率与宏观经济政策

教学目标和教学要求

　　通过本章的学习，使学生对汇率、汇率制度、开放环境下的宏观经济政策及其效果等基本知识、概念和理论有较全面的认识和较深刻的理解；掌握用曲线、图表和函数等数理模型研究经济问题的方法。

第一节　导　　言

　　在本章中，我们将推导出两种汇率制度中存在的经济关系。在分析中我们将允许汇率随时间变化的可能性，正如它在浮动汇率制度下所表现的那样，如果汇率确定是固定的，那么在本章的所有关系中都可以简单地将名义汇率设为一个常数，这样不会推翻任何一个结论。

　　在最近的半个世纪中，跨边境经济往来骤增。"二战"后的第一个十年中，这种国际经济一体化过程主要表现形式是国际贸易额的上升。因此，当西方国家通过削减关税与降低对进口的数量限制来促进其国际贸易政策的自由化时，它们主张加强对私人资本出口及进口的限制。这种政策的其中一个动机是，资本管制使得政府更易于为在"二战"后建立的所谓布雷顿森林固定汇率体系下的固定汇率制而辩解。另一个动机是资本管制是对借贷条例的重要补充，而这种借贷条例被大多数政府视作是货币政策的重要组成部分。

　　然而，布雷顿森林固定汇率体系在20世纪70年代崩溃了，并且在国际资本流动和国内信贷方面的数量限制被专家视为对经济效率产生了无益甚至有害的作用。在20世纪80年代和90年代，一大批国家因此废除了资本管制。同时，交流与信息科技的快速进步显著地降低了与国际投资相关的交易费用。因此，20世纪的最后两个十年见证了国际资本流动大规模的上升。

　　根据十三章的内容可知，在资本完全自由流动条件下，国内与国外的金融资产是完全替代的，金融投资者可以迅速且无成本地在国内和国外资产中进行转换。进一步来说，在没有任何国别风险的情况下，资本完全流动的假设意味着国内金融资产和外国金融资产被视为是完全替代的。从这些假设可得本国和外国金融资产必然具有相同的预期回报。

　　由于外国和本国资产经常以不同的货币表示，而且市场汇率（以国外货币形式表示的本国货币的价格或者用本国货币表示的国外货币的价格）经常是波动的，所以跨国投资经常涉及由于本币表示的外币资产的随机波动而带来的汇率风险。在这些情况下，只有在投资者是风险中性的，也就是只关心（平均）资产回报而不关心回报的随机波动的时候，国

第二节 汇率及其决定

一、汇率的相关概念

在开放经济环境下，消费者决定购买本国产品还是国外产品的关键因素是，用国外产品形式表示的本国产品的价格。这种相对价格叫做实际汇率（real exchange rate），但是实际汇率是无法直接观察的，也没有相应的统计数据，无法通过目前的各种媒体获得。所以在本书中不研究这种汇率，我们要研究的是名义汇率。

名义汇率（nominal exchange rate），又称"汇价"或者"外汇行市"，是一种货币兑换另一种货币的比率，即不同国家的货币之间的相对价格。它是一个国家的货币折算成另一个国家货币的比率，也就是用一国货币单位所表示的另一国货币单位的价格。

由于世界各国（各地区）货币的名称不同，比值不一，所以一种货币对其他国家（或地区）的货币要规定一个兑换率，即名义汇率。

二、名义汇率的两种标价法

▶直接标价法

直接标价法又称应付标价法。是用 1 单位的外国货币作为标准，折算为一定数额的本国货币来表示其汇率，相当于计算购买一定单位外币所应付多少本币。以中国和美国为例，我们用人民币来表示本国货币，以美元表示国外货币，那么名义汇率也就是以人民币表示的美元价格。在 2015 年 12 月 2 日下午三点整，名义汇率是 6.3988，也就是说 100 美元 = 639.88 元人民币。如图 14-1 所示。

表 14-1　　　　　　　　2015-12-2 美元对人民币汇率

今日人民币最新汇率（和讯网）

汇率数据更新时间：2015-12-2 03：00：00

币种	交易单位	中间价	现汇买入价	现钞买入价	卖出价
美元（USD）	100	639.88	638.60	633.48	641.16
港币（HKD）	100	82.54	82.37	81.8	82.71
欧元（EUR）	100	680.51	677.79	656.35	683.23
英镑（GBP）	100	965.26	961.40	930.99	969.12
日元（JPY）	100	5.21	5.19	5.03	5.23

注：数据来源和讯网，网址：forex.hexun.com/rmbhl/index.html 2015-12-2.

在国际外汇市场上，包括中国在内的世界上绝大多数国家目前都采用直接标价法。在直接标价法下，若一定单位的外币折合的本币数额多于前期，则说明外币币值上升或本币币值下跌，叫作外汇汇率上升；反之，如果要用比原来更少的本币即可兑换到同一数额的外币，这说明外币币值下跌或本币币值上升，叫作外汇汇率下跌，即外币的价值与汇率的涨跌成正比。直接标价法与商品的买卖常识相似，例如人民币为本币，而美元为外币，直接标价法就是将美元外汇作为买卖的商品，以美元为 1 单位，且单位是不变的，而作为本币人民币，是变化的，即外汇价格是变化的。一般商品的买卖也是这样，同样一件衣服，如果以前买是 500 元，现在买是 600 元，说明这件衣服升值了，或者说钱贬值了。

> 间接标价法

间接标价法又称应收标价法。它是以一定单位的本国货币为标准，来计算应收若干单位的外汇货币。相当于计算出售一定单位本币所应收取多少外币。以中国和美国为例，站在美国的角度，则用美元表示本国货币，以人民币表示国外货币，那么间接标价法的名义汇率也就是以人民币表示的美元价格。数据结果跟直接标价法一样，只不过直接标价法的本币是人民币，而间接标价法的本币是美元。在间接标价法中，本国货币的数量保持不变，外国货币的数额随着本国货币币值的变化而变化。如果一定数额的本币能兑换的外币数额比前期少，这表明外币币值上升，本币币值下降，即外汇汇率下跌；反之，如果一定数额的本币能兑换的外币数额比前期多，则说明外币币值下降、本币币值上升，即外汇汇率上升，即外汇的价值和汇率的升跌成反比。

在国际外汇市场上，欧元、英镑、澳元等均采用间接标价法。直接标价法和间接标价法所表示的汇率涨跌的含义正好相反，所以在引用某种货币的汇率和说明其汇率高低涨跌时，必须明确采用哪种标价方法，以免混淆，最重要的是要前后保持一致。在本书中（除非特别指明）为了与我国的汇率制度一致，我们选择第一种形式，即直接标价法。把名义汇率（nominal exchange rate）定义成用本国货币表示的外国货币的价格，记为 E。例如，当考虑中国和美国之间汇率的时候（站在中国的立场看，所以人民币是本国货币），E 将表示用人民币表示的美元价格（所以在 2015 年 12 月，它就是 6.3985）。

三、升值与贬值

人民币与外国货币之间的汇率每天每分钟都在变化。这些变化叫作名义升值或者名义贬值——简称升值或者贬值：

> 本国货币的升值（appreciation）是指用本国货币表示的外国货币的价格下跌了。根据汇率的定义，本国货币的升值对应着汇率的下降。

> 本国货币的贬值（depreciation）是指用本国货币表示的外国货币的价格上升了。我们将汇率定义为用本国货币表示的外国货币的价格，这个定义下，本国货币的贬值对应着汇率 E 的上升。

你可能还会遇到关于汇率变动的另外两种说法："增值"（revaluation）和"减值"（devaluation）。当一个国家实行固定汇率（即两个或两个以上国家在彼此的货币之间保持不变的汇率）时使用这两个术语。在这种体系下，根据定义，汇率的提高叫作减值而不是贬值，而汇率的下降叫作增值而不是升值。图 14-1 绘出了 1949 年以来人民币与美元之间的名义汇率。

图14-1 1949年以来人民币与美元之间的名义汇率

资料来源：根据中国统计局网站数据整理作图。

从图14-1可以看出我国1949年以来人民币对美元之间的名义汇率变化趋势的特点如下：

➤汇率在改革开放之前（更确切地说，应该是在1985年之前）一直维持在3以下。之前虽有波动，但幅度很小。

➤1985年以后，汇率呈现逐年攀升的趋势。

➤1993年是一个转折点，1994年汇率出现断层似地攀升，从图14-1上看趋向于垂直，从数据上看，直接从1993年的5.7619提升到1994年的8.6187。

➤从1994年汇率攀升到峰值之后，至今汇率一直呈现逐步回落的趋势。但是速度比较缓慢，或者说我国人民币至1994年以来开始逐步缓慢升值的过程中。

在开放经济中，汇率的变动对经济的影响十分重要。首先是对出口贸易的影响。一般而言，直接标价法的汇率降低，本币升值，使得本国的产品和劳务在国外的价格提高，外国的产品和劳务在国内的价格下降，从而减少出口，增加进口。反之，如果直接标价法的汇率提高，本币贬值，使得本国产品和劳务在国外的价格降低，外国的产品和劳务在国内的价格上升，从而增加出口，减少进口。进出口的这种变动首先影响国际收支中的经常项目。也就是说，一国货币贬值后，由于出口增加进口减少，会改善经常项目收支状况，即减少经常项目的赤字，或增加盈余。此外，贬值所引起的出口增加、进口减少还要影响国内经济。出口增加有利于本国经济的发展，但进口商品价格上升，进口量减少也有其不利作用，其最终作用如何取决于一国的经济结构等综合因素。

本国货币贬值还会影响国际收支中的资本项目。一般而言，贬值对长期资本流动的影响较小，因为这种资本流动主要取决于利润和风险的状况。但对短期资本流动的影响是不利的，因为贬值会使金融资产的相对价格下跌，从而引起资金外流。

我们依然以中国、美国之间贸易的例子来分析汇率。

当中国出口商把商品卖给美国人后，美国人用美元进行支付。出口商拿到美元之后，即到中国的银行（如银行A）将美元兑换成人民币，然后支付自己的各种费用。另外，中国的进口商，当他们想买美国人的商品和劳务时，他们必须先到银行（银行B）去把用于购货的人民币兑换成美元，然后才能支付给美国人。如图14-2所示。

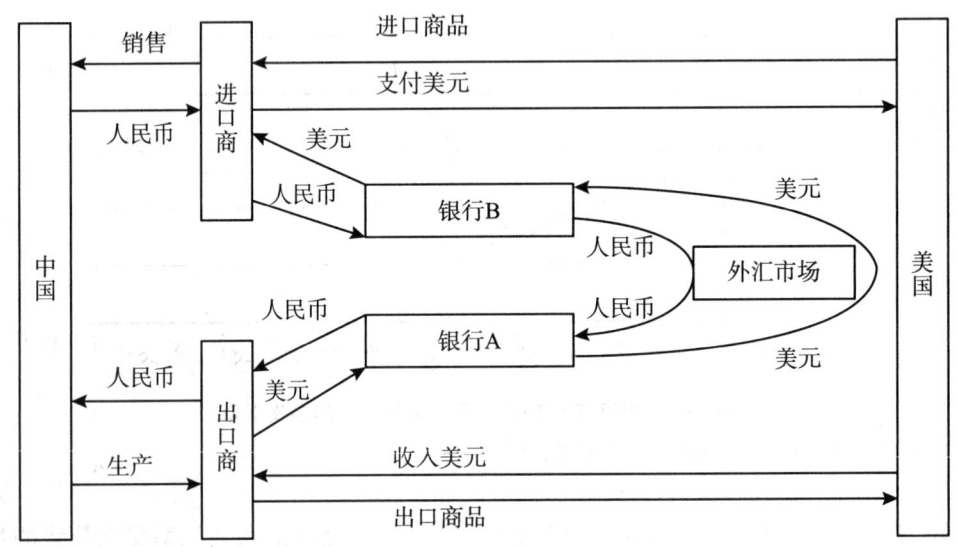

图14-2 商品贸易与外汇交易

通过银行，人民币可换成美元，美元可换成人民币。人民币与美元之间的兑换比例就称为汇率。通常中国使用直接标价法，即一美元能兑换多少人民币来表示。

进口商到银行B去购买美元，银行按一定的汇率把美元卖给进口商，收回人民币；出口商的情况则相反。若银行自身所持有的美元数量刚好能满足进口商的需要，则交易就完成了。但在现实中，当银行美元不足，或美元过剩时，银行就要到外汇市场上用人民币买进美元或者出售美元买进人民币，以平衡自己的美元数量。这种把一种货币兑换成另一种货币的市场就是外汇市场。汇率是由外汇市场上的供给和需求水平决定的。

四、均衡汇率的决定

在外汇市场上，对外汇（如美元）的需求来自本国希望进口美国产品的进口商。在上例中，当每单位美元所换得的人民币数目下降时，汇率下跌，意味着人民币升值，美元贬值。对进口商来说，在1美元比8元人民币的汇率水平下，手头若有8万元人民币，就可进口价值1万美元的美国产品。当汇率跌至5元人民币时，8万元人民币可以买到1.6（8/5 = 1.6）万美元的商品。这样，人民币的升值使他能够购买到更多的进口商品，他对美元的需求也就增加了。在图14-3中，用纵轴代表汇率水平，向上的方向即人民币贬值或者美元升值；向下的方向即表示人民币升值，美元贬值。用横轴表示美元的交易量。

显然，随着美元的价格上升（即此时需要更多的人民币才能购买到1美元），美元的需求量下降，美元的供给量上升。反之，随着美元的价格下降（即此时需要更少的人民币就可以购买到1美元），美元的需求量上升，供给量下降。所以美元的需求曲线向右下方倾斜（用D_{dollar}表示），表示随着汇率上升，美元的需求量减少，反之，随着汇率下降，美元的需求量增加。即美元的需求量与汇率呈反向变化。而美元的供给曲线向右上方倾斜（S_{dollar}表示），表示随着汇率上升，美元的供给量增加，反之，随着汇率下降，美元的供给量减少。即美元的供给量与汇率呈同向变化的关系。

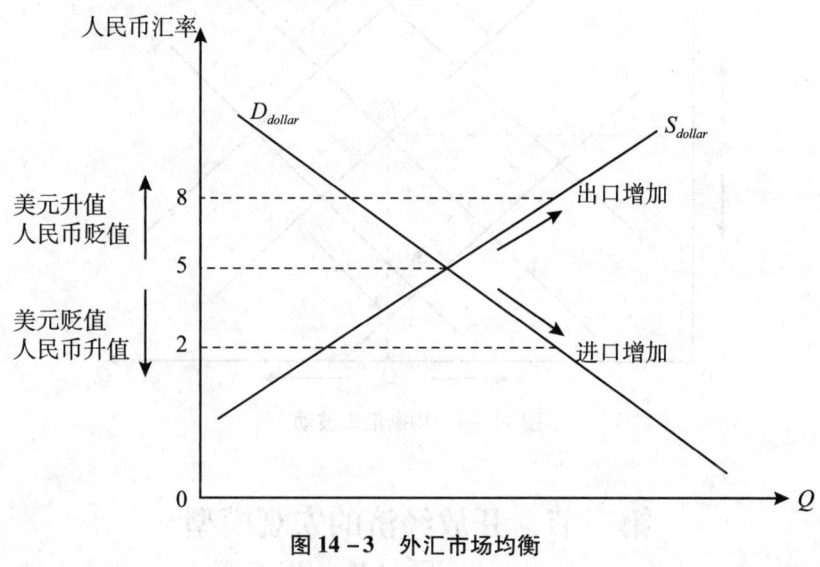

图14-3 外汇市场均衡

美元的供给来自本国的出口商。他们出口商品后获得美元的货款，他们必须把美元卖给银行才能换回人民币进而在国内消费。在美元价格为5元人民币的汇率水平下，出口1万美元的商品，可换得5万元人民币的货款；汇率上升至8元人民币1美元后，即美元升值，人民币贬值，同样出口1万美元的商品却可换得8万元人民币的货款。于是，出口商开始增加自己的出口，当然他对美元的供给也随着出口的增加而增加。人民币的贬值增加了中国对美国的出口。

均衡汇率的决定正如其他商品市场上均衡价格的决定一样，使美元供需相等的汇率即均衡汇率。在图14-3中，在1美元价格为5元人民币时，美元的供给量等于需求量，均衡汇率为5元人民币。若在8元人民币的水平下，在外汇市场上美元的供给量超过了美元的需求量，汇率必然开始下跌，即人民币开始升值，美元贬值。人民币升值使中国的出口品在美国市场上的美元销售价格上升，中国对美国的出口开始减少。同时，人民币升值意味着中国人在购买美国的进口品时，同样多的人民币可购买的数量增多了，于是进口开始增加。这样，随着汇率下降，美元的供给量随出口的减少而减少，需求量随进口的增加而增加，直到供需相等时，汇率重新回到均衡水平。当汇率在2元人民币时，市场上美元的需求超过供给量，迫使汇率上升，从而人民币贬值，美元升值，中国对美国出口开始增加,进口减少。市场上美元供给量增加、需求量减少,直至供需实现新的平衡。

此外,如果由于某种因素,如各国贸易结构的改变或者是宏观经济政策的变化,使美元的需求或供给曲线发生移动时,均衡汇率就会因此而改变。比如鼓励出口的补贴政策,或者结构性减税等,都会引起在各种汇率不变的条件下出口增加,进而引起美元的供给曲线向右移动,均衡汇率会因此而变化。出口扩大导致人民币升值,美元贬值。而当需求曲线向右移时,则会导致人民币贬值,美元升值。如图 14-4 所示。

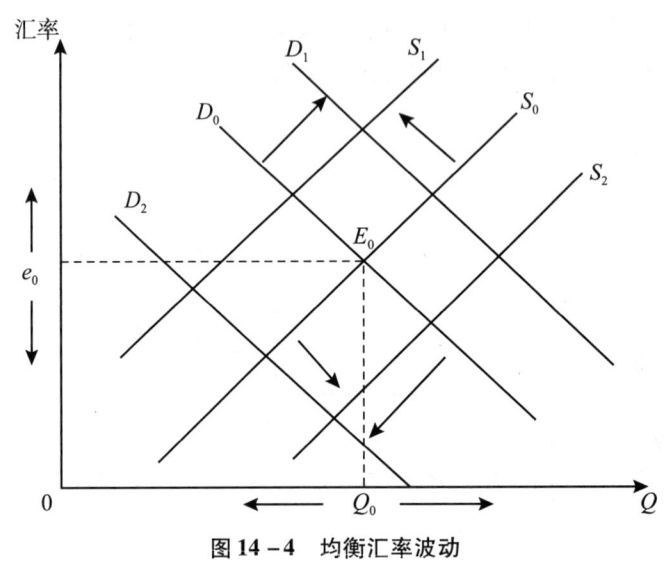

图 14-4 均衡汇率波动

第三节 开放经济的宏观模型
——IS-LM-BP 模型

在实施货币与财政政策时,政策制定者的眼光常常要超越本国国境。即使国内充分就业和物价稳定是他们唯一的目标,他们也不得不考虑到国外部门产生的冲击和影响。产品、服务以及资本在国际间流动会深刻地影响到一国的经济。在开放的环境中如果无视这些效应的政策制定者必然会自食恶果。

一、国际收支平衡与 BP 曲线

▶BP 曲线的由来

根据前一章的学习,我们知道国际收支状况既取决于经常账户又取决于资本账户。我们用 BP(balance of payment)表示国际收支平衡或国际收支净额为零,即净出口与净资本流出的差额为零。用公式表示即

$$BP = (X - M) + (AM - AX) = 0 \tag{14.1}$$

其中 X 表示出口,M 表示进口,AX 表示金融资产流出(Asset Export),AM 表示金融资产流入(Asset Import)。$(M - X)$ 大于零表示经常项目的逆差,$(AM - AX)$ 大于零表示

资本项目的净流入。当 $BP=0$ 时，即 $M-X=AM-AX$ 时，国际收支达到平衡状态。

由于一个国家的进口量的大小主要取决于本国实际国民收入的高低，即 M 是本国实际国民收入的递增函数，函数表达式可以写成：$M=M(Y)$，$M'>0$；出口 X 则主要由国外部门的实际收入决定，与本国收入水平无关，因此，这里假定出口 X 是一外生变量，不受本国经济系统内部各个因素的影响。用 NM 表示经常项目的逆差额，NM 是本国实际收入的增函数，则有：

$$NM=M-X=M(Y)-X=NM(Y)(NM'>0) \quad (14.2)$$

资本项目则主要受利率变量 r 的影响，本国利率水平相对越高，金融资产的流入就越多，而流出则越少，用 NF 表示资本项目的净流入，则 NF 是本国利率的增函数，表示成函数形式为：

$$NF=AM(r)-AX(r)=NF(r)(NF'>0) \quad (14.3)$$

将式（14.2）和（14.3）代入（14.1）可以得到如下 BP 曲线的表达式：

$$NM(Y)=NF(r) \quad (14.4)$$

所以 BP 曲线指的是当国际收支平衡的条件下即（$NM=NF$）时，利率和国民收入之间同向变动关系在图形上的各种组合点的轨迹。这种轨迹被称作国际收支平衡线，简称 BP 曲线。

BP 曲线的图形表示推导过程如图 14-5 所示。

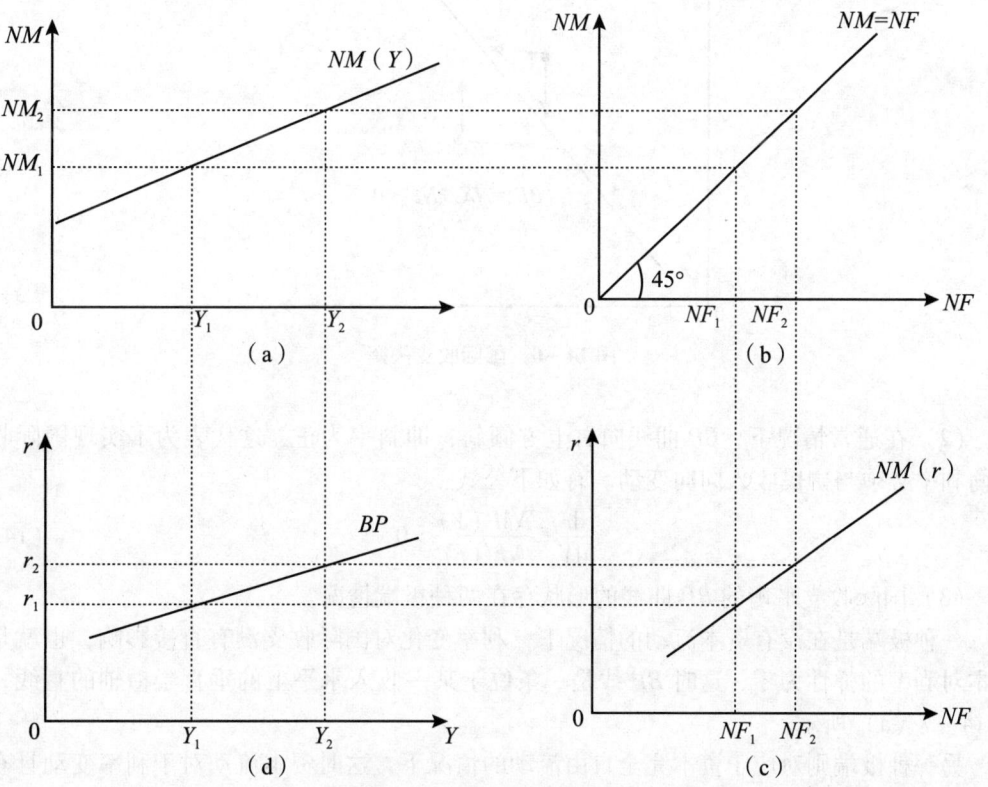

图 14-5　BP 曲线的推导

其中，图 14-5（a）表示经常账户逆差额曲线，在其他条件不变的情况下，随着实际国民收入的提高而增加。图14-5（b）是横纵坐标转换线，即45°线，它表示经常账户逆差额与净资本流入额相等，两个账户的差额正好互相补偿，实现国际收支平衡。图14-5（c）为净资本流入曲线，在其他条件不变的情况下，随着利率的提高而增加。假如一国原来处于国际收支平衡状态，即 $NM_1 = NF_1$。对应的国民收入是 Y_1，利率是 r_1。在图14-5（a）中，当国民收入从 Y_1 上升 Y_2，经常账户逆差额从 NM_1 增加 NM_2，国际收支现在处于失衡状态，因为 $NM_2 > NF_1$。图14-5（b）中为了实现新的国际收支平衡，必须保证资本账户的净资本流入从 NF_1 增加 NF_2。图14-5（c）中为了使得净资本流入额从 NF_1 增加 NF_2，国内利率必须从 r_1 上升 r_2。所以该国经济在国民收入为 Y_2，利率为 r_2 时实现了新的国际收支平衡状态。在14-5（d）图中将 (Y_1, r_1) 和 (Y_2, r_2) 这两个点连接起来，就可以得到国际收支平衡曲线，即 BP 曲线。

➤国际收支平衡（BP）曲线的含义

（1）BP 曲线上的任何一个点，都代表一个使国际收支平衡的利率和国民收入的组合。而在 BP 曲线之外的区域内任何一个点，则表示国际收支失衡，处于逆差或顺差状态。如图14-6 所示。

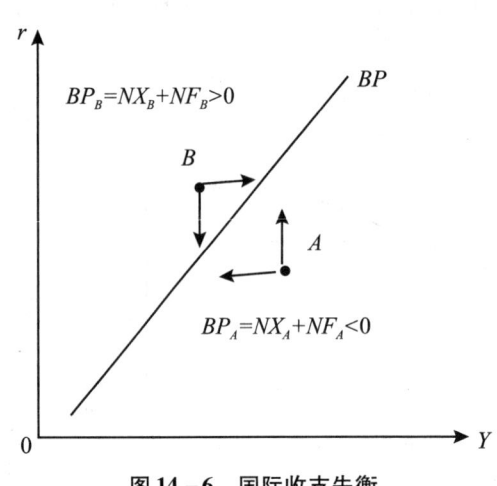

图14-6 国际收支失衡

（2）在通常情况下，BP 曲线向右上方倾斜，即斜率为正，这代表为了实现国际收支平衡利率必须与国民收入同向变动。有如下公式：

$$\frac{dr}{dY} = \frac{NM'(Y)}{NF'(r)} > 0 \tag{14.5}$$

（3）国际收支平衡的 BP 曲线的形状存在两种极端情况。

一种极端是在没有资本流动的情况下，利率变化对国际收支没有直接影响，也就是说资本对利率的弹性为零，这时 BP 线是一条位于某一收入水平上的垂直于横轴的直线，如图14-7（a）所示。

另一种极端则对应于资本完全自由流动的情况下，这时资本流动对于利率变动具有完全的弹性，即任何高于国外利率水平的国内利率都会导致巨额资本流入，使国际收支处于顺差；同样，任何低于国外利率水平的国内利率都会导致资本流出，使得国际收支处于逆差。如图14-7（b）所示。

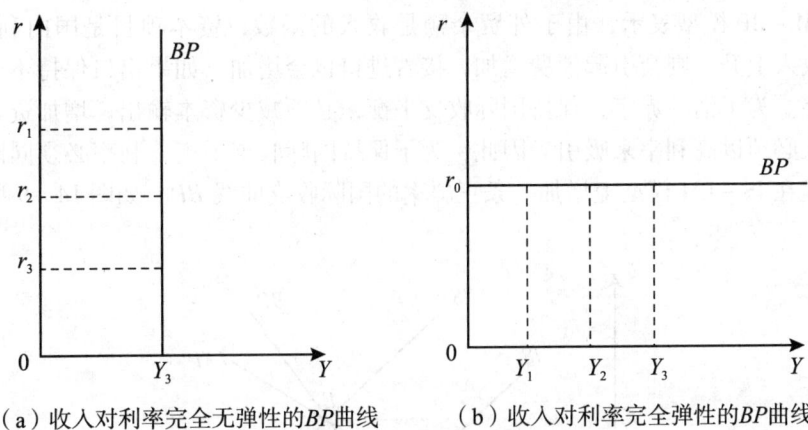

(a) 收入对利率完全无弹性的BP曲线　　(b) 收入对利率完全弹性的BP曲线

图 14-7　BP 曲线的两个极端

➢影响 BP 曲线的变动的因素

（1）国内利率。一个国家的国内利率上升，会引起净资本流入增加，即 NF 增加，此时必须增加国民收入才能使该国处于新的国际收支平衡水平。所以利率上升会沿着一条既定的 BP 曲线点的位置向左上方移动，反之，则沿着一条既定的 BP 曲线点的位置向左下方移动。如图 14-8 所示，当利率从 r_1 上升到 r_2，国际收支平衡会沿着 BP_1 曲线从 A 点移动到 B 点。

（2）除了利率之外的其他因素。比如出口增加或减少，或者国内投资成本上升等因素，会引起整条 BP 曲线向左或者向右移动。如图 14-8 所示，当出口增加，在利率不变的情况下，国民收入增加，进而使得进口增加，维持新的国际收支平衡，会引起整条曲线由 BP_1 移动到 BP_2。

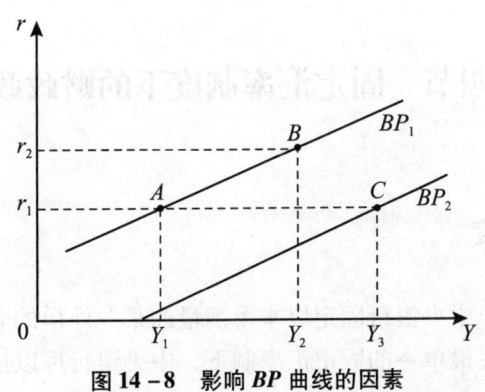

图 14-8　影响 BP 曲线的因素

二、IS-LM-BP 模型

前面给大家介绍了国际收支平衡与 BP 曲线，以及 BP 曲线的推导、斜率、移动和国际收支失衡。本节将前面已经学习过的 IS-LM 模型扩展到国际部门，即 IS-LM-BP 模型。

IS－LM－BP 模型表示，由于外贸余额是收入的函数，资本项目是国内利率的函数，假定国民收入上升，则会引起消费增加，接着进口也会增加。如果出口保持不变，就会产生贸易赤字。为了消除赤字，保持国际收支平衡，必须减少资本输出，增加资本输入，而资本的输入必须以高利率来吸引。因此，为了保持国际收支平衡，利率必须同国民收入同升降，于是在 IS－LM 模型上增加一条正斜率的国际收支曲线 BP。如图 14－9 所示。

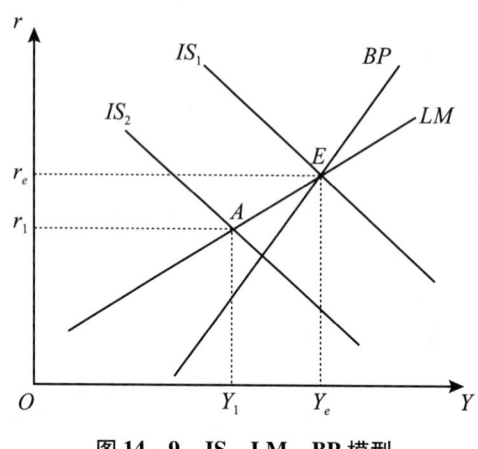

图 14－9　IS－LM－BP 模型

图中 IS_1 曲线、LM 曲线和 BP 曲线相交于 E 点，表明在 E 点，国内商品市场、资本市场和国际收支同时处于均衡状态。如果投资下降等原因使得 IS 曲线向左下方移动，由 IS_1 移动到 IS_2，并与 LM 曲线相交于 A 点，在该点上，IS_2 与 LM 相交，但是该点却处于 BP 曲线的左上方，说明国际收支有顺差。反之，如果 IS 曲线与 LM 曲线相交于 BP 曲线的右下方，则说明国际收支逆差。

第四节　固定汇率制度下的财政政策

一、固定汇率制度

在固定汇率制度下，中央银行固定以本币衡量的某一外币的名义价格。这一官方外币价格被称为汇率平价。在最单一的固定汇率制下，中央银行可以依据该汇率平价买进和卖出任意数量的外币以使得名义汇率完全固定。

在实际中，许多实行"固定"汇率制度的国家允许外币的市场价格在汇率平价水平附近的浮动带中浮动。自然而然地，汇率可以浮动的空间越大，这种"固定"汇率制度就越接近自由浮动的汇率制度。

更进一步，许多实行"固定"汇率制度的国家偶尔会改变其官方规定的汇率平价，这种结果产生了一种被称为固定而可调整的汇率。因此，固定汇率与浮动汇率制度之间的差别在于汇率波动的程度，二者之间并没有被划出一道非常清晰的界限。

在固定汇率制下,中央银行随时准备按事先决定的价格从事本币与外币的买卖。例如,假定中国人民银行宣布,它要把汇率固定为每1美元对7元人民币。那么,它就随时准备以1美元交换7元人民币或者以7元人民币交换1美元。为了实行这种政策,中国人民银行需要有人民币储备(它可以发行)和美元储备(它必然事先就购买了)。

固定汇率使一国的货币政策服务于唯一的目的:使汇率保持在所宣布的水平。换言之,固定汇率制的实质是中央银行的一种承诺,允许货币供给调整到保持外汇市场的均衡汇率等于所宣布的汇率所需的任何水平。而且,只要中央银行随时准备按固定汇率买卖外汇,货币供给就会自动地调整到必要的水平。

为了看出固定汇率如何决定货币供给,考虑下面的例子。假定中国人民银行宣布它将把汇率固定在每1美元兑换7元人民币,但在现有货币供给下的现期均衡,汇率是每1美元对8元人民币,说明中国人民银行对人民币价值高估,均衡人民币价值低于固定汇率水平。注意这里存在一个赚取利润的机会:套利者通过7元人民币从中国人民银行购买1美元,然后在外汇市场以8元人民币卖出,获利1元人民币。当中国人民银行向这些套利者出售这些美元时,它为此回收了人民币,自动地减少了货币供给。货币供给的减少使 LM^* 曲线向左移动,提高了均衡汇率。通过这种方式,货币供给继续减少,直到均衡汇率上升到所宣布的水平,如图14–10所示。

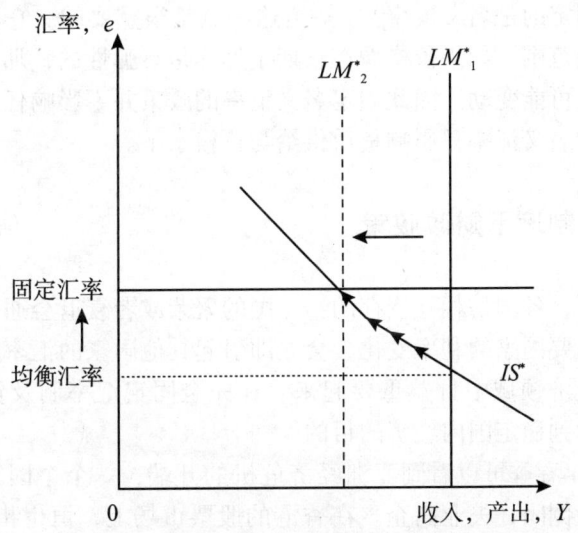

图14–10 均衡汇率低于固定汇率(间接标价法)

相反,假定当中国人民银行宣布它将把汇率固定在每1美元兑7元人民币时,均衡状态的市场汇率是每1美元兑6元人民币,此时说明中国人民银行对人民币价值低估,均衡人民币价值高于固定汇率水平。在这种情况下,套利者可以通过在外汇市场上以6元人民币购买1美元然后以7元人民币出售给中国人民银行而获利。当中国人民银行向套利者购买这些美元时,它所得到的1美元就自动地增加了货币供给,直到均衡汇率上升到所宣布的水平。

在图14–10中,均衡汇率最初低于固定汇率水平。套利者将从中国人民银行购买外国通货，然后把它在外汇市场卖出获利。这个过程自动地减少了货币供给，使 LM^* 曲线向左移动，提高了汇率。在图 14-11 中，均衡汇率最初高于固定汇率水平。套利者将在外汇市场上购买美元，并将这些美元卖给中国人民银行。这个过程自动地增加了货币供给，使 LM^* 曲线向右移动，降低了汇率。

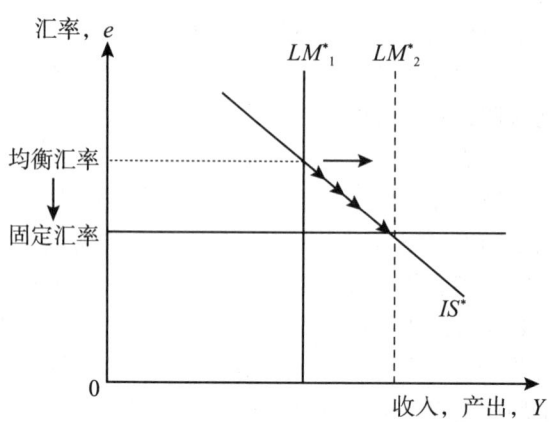

图 14-11　均衡汇率高于固定汇率（间接标价法）

这种汇率制度固定的是名义汇率①，知道这一点是很重要的。它是否也固定实际汇率取决于所考虑的时间范围。如果价格像在长期中那样是有弹性的，那么，即使名义汇率是固定的，实际汇率也可能变动。因此固定名义汇率的政策并不影响任何实际变量，包括实际汇率在内。固定的名义汇率只影响货币供给与价格水平。

二、固定汇率制度下财政政策

在开放的环境下，各国是相互依存的：一国的繁荣或者衰退会通过贸易流量溢出到其他国家；任何一个主要国家的利率变化，会立即引起其他国家的汇率或者利率的变动。国际经济问题在宏观经济领域中日益重要起来。在完全固定汇率制及资本自由流动的情况下，货币政策无法达到稳定国内经济的目的。

例如，在 1997 年春季可以看到亚洲经济危机的开端，一个个国家相继被迫使自己的通货实行贬值。银行倒闭，失业高企。在香港的股票市场上，恒生指数在 10 月份的 4 天时间里几乎下跌了原有价值的 1/4。遭受麻烦的和基础较好的亚洲经济都在这次经济危机蔓延中未能幸免。几个月以来，对世界性经济萧条的担忧在上升。幸运的是，这场危机并未扩展到世界的其他地方，而且到 20 世纪 90 年代末的时候，大多数亚洲国家都得到了恢复。

---

① 国际金本位，在 19 世纪末和 20 世纪初，世界上大多数主要经济体在金本位制下运行。每个国家都维持黄金储备，同意 1 单位本国通货兑换某一规定数量的黄金。通过金本位，世界各经济体保持了固定汇率制。比如，美国财政部随时准备以 1 盎司黄金买卖 100 美元，而英格兰银行随时准备以 1 盎司黄金买卖 100 英镑。这些政策的共同作用固定了美元和英镑之间的汇率：1 美元必定交换 1 英镑，否则就违背了一价定律，在一个国家购买黄金然后在另一个国家卖出就是有利可图的。在金本位时代，套利者进行的黄金国际运输是调整货币供给和稳定汇率的自动机制。这种制度并没有完全固定汇率，因为横穿大西洋运送黄金是成本高昂的。但国际金本位确实把汇率保持在运输成本决定的范围内。因此，它防止了大而持久的汇率变动。

现在我们考察经济政策如何影响实行固定汇率的小型开放经济。假定政府通过增加政府购买或减税刺激国内支出。这种政策使 IS^* 曲线向右移动，如图 14-12 所示，对市场汇率产生了向上的压力。但是，由于中央银行随时准备按固定汇率交易外币和本币，套利者通过把外汇卖给中央银行来迅速对汇率上升做出反应，导致自动的货币扩张。货币供给的增加使 LM^* 曲线向右移动。因此，在固定汇率下财政扩张增加了总收入。

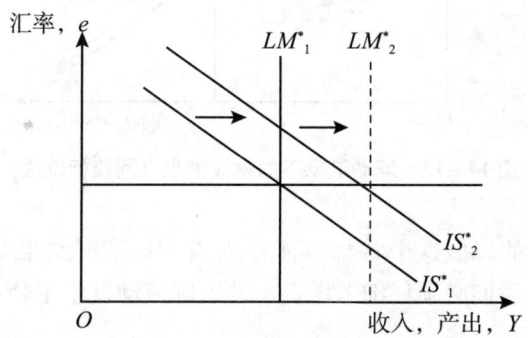

图 14-12　固定汇率下的财政扩张（间接标价法）

财政扩张使 IS^* 曲线向右移动。为了维持固定汇率，中国人民银行必须增加货币供给，从而使 LM^* 曲线向右移动。因此，在固定汇率下，财政扩张增加了收入。

第五节　浮动汇率制度下的宏观经济政策

在浮动汇率（floating exchange rate）制下，汇率由市场力量决定，可以随着经济状况的变动而波动。在这种情况下，汇率 e 进行调整以达到产品市场与货币市场的同时均衡。当某种力量偶然改变该均衡时，汇率可以运动到新的均衡值。

现在我们考虑能够改变均衡的三种政策：财政政策、货币政策和贸易政策。我们的目标是用蒙代尔—弗莱明模型说明政策变动的影响和理解当经济从一个均衡向另一个均衡运动时起作用的经济力量。

一、财政政策

假定政府通过增加政府购买或税收的减少刺激国内支出。由于这种扩张性财政政策增加了计划支出，它使 IS^* 曲线向右移动，如图 14-13 所示。结果，汇率上升了，而收入保持不变。

政府购买的增加或税收的减少使 IS^* 曲线向右移动。这提高了汇率，但收入没有影响。

注意这里财政政策在小型开放经济中的效应与封闭经济中和固定汇率下的差别很大。在封闭经济的 IS-LM 模型中，财政扩张提高了收入，在固定汇率制下的 IS^* - LM^* 模型中，财政扩张也提高了收入。但是在浮动汇率下的小型开放经济中，财政扩张使收入保持在同一水平。从机制上说，这种差异的产生是因为 LM^* 是垂直的，而我们来研究封闭经济

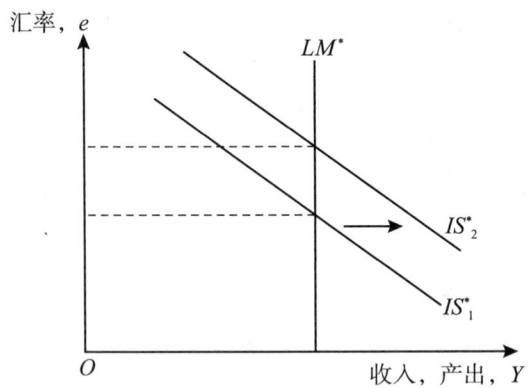

图 14-13 浮动汇率下的财政扩张（间接标价法）

的 LM 曲线是向上倾斜的。但这个解释不能令人满意。不同结果背后的经济力量是什么呢？要回答这个问题，我们必须仔细考虑资本的国际流动发生了什么，以及这些资本流动对国内经济的启示。

利率和汇率是这个故事中的关键变量。在封闭经济中，当收入上升时，利率上升，因为更高的收入增加了对货币的需求。在一个小型开放经济中这种情况是不可能的，这是因为只要利率上升到世界利率 r^* 以上，资本就迅速地从国外流入以追求更高的回报。随着这一资本流入将利率推回到 r^*，它还产生了另一个效应：由于国外投资者需要买进本币在国内经济进行投资，资本流入增加了外汇市场上对本币的需求，提高本币价值。本币的升值使国内产品相对于国外产品变得更加昂贵，从而降低了净出口。净出口的下降正好抵消了扩张性财政政策对收入的效应。

为什么净出口下降得如此之多以至于使财政政策失去影响收入的能力呢？为了回答这个问题，考虑描述货币市场的方程：

$$M/P = L(r, Y)$$

在封闭经济和开放经济中，实际货币余额的供给量 M/P 被中央银行（确定 M）和黏性价格假设（固定 P）固定了。需求量（由 r 和 Y 决定）必须等于这一固定供给。在一个封闭经济中，财政扩张引起均衡利率提高。利率的这一上升（它减少了货币需求量）意味着均衡收入的增加（又提高了货币需求量）；这两种效应共同维持了货币市场的均衡。与此相反，在一个小型开放经济中，r 固定在 r^* 水平上，因此，可以满足这个方程的收入水平只有一个；当财政政策变动时，这一收入水平保持不变。因此，当政府增加支出或减税时，通货的升值和净出口的下降必须达到足以完全抵消政策对收入的扩张效应。

二、货币政策

现在假定中央银行增加货币供给。由于价格水平被假设为固定的，货币供给的增加意味着实际货币余额的增加。实际货币余额的增加使 LM^* 曲线向右移动，如图 14-14 所示。因此，货币供给的增加提高了收入，降低了汇率。

虽然货币政策在开放经济中与在封闭经济中一样影响收入，但货币传导机制是不同的。回想一下，在一个封闭的经济中货币供给的增加使支出增加，因为它降低了利率和刺激了投资。在一个小型开放经济中,由于利率是世界利率固定的,所以这一货币传导渠道无法获得。那么,货币政策是如何影响支出的呢?要回答这一问题,再次地,我们需要考虑资本的国际流动及其对国内经济的启示。

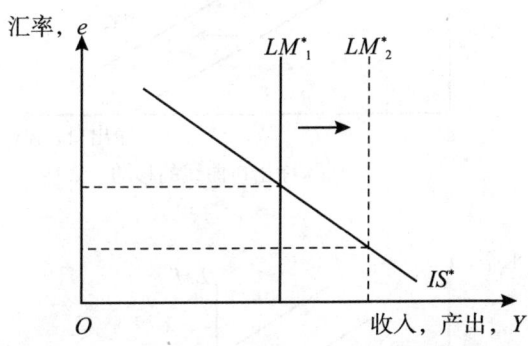

图 14-14 浮动汇率下的货币扩张(间接标价法)

货币供给的增加使 LM^* 曲线向右移动。这降低了汇率,提高了收入。

利率和汇率仍然是关键变量。一旦货币供给的增加开始给国内利率以向下的压力,由于投资者会到其他地方寻求更高的收益,所以,资本从该经济流出。这种资本流出阻止了国内利率下降到世界利率 r^* 以下。它还有另一种效应:由于投资于海外需要把本币兑换成外币,资本的流出增加了国内通货在外汇市场上的供给,引起本币贬值。这一贬值使国内产品相对于国外产品更为便宜,刺激了净出口,从而增加了总收入。因此,在一个小型开放经济中,货币政策通过改变汇率而不是利率来影响收入。

三、多个模型的使用

假定政府通过设置进口配额或征收关税来减少对进口产品的需求,总收入与汇率会发生什么变动呢?经济会如何达到新的均衡点呢?

由于净出口等于出口减去进口,所以,进口的减少意味着净出口的增加。也就是说,净出口曲线向右移动,如图 14-15 所示。净出口曲线的这种移动增加了计划支出,从而使 IS^* 曲线向右移动。由于 LM^* 曲线是垂直的,贸易限制提高了汇率,但并不影响收入。

关税或进口配额使图 14-15(a)中的净出口曲线向右移动。结果,图 14-15(b)中的 IS^* 曲线向右移动,这提高了汇率,而收入保持不变。

这一转变的背后的经济力量与扩张性财政政策的情况类似。由于净出口是 GDP 的组成部分,在其他因素不变的情况下,净出口曲线的右移对收入 Y 产生向上的压力;Y 的增加又提高了货币需求,对利率 r 产生向上的压力。国外资本通过流入国内经济迅速作出反应,把利率推回世界利率 r^* 的水平,引起本币升值。最后,本币升值使本国产品相对于外国产品更昂贵,这减少了净出口 NX,使收入 Y 回到其初始水平。

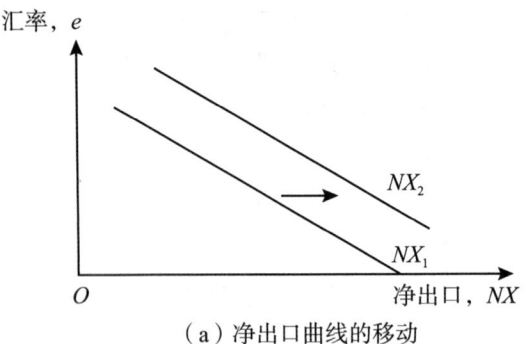

(a）净出口曲线的移动

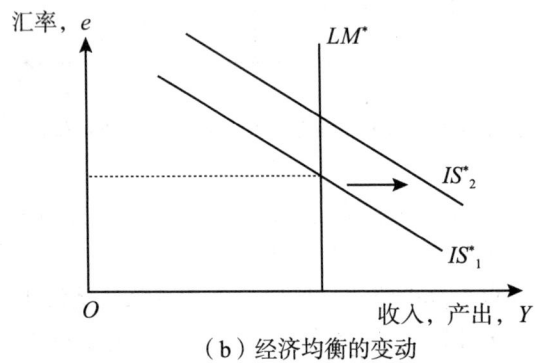

(b）经济均衡的变动

图 14-15 浮动汇率下的贸易限制

限制贸易政策常常声称的一个目标是改变贸易余额 NX。然而，正如我们在第十三章中最早看到的，这样的政策并不一定会有那种效应。同样的结论在浮动汇率下的蒙代尔—弗莱明模型中也成立。

由于贸易限制并不影响收入、消费、投资或者政府购买，所以，它不影响贸易余额。尽管净出口曲线的移动倾向于增加 NX，但汇率上升又等量地减少了 NX。总体效应仅仅是贸易减少了。国内经济比实行贸易限制钱进口更少了，但出口也更少了。

【扩展阅读 14.1】

货币贬值与从大萧条中的复苏

20 世纪 30 年代的大萧条是一个全球性问题。尽管发生在美国的事件可能加速了衰退的来临，但所有世界主要经济体都经历了生产和就业的巨大下降。但并不是所有政府都以同样的方式对这场灾难作出反应。

各国政府之间的一个关键差别是它们对由国家金本位确定的固定汇率的坚持程度。一些国家，例如法国、德国、意大利和荷兰，维持了黄金与通货之间原有的汇率。另一些国家，例如丹麦、芬兰、挪威、瑞典和英国，将它们为每单位通货支付的黄金量减少了 50% 左右。通过减少本国通货的含金量，这些政府使本国通货相对于其他国家的通货贬值了。

这两组国家此后的经历证明蒙代尔—弗莱明模型的预测。那些实行贬值政策的国家迅速从大萧条中复苏。更低的通货价值增加了货币供给，刺激了出口，扩大了生产，与此相反，那些维持原有汇率的国家受经济活动水平低下之苦的时间更长。

【扩展阅读 14.2】

国际金融危机：墨西哥 1994~1995 年

1994 年 8 月，1 墨西哥比索值 30 美分。一年后，它只值 16 美分。什么解释了墨西哥通货价值的这种巨大下降呢？国家风险是主要因素。

1994 年初，墨西哥是一个处于上升中的国家。此前不久通过的北美资源贸易协定（North American Free, Trade agreement, NAFTA）减少了美国、加拿大和墨西哥三国之间的贸易壁垒，这使许多人对墨西哥经济的未来充满了信心。世界各地的投资者热衷于向墨西哥政府和墨西哥公司发放贷款。

政治上的新发展很快改变了人们的这种认识。墨西哥恰帕斯地区的暴力起义使墨西哥的政治形势显得严峻起来。接着，主要的总统候选人 Luis Donaldo Colosio 被谋杀了。墨西哥的政治前景看来不那么确定，许多投资者开始给予墨西哥资产更大的风险贴水。

最初，风险贴水的上升并没有影响比索的价值，因为墨西哥实行的是固定汇率制。正如我们已经了解的，在固定汇率下，中央银行同意按事先决定的汇率交易国内通货（比索）和外国通货（美元）。因此，当一过风险贴水的增加对比索的价值产生向下的压力时，墨西哥中央银行必须接受比索支付美元。这种自动的外汇市场干预使墨西哥的货币供给紧缩，否则，墨西哥的通货就会贬值。

然而墨西哥的外汇储备太少，无法维持其固定汇率。当墨西哥在 1994 年底美元告罄时，墨西哥政府宣布比索贬值。但是，这一决定引发了后果，因为政府曾反复承诺不贬值。投资者对墨西哥的政策制定者更不信任了，担心墨西哥比索会进一步贬值。

世界各地的投资者（包括墨西哥的投资者）都避免购买墨西哥资产。国家风险贴水再次上升，这增加了利率上升的压力和比索贬值的压力。墨西哥股票暴跌。当墨西哥政府需要通过滚动还债来归还一些到期债务时，投资者不愿意购买新债券。拖欠看来是政府的唯一选择。仅仅在几个月后，墨西哥就从一个有前途的新兴经济变为一个政府处于破产边缘的危险经济。

这时美国介入了。美国政府有三种动机：帮助自己南边的邻居，防止随着政府拖欠债务和经济崩溃而可能涌入美国的大量非法移民，以及防止投资者对墨西哥的悲观情绪扩散到其他发展中国家。美国政府和国际货币基金组织一起领导了对墨西哥政府提供紧急援助的国际努力。特别地，美国为墨西哥政府的债务提供贷款担保，这就使墨西哥政府可以为到期债务融资。这些贷款担保有助于恢复对墨西哥经济的信心，从而某种程度上降低了国家风险贴水。

虽然美国的贷款担保可能足以阻止糟糕的形势进一步恶化，但没有防止 1994~1995 年墨西哥的金融危机给墨西哥人民带来的痛苦经历。墨西哥不仅是通货大幅度贬值，而且还陷入了深度衰退。幸运的是，到 20 世纪 90 年代后期，最坏的情况过去了，总收入又开始增长。但这次经历的教训是显而易见的，在未来也可能还会适用：可觉察到的国家风险的变动——常常是由于政治不稳定所引起的——是小型开放经济中利率和汇率的一个重要决定因素。

资料来源：曼昆（N. Gregory Mankiw）. 宏观经济学（第七版）[M]. 中国人民大学出版社，304-305，309-310.

复习思考题：

1. 解释马歇尔—勒纳条件。满足这一条件就能保证对国内产品的需求随实际汇率的贬值而上升吗？
2. 解释国际货币基金组织的汇率制度分类。简要讨论为什么近期汇率制度选择有两极分化的趋势。
3. 解释"小型专业化经济"的含义？
4. 为资本完全流动下定义，同时给出抵补的和非抵补的利率平价条件。二者同时成立的必要假设是什么？这些条件是短期关系还是长期关系？
5. 比较两个开放经济下的模型，即 MF 模型和 IS-LM-BP 模型。

第六部分　宏观经济学前沿

第十五章 新古典主义宏观经济学

教学目标和教学要求

通过本章的学习,使学生对古典总供给曲线、凯恩斯总供给曲线、总供给曲线和价格调整机制的关系的理解以及对完全预见的模型和理性预期模型有较全面和深刻的理解并能尝试着去推导;掌握并理解理性预期的宏观经济政策。

宏观经济学关注整体经济的行为——即关注繁荣与衰退、经济中产品与劳务的总产出、通货膨胀与失业率。

第一节 简单的总需求—总供给模型

总供给(AS)曲线描述了,对各个给定的价格水平,厂商愿意提供的产量。因为价格越高,厂商越愿意提供更多的产量,因此 AS 曲线向上倾斜。总需求(AD)曲线显示了商品市场与货币市场同时处于均衡状态下的价格水平与产出水平的结合。AD 曲线向下倾斜,是因为较高的价格会降低已供给的货币的价值,从而降低对产出的需求。图 15-1 中的 AD 曲线与 AS 曲线的交点 E 决定了均衡产量水平 Y_0 和均衡价格水平 P_0。其中任何一种价格水平的变化都会引起价格水平与产量水平的变化。

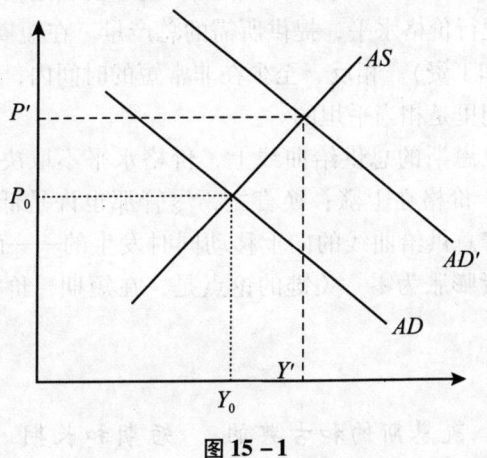

图 15-1

现在考虑货币供给增加会使总需求曲线 AD 向右移至 AD'。总需求曲线的移动使经济

的均衡从 E 点移到 E' 点。价格水平从 P_0 上升到 P'，产量水平从 Y_0 升至 Y'。因此，货币存量的增加使产出水平与价格水平均有提高。由图可见，价格上涨的幅度，由总供给曲线的斜率和总需求曲线的移动幅度及斜率共同决定。

一、总供给曲线

总供给曲线描述了，在各个既定的价格水平上，厂商愿意提供的产出数量。短期的 AS 曲线是水平的（凯恩斯的总供给曲线）；长期 AS 曲线是垂直的（古典的总供给曲线）。

1. 古典总供给曲线

古典总供给曲线是垂直的，表明无论是什么价格水平，供应的产品数量都一样。古典总供给曲线基于劳动市场处于充分就业的均衡状态。这里的"价格水平"意味着整体的价格水平。在单一的市场上，面对很高需求的制造商们，可以提高其产品价格，并且会购买更多的原材料，更多的劳动力等等。这具有使生产要素从需求较低的部门移出并转入特定市场的负效应。但是，如果经济中普遍出现较高的需求，并且所有的生产要素都已经被很好地使用，总产量就无法增加，而此时就只能是所有产品价格的上升（也包括工资）。

把对应于劳动力充分就业状态的产量水平成为潜在 GDP，记为 Y^*。当经济集聚资源并出现技术进步时，潜在 GDP 将随时间推移而增长，因而古典总供给曲线的位置将逐渐右移。

值得注意的是，尽管潜在 GDP 每年发生变动，但这种变动并不取决于价格水平。我们说潜在 GDP "相对于价格而言，是外生的"。而且，在一个较短的时期内，潜在 GDP 的变化相对较小。可在潜在 GDP 处画出单独一条垂直线，称为"长期总供给"，而不必过分担忧由于潜在 GDP 的增长所造成的右移。

2. 凯恩斯总供给曲线

凯恩斯总供给曲线是水平的，表明厂商在现有价格水平上愿意供给所需的任何数量的商品。凯恩斯总供给曲线的理论基础是：由于存在失业，厂商们可以在现行工资水平上，获得他们所需数量的劳动。因而，他们的平均生产成本被假定为不随产出水平变化而变化。于是，他们愿意按现行价格水平，提供所需的总产量。在短期内，当需求变动时，厂商们不愿意改变价格（和工资）。相反，至少在非常短的时间内，他们会增加或减少产量。因此，总供给曲线在短期里是相当平坦的。

值得注意的是，在凯恩斯的总供给曲线上，价格水平不取决于 GDP。在大多数国家中，在大多数的年份里，价格在上涨；换言之，尽管那也许是低通货膨胀，但一直在持续。这种价格上涨是随着总供给曲线的向上移动同时发生的——而不是沿着曲线移动的。目前，暂时假定预期通货膨胀为零。关键的论点是，在短期，价格水平不受当前 GDP 水平的影响。

【扩展阅读 15.1】

凯恩斯的和古典的：短期和长期

我们常常使用"凯恩斯的"和"古典的"说法来描述水平的或垂直的总供给曲线的假定。请注意，这并不是选择出来对世界进行不同描述的模型。两个模型都是真实的：凯恩斯模型在短期中有效，而古典模型则在长期中有效。经济学家对模型适用的时间范围一直争论不休。几乎所有的经济学家都认为凯恩斯模型在几个月或者更短的时间内有效，而古典模型则在10年或更长的时间架构中才能有效。不幸的是，对于政策有效性而言，有意义的只是几个季度到几年的时间架构。价格调整的速度，也就是总供给曲线要经过多久时间才能从水平转至垂直，是一个正在积极探索的领域。

3. 摩擦性失业和自然失业率

古典模型暗示着不存在失业。在均衡状态下，劳动力充分就业。但总存在一些失业。这种失业可用劳动力市场中存在摩擦来解释。劳动力市场中的摩擦力是因为劳动力市场总是处于流动状态而发生的。由于一个人需要花费一些时间才能找到合适的新工作，当人们寻找工作时，总会存在摩擦性失业。

在充分就业水平和相应的充分就业的（或潜在的）产出水平 Y^* 上，存在着与之相联系的一定量的摩擦性失业。这个失业的数量被称为自然失业率。自然失业率就是当劳动力市场处于均衡时，因为正常劳动力市场的摩擦而造成的失业率。

二、总供给曲线和价格调整机制

总供给曲线描述了经济中的价格调整机制。总供给曲线的方程为：

$$P_{t+1} = P_t[1 + \lambda(Y - Y^*)] \tag{15.1}$$

其中 P_{t+1} 是下一时期的价格水平，P_t 是现在的价格水平，Y^* 是潜在产量。从式（15.1）可以看出：如果产量高于潜在产量，价格将上升，而在下一时期会更高。如果产量低于潜在产量，价格将下降，而在下一时期会更低。而且，价格将继续随时间上升或下降，直至产量回到潜在产量。如果价格不变，那么产量等于潜在产量。GDP 和潜在 GDP 之间的差距为 $Y - Y^*$，就是 GDP 缺口，或产出缺口。

价格调整速度受到式（15.1）中的参数 λ 的影响。如果 λ 较大，总供给曲线将迅速移动。反之则反是。经济学家对于把宏观经济政策的最好方针集中在 λ，有一点不同的意见。如果 λ 比较大，总供给机制将会很快地把经济带回到潜在产出水平。如果 λ 较小，也许要用总需求政策去加速这一过程。

三、总需求曲线

总需求（AD）曲线表示产品市场与货币市场同时达到均衡时的价格水平与产出水平的组合。扩张性政策使总需求曲线向右移动。消费者与投资者的信心也会影响总需求曲线。信心强时，AD 曲线右移。反之则反是。

产出与价格之间的总需求关系相当复杂。这里只作简单介绍。

产出与价格之间的总需求关系的关键是，总需求取决于实际货币供给。实际货币供给是中央银行和银行体系提供的货币价值。将货币供给（名义货币供给）的数量记为 $\overline{M}$，价格水平记为 P，则实际货币供给就是 $\overline{M}/P$。当 $\overline{M}/P$ 上升时，利率下降，投资增加，引起总需求全面上升。反之则反是。

对于给定的名义货币供给量 $\overline{M}$，高价格意味着较低的实际货币供给 $\overline{M}/P$，也意味着所得货币收入价值降低了。因此，高价格意味着低水平的总需求，低价格意味着高水平的总需求。

总需求曲线代表商品市场和货币市场的同时均衡。商品市场的扩张会使总需求曲线右移。扩张性的货币政策也会使总需求曲线右移。

四、货币数量论（费雪方程）

货币数量论提供了一种掌握总需求曲线的简单的方法，它甚至可以把一些重要的因素抛在一边。下面给出其数学表达方程：

$$M \times V = P \times Y \tag{15.2}$$

其中，M 代表流通中的货币量，V 表示货币的流通速度，P 表示产品价格，Y 表示总产量。如果假定 V 不变，那么式（15.2）就可以转化为总需求曲线。由于货币供给量不变，Y 的任何增加都必定被价格的下降所抵消，反之则反是。给定 AD 的向下倾斜，产量和价格之间就是反向变动关系。货币供给的增加在任何给定的 Y 值下，都会使 AD 右移。

在凯恩斯情况下，增加政府支出、减税或增加货币供给的唯一作用是增加产量与就业。在古典情况下，总需求扩张的政策只能使价格提高，产量与就业量均不变。

第二节 完全预见的模型

这里给出一个简单的总需求方程是为了分析的简便，假定总需求的方程为：

$$m + v = p + y \tag{15.3}$$

方程（15.3）是货币数量论方程；m 是货币供给（的对数）；v 是"流通速度"，假定其为常数；p 是价格水平；y 是GDP。

给出一个简单的短期总供给曲线，它强调了价格预期的作用：

$$p = p^e + \lambda(y - y^*) \tag{15.4}$$

其中，p 表示价格，p^e 表示预期的价格，y 表示GDP，y^* 表示潜在GDP。参数 λ 给出了总供给曲线的斜率。如果 λ 较大，产量增加超过潜在产出，则引起价格急剧上涨，高过预期水平。如果 λ 较小，价格对产量的短期反应也是小的。

总需求方程和总供给方程联立，可解出货币供给与其他变量表示的产出式（15.5）和价格式（15.6）：

$$y = \frac{1}{1+\lambda}m + \frac{1}{1+\lambda}(v - p^e) + \frac{\lambda}{1+\lambda}y^* \tag{15.5}$$

$$p = \frac{\lambda}{1+\lambda}(m + v - y^*) + \frac{\lambda}{1+\lambda}p^e \tag{15.6}$$

方程（15.5）和方程（15.6）给出了该模型中的均衡产出和价格。应当指出的是，当赋予该模型一些具体值时，所得价格（预期价格）与已经假定的预期价格不一致，为了修正这一误差，下面将给出完全预见的模型。

假定当事人使用 AD – AS 模型预测价格，而且他们拥有进行预测所必需的所有信息。当事人具有完全预见的能力。假定 p^e 并非来自模型之外，而是当事人利用模型本身计算出 p^e。也就是说，当事人根据 m、v、p^e 等来计算 p。然后，当事人设定他们预测价格处于

$p^e = p$ 的条件下。既然，p 本身取决于 p^e，这两个变量必被同时解出。

假定这里的模型正确地描述了该经济的情况，因此，经济决策者利用方程（15.6）来预测价格并计算 p^e，于是 $p^e = p$：

$$p^e = p = \frac{\lambda}{1+\lambda}(m+v-y^*) + \frac{1}{1+\lambda}p^e \tag{15.7}$$

整理式（15.7），可得出完全预见的价格，以及相应的产出：

$$p^e = p = m + v - y^* \tag{15.8}$$
$$y = y^* \tag{15.9}$$

方程（15.8）和（15.9）中的完全预见的预测与方程（15.5）和（15.6）所体现的预测有很大的差别。后者假定价格预期是外生给定的，前者假定价格预期是内生形成的，尤其是，预期形成与模型预测相一致的时候。

向这种一致形成的预期的转变方式，使货币政策的有效性具有了戏剧性的含义。根据方程（15.6），货币供给增加1%，使价格上涨 $\lambda/(1+\lambda)\%$，但在完全预见下，价格上涨为1%。根据方程（15.5），货币供给增加1%，使产出上涨 $1/(1+\lambda)\%$，但在完全预见下，完全不引起产出的增加。这些完全预见的短期结果与长期的 AD – AS 结果相同。在完全预见下，价格上涨不仅是货币供给增加的直接结果，而且是由价格预期上升造成的。这个预期造成的额外的价格上升恰好足以完全抵消货币供给增加的效果。

在完全预见下。货币政策不仅在长期中，即使在短期内都是中性的。

完全预见的模型有两个重要的弱点。第一，它要求经济决策者对经济无所不知。第二，它暗示经济总是处于充分就业的状态。这两个弱点都不是真正关键性的，就像第三节讨论的理性预期模型时所理解的那样。

第三节 理性预期模型

经济学家、诺贝尔经济学奖得主卢卡斯提出了一种预期形成机制。卢卡斯认为，人们没有必要等事情发生之后才将其嵌入自己的预期，事实上，人们可以利用所有能够获得的信息（包括对财政政策和货币政策的效应的预期），对通货膨胀予以更为理性的预期。卢卡斯对于预期形成机制的观点被称为理性预期。

假定在知道货币供应量之前，经济决策者预期的货币供应量为 m^e。如果实际的货币供应量为 m，可以将当事人预期的货币供给和实际货币供给之差，定义为

$$\varepsilon_m = m - m^e$$

作为当事人的货币预测误差。（类似的，假定当事人预期的潜在产出是 y^{*e}。由于潜在产出实际上是 y^*，当事人的潜在产出预测误差就是 $\varepsilon_{y^*} = y^* - y^{*e}$。）下面将证明，对应于预期到的货币量 m^e，货币政策乘数为零，正好和完全预见模型中的一样。对于未预料到的货币量 ε_m，货币政策乘数是正的，正好和 AS – AD 模型中的一样。

对于某一特定的人，预测误差可以是正的（如货币供给比预期的大），也可能是负的（货币供给比预期的小），但理性预测的误差平均为零。尽管理性预测误差或大或小取决于可得信息的质量，但误差的均值将等于零。另一种表达方式是 $(\varepsilon_m)^e = 0$。

根据方程 (15.6), 以 $m^e + \varepsilon_m$ 代替 m, $y^{*e} + \varepsilon_{y^*}$ 代替 y^*, 则可得:

$$p = \frac{\lambda}{1+\lambda}[(m^e + \varepsilon_m) + v - (y^{*e} + \varepsilon_{y^*})] + \frac{1}{1+\lambda}p^e \tag{15.10}$$

假定, 当事人以方程 (15.10) 中价格预测为基础形成他们的预期。但是, 预测只能以当事人所掌握的信息为基础。

$$p^e = \frac{\lambda}{1+\lambda}(m^e + v - y^{*e}) + \frac{1}{1+\lambda}p^e \tag{15.11}$$

简化式 (15.11) 得到:

$$p^e = m^e + v - y^{*e} \tag{15.12}$$

注意在方程 (15.12) 中, 理性预期下的预期价格与方程 (15.8) 中完全预见下的预期价格除以下一点之外完全相同: 即它只是以所能得到的有限信息为基础, 比如说, 是 m^e 而不是 m。价格与产出而均衡解为:

$$y = y^{*e} + \frac{1}{1+\lambda}\varepsilon_m + \frac{\lambda}{1+\lambda}\varepsilon_{y^*} \tag{15.13}$$

$$p = m^e + v - y^{*e} + \frac{\lambda}{1+\lambda}(\varepsilon_m - \varepsilon_{y^*}) \tag{15.14}$$

通过方程 (15.13) 可知, 在理性预期下, 预料到货币供给的增加对产出毫无影响, 而未预料到的货币增加会使产出增长 $1/(1+\lambda)$。注意, 预料到的变动正像上述完全预见的模型那样运作, 而未预见的变动正像原来外生价格预期的 AS-AD 模型所预期的那样运作。事实上, 预料到货币政策是中性的, 而未预料到的政策则有完全的 AS-AD 效应。

第四节 理性预期的宏观经济政策

所谓理性预期, 是指公众预先充分掌握了一切可以利用的信息, 并在对这些信息进行理智整理的基础上预测未来。这种预期之所以被称为"理性的", 是因为它是公众对历史能提供的所有信息加以走有效利用, 并经过周密思考之后才作出的一种预期。从理论上来说, 理性不仅是对经济变量取值的预测, 而且是对这个取值的概率分布的判定。因此, 一个经济变量的理性预期, 等于该变量的数学期望值。

理性预期下, 对经济变量的预期平均值总是等于该经济变量的实际值, 出现的误差是由随机扰动所致。理性预期的主体只会犯随机性误差, 而不会犯系统性误差。

理性预期理论不排除现实经济中存在不确定因素, 也不排除不确定因素对预期的影响, 使得预期偏离实际。但在理性预期模型中, 公众会针对预期的不确定信息来不断调整对未来的期望。在理性预期理论中, 公共也会犯随机性错误, 但不会犯系统性错误。

虽然理性预期是最准确和最有效的预期形成形式, 但针对理性预期的批评却从未停止过, 这里简单介绍常见的两种常见的反对意见。

主要的一种批评涉及信息成本, 即公众获取和处理那些公开获得的信息, 以形成理性预期所需的成本 (时间、努力和金钱)。既然获取和处理信息存在成本, 那么公众就不可能使用所有可得到的公开信息。针对这种批评的辩护观点认为, "理性" 公众在形成他们的预期时, 有激励去最佳地利用所有可获取的信息。即公众有激励把信息运用到边际收益等于边际成本这一点。此外,理性预期并不要求公众独立地去获取和处理可获得公开信息。公众可以间接地,例如从新闻媒介和专业研究机构的预测和评论中获取信息。

另一个更为严厉的批评意见则认为,由于经济学家自己就什么是正确模型都存在巨大的分歧,那么公众在现实中如何获得"正确的"经济模型的知识?分散的市场行为主体,能否"了解"经济的真实模型是一个很有争议的问题。对于以上批评,卢卡斯给出了经典的回应,鸟没有学过复杂的空气动力学却能飞得很好。理性预期学派认为:因为公众不断地吸取教训,能够做到"吃一堑,长一智",从而有效利用一切信息来逐渐修正预期,因此理性预期是一种合理的理论假设。

【扩展阅读15.2】

在理性预期下的最优货币政策

如果经济周期仅仅是由需求冲击驱动的,那么央行利率对通胀缺口和产出缺口的反应应该尽可能强烈,该名义利率应该受零值边界的限制。普遍来讲,当经济遭受供给冲击和需求冲击的时候,最有利率政策面临着产出稳定与通货膨胀稳定之间的权衡取舍。在最优通货膨胀盯住规则下,最优利率对通货膨胀缺口的反应是与需求冲击相对于供给冲击的方差比值成比例的。通胀波动相对于产出波动的社会损失越大,利率对通货膨胀缺口的反应就越发强烈。

由于公众会对政策变化所带来的影响作出理性的预期,并相应地改变自己的行为,这就为政策研究者提出了一个尖锐的问题:当政府准备实施一项政策时,就需要知道公众依据自身的判断可能对这项政策作出何种反应。除非充分了解公众对政策的预期,否则就不能从各变量和政策之间的历史关系中找出答案。

1981年卢卡斯发表了题为《对经济计量政策评估的批评》的论文,他认为传统的凯恩斯模型不能用于研究政策变化的影响,因为传统的政策评估方法——比如依靠标准宏观经济计量模型的方法——没有充分考虑到政策对预期的影响。卢卡斯对传统政策评估的批评,就是经济学中著名的"卢卡斯批判"。

借助 AS-AD 模型,可以简要说明在理性预期的假设前提下,传统凯恩斯主义宏观经济政策失效的基本依据(如图 15-2 所示)。

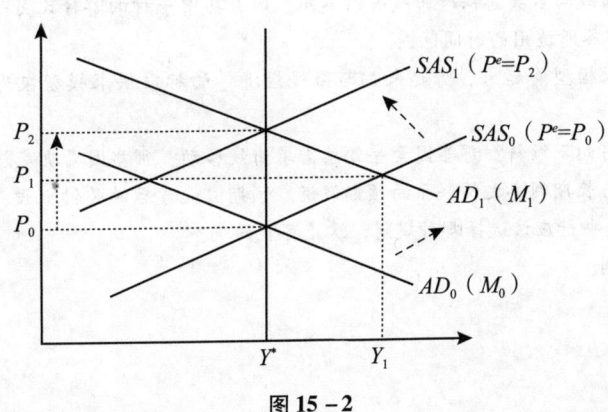

图 15-2

在图 15-2 的 AS-AD 模型中,经济起初在点 A 处运行,该点是初始的总需求曲线

(AD_0)与短期总供给曲线(SAS_0)及长期总供给曲线(LAS)的交点,经济处于充分就业产出水平。

现在假设决策者为刺激经济,宣布将要增加货币供给。政府将货币供给由M_0增加到M_1,总需求曲线将由AD_0向右移至AD_1。如果工人和企业对此没有任何反应,短期总供给曲线将保持不变SAS_0,扩张性货币政策的实施将使总产出从Y^*增加到Y_1。

但根据理性预期的观点,理性的公众在形成他们的预期时,将会因扩张性政策所导致的价格上升考虑进自己的预期,即工人与企业预期未来的价格水平会上升(AD_1与长期总供给曲线LAS的交点)。这将会导致总供给曲线有SAS_0左移到SAS_1。经济将从A点迅速移到C点,货币供给的增加并没有使产出获得增加,而仅仅造成通货膨胀(价格从P_0升至P_2)。

再考虑出乎公众意料之外的、突然的政府政策变化所产生的影响,即政府在实施扩张性货币政策之前并没有公共信息,而是突然增加了经济中的货币量。此时,拥有不完全信息的公众不会预见到物价水平的上涨,SAS_0不发生移动,未预期的价格水平的上涨使得实际工资下降,企业对之的反应是增加劳动需求,从而总产出沿SAS_0增加。然而,这只是公众预期的随机性误差造成的。公众将纠正误差(纠正的速度极快),公众将价格的预期调整至与长期均衡点(C点)相互一致的水平,通过短期总供给曲线的移动,产出就会迅速回到充分就业水平。

从上述过程中可以看到"卢卡斯批判"的基本思想:凯恩斯主义的理论体系中,由于没有考虑到预期的作用,短期总供给曲线被视为固定不变,从而宏观经济政策通过影响总需求而对实际经济产生影响。而理性预期学派却认为,人们会利用一切信息对价格的变动作出自己的预期,当政府政策改变时,人们会对预期进行适时调整,短期总供给曲线并不是固定不变,而是会针对宏观经济政策的变动作出相应的调整。因此,在制定宏观经济政策时,政策制定者应该了解和重视这种调整。

复习思考题:

1. 总供给曲线与总需求曲线描述的是什么?
2. 解释为什么古典供给曲线是垂直的。在古典情况下,保证持续的劳动力充分就业的机制是什么?
3. 总供给曲线把握的是一种什么样的关系?
4. 凯恩斯总供给曲线与古典总供给曲线有何不同?是否其中一种的解释比另一种更贴切?请做出解释,注意要指明你的回答所适用的时间范围。
5. 总供给和总需求模型看起来、听起来都与微观经济学的标准供求模型极为相似。这些模型有何联系?
6. 总需求曲线为何向下倾斜?哪些因素导致总需求曲线移动?哪些因素决定总需求曲线的斜率?
7. 解释短期利率与长期利率之间联系的预期假说。预期假说背后的关键假设是什么?这一假设合理吗?从经验分析中确定央行应该选择哪种规则,这是可能的吗?
8. 解释卢卡斯批判。

第十六章 新凯恩斯主义宏观经济学

教学目标和教学要求

通过本章的学习，使读者理解和把握为什么新凯恩斯主义的价格黏性模型提供了新的"微观基础"，并解释了价格水平往往不总是随着货币供给的变化而迅速做出调整；在了解新凯恩斯主义和新古典主义关于宏观经济政策争论的基础上，掌握当经济遭受需求冲击或供给冲击以后，财政政策和货币政策在稳定经济中的效果，以及最优政策的选择。

20世纪80年代，在新古典宏观经济学风头正劲时，西方主流经济学中出现了一个新的流派，这就是以美国哈佛大学教授格里高利·曼昆（N. Gregory Mankiw）和时任斯坦福大学教授的约瑟夫·斯蒂格利茨（Joseph E. Stiglitz）等为代表的新凯恩斯主义（New Keynesianism，NK），也称新凯恩斯主义经济学（New Keynesian Economics，NKE）。

一般来说，新凯恩斯主义者都接受以下四个命题：

(1) 私人经济具有内在的不稳定性，经济由失衡走向均衡的自动调整过程是缓慢的。
(2) 货币在短期是非中性的，在长期是中性的。
(3) 短期向右下方倾斜的菲利普斯曲线是存在的。
(4) 政府为稳定经济进行干预的政策是有效的。

新凯恩斯主义经济学家的共同特征是继承凯恩斯主义传统，把失业和经济波动问题作为研究主题；与凯恩斯主义不同的是，他们力图从微观层面上，即从工资、价格和利率黏性上去寻找劳动市场、商品市场和资本市场不能出清以及宏观经济波动的原因。

第一节 新凯恩斯主义的黏性名义价格模型

理性预期理论与实际经济周期理论的引进，展开了一场针对凯恩斯主义正统的总供求模型的新古典革命。新古典理论以最大化的理性行为为基础，这是那些经济学者经过培训而具有的偏好特性。另外，这些理论很少注意，或者完全不注意呆滞的名义价格调整的作用，凯恩斯主义经济学家们相信在实际经济中看到了这种调整。从20世纪80年代中期开始，一直持续到今天，出现了一场新凯恩斯主义的反革命。新凯恩斯主义模型企图利用新古典主义者反映最大化理性行为的认识法则，仍然得出 AS – AD 那样的结果。

新凯恩斯主义模型一般依赖于不完全竞争的假定。在完全竞争情况下，厂商和消费者的各个行动导致社会达到"有效率"的均衡。但在不完全竞争情况下，个体决策并不必然导致有效率的社会结果。新凯恩斯模型解释了，在完全竞争情况下，个体的理性决策，如何导致社会不愿意要的经济高涨和衰败。这一节中，我们将考察一个新凯恩斯主义的模型，即曼昆的名义价格黏性模型。曼昆的模型解释了，为什么不完全竞争下的各个厂商面临名义货币供给变动时，会保持名义价格不变（"黏性"）。

曼昆面对的知识性问题是，根据经济理论，名义价格仅仅是按主观规定的计量单位来进行量度。微观经济学理论明确表示，只有相对价格才是重要的。事实上，微观经济理论做出了一个与货币中性有关的明确预测。假定经济中初始的货币供给为 $\bar{M}$，并且通过供求调整过程，使经济达到均衡，并具有价格 p_1、p_2、p_3 等，其平均价格水平为 p。现在假定货币供给代之以 $2\bar{M}$。微观经济理论预言，各个市场将达到与先前相同的均衡，这时价格为 $2p_1$、$2p_2$、$2p_3$ 等，平均价格水平为 $2p$。实际的情况没有变动。实际货币供给仍为 $2\bar{M}/2p = \bar{M}/p$，任何两个市场之间的价格比率，比如市场 1 和市场 3，仍然保持不变，$2p_1/2p_3 = p_1/p_3$。因此，凯恩斯主义者面对的问题是，如何使理性的微观经济学中确认的经济理论与名义价格水平不能立刻反映名义货币供给变化这一思想协调一致。

开始的回答是承认价格的确定和变动本身是一项经济活动。由于改变价格要使用经济资源，厂商只有在价格变动的利益大于成本时，才会改变价格。从表面来看，这好像是合理地解释了面临货币供给变动时，价格未能变动的原因。但这种论断产生的问题是，改变价格的成本很小，而经济摆动大约占 GDP 的几个百分点。看来变动价格的利益几乎总是大于其成本。

1985 年，曼昆利用非常基本的微观经济理论解决了这个难题，证明在经济中垄断力量强大的情况下，变动价格的私人利益可能远小于社会利益。[①] 厂商只是把私人利益作为决策基础，因此，面临需求变动时，即使改变价格的社会利益大于社会成本，各个厂商仍会决定维持定价不变。我们举出曼昆的一个简化分析。

假定经济中的生产方面包含许多小厂商，在各自的市场中都有一定的垄断力量因素。我们可以将厂商 i 所面临的需求写成：

$$Y_i = \left(\frac{P_i}{P}\right)^{-\varepsilon} \frac{M}{P} \tag{16.1}$$

其中，P_i 是厂商 i 定的价格，P 是总体价格水平，而 $\varepsilon(\varepsilon>1)$ 是需求弹性。假定劳动是唯一的投入要素，劳动边际产出为 a，名义工资为 W。垄断者采用成本加成方法定价。因此，边际成本为 W/a，厂商定价将是[②]：

$$P_i = \left(\frac{\varepsilon}{\varepsilon-1}\right)\frac{W}{a} \tag{16.2}$$

厂商的名义利润将是：

---

① 参见 N. Gregory Mankiw, "Small Menu Costs and Large Business Cycles: A Macroeconomic Model of Monopoly," Quarterly Journal of Economics, May 1985。还可参见 George A. Akerlof and Janet L. Yellen, "A Near Rational Model of the Business Cycle, with Wage and Price Inertia," Quarterly Journal of Economics, Supplement, 1985。相关文章可参见 N. Gregory Mankiw and David Romer（eds.）, New Keynesian Economics（Cambridge, Mass.: MIT Press, 1991）。对该问题的总结可参见 Laurence Ball and N. Gregory Mankiw, "A Sticky-Price Manifesto," Carnegie-Rochester Conference Series on Public Policy, December 1994。

② 方程（16.2）可以通过求解垄断者利润最大化问题导出。如果你学过中级微观经济学课程，你可能已经在那里见到过该公式 [如 MR = MC, 其中 MR = P(1 - 1/ε)]。

第十六章 新凯恩斯主义宏观经济学

$$\left(P_i - \frac{W}{a}\right)Y_i \tag{16.3}$$

为了替观察黏性价格提供一个比较的基础，我们首先要了解，当货币供给增加，比如说增加2%时，在新古典模型中会怎么样？由于在新古典模型中，价格是中性的，我们知道所有的名义价格和工资都会上升2%。我们看到方程（16.2）的左右两边都上升了2%。因为M、P和所有的P_i都上升了2%，方程（16.1）中的实际需求不变。由方程（16.3）可知，名义利润也上升了2%，但由于总体价格水平已经上涨，实际利润是不变的。因此，我们的模型中的一切都与货币中性相一致。

现在假定各家厂商如果提高价格，必须承担被称作菜单成本的一笔小额费用z。各家厂商将在维持其当前"过低"价格的损失与如果将价格提高2%时潜在利润增长之间做出比较。曼昆指出，在以下两个条件成立时，潜在利润可能很小——实际上是处于次要地位：

- 如果最优价格与现行价格之间偏差较小，获得利润机会就是非常小的。
- 如果厂商的需求弹性较低，利润对完全正确的价格，相对而言不太敏感。

作为例子，图16-1展示出利润方面的损失，在纵轴上，以最优产出的百分比来度量，横轴表示价格偏离最优价格的百分比。黑线表示的是一个中等程度垄断的厂商的利润损失（当这种情况发生时，它的需求弹性为20）。假定厂商的当前价格低于最优水平的价格2%。那么，看一下黑线，我们看到厂商放弃了相当于产出0.5%的潜在利润。如果菜单成本大于这个损失，厂商就不会改变价格。既然其他厂商面临的也是类似的选择，所以，它们也不会改变价格。其净效应就是所有名义价格保持不变，总体价格水平仍然固定不变，实际货币供给增加，总需求随实际货币供给上升。根据方程（16.1），我们看到实际货币供给(M/P)与产出会上升2%。注意，社会产出的2%的收益，是厂商放弃的私人利润的4倍。

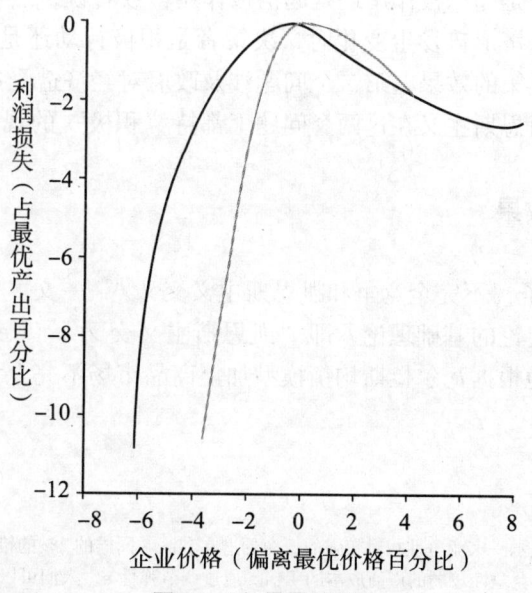

图16-1 曼昆的突破

新凯恩斯的突破关键，是假定厂商面对着一条向下倾斜的需求曲线。在完全竞争的市场中，各家厂商面对着水平（弹性无穷大）的需求曲线；尽管整个市场的需求曲线可以有任意一种斜率。如果单独一家厂商面对的需求曲线是水平的，或者几乎是如此，价格相对于最优价格的微小偏差，就会引起需求的巨大波动，以及相应的巨大利润波动。因此，在竞争市场中，完全正确的价格产生的私人利润，总是大于少量的菜单成本。① 相较之下，如果各家厂商面对的是向下倾斜的需求曲线，则少量的菜单成本很可能大于潜在利润的变动。

曼昆的著作为名义价格黏性提供了严格的微观经济学的证明。由于新古典经济学家攻击凯恩斯主义模型理论基础的严密性，这样一种证明就成为凯恩斯主义者对理性预期模型和实际经济周期模型做出反应的一个关键。在经验意义上，不是每一个人都同意曼昆的阐述，但他的著作肯定是新凯恩斯主义反革命运动中的里程碑。

扼要重述

● 新凯恩斯主义者试图根据最大化行为建立模型，结果是建立在与总供给—总需求相似的行为上。

● 绝大多数的新凯恩斯主义模型依靠不完全竞争。

● 即使调整的菜单成本相当小，价格仍会是黏性的，因为重新定价所增加的利润可能更少。

第二节 新凯恩斯主义的经济政策思想

新凯恩斯主义和新古典主义在宏观经济政策上的争论差不多是凯恩斯主义和古典学派在这个问题上争论的重演。这种政策争论主要围绕两个基本问题展开：第一，财政政策和货币政策在稳定经济中是起积极作用还是起消极作用？或者说，宏观经济政策是有效的还是无效的？第二，在经济形势发生变化时，决策者是积极行动还是遵循一种固定的规则？第一个问题涉及经济政策的效果，第二个问题涉及政府对经济遭受冲击以后的反应方式的问题。总体上说，新凯恩斯主义在这两个问题上都持"积极"的观点。

一、财政政策效果

1988年曼昆发表了《不完全竞争和凯恩斯主义交叉》② 一文。他在这篇文章中试图为凯恩斯主义的收入决定论的基础理论，即"凯恩斯主义交叉"（Keynesian cross），提供一个微观经济学基础。他根据瓦尔拉斯均衡模型加上商品市场不完全竞争的假定推导出财政政策具有乘数效应。

---

① 图16-1中的灰线表示一家竞争性相对较强的厂商的潜在利润。同样的2%的错误定价，使其产出损失的增加超过2%，大约是黑线代表的竞争性较弱的厂商成本的4倍。通过调节弹性 ε，人们可以在黑线和灰线之间，或大或小地随意进行比较。

② N. Gregory Mankiw, "Imperfect competition and the Keynesian cross," Economics Letters, 26, 1988, pp. 7–14.

(一) 对经济的描述

1. 消费者

假定所有的消费者都是同质的。代表性的消费者最大化包含有单一产品消费（C）和闲暇（L）的柯布—道格拉斯效用函数：

$$U = \alpha \log C + (1-\alpha) \log L \tag{16.4}$$

假定闲暇是不变尺度。如果 ω 是时间禀赋，那么 $\omega - L$ 就是劳动收入。总的税后收入（可支配收入）是 $(\omega - L) + \prod - T$，其中 $\prod$ 是利润，T 是政府征收的一次总付的税收。因此个人的预算约束是：

$$PC = (\omega - L) + \prod - T, PC + L = \omega + \prod - T \tag{16.5}$$

式中，P 为消费品的价格。

柯布-道格拉斯效用函数意味着，在全部收入中有一个不变的份额 α 用于消费。即

$$PC = \alpha(\omega + \prod - T) \tag{16.6}$$

式（16.6）是消费函数，α 是边际消费倾向。

2. 政府

政府筹措来的收入（T）用于两个目的：G 被用来购买产品，W 被用来雇佣政府工作人员。政府预算约束要求政府支出等于政府收入。即，

$$T = G + W \tag{16.7}$$

在产品上的总支出是

$$Y = PC + G \tag{16.8}$$

把式（16.6）代入式（16.8），得到

$$Y = \alpha(\omega + \prod - T) + G \tag{16.9}$$

因此，支出（Y）与利润和政府购买同方向变动，与税收反方向变动。

3. 厂商

假定存在生产单一产品的 N 个厂商。由这些厂商组成的产业把经济中的支出看作是一定的。也就是说，产业需求函数是单一弹性的：

$$Q = Y/P \tag{16.10}$$

式中，Q 为总产出。

N 个厂商拥有同样的规模报酬递增的技术。这种技术要求有 F 个单位的管理费。在工厂建立起来以后，1 单位产出需要 c 单位劳动。因而每个厂商的成本函数是

$$TC(q) = F + cq \tag{16.11}$$

式中，成本按照闲暇这个不变尺度来衡量，q 为单个厂商的产出；c 为边际成本。

这些 N 个厂商进行某种程度上的寡头博弈。这种博弈决定利润幅度

$$\mu = (P - c)/P \tag{16.12}$$

例如，如果厂商是古诺模型中的寡头（双寡头），那么 $\mu = 1/N$。更一般地，寡头之间的猜想变化的均衡位置位于完全竞争（$\mu = 0$）和完全勾结（$\mu \to 1$）之间；在每一种情况下，μ 仅仅由 N 和猜想变化决定。因此，对于 N 的任何数值来说，利润幅度 μ 可以看作是一定的。

产出与支出之间存在下列关系：

$$Q = [(1-\mu)/c]Y \tag{16.13}$$

当 μ 和 c 一定时，在产品上的支出与产出是成比例的。在支出 Y 或产出 Q 中不包括政府工作人员 W；因此，这些衡量方法类似于衡量行业产量而不同于衡量 GNP。

总利润等于收益减去成本：

$$\prod = PQ - NF - cQ \tag{16.14}$$

利用式（16.10）和式（16.12），总利润可以用支出 Y 和利润幅度 μ 来表示：

$$\prod = \mu Y - NF \tag{16.15}$$

这说明总支出越高，总利润越高。

4. 劳动市场

以上讨论集中于商品市场。瓦尔拉斯定律保证，如果上述关系被满足，劳动市场是出清的。是不是这样呢？首先来看劳动供给。劳动供给是时间禀赋减去对闲暇的需求：

$$劳动供给 = \omega - (1-\alpha)(\omega + \prod - T)$$
$$= \alpha\omega - (1-\alpha)(\prod - T) \tag{16.16}$$

劳动需求是厂商对劳动的需求（$NF + cQ$）和政府对劳动的需求（W）之和。因此，

$$劳动需求 = (NF + cQ) + W$$
$$= (Y - \prod) + (T - G)$$
$$= [\alpha(\omega + \prod - T) + G - \prod] + (T - G)$$
$$= \alpha\omega - (1-\alpha)(\prod - T) \tag{16.17}$$

由式（16.16）和式（16.17）可以看出，商品市场均衡（含政府预算约束）也意味着劳动市场上供求均衡。

在以上 14 个方程式中，关键的是式（16.9）和式（16.15）。这两个方程式说明，支出由利润和财政政策变量决定，虽然利润又由支出决定。

（二）财政政策及其相应乘数

这里主要考察财政政策的作用。由于是短期分析，所以可以把 N 个厂商的数量和利润幅度 μ 看作是固定不变的。

1. 平衡预算乘数

首先考察政府购买 G 和税收 T 按照相同的数量增加。由式（16.9）和式（16.15）得到：

$$\left.\frac{dY}{dG}\right|_{dT=dG} = \frac{1-\alpha}{1-\alpha\mu} \tag{16.18}$$

这说明，平衡预算乘数由边际消费倾向 α 和利润幅度 μ 决定。在完全竞争（$\mu = 0$）条件下，平衡预算乘数为 $1-\alpha$。在少数情况下，由于边际单位产品的收益完全转化为利润（$\mu = 1$），平衡预算乘数等于 1。

2. 税收乘数

现在假定税收增加为 T，政府购买水平 G 保持不变。政府预算约束式（16.7）意味着政府购买的劳动数量 W 必定增加 ΔT。政府雇员获得的劳动收入增加量恰好等于税收增加

量;两相比较,个人放弃了他们的时间但是却没有得到额外的收入。因此,这种政策干预与减少 $\omega/\Delta T$ 的禀赋是等价的。

根据式(16.9)和式(16.15),税收乘数是

$$\frac{dY}{dT} = \frac{-\alpha}{1-\alpha\mu} \tag{16.19}$$

在完全竞争($\mu=0$)条件下,税收乘数为 $-\alpha$。在不完全竞争($\mu\to 1$)条件下,税收乘数为 $-\alpha/(1-\alpha)$。

3. 政府购买乘数

假设现在政府购买 G 增加,税收水平 T 不变。这里假定政府购买增加通过减少 W 来融通资金——这是为了使政府支出增加不对当前的个人预算约束立即产生影响。

由式(16.9)和式(16.15)得出政府购买乘数为

$$\frac{dY}{dG} = \frac{1}{1-\alpha\mu} \tag{16.20}$$

在完全竞争条件下,$dY/dG=1$。随着利润幅度趋向于1,dY/dG 趋向于标准的凯恩斯模型中的乘数 $1/(1-\alpha)$。

在图16-2中,支出 Y 是利润 $\prod$ 的线性函数,其斜率是边际消费倾向 α。利润也是支出的线性函数,其斜率是 $1/\mu$。在少数情况下,$\mu=1$,这个函数成为凯恩斯主义交叉的45°线。政府购买增加使支出函数上移 ΔG,这引起总支出成倍增加。

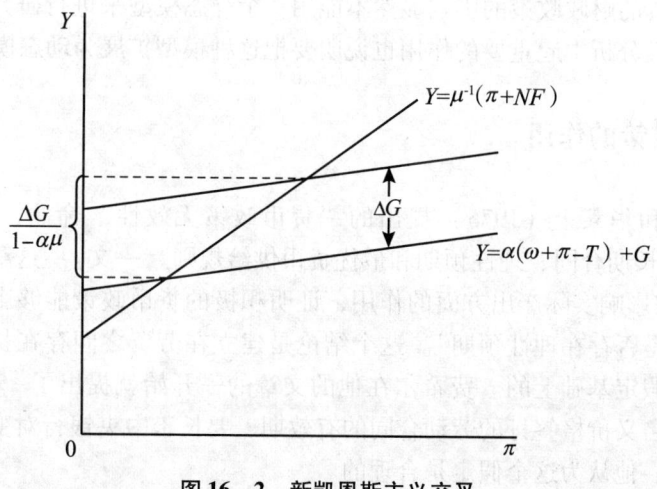

图 16-2 新凯恩斯主义交叉

4. 福利分析

现在考察财政政策对代表性消费者福利的影响,这里是通过消费者的效用函数来做出判断。假定政府购买不直接影响效用。全面评价财政政策的影响也应当考虑从公共支出中获得的收益。

只有当式(16.5)定义的个人预算增加,他的效用才增加。既然相对价格不变,考察利润减去税收($\prod-T$)对效用的影响就足够了。财政政策变化对($\prod-T$)的影响可以表示为

$$\left.\frac{d(\prod - T)}{dG}\right|_{dT=dG} = \frac{-(1-\mu)}{1-\alpha\mu} \quad (16.21)$$

$$\frac{d(\prod - T)}{dT} = \frac{-1}{1-\alpha\mu} \quad (16.22)$$

$$\frac{d(\prod - T)}{dG} = \frac{\mu}{1-\alpha\mu} \quad (16.23)$$

由这些方程式可以得出以下结论：(1) 一般来说，平衡预算的财政刺激减少福利。不过，在 $\mu=1$ 的少数情况下，平衡预算增加对福利没有影响。正如教科书中的凯恩斯主义交叉所说的，政府购买增加没有社会成本。收入（在这里是利润）增加恰好抵消了税收增加。(2) 政府购买增加和减税都增加福利。按照标准教科书的分析，增加 G 或削减 T 都有后代人来融通资金。而在这里，增加 G 或削减 T 是通过减少政府用于雇员 W 的支出来融通资金。无论在哪一种情况下，当前这一代人的个人福利都增加了。

我们看到，曼昆在这里提出的模型既非常类似于瓦尔拉斯一般均衡模型，也非常类似于凯恩斯主义的收入决定模型。曼昆模型与这两个模型的唯一区别是假定商品市场是不完全竞争的。

曼昆认为，他的模型还可以进一步扩展，用来说明更多的问题。首先，劳动市场可能是不完全竞争的。在这种情况下，扩张性的财政政策所产生的租金的一部分将转化为劳动收入。因此，乘数将通过劳动收入和厂商利润起作用。其次，这个模型也可以用于跨期分析。因为借债融资的财政政策的影响显然不能用一个静态模型来进行研究。储蓄和投资在标准的凯恩斯主义分析中起重要的作用也说明要把这种模型扩展为动态模型。

二、货币政策的作用

针对萨金特和华莱士（1975）提出的"货币政策无效性"命题，斯坦利·费希尔 1977 年发表了《长期合同、理性预期和最优货币供给规则》一文。[①] 这篇文章的目的是要"论述货币政策在影响实际产出方面的作用，证明积极的货币政策能够影响短期实际产出的变化，而不论是否存在理性预期"。这个结论是建立在劳资之间存在长期的劳动合同和名义工资黏性的假定基础上的。费希尔在他的文章的一开始就提出了一个经验上的假定，即经济当事人就名义价格签订的劳动合同的有效期，要长于中央银行对变动着的经济环境做出反应的时间。他认为这个假定是合理的。

（一）含有一期合同的模型

这里假定：(1) 所有的劳动合同的有效期为 1 期（如 1 年）。这样，每个时期都要签订劳动合同。(2) 名义工资是事先决定的，即名义工资在期初是已知的。因为从经验上观察，通常是工资确定在先，就业确定在后。

假定名义工资谈判的目的是保持实际工资的稳定性：

[①] Stanley Fischer, "Long-term contracts, rational expectations, and the optimal money supply rule," *Journal of Political Economy*, 85, No.1, 1977, pp. 191–205.

第十六章 新凯恩斯主义宏观经济学

$$_{t-1}W_t = \gamma + {}_{t-1}P_t \tag{16.24}$$

式中，$_{t-1}W_t$ 为用对数表示的在 $(t-1)$ 期末为 t 期规定的工资；$_{t-1}P_t$ 为 $(t-1)$ 期末对 t 期价格所做的预期；γ 为决定实际工资的规模因素，为方便起见，设 $\gamma = 0$。

再假设产出的供给是实际工资的递减函数：

$$Y_t^s = \alpha + (P_t - W_t) + u_t \tag{16.25}$$

式中，Y_t^s 为 t 期的产出；α 为参数；u_t 为随机变量。

如果令 $\alpha = 0$，假定就业水平由企业对劳动的需求决定，并将式 (16.24) 代入式 (16.25)，得到

$$Y_t^s = (P_t - {}_{t-1}P_t) + u_t \tag{16.26}$$

这个方程式类似于卢卡斯总供给函数 $Y_t^s = \alpha + \beta(P_t - {}_{t-1}P_t) + u_t$。在卢卡斯总供给函数中令 $\alpha = 0$，$\beta = 1$，就得到式 (16.26)。

如果考虑到需求因素，我们设定一个最简单的流通速度方程：

$$Y_t = M_t - P_t - v_t \tag{16.27}$$

式中，M_t 为用对数表示的 t 期的货币存量；v_t 为一个干扰项。

如果没有干扰因素，经济将处于充分就业水平上，货币的作用是中性的。现在由于存在干扰项 u_t，v_t，货币政策就具有潜在的作用，假定干扰项影响每一期的产量水平。再假定每一个干扰因素都具有一阶自回归的特征：

$$u_t = \rho_1 u_{t-1} + \varepsilon_t, \quad |\rho_1 < 1| \tag{16.28}$$

$$v_t = \rho_2 v_{t-1} + \eta_t, \quad |\rho_2 < 1| \tag{16.29}$$

式中，ε_t 和 η_t 为彼此序列不相关的随机项，其期望值为 0，并分别有有限变量 σ_ε^2 和 σ_η^2。

假定存在理性预期。消去式 (16.26) 和式 (16.27) 中的 Y_t——这意味着把每个时期的价格水平调整到使总供给和总需求相等，得到：

$$2P_t = M_t + {}_{t-1}P_t - (u_t + v_t) \tag{16.30}$$

现在在式 (16.30) 中取 $(t-1)$ 期的预期，并注意到 $E_{t-1}({}_{t-1}P_t) = {}_{t-1}P_t$：

$$_{t-1}P_t = {}_{t-1}M_t - {}_{t-1}(u_t + v_t) \tag{16.31}$$

假定货币规则是建立在包括 $(t-1)$ 期在内的已经发生的干扰的基础上：

$$M_t = \sum_{i=1}^{\infty} a_i u_{t-i} + \sum_{i=1}^{\infty} b_i v_{t-i} \tag{16.32}$$

这些干扰可以在事后识别出来，因此中央银行遵循诸如式 (16.32) 的规则或公式计算出下一期的货币供给应该没有困难。由式 (16.32) 可以推导出：

$$_{t-1}M_t = M_t \tag{16.33}$$

因而有

$$P_t - {}_{t-1}P_t = \frac{M_t}{2} - \frac{{}_{t-1}P_t}{2} - \frac{u_t + v_t}{2}$$

$$= \frac{{}_{t-1}(u_t + v_t)}{2} - \frac{u_t + v_t}{2}$$

$$= \frac{1}{2}[\rho_1 u_{t-1} + \rho_2 v_{t-1} - (\rho_1 u_{t-1} + \varepsilon_t + \rho_2 v_{t-1} + \eta_t)]$$

$$= -\frac{1}{2}(\varepsilon_t + \eta_t) \tag{16.34}$$

式（16.34）中的干扰因素是本期发生的冲击，无论是中央银行还是公众都不能预期到它们，因而它们的影响也不能被货币政策所消除。

将式（16.34）代入式（16.26），得到：

$$Y_t^s = \left[-\frac{1}{2}(\varepsilon_t + \eta_t) \right] + u_t \tag{16.35}$$

由式（16.35）可以看出，式（16.32）中的参数 a_i 和 b_i 对产量变化没有影响。因此，在劳动合同为1期的模型中，"货币政策无效性"的命题是成立的。在这种经济中，货币是中性的，货币变化与产量变化无关，经济当事人在每一期都知道下一期的货币供应量将是多少。劳资谈判确定的只是实际工资，名义工资随着预期价格的变化而加以调整。

（二）含有两期非指数化劳动合同的模型

现在把黏性因素引入名义工资的变化中。假定所有的劳动合同的有效期都是2期，而且在 t 期末通过劳资谈判确定 $(t+1)$ 期和 $(t+2)$ 期的名义工资。仍然假定签订合同的目的是保持实际工资的稳定。假定有：

$$_{t-i}W_t = {}_{t-i}P_t, \quad i = 1, 2 \tag{16.36}$$

式中，$_{t-i}W_t$ 为在 $(t-i)$ 期签订的合同中规定的在 t 期支付的工资；$_{t-i}P_t$ 为在 $(t-i)$ 期末所做的对 t 期价格的预期。

在 t 期，一半企业在 $(t-1)$ 期末签订的劳动合同的第1年经营，另一半企业在 $(t-2)$ 期末签订的劳动合同的第2年经营，即劳动合同是交错的。假定产品只有单一的价格。如果对每一个企业来说，工资都是预先决定的，则总产量供给由式（16.37）给出：

$$Y_t^s = \frac{1}{2}\sum_{i=1}^{2}(P_t - {}_{t-i}W_t) + u_t \tag{16.37}$$

$$Y_t^s = \frac{1}{2}\sum_{i=1}^{2}(P_t - {}_{t-i}P_t) + u_t \tag{16.37A}$$

$$Y_t = M_t - P_t - v_t \tag{16.37B}$$

$$2P_t = M_t - v_t - u_t + \frac{1}{2}\sum_{i=1}^{2}{}_{t-i}W_t \tag{16.37C}$$

现在再次利用理性预期，合并式（16.37）、式（16.37A）和式（16.37B），并注意到 $E_{t-2}({}_{t-1}P_t) = {}_{t-2}P_t$，则有

$$_{t-2}P_t = {}_{t-2}M_t - {}_{t-2}(u_t + v_t) \tag{16.38}$$

$$_{t-1}P_t = \frac{2}{3}{}_{t-1}M_t + \frac{1}{3}{}_{t-2}M_t - \frac{1}{3}{}_{t-2}(u_t + v_t) - \frac{2}{3}{}_{t-1}(u_t + v_t) \tag{16.39}$$

既然假定 M_t 仅仅是 $(t-1)$ 期末以前所获得的信息的函数，${}_{t-1}M_t = M_t$。将式（16.38）和式（16.39）代入式（16.37C），有

$$2P_t = \frac{4}{3}M_t + \frac{2}{3}{}_{t-2}M_t - (u_t + v_t) - \frac{1}{3}{}_{t-1}(u_t + v_t) - \frac{2}{3}{}_{t-2}(u_t + v_t) \tag{16.40}$$

解出 P_t 并代入式（16.37B），得到

$$Y_t = \frac{M_t - {}_{t-2}M_t}{3} + \frac{1}{2}(u_t - v_t) + \frac{1}{6}{}_{t-1}(u_t + v_t) + \frac{1}{3}{}_{t-2}(u_t + v_t) \tag{16.41}$$

再次令货币供给由式（16.32）的规则决定，于是有：

$$_{t-2}M_t = a_1\rho_1 u_{t-2} + \sum_{i=2}^{\infty} a_i u_{t-1} + b_1\rho_2 v_{t-2} + \sum_{i=2}^{\infty} b_i v_{t-i} \tag{16.42}$$

$$M_t - {}_{t-2}M_t = a_1(u_{t-1} - \rho_1 u_{t-2}) + b_1(v_{t-1} - \rho_2 v_{t-2})$$
$$= a_1\varepsilon_{t-1} + b_1\eta_{t-1} \tag{16.43}$$

式（16.43）说明，t 期的实际货币存量与两期以前所预期的货币存量之差来源于中央银行对在这个期间发生的干扰 ε_{t-1} 和 η_{t-1} 所做出的反应。恰好正是这些干扰因素不会影响在 $(t-2)$ 期进入工资合同的第二阶段的名义工资。

把式（16.43）和式（16.32）代入式（16.41），则可以清楚地看到，由于 $i \geq 2$，货币供给规则参数 a_i 和 b_i 对产量变化没有影响，为了集中讨论产量的变化，设 $i \geq 2$ 时这些参数等于 0。于是有

$$Y_t = \frac{1}{3}[a_1(u_{t-1} - \rho_1 u_{t-2}) + b_1(v_{t-1} - \rho_2 v_{t-2})] + \frac{1}{2}(u_t - v_t) + \frac{1}{6}{}_{t-1}(u_t + v_t) + \frac{1}{3}{}_{t-2}(u_t + v_t)$$
$$= \frac{1}{2}(\varepsilon_t - \eta_t) + \frac{1}{3}[\varepsilon_{t-1}(a_1 + 2\rho_1) + \eta_{t-1}(b_1 - \rho_2)] + \rho_1^2 u_{t-2} \tag{16.44}$$

但是产量的变动却是参数 a_1 和 b_1 的函数。现在的问题是，为什么这些参数值会影响产量的变动？其原因是，在合同有效期的 2 年时期内，中央银行有时间对有关最近的经济干扰的新的信息做出反应。假设劳资谈判确定的第二阶段的名义工资为已知，中央银行对干扰做出反应的方式将影响合同第二阶段的实际工资并进而影响产量。

根据式（16.44）计算 Y 的渐进变化（asymptotic variance），得到：

$$\sigma_Y^2 = \sigma_\varepsilon^2\left[\frac{1}{4} + \frac{4}{9}\rho_1^2 + \frac{\rho_1^4}{1-\rho_1^2} + \frac{a_1(4\rho_1 + a_1)}{9}\right] + \sigma_\eta^2\left[\frac{1}{4} + \frac{1}{9}\rho_2^2 - \frac{b_1}{9}(2\rho_2 - b_1)\right] \tag{16.45}$$

使产量波动 σ_Y^2 最小化的 a_1 和 b_1 分别为：

$$a_1 = -2\rho_1 \text{ 和 } b_1 = \rho_2 \tag{16.46}$$

这引起的产量变化为

$$\sigma_Y^2 = \sigma_\varepsilon^2\left[\frac{1}{4} + \frac{\rho_1^4}{1-\rho_1^2}\right] + \frac{1}{4}\sigma_\eta^2 \tag{16.47}$$

由上式（16.44）中的第二个等号可以看出，影响产量水平的因素有：无法通过货币政策抵消的当前干扰 $(\varepsilon_t - \eta_t)$，现有的劳动合同中较老的合同签订以后出现的干扰 $(\varepsilon_{t-1}$ 和 $\eta_{t-1})$，以及滞后的实际干扰 (u_{t-2})。式（16.46）说明，干扰项 ε_{t-1} 和 η_{t-1} 可以通过货币政策全部加以抵消。但是干扰项 u_{t-2} 在较早的劳动合同签订之时即为已知并在工资协议中考虑到了，因而其影响不可能通过货币政策加以消除。

为了对货币规则做出更一般的解释，我们从式（16.40）可以看出，实际干扰因素 u 和名义干扰因素 v 都有降低价格水平的倾向。因此，货币规则必须适应倾向提高价格水平的实际干扰，同时反作用倾向提高价格水平的名义干扰。

货币规则也可以按照可观察的变量表述如下：

$$M_t = \rho_2 M_{t-1} + (2\rho_1 - \rho_2)P_{t-1} - (2\rho_1 + \rho_2)Y_{t-1} - \rho_1({}_{t-2}W_{t-1} + {}_{t-3}W_{t-1}) \tag{16.48}$$

并且，也可以把式（16.48）中的工资率替换掉，仅仅按照货币存量、价格和收入来表示货币规则。

(三) 含有指数化合同的模型

在存在长期劳动合同的情况下，使货币政策丧失其有效性的唯一办法是使单期合同效果再现的那种工资指数化。如果不是这种指数化而是其他类型的指数化，货币政策就会影响产量，从而有实际效果。

如果工资按下列方式确定：

$$_{t-i}W_t = {}_{t-1}P_t, \quad i = 1, 2, \cdots \tag{16.49}$$

这与前面讨论的含有单期合同的模型的结果相同，这时产量由式（16.50）给出：

$$Y_t = \frac{1}{2}(\varepsilon_t - \eta_t) + \rho_1 u_{t-1} \tag{16.50}$$

但是像式（16.49）那样的指数化方程实际上是见不到的。这时工资决定的一般指数化公式为：

$$W_t = -\rho_2 M + (\rho_1 + \rho_2)P_{t-1} + (\rho_2 - \rho_1)Y_{t-1} - \rho_1 W_{t-1} \tag{16.51}$$

其中，假定 M_t 为常数 M，因为货币规则对产出没有影响。由于 $\rho_1 < 0$（实际干扰的序列负相关），并且 $\rho_1 + \rho_2 > 0$，所以这个方程描述的是一种类似于对价格水平和利润份额都实行指数化的工资合同。一般来说，这种合同在实际经济生活中是见不到的。其主要原因是计算这个方程中的各项有困难。

与式（16.51）的工资决定相应的产量变动是：

$$\sigma_Y^2 = \sigma_\varepsilon^2\left(\frac{1}{4} + \frac{\rho_1^2}{1-\rho_1^2}\right) + \frac{1}{4}\sigma_\eta^2 \tag{16.52}$$

这里的产量变化大于在两期合同的非指数化经济中实施最优货币政策所引起的产量变化，其原因是试图保持实际工资稳定的工资决定的标准与使产量变动最小化的标准不同。

如果采用与式（16.51）不同的工资指数化公式，并且合同的期限超过一期，那么，稳定化的货币政策就有了发挥作用的空间。例如，现在工资按照下述方式对价格水平实行指数化：

$$_{t-i}W_t = {}_{t-i}W_{t-i+1} + P_{t-1} - P_{t-i} \tag{16.53}$$

这说明，按照 $(t-i)$ 期末签订的合同在 t 期所支付的工资等于合同第一年所确定的工资，再根据两个时期之间的通货膨胀进行调整。如果规定

$$_{t-i}W_{t-i+1} = {}_{t-i}P_{t-i+1} \tag{16.54}$$

这说明，合同第一年的工资使这个时期的实际工资的变动减小到最低限度。

现在假定合同期限为 2 年，供给方程式（16.37）、流通速度方程式（16.27）和式（16.54）中决定预期价格水平的理性预期为已知，利用滞后运算因子 L，得到：

$$Y_t(6 - 4L + 2L^2) = 2M_t(1-L)^2 + \mu_t[3 - (1-\rho_1)L + \rho_1 L^2]$$
$$- v_t[3 - (3+\rho_2)L + (2-\rho_2)L^2] \tag{16.55}$$

式（16.55）利用了 $M_t = {}_{t-1}M_t$ 这样的事实。

既然 M_t 进入产量方程式，显然货币政策确实影响产量。在这种情况下，通过采用下述规则，货币政策实际上可以抵消所有的滞后干扰的影响：

$$M_t = Lu_t[-(1+4\rho_1) + (1+\rho_1)L - \rho_1 L^2][2(1-L)^2]^{-1}$$
$$- Lv_t[(1-2\rho_2) + (-1+3\rho_2)L - \rho_2 L^2][2(1-L)^2]^{-1} \tag{16.56}$$

根据式（16.56），得到

$$\sigma_Y^2 = \frac{\sigma_\varepsilon^2}{4} + \frac{\sigma_\eta^2}{4} \tag{16.57}$$

面临实际干扰，货币规则等式（16.56）对实际工资的影响，与在非指数化的两期合同模型中实施最优货币政策相比，是使实际工资不稳定；与含有单期合同的情况相比，这种非稳定化的作用更加强烈。如果劳动者的目标是要保持实际工资不变，那么式（16.56）那样的指数化合同比非指数化合同对劳动者的吸引力要小。

（四）结论

由上面的三个模型分析可以得出这样的结论：如果经济当事人偏好长期劳动合同，这种合同确定的货币工资是黏性的，那么即便这种黏性能够被完全预期到，积极的货币政策也具有影响和稳定产量的作用。如果长期合同规定的货币工资率在每一期都能够按照价格水平的变化被完全指数化，实际工资在长期是高度稳定的，即单期合同的效果能够在长期合同中再现出来，那么，货币政策就会是无效的。事实上，这种合同结构在现实中是很少见到的。

费希尔认为：“货币政策的有效性并不需要任何人上当受骗。”因为在存在长期合同的经济中，据以制定货币政策的信息，在劳动合同签订以后就成为唾手可得的东西，所以这种政策可以影响产量。如果中央银行想要稳定产量，它就能够做到这一点。在两期合同的模型里，从产量稳定的观点看，最优的政策是适应具有提高价格水平趋势的实际干扰，同时要反作用于具有提高价格水平趋势的名义干扰。当经济中出现实际干扰，稳定产量意味着实际工资的稳定性比单期合同所能获得的稳定性要小；在经济面临名义干扰的情况下，稳定产量意味着实际工资的稳定性与单期合同所能获得的稳定性一样大。

但是，费希尔承认，应当重视"卢卡斯批评"，即经济结构会随着政策变化而进行调整，因为当政策发生变化时经济当事人可能会改变他们的行为。如果中央银行试图利用现行的合同结构来创造出一种与合同签订时所预期的明显不同的变化，将会引起劳资双方对合同进行重新谈判；如果中央银行想保持这种新的变化，就会导致一种新合同结构。

三、最优政策选择[①]

（一）附加预期的菲利普斯曲线与 NAIRU

如果考虑到通货膨胀预期，菲利普斯曲线就变成：

$$P = f\frac{Y_{-1} - Y^*}{Y^*} + P^e \tag{16.58}$$

这就是附加预期的菲利普斯曲线。式中，P 为通货膨胀率，$P = (P_0 - P_{-1})/P_{-1}$；$Y_{-1}$ 为上一期的总需求（或上一期实际的 GDP）；Y^* 为潜在的 GDP，因此 $(Y_{-1} - Y^*)$ 或

[①] ［美］罗伯特·霍尔和约翰·泰勒：《宏观经济学》（中译本），第5版，第17章，北京，中国人民大学出版社，2000。

$(Y_{-1} - Y^*)/Y^*$ 衡量价格总水平变化的压力（市场需求压力）；f 为一个系数，它表示 GDP 每超过潜在的 GDP1 个百分点，经济中典型的企业把它产品的价格提高到超过上一期价格的百分数，即通货膨胀对 GDP 的敏感程度；P^e 为预期的通货膨胀率。

经济学家们根据附加预期的菲利普斯曲线得出两点共识：(1) 正数的通货膨胀预期导致菲利普斯曲线上移，这可以解释 20 世纪 70 年代美国经济所出现的高通货膨胀与高失业并存（滞胀）的现象。(2) 长期的菲利普斯曲线在失业率为 U^* 时是垂直的（见图 16-3）；如果政府想把失业率降到 U^* 以下，通货膨胀就会加速（附加预期的菲利普斯曲线上移），当实际的通货膨胀等于预期的通货膨胀时，附加预期的菲利普斯曲线就稳定下来。因此，一个经济不可能持久地把失业率降低到 U^* 以下而又不会出现日益提高的通货膨胀。这里的 U^* 称作"非加速通货膨胀的失业率"(non-accelerating inflation rate of unemployment, NAIRU)。后一点共识的政策含义是：政府不应该把失业率降低到 NAIRU 以下。

由图 16-3 可以看出，如果政府要把失业率降低到 U^* 以下（如 U_0），通货膨胀会高于预期的通货膨胀（如 a 点），从而引起附加预期的菲利普斯曲线上移（b 点）；如果政府继续把失业率保持在 U^* 以下（c 点），会加速提高预期的通货膨胀率，引起附加预期的菲利普斯曲线进一步上移（d 点）。

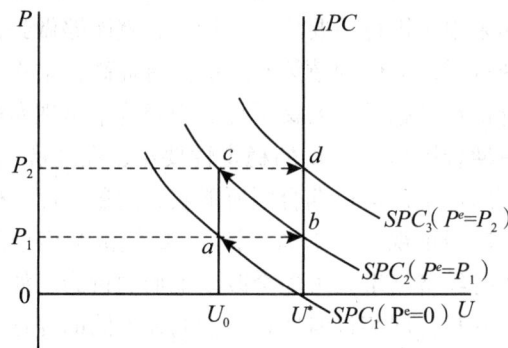

图 16-3　短期与长期菲利普斯曲线

新凯恩斯主义者认为，虽然长期的菲利普斯曲线是垂直的，但是，在短期内，仍然存在通货膨胀与失业的替换关系，可以用更高的通货膨胀为代价来换取较低的失业。

(二) 对付价格冲击的最优政策

为了简化，假定预期是适应性的或静态的，$P^e = P_{-1}$，令 Z 表示价格冲击（如石油价格上涨），式 (16.58) 的附加预期的菲利普斯曲线可以改写为：

$$P = f\frac{Y_{-1} - Y^*}{Y^*} + P_{-1} + bZ \tag{16.59}$$

式 (16.59) 是价格调整方程。式中，b 为一个系数。

可以用图 16-4 来说明政府政策是如何对付价格冲击的。图 16-4 中的曲线表示价格调整方程 (16.59)。一个正向的价格冲击使价格调整曲线向左上方移动，在这种情况下，政府可以有三种选择：（1）降低 GDP 而保持零通货膨胀（如 A 点），用总产量的减少来抵消价格冲击。（2）容忍通货膨胀上升而把 GDP 保持在潜在的或自然率水平上（如 C 点）。（3）允许一定的通货膨胀和一定的 GDP 减少（如 B 点）。

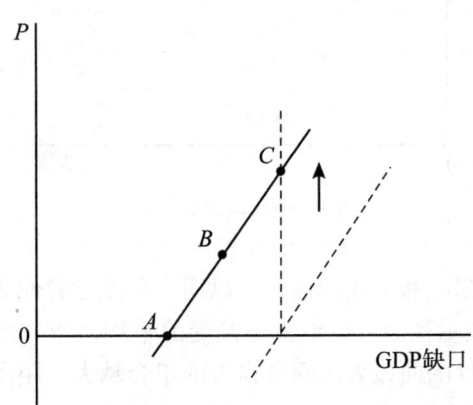

图 16-4 对付正向价格冲击的不同政策

令 g 表示反应系数，它用来衡量政府政策对价格冲击的适应程度。g 作为政策反应函数的一部分可以用来刻画政策规则：

$$\frac{Y_{-1} - Y^*}{Y^*} = -gP_{-1} \tag{16.60}$$

g 可以表示不同的政策选择。在图 16-4 中的 C 点，$g=0$，政策充分适应价格冲击，即价格冲击引起的价格调整曲线的上移全部转化为等量的通货膨胀；在 A 点，g 的数值很大，政策反应是使价格冲击全部转化为 GDP 的减少；B 点的 g 介于 A 点和 C 点的政策反应程度之间。

把式（16.60）代入价格调整方程（16.59），得到

$$P = (1 - fg)P_{-1} + bZ \tag{16.61}$$

利用这个方程可以求出在不同的反应系数下通货膨胀率的降低程度。

如果把 $(1-fg)$ 定义为 k，k 可以用来衡量一次价格冲击影响通货膨胀的时间长短和强度的大小。

如果 $g=0$（政府采用充分适应的政策），那么 $k=1-fg=1$，价格冲击 Z 就会持久地把通货膨胀提高到 bZ，价格冲击的影响永远不会从通货膨胀中消失。

如果 $k=0$（政府采用没有适应的政策），那么，价格冲击的影响将在一年后完全消失，即价格冲击的影响只是一期的。

如果 $0<k<1$，那么，价格冲击的影响会逐期递减：在冲击后的第 n 年，通货膨胀率是价格冲击的 k^n 倍，直至最终回到零通货膨胀率。

与图 16-5 中的 A，B，C 点相对应，我们可以把不同的政策规则（k 的不同数值）带来的通货膨胀损失与失业损失的组合用图 16-5 中的政策边缘线来表示。

这条政策边缘线表示高通货膨胀损失对应着低失业损失（如 C 点），低通货膨胀损失对应着高失业损失（如 A 点）。

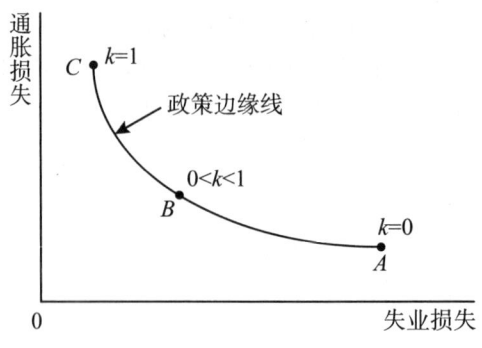

图 16-5　政策边缘线

假定社会成员对通货膨胀和失业的偏好可以用一条无差异曲线来表示（如图 16-6 所示），每一条无差异曲线表示社会可以等价地接受的平均通货膨胀损失和平均失业损失的组合的轨迹。距离原点越远的曲线表示两种损失的组合越大，距离原点越近的曲线表示两种损失的组合越小。

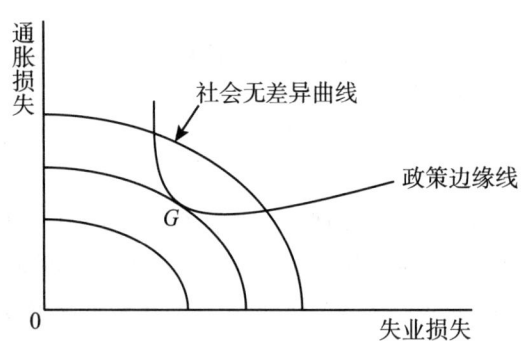

图 16-6　最优政策选择

注意，这里的无差异曲线的弯曲方向与消费者行为理论中的无差异曲线的弯曲方向相反。因为消费者行为理论中的无差异曲线包含的是消费者喜欢的两种商品或服务，而这里的无差异曲线包含的是消费者所不喜欢的两种结果，所以它具有反向曲率。这种反向曲率的无差异曲线表示，在每一条无差异曲线上，越接近纵轴的点，通货膨胀的损失越大，社会越愿意更多地增加失业损失来换取适当地减少通货膨胀的损失。相反，越接近横轴的点，失业的损失越大，社会越愿意更多地增加通货膨胀损失来换取适当地减少失业的损失。

最优政策选择应当是政策边缘线与无差异曲线相切的政策组合（图 16-6 中的 G 点）。

一些新凯恩斯主义者（如霍尔和泰勒）承认，使宏观经济政策以最优的方式实施并不是一件容易的事。但是他们认为，上述分析至少可以得出两个关于对经济中的冲击做出适当反应的结论。

（1）如果冲击仅仅影响总需求，那么在总需求政策（财政政策和货币政策）中的补偿性变化可以同时消除通货膨胀损失和失业损失。

（2）如果冲击影响价格调整曲线，那么最优政策是按照超过目标的通货膨胀率每年下

降比例为 k 的规则，在通货膨胀和失业下降之间分摊其影响。

四、新凯恩斯主义经济政策观点小结

新古典宏观经济学认为政府需求管理政策是无效的。新凯恩斯主义的模型证明，这种"政策无效性"命题是建立在市场即时出清的假设前提上，根据理性预期假设则不一定能够得出这一命题。新凯恩斯主义的黏性工资理论和黏性价格理论说明，经济自发运行并不能保证各类市场即时出清，市场机制在协调供求关系方面是失灵的。在一个工资和价格黏性的经济中，当经济遭受需求冲击或供给冲击以后，等待工资和价格的调整使经济由失衡走向均衡不但是一个缓慢的过程，而且可能是一个高成本或痛苦的过程。因此，总体来说，稳定政策可以发挥积极的作用。本节的曼昆模型和费希尔模型分别证明了财政政策和货币政策都是有效的，货币并不是中性的。一些新凯恩斯主义者（如斯蒂格利茨和格林沃德）进一步证明，即使价格像新古典主义者所说的那样是灵活的而非迅速调整的，需求管理政策也是有效的，因为价格的灵活性会加剧经济的波动而不会自动矫正经济波动。

新凯恩斯主义赞同新古典主义的以下看法：造成经济波动的冲击是随机的，因而波动是不规则的、不可预测的。但是，新凯恩斯主义认为，正是由于冲击的随机性和经济波动的不规则性，才需要政府采取应变的政策，而不应使政府行动受制于固定的规则。尤其是当经济陷入严重衰退和失业率较高时，政府不可能坐视不管而墨守某种固定的规则。在新凯恩斯主义看来："相机抉择的宏观经济政策可以而且也有助于稳定经济。……历史记录表明为什么遵循一种简单的规则是不可能的。"①

斯蒂格利茨在他的《经济学》教科书（第2版）中较好地概括了新凯恩斯主义的经济政策主张。他写道："新凯恩斯主义者认为，市场反应缓慢，因此失业的时期会拖长。相机抉择的宏观经济政策可以是有效的。经济周期可能是一种内生现象，而且存在扩大波动的力量。政府既能采取相机处置的宏观经济政策，又能设计使经济更稳定的内在稳定器。"②

霍尔和泰勒把新凯恩斯主义的经济政策思想概括为以下五个命题：③

（1）当人们做决策时，他们要考虑未来，并且在假定他们能觉察到经济的波动并且能够利用他们所掌握的信息进行无偏（但不是没有错误）的预测的条件下，他们对未来的预期是可以用模型来描述的。

（2）把宏观经济政策有效地描述成和评价为一种政策规则，而不是把这些手段当作外生的并且只考察这些手段的一次性变动。

（3）为了使一项特殊政策运行顺畅，有必要建立对这一规则的承诺。

（4）经济基本上是稳定的；在一次冲击之后，经济最终会回到产出和就业的正常趋势路径上。然而，由于经济结构的刚性，这个过程可能是缓慢的。

（5）宏观经济政策的目标是保持低通胀，减少经济遭受冲击之后产出、就业和通货膨

---

① [美] 斯蒂格利茨. 经济学（中译本）[M]. 北京：中国人民大学出版社，2000：776.
② 同上书，第775页.
③ [美] 罗伯特·霍尔，约翰·泰勒. 宏观经济学（中译本）第5版 [M]. 379~383.

胀波动的幅度（或持续时间）。这一目标的实现需要很长一段时间，一般会经历更多的经济周期。未来的经济周期波动和现在的经济周期波动被看作是同等重要的。

新凯恩斯主义认为，货币政策能够起到稳定总产出和就业的作用，货币变动会对真实的经济增长产生影响；经济当事人对未来货币政策的预期行为至关重要，因而要重视货币政策的可靠性和稳定性。

一些新凯恩斯主义主张实行通货膨胀目标制的货币政策（inflation-targeting policy），认为盯住通货膨胀目标的货币政策是最优的货币政策。他们主张通过调整名义短期利率进而改变实际利率以适应经济的变化，从而抵消通货膨胀预期的变化。

凯恩斯主义的财政政策有效性的判断是建立在价格刚性基础上的。新凯恩斯主义则认为，财政政策有效性的前提条件是不完全竞争以及价格黏性。在不完全竞争条件下，价格高于边际成本；由于存在不完全信息，工资的调整往往滞后于价格的调整，这会给企业带来超额利润，因而企业有扩大产量的激励。这是积极的财政政策有效性的前提。扩张性的财政政策能成倍扩大总需求（总支出），从而活跃了市场、提高了利润，这就刺激了企业扩大就业和产量。同时，利润提高又会增加总支出，因而扩张性的财政政策能促进经济增长。

不难看出，新凯恩斯主义的经济政策思想与凯恩斯主义的经济政策思想还是有所区别的，这主要是由于在政策争论过程中，新凯恩斯主义吸收了新古典主义的一些思想观点。

复习思考题：

1. 曼昆的总供给菜单成本模型的基本假定是什么？
2. 根据曼昆的名义价格黏性模型，为什么不完全竞争下的各个厂商面临名义货币供给变动时，会保持名义价格不变？
3. 政府要不要对经济活动进行干预？
4. 在经济政策上采用相机决策（斟酌运用）还是实行固定规则？

主要参考文献

[1][美]鲁迪格·多恩布什（Rudiger Dornbusch），斯坦利·费希尔（Stanley Fischer），理查德·斯塔兹（Richard Startz）（著），王志伟（译），宏观经济学（第十版）[M]. 北京：中国人民大学出版社，2010.

[2][美]保罗·萨缪尔森（Paul A. Samuelson），威廉·诺德豪斯（William D. Nordhaus）（著），萧琛（主译），宏观经济学（第19版）[M]. 北京：中国邮电出版社，2012.

[3][美]约翰·梅纳德·凯恩斯（John Maynard Keynes）（著），就业、利息和货币通论（重译本）[M]. 北京：商务印书馆，2014.

[4][美]N. 格里高利·曼昆（N. Gregory Mankiw）（著），宏观经济学（第九版）[M]. 北京：中国人民大学出版社，2016.

[5][美]保罗·克鲁格曼（Paul Krugman），罗宾·韦尔斯（Robin Wells）（著），付欢等（译），宏观经济学（第2版）[M]. 北京：中国人民大学出版社，2012.

[6][美]奥利维尔·布兰查德（Olivier Blanchard）（著），王立勇（译），宏观经济学（第6版）[M]. 北京：清华大学出版社，2014.

[7][美]斯蒂芬·D 威廉森（Stephen D. Williamson）（著），宏观经济学（第5版）[M]. 北京：中国人民大学出版社，2015.

[8][英]迈克尔·帕金（Michael Parkin）（著），张军等（译），宏观经济学（第8版）[M]，北京：人民邮电大学出版社，2009.

[9][美]戴维·罗默（David Romer）（著），吴化斌，龚关（译），高级宏观经济学（第4版）[M]. 上海：上海财经大学出版社，2014.

[10][丹麦]彼得·伯奇·索伦森（Peter Birch Sorensen），汉斯·乔根·惠特—雅各布森（Hans Jorgen Whitta-Jacobsen）（著），王文平，赵峰（译），高级宏观经济学导论——增长与经济周期（第2版）[M]. 北京：中国人民大学出版社，2012.

[11][美]罗伯特·J·巴罗（Robert J. Barro），夏威尔·萨拉—伊—马丁（Shavell Sarah I-Martin）（著），夏俊（译），经济增长（第2版）[M]. 上海：格致出版社，2010.

[12][英]威廉·阿瑟·刘易斯（William Arthur Lewis）（著），周师铭，沈丙杰，沈伯根（译），经济增长理论[M]. 北京：商务印书馆，1996.

[13][美]西蒙·库兹涅茨（Simon Smith Kuznets）（著），各国的经济增长[M]. 北京：商务印书馆，2015.

[14][美]约瑟夫·斯蒂格利茨（Joseph E. Stiglitz），卡尔·E. 沃尔什（Carl E. Walsh）（著），经济学（第四版）[M]. 北京：中国人民大学出版社，2013.

［15］［美］约瑟夫·熊彼特（Joseph Alois Schumpeter）（著），何畏（译），经济发展理论［M］. 北京：商务印书馆，1990.

［16］高鸿业，西方经济学（宏观部分）（第六版）［M］. 北京：中国人民大学出版社，2014.

［17］易纲、张帆，宏观经济学［M］. 北京：中国人民大学出版社，2010.

［18］高本权（主编），西方经济学［M］. 北京：中国财政经济出版社，2010.

［19］张延（编著），中级宏观经济学［M］. 北京：北京大学出版社，2010.

［20］蔡继明（编著），宏观经济学（第二版）［M］. 北京：清华大学出版社，2011.

［21］李晓西（著），宏观经济学（中文第二版）［M］. 北京：中国人民大学出版社，2011.

［22］方福前（著），当代西方经济学主要流派（第二版）［M］. 北京：中国人民大学出版社，2014.

［23］袁志刚、樊潇彦（编著），宏观经济学（第二版）［M］. 北京：高等教育出版社，2015.

［24］任保平、宋宇（编），宏观经济学（第二版）［M］. 北京：科学出版社，2016.

［25］张培刚、张建华（主编），发展经济学［M］. 北京：北京大学出版社，2009.

［26］易纲、吴有昌（著），货币银行学［M］. 上海：格致出版社，2014.

［27］陈启修（著），财政学总论［M］. 北京：商务印书馆，2016.

［28］蔡国峰（著），新宏观经济学——对通货膨胀理论和宏观经济学前沿问题的推演与认识［M］. 北京：经济科学出版社，2016.

［29］王健（著），新凯恩斯主义经济学——现代外国经济学大系丛书［M］. 北京：经济日报出版社，2005.

［30］陶涛（编著），国际经济学（第二版）［M］. 北京：北京大学出版社，2014.